类案法律适用丛书

刑事典型类案法律适用参考

张 毅 ◎ 主编

1

中国检察出版社

《刑事典型类案法律适用参考》
编 委 会

编委会主任　许同禄　江苏省南通市人民检察院检察长
　　　　　　　　　　　南通市检察官协会会长

编委会副主任　沈际舜　江苏省南通市人民检察院原副检察长
　　　　　　　　　　　南通市检察官协会副会长
　　　　　　　　　　　南通市法学会刑法刑诉法研究会会长

　　　　　　　李　宁　江苏省南通市人民检察院副检察长

　　　　　　　张仁才　江苏省南通市人民检察院政治部主任

编委会成员　周剑浩　江苏省南通市人民检察院副检察长

　　　　　　　任淑琴　江苏省南通市人民检察院副检察长

　　　　　　　何启明　江苏省南通市人民检察院副检察长

　　　　　　　张建平　江苏省南通市人民检察院纪检组长

　　　　　　　居少波　江苏省南通市人民检察院检察长助理

　　　　　　　吴俊祥　江苏省南通市人民检察院反贪局局长

　　　　　　　谢松泉　江苏省南通市人民检察院检察长助理

　　　　　　　吴延溢　南通市法学会副秘书长
　　　　　　　　　　　南通大学法政学院副教授

　　　　　　　朱　砺　南通市法学会刑法刑诉法研究会副会长
　　　　　　　　　　　南通市瑞慈律师事务所主任

主　　　编　张　毅　南通市法学会刑法刑诉法研究会副会长
　　　　　　　　　　南通市检察官协会秘书长
　　　　　　　　　　南通市人民检察院研究室主任
副　主　编　曹　凯　秦继培　李　鸣　秦建军　朱明洁
　　　　　　孙　亚　季国强　黄　胜　陆正明　濮水萍
　　　　　　张劲松　顾书进
编　　　辑　张傲冬　高传果　季明珠　朱少华　张建华
　　　　　　高　丽　韶爱泉　张建兵　姜镇锋　陆　健
　　　　　　张威武　姚建东　张达伟　花克明　张兰锋
　　　　　　李拥军　张　杰

序 言

　　针对司法实践中存在的法律适用问题制定司法解释属于"两高"的职权，而研究解决检察工作中的法律适用问题则是全国各级检察机关共同的任务。法律适用问题来源于检察业务实践，并且主要来源于地方检察机关的业务工作实践。根据最高人民检察院《人民检察院法律政策研究室工作条例（试行）》第9条的规定，对本地区检察工作中具体应用法律和执行政策问题进行调查研究，为领导机关和本院领导提供决策参考意见，是市县一级检察机关研究室的重要工作职责。根据《最高人民检察院司法解释工作规定》第7条的规定，高检院研究室是制定司法解释工作的承办部门，高检院有关业务部门和地方各级人民检察院、专门人民检察院配合高检院研究室承办制定司法解释工作。地方各级检察院应当把收集整理法律适用方面的问题作为一项重要工作，加强对类案和个案法律适用问题的专题研究，对具有代表性的、在适用法律上有分歧的问题，应当及时依照程序向最高人民检察院请示，为高检院司法解释工作提供来源和素材。地方检察机关开展类案研究，积累和分析在适用法律上存在一定争议的典型案例，形成类案研究意见或理论成果，是加强司法解释的一项基础性工作。

　　2005年以来，江苏省南通市人民检察院深入开展类案研究工作，从加强司法解释工作的视角，收集各类适用法律上存在争议的典型刑事案例400件左右，并进行了专题研究，梳理、确定了比较有代表性的20多个方面的法律适用问题，及时向江苏省检察院报送了类案请示报告20件，经省院研究决定向高检院报送了近10件。这些请示报告涉及的都是当前司法实践中急需解决的问题，具有较高的理论研究价值。南通市检察机关的类案研究工作取得的成绩，由此可见一斑。南通市检察机关的类案研究工作之所以取得显著的成就，主要有三个方面的经验值得肯定：一是思想上高度重视；二是组织上大力支持；三是制度和工作机制上逐步完善。在江苏省检察院及省院研究室的指导下，南通市市县两级院领导高度重视类案研究工作，并且在检察调研工作中初步形成了一支勤于思考、善于发现问题的理论研究队伍，建立健全了一整套与类案研究相关的规章制度，形成了从搜集案例、选取课题、总结研究到研究成果转化的类案研究工作体系。南通市检察院还联合南通大学法政学院、南通市检察官协会和南通市法学会刑法刑诉法研究会，将20多个典型刑事案例及研究意见、全市两级院开展类案研究工作的经验、《南通市人民检察院类案研究工作流程及规范（试行）》及类案请示文书样式等汇编成册，编印了《检察类案研究》一书在系统内交流。该内部书籍上报高检院和省院研究室之后得到充分肯定并引起一定的重视，经高检院研究室陈国庆主任同意，高检院具体负责承办司法解释工作的法律应用研究处韩耀元处长还专程赴通，在"南通市检察机关2007年检察理论研究工作会议暨《高检院司法解释工作规定》学习培训班"上作了司法解释工作专题辅导，高度评价了南通市检察机关配合高检院司法解释所开展的工作，并对进一步开展好这项工作作了具体辅导，提出了更高更新的要求；江苏省检察院的《业务学习材料（白皮书）》也及时转发了《南通市检察院类案研究工作流程及规范（试行）》，向全省作了推广，并于2006年初在南通召开了"江苏省检察机关类案研究工作经验交流现场会"，有力推动了全省检察机关的类案研究工作，也为高检院的司法解释工作提供了丰富的素材。

2008年7月，高检院政治部和研究室举办了"全国检察业务培训班"，南通市院研究室作为全省唯一的市级院代表被省院推荐参加了培训。这次培训重点就是司法解释工作最新动态和刑法适用热点问题，全国人大常委会法工委刑法室黄太云副主任和高检院研究室法律应用处韩耀元处长等具

序　言

体负责从事司法解释工作的专家、领导及著名高校的教授对大家进行了专门培训，高检院研究室陈国庆主任、穆红玉副主任等专家和领导还在培训的同时，结合司法解释工作对全国各级地方检察院的调研工作提出了要求。研究室作为检察机关承担综合性检察业务的部门，应当立足检察业务，努力开展法律政策研究。积极收集和报送有关法律适用问题的类案请示报告，开展类案研究工作，正是法律政策研究的基础性工作。南通市院编写的《刑事典型类案法律适用参考》集中展示了南通市检察机关近几年类案研究的成果，所选的案例涉及面较广，选题比较典型，研究意见也具有一定的深度，提出的立法、司法解释建议具有积极的探索意义和启发价值。《南通市检察院类案研究工作流程及规范》及两级检察院开展类案研究、服务司法解释工作的相关经验、做法等，对于更加规范地开展好这项工作具有积极的指导意义；同时，对于其他地区在借鉴南通市检察院行之有效的类案研究操作制度和成功的经验做法等方面，也具有积极的参考价值。希望南通市检察院坚持和完善好类案研究机制，为推动江苏省乃至全国检察机关的类案研究工作不断深入开展、为配合高检院进一步做好司法解释工作发挥积极的作用。

江苏省人民检察院副检察长、
南京大学法学院教授、博士生导师

2008 年 8 月于南京

目录 CONTENTS

《刑法》总则适用与立法司法解释建议

一、犯罪主体

典型类案 1 单位勾结其他单位人员实施职务侵占 / 3
——对最高人民法院《关于审理贪污、职务侵占案件如何认定共同犯罪几个问题的解释》中的"行为人"如何认识

> 司法实践中，对单位勾结其他单位人员共同实施职务侵占的行为的法律适用存在较大争议，主要原因在于对最高人民法院《关于审理贪污、职务侵占案件如何认定共同犯罪几个问题的解释》中的"行为人"认识不一……

典型类案 2 将本单位管理、使用或运输中的私人财产占为己有的国有事业单位工作人员能否构成贪污罪的主体 / 7

> 司法实践中，对国有事业单位工作人员将本单位管理、使用或运输中的私人财产占为己有的行为如何适用法律，存在较大争议，主要原因在于，对《刑法》第91条"在国家机关、国有公司、企业、集体企业和人民团体管理、使用或者运输中的私人财产，以公共财产论"中是否包括"国有事业、集体事业单位管理、使用或者运输中的私人财产"认识不一……

典型类案3　对为单位利益组织实施的盗窃行为是否应按单位犯罪对待 / 11

当前，为单位利益组织实施的盗窃行为的现象在现实生活中普遍存在，《刑法》第30条对单位犯罪作了明确规定，而刑法没有规定单位可以成为盗窃罪的主体。虽然最高人民检察院作出的《关于单位有关人员组织实施盗窃行为如何适用法律问题的批复》，因立法缺陷，以及一些司法人员甚至法学家对刑法规定的单位犯罪认识模糊，所以争议仍然很大。对单位有关人员为谋取单位利益组织实施的盗窃行为，是否应当按照单位犯罪对待，司法机关在具体操作中无法统一，对这些案件的处理也有较大差异，有的地方判无罪，有的地方判有罪……

典型类案4　单位组织实施盗窃行为能否对主管人员和直接责任人以盗窃罪追究刑事责任 / 16

我们在办案实践中发现，对于单位组织实施窃电的行为，能否对相关人员直接以盗窃罪追究刑事责任，由于对单位犯罪相关理论认识的不同存在较大争议……

典型类案5　对国有单位委派的管理人员在国有资金抽出（未变更登记）后是否以国家工作人员论 / 20

《刑法》第93条第2款规定："国有公司、企业、事业单位、人民团体中从事公务的人员和国家机关、国有公司、企业、事业单位委派到非国有公司、企业、事业单位、社会团体从事公务的人员，以及其他依照法律从事公务的人员，以国家工作人员论。"司法实践中，对国有单位委派的管理人员在国有资金抽逃（未变更登记）后是否以国家工作人员论，存在争议。笔者认为对此类人员应认定为国家工作人员……

二、主观方面

典型类案6 因非法同居形成的事实上的养父将"养女"脱离生母控制的行为如何认定 / 24

> 在现实生活中，一些民事方面的事实行为通常会引起行为人同行为对象之间特定身份关系的变化。由此而引发的在构成刑事犯罪方面很可能影响到行为人的主观故意，特别是在对行为人的主观故意进行认定时，须得慎之又慎。而且，即使行为人真正对有特定关系者产生了犯意，那么在量刑时也应当注意针对行为人的主观恶性有所考虑……

三、犯罪对象

典型类案7 事业单位"乱收费"所得能否界定为国有资产 / 28

> 在近年来的司法实践中，对如何界定国有资产存在着不同的意见，给认定相关犯罪带来了一定的困难，比如学校"乱收费"所得是否能认定为国有资产？学校有关领导私分"乱收费"所得能否构成私分国有资产罪……

四、犯罪形态

典型类案8 对盗窃数额虽未达到巨大但社会危害性较大的盗窃行为能否认定盗窃罪，如何把握"情节严重" / 32

> 司法实践中，我们在办理一些盗窃未遂案件中发现，对于部分盗窃数额虽未达到巨大，但社会危害性较大的盗窃行为能否认定盗窃罪、如何把握"情节严重"存在较大争议。由于现行法律在盗窃未遂案件处罚规定上过于笼统，各地的司法部门对盗窃未遂案件的认定和处理均存在着重大分歧，导致对同样达到数额较大的盗窃未遂案件，有的一律定罪处罚，有的则一律不作犯罪论处的失衡局面……

五、量　刑

典型类案9　对适用减轻处罚的犯罪分子如何在法定刑以下判处刑罚 ／ 36

《刑法》第63条规定，"犯罪分子具有本法规定的减轻处罚情节的，应当在法定刑以下判处刑罚"。对适用减轻处罚的犯罪分子如何在法定刑以下判处刑罚，由于缺乏明确的司法解释，实际操作中颇为混乱。如何理解和掌握"法定刑以下"，司法实践中分歧意见较大……

六、累　犯

典型类案10　盗窃罪累犯如何处罚 ／ 40

对于盗窃犯罪的累犯，是按照最高人民法院《关于审理盗窃案件具体应用法律若干问题的解释》第6条第3款的规定，加重处罚，还是按照刑法典的规定从重处罚，司法实践中的分歧意见较大……

典型类案11　对附加剥夺政治权利刑罚执行期间重新犯罪能否同时按数罪并罚原则和累犯条款处理 ／ 44

对于主刑已经执行完毕，在附加剥夺政治权利期间又犯罪的罪犯如何适用法律，司法实践中不但有不同意见，而且执行上也有所不同……

典型类案12　缓刑考验期满后5年内再犯罪是否构成累犯 ／ 49

我国刑法规定累犯制度是为了预防犯罪，对于那些在缓刑考验期满后仍不思悔改，在5年以内故意再犯应当判处有期徒刑以上刑罚之罪，说明该犯罪分子并未认真彻底改造好自己，甚至当时"较好"的悔罪表现是为了追求得到缓刑这种较轻的处理而伪装的，其继续犯罪的事实，足以证明其具有较大的主观恶性和社会危害性，应当以累犯予以从重处罚，只有这样才能有效发挥刑罚教育改造罪犯的目的。在办案实践中，对被判处缓刑的犯罪分子，在缓刑考验期满后5年内又故意犯罪是否构成累犯，存在争议……

目　录

七、自首和立功

典型类案 13　以数额巨大的财物作为目标但盗窃未遂而被抓获后如实供述相同手段的其他盗窃既遂事实能否认定为自首 / 53

> 在办理刑事犯罪案件的过程中，正确认定"自首"行为，对具有自首情节的犯罪行为人予以从宽处理，既有利于教育感化犯罪分子，又有利于依法办案和犯罪预防工作。但是，正确认定"自首"是一项政策性很强的工作，掌握和运用不当，极易成为办案者徇私舞弊、徇情枉法的借口。我们在办理以数额较大的财物为目标但盗窃未遂而被抓获后如实供述相同手段的其他盗窃既遂事实能否认定为自首的问题上，就曾经因为应当如何正确适用法律，产生了较大的分歧意见……

典型类案 14　劝说同案犯自首是否构成立功 / 57

> 在司法实践中，我们碰到了这样的案例，犯罪嫌疑人在归案以后成功地劝说其他同案犯自首，这种劝说行为极大地帮助了侦查机关及时迅速地查明了犯罪事实，为国家和社会节约了较大的侦破成本。这是否可以认定为行为人有"其他有利于国家和社会的突出事迹"从而构成立功呢？对此，司法实践中产生了认识上的分歧，有构成立功说，有不构成立功说，还有折中说，即作适当的考虑，既不全面否定也不全面承认……

典型类案 15　对被告人检举揭发已经查证属实如何认定 / 61

> 司法实践中，法院在审理被告人所涉嫌的犯罪事实过程中查明，被告人在先前受到刑事强制措施处理之时曾有检举揭发他人重大犯罪事实的情况，并且由公安机关出具了相关的书面证明。这种证明是否可以认定为被告人检举揭发他人犯罪并且查证属实，司法实践中存在不同的认识……

八、数罪并罚

典型类案 16 在缓刑考验期满后发现期中有违法、犯罪行为或者漏罪是否应撤销缓刑实行数罪并罚 / 65

> 对考验期满间发现有违法、犯罪行为或者漏罪的，1997年刑法规定应撤销缓刑实行数罪并罚。但对考验期满后发现期中有违法、犯罪行为或者漏罪的应否撤销缓刑实行数罪并罚，我国现行刑法未作明确规定。司法实践中，对考验期满后发现期中有违法、犯罪行为或者漏罪的应否撤销缓刑实行数罪并罚的法律适用问题存在较大争议……

典型类案 17 数罪中既有判处有期徒刑又有判处拘役或者管制等异种有期自由刑如何并罚执行 / 69

> 司法实践中，我们经常遇到数罪中既有判处有期徒刑，又有判处拘役或者管制，对不同种类的有期自由刑之间应当如何并罚，由于目前我国刑法没有明文规定，因此出现如何适用法律的争议……

典型类案 18 被判处无期徒刑减为有期徒刑的罪犯再次减刑后在刑罚执行完毕之前发现漏罪如何决定数罪并罚 / 74

> 司法实践中，笔者收集到这样一起争议较大的典型案例及法律适用问题，对有关被判处无期徒刑减为有期徒刑的罪犯再次减刑后在刑罚执行完毕之前发现漏罪的情况，如何决定数罪并罚引起我们的关注和思考……

九、缓　刑

典型类案19　缓刑判决尚未生效期间又犯新罪 / 77
——缓刑考验期限自何时起计算

《刑法》第73条规定，缓刑考验期限，从判决确定之日起计算。司法实践中，由于对判决确定之日的理解不同，对被宣告缓刑的犯罪分子在缓刑宣告后判决未生效期间又犯新罪、发现漏罪或者有情节严重的违反缓刑的监督管理规定的，如何适用法律存在较大争议……

《刑法》分则适用与立法司法解释建议

一、危害公共安全罪

典型类案20　对盗割正在使用的电话电缆行为如何定罪量刑 / 83

我们在办案实践中发现，对盗割正在使用的电话电缆的行为是否适用最高人民法院《关于审理破坏公用电信设施刑事案件具体应用法律若干问题的解释》的问题，存在较大争议；再从全国各地的判例来看，有的地区以盗窃罪定性，有的地区以破坏公用电信设施罪定性，而且因定性的差异，同样行为所受到的刑罚悬殊较大，有的地区以破坏公用电信设施罪，判处7年以上有期徒刑，有的地区以盗窃罪，判处3年以下有期徒刑或者是拘役……

典型类案21　交通肇事致人重伤后逃逸是否应认定为加重情节 / 87

《刑法》第133条规定了交通肇事罪的构成要件，其中规定"交通运输肇事后逃逸或者有其他特别恶劣情节的"，构成交通肇事罪的加重情节，应处3年以上7年以下有期徒刑。近一段时间，司法实践中发生了几起交通肇事致人重伤逃逸案件，对于这类案件是否可以认定为加重情节，存在着疑问……

典型类案22 交通肇事后为逃避法律追究隐藏或遗弃被害人应根据案情区别对待 / 91

最高人民法院2000年11月10日《关于审理交通肇事刑事案件具体应用法律若干问题的解释》第6条规定:"行为人在交通肇事后为逃避法律追究,将被害人带离事故现场后隐藏或者遗弃,致使被害人无法得到救助而死亡或者严重残疾的,应当分别依照刑法第二百三十二条、第二百三十四条第二款的规定,以故意杀人罪或者故意伤害罪定罪处罚。"但是,本条规定不能涵盖行为人实施将被害人带离事故现场后隐藏或者遗弃行为而出现的诸种实际情形,以致在适用该条规定办理具体案件时产生了诸多意见分歧……

典型类案23 交通肇事后找人顶罪构成交通肇事后逃逸还是妨害作证 / 95

随着经济的发展,交通运输业越来越发达,交通肇事案件现已成为司法实践中较为常见的多发罪名。在交通肇事案件中,一部分肇事人常因各种原因找人顶罪,对此种行为如何适用法律目前争议较大……

典型类案24 交通肇事致一人重伤后逃逸推定负事故全部责任或主要责任是否一律认定为犯罪 / 99

最高人民法院《关于审理交通肇事刑事案件具体应用法律若干问题的解释》规定,交通肇事致一人以上重伤,负事故主要责任以上,具有"为逃避法律追究逃离事故现场的",可以以交通肇事罪定罪处罚。那么,交通肇事致一人重伤后逃逸推定负事故全部责任或主要责任是否应当一律认定为犯罪呢……

典型类案25 对纵容他人无证驾驶造成重大交通事故如何定性 / 103

最高人民法院《关于审理交通肇事刑事案件具体应用法律若干问题的解释》第7条规定:单位主管人员、机动车辆所有人或者机动车辆承包人指使、强令他人违章驾驶造成重大交通事故,具有本解释第2条规定情形之一的,以交通肇事罪定罪处罚。在司法实践中,存在车辆所有人纵容他人违章驾驶造成重大交通事故的情形,而纵容行为显然无法为指使和强令的语义所涵盖,由此导致实践中对此类行为的定性产生疑问和分歧……

目 录

典型类案 26 交通肇事逃逸情节与其他定罪情节并存时逃逸行为的认定 / 107

从目前的法律和司法解释看，交通肇事者在发生交通肇事后的逃逸行为与其他定罪情节并存时，逃逸行为对最终的定罪量刑会根据不同的情况产生不同的影响。办理交通肇事案件的司法实践中，也经常会有这样的情况，对交通肇事者在发生交通肇事后的逃逸行为与其他定罪情节并存时，如何看待逃逸行为对定罪量刑的影响存在不同的分歧意见……

典型类案 27 交通肇事第一碰撞人逃逸后被害人又遭其他车辆碰碾，能否追究第一碰撞人的刑事责任 / 111

交通肇事逃逸后被害人又遭其他车辆碰碾，尤其是在不能确定被害人死亡是由第一次碰撞还是其后车辆再次碰撞造成，而第一碰撞人负事故主要以上责任的情况下能否追究第一碰撞人的刑事责任，这个问题涉及法律、伦理等诸多方面……

典型类案 28 对二人以上共同承担事故主要责任的肇事行为人是否应追究刑事责任 / 115

司法实践中笔者发现，由于有两名以上肇事行为人在一起一死一伤的交通肇事案件中共同承担事故主要责任，根据刑法及司法解释，交通肇事死亡1人或者重伤3人以上并负事故全部或者主要责任的，处3年以下有期徒刑或者拘役，对应当共同承担事故责任的肇事行为人是否追究刑事责任，产生了较大的意见分歧……

典型类案 29 在未竣工的公路和乡村道路上驾驶交通工具致人死亡构成过失致人死亡罪还是交通肇事罪 / 118

《道路交通安全法》第119条对"道路"概念重新作了界定。但实践中各地仍认识不一。对在未竣工的公路上和乡村道路上驾驶交通工具致人死亡的行为是以过失致人死亡罪定罪量刑还是以交通肇事罪定罪量刑争议极大……

二、破坏社会主义市场经济秩序罪

典型类案 30 如何认定诈骗和虚报注册资本的牵连关系 / 122

在司法实践中，我们碰到了这样的案件，行为人为了占有公司发起人约定的借款费用，伪造了一系列的金融凭证，帮助发起人成功地取得了公司的注册登记。此种情况下，行为人对于公司发起人是否构成诈骗罪，对于公司登记管理机关是否构成虚报注册资本罪，司法实践中存在不同的意见……

典型类案 31 对销售双方明知不合格的产品能否认定生产、销售伪劣产品罪 / 127

司法实践中，对于生产、销售违反国家产品质量管理法规，在产品中掺杂、掺假、以假充真、以次充好或者以不合格产品冒充合格产品的行为，如果数量达到一定的标准，则构成生产、销售伪劣产品罪。这种情况往往仅限于一方明知该产品不符合国家标准而予以销售，然而一旦出现销售双方均明知该产品为不符合国家产品质量管理法规的规定而仍然予以销售的，是否能认定为生产、销售伪劣产品罪，在司法实践中则有较大的争议……

典型类案 32 生产、销售伪劣产品（烟草制品）罪的销售金额如何认定，"尚未销售"是否等同于未遂 / 131

我们在检察实践中发现，最高人民法院、最高人民检察院、公安部、国家烟草专卖局 2003 年 12 月 23 日《关于办理假冒伪劣烟草制品等刑事案件适用法律问题座谈会纪要》的部分规定，在运用过程中矛盾较大，如司法实践中办理的袁某销售伪劣产品案在法律适用上存在较大分歧……

典型类案 33 非法传销罪主体中的组织者或经营者如何界定 / 135

2005 年 11 月 1 日起实施的国务院《禁止传销条例》第 7 条规定，组织者或者经营者实施了通过发展人员，要求被发展人员发展其他人员加入，对发展的人员以直接或者间接滚动发展的人员数量为依据计算给付报酬，牟取非法利益等三种规定情形之一的，属于传销行为。该法规第13条规定，工商行政管理部门查处传销行为，对涉嫌犯罪的，应当依法移送公安机关立案侦查。但是，司法实践中对于参与非法传销的所有上线行为人是否均属于组织者或经营者，存在较大的意见分歧……

典型类案 34 对冒充他公司提起民事诉讼骗取法院执行款的行为能否以诈骗罪追究刑事责任 / 139

行为人以非法占有为目的，冒充债权人依法向人民法院请求实现其债权，与此同时还伪造了有关的印章和虚假的材料，最终通过法院的执行成功地骗取了原本不属于冒充者的"债款"，对于这类行为应如何定性，能否以诈骗罪追究刑事责任，值得探讨……

典型类案 35 捡拾他人信用卡并在ATM柜员机上使用的行为如何定性 / 143

在司法实践中，经常发生行为人捡拾他人信用卡后在ATM柜员机上进行使用的案例，对此类案件如何定性和处理，存在较大的分歧，需要相关的司法解释对此作出明确的规定……

典型类案 36 利用假身份证挂失补办新卡后取走信用卡中余额的行为如何定性 / 147

我们在办案中遇到行为人偷记信用卡号和身份证号码，并利用假身份证补办新卡的案件，对此种行为如何适用法律，实践中颇有争议……

典型类案 37 介绍他人开具抵扣税款专用发票但数量或者金额是否存在不实情况无法确定的行为如何定性 / 151

根据最高人民法院《关于适用〈全国人民代表大会常务委员会关于惩治虚开、伪造和非法出售增值税专用发票犯罪的决定〉的若干问题的解释》的规定，行为人介绍虚开抵扣税款的增值税发票，构成虚开增值税发票罪。但是对于该解释中关于数量或金额是否存在"不实"的情况的认识，司法实践中存在不同意见。实践中经常有这样的情况，即侦查机关查明犯罪嫌疑人介绍他人开具抵扣税款专用发票，但是却无法证明发票数量或者金额不实，导致的问题就是对于这类行为应如何定性产生疑难……

典型类案38 生产企业自行收购废旧金属作为原料并与废旧物资经营单位签订委托收购合同而让其开具销售发票用于抵扣税款的是否不予定性为虚开 / 155

生产企业收购废旧金属作为生产原料而引起的虚开用于骗取抵扣税款发票案件的情况时有发生，因适用法律产生争议，导致案件处理较难。某检察院于2007年审查办理了一件生产企业收购废旧金属作为生产原料而引发的虚开用于骗取抵扣税款发票案件，因适用法律时产生争议，最终决定，由侦查机关先行撤回，待相关法律规定及司法解释明确后再作处理……

典型类案39 不同单位犯偷税罪，同一负责人如何承担罪责 / 159

在司法实践中，普遍存在同一负责人在经营不同公司或企业时均实施偷税犯罪的情况，对于此类犯罪主体是否构成犯罪，是构成一罪还是数罪，存在较大争议……

典型类案40 在实际交易前提下行为人让第三人为自己代开发票抵扣税款是否构成虚开增值税专用发票、用于抵扣税款发票罪 / 163

在与他人有商品交易的前提下，让第三人为自己代开增值税专用发票、用于抵扣税款发票的行为是否构成虚开增值税专用发票、用于抵扣税款发票罪？各地司法处理不尽相同，法理界也颇有争议。究其原因，是对虚开税票所侵犯的法益理解不一以及相关立法、司法解释不明确……

典型类案41 盗用他人注册与实际使用不一致的商标是否构成犯罪 / 167

我国刑法规定，未经注册商标所有人许可，在同一种商品上使用与其注册商标相同的商标，情节严重的构成假冒注册商标罪。盗用他人实际使用的与其注册不一致的商标，是否构成假冒注册商标罪……

典型类案 42 以暴力、威胁手段强行收取高价工程款行为如何定性 / 171

> 在办案中,我们遇到行为人在骗取他人接受服务后,使用暴力强行收取高价费用,对此类行为如何定性,存在争议……

典型类案 43 对乡(镇)、村成立的拆迁小组人员利用职务之便骗取拆迁补偿款如何定罪量刑 / 175

> 当前,随着城市的不断发展,各地都在进行着大量的征地拆迁。为搞好拆迁工作,各地乡(镇)、村都专门成立了拆迁小组,但拆迁小组成员利用职务之便弄虚作假,大肆骗取拆迁补偿款的现象时有发生,给国家造成了重大经济损失。对这类案件的处理,各地司法机关目前还没有一个统一的定罪处罚标准……

典型类案 44 如何理解认定偷税罪的"数额+比例"标准 / 179

> 我国《刑法》第201条规定,偷税数额占应纳税额的10%以上并且偷税数额在1万元以上的,构成偷税罪。与其他经济犯罪不同,刑法对偷税罪的认定采用了"数额+比例"的复合标准。但是我们在实践中发现,由于这种标准具有内在的逻辑矛盾,导致了偷税罪认定过程中的诸多困境,给认定犯罪带来一定的困难……

三、侵犯公民人身权利、民主权利罪

典型类案 45 无奸淫故意而与智力残疾或者精神残疾妇女非法同居是否应以强奸罪论处 / 183

> 在司法实践中我们发现,与患有精神病或痴呆妇女发生性行为而依照现行司法解释以强奸罪论处的案件中,出现了部分犯罪嫌疑人并无强奸犯罪故意,而是由于家庭困难无条件娶妻而与痴呆妇女非法同居,在处理此类案件的过程中如何适用法律,存在较大的意见分歧……

典型类案46 对与之有长期通奸关系的女方未满14周岁前的奸淫（强奸）行为是否构成强奸罪 / 187

最高人民法院、最高人民检察院、公安部于1984年4月26日联合颁布的《关于当前办理强奸案件中具体应用法律的若干问题的解答》中对强奸和通奸作了区别，规定："第一次性行为违背妇女的意志，但事后并未告发，后来女方又多次自愿与该男子发生性行为的，一般不宜以强奸罪论处。"在司法实践中，对长期有通奸关系的女方未满14周岁之前被男方奸淫（强奸）的行为能否适用《解答》、是否构成强奸罪问题出现分歧……

典型类案47 被害人性防卫能力的精神病司法鉴定结论不宜作为强奸痴呆妇女案件的定案依据 / 191

最高人民法院、最高人民检察院1984年4月26日《关于当前办理强奸案件中具体应用法律的若干问题的解答》规定："明知妇女是精神病患者或者痴呆者（程度严重的）而与其发生性行为的，不管犯罪分子采用什么手段，都应以强奸罪论处。"在办理此类案件的过程中，对被害人是否属于精神病患者或者程度严重的痴呆者进行司法鉴定，是一个十分重要的问题。通常情况下，司法机关在委托鉴定上述内容的同时，还要求对被害人是否具有性防卫能力的问题一并予以鉴定。然而，被害人是否具有性防卫能力，不仅受到精神病状况或者痴呆轻重程度的影响，而且受到被害人年龄等其他因素的影响，常常出现轻度痴呆者也被鉴定为无性防卫能力的情况，从而导致在适用《解答》办理具体案件时产生重大意见分歧……

典型类案48 为泄私愤故意伤害他人致人重伤构成故意伤害罪还是寻衅滋事罪，是一罪还是数罪 / 195

司法实践中，我们发现，对于为泄私愤故意伤害他人身体，致人重伤的行为是构成故意伤害罪还是寻衅滋事罪，究竟是一罪还是数罪并罚，很有争议，这主要是因为相关的法律规定不明确及规定的效力不确定所致……

典型类案 49　绑架罪的行为手段如何认定 / 199

> 1997年《刑法》第239条增设了绑架罪，其规定：以勒索财物为目的绑架他人的，或者绑架他人作为人质的，处10年以上有期徒刑或者无期徒刑，并处罚金或者没收财产；致使被绑架人死亡或者杀害被绑架人的，处死刑，并处没收财产。由于法律以及司法解释都没有对本罪的客观方面即绑架的手段行为作出规定，司法实践中对该罪在客观方面的认定上一直存在争议……

四、侵犯财产罪

典型类案 50　故意毁坏财物罪与寻衅滋事罪如何区分 / 203

> 我们在司法实践中遇到这样一个案例……对本案是否以寻衅滋事诉讼至法院，我们的办案人员产生了一定的分歧，有寻衅滋事说、故意毁坏财物说……

典型类案 51　行为人非法侵入他人证券账户买卖证券如何定性，犯罪数额如何认定 / 207

> 随着市场经济的发展和证券市场的繁荣，在司法实践中，也时常会发生非法侵入他人证券账户进行证券买卖的案件，对此类案件如何适用法律存在较大争议……

典型类案 52　未成年人使用轻微暴力强索少量钱财的行为如何定性 / 211

> 司法实践中，我们会经常遇到一些未成年人使用语言威胁或者轻微暴力，当场抢走少量钱财的案件。对此类案件如何定性，出现争议……

典型类案 53　盗窃罪既遂的标准 / 215

> 盗窃罪的既遂问题一直为司法实践中争议比较多的问题。正确把握盗窃罪既遂的标准，有利于我们在司法实践中正确区分罪与非罪的界限，准确打击盗窃犯罪……

典型类案 54 对情节严重的寻衅滋事行为采取防卫手段造成侵害人伤亡是否应当追究刑事责任 / 219

《刑法》第 20 条第 3 款规定："对正在进行行凶、杀人、抢劫、强奸、绑架以及其他严重危及人身安全的暴力犯罪分子，采取防卫行为，造成不法侵害人伤亡的，不属于防卫过当，不负刑事责任。"那么，对情节严重的寻衅滋事行为采取防卫手段造成侵害人伤亡，是否应当追究刑事责任？司法实践对此争议较大，涉及对《刑法》第 20 条第 3 款如何理解和适用的问题……

典型类案 55 对转化型抢劫中盗窃、诈骗、抢夺行为是否要求构成犯罪及"当场"如何理解 / 223

《刑法》第 269 条规定：犯盗窃、诈骗、抢夺罪，为窝藏赃物、抗拒抓捕或者毁灭罪证而当场使用暴力或者以暴力相威胁的，依照本法第 263 条规定定罪处罚。司法实践中对盗窃、诈骗、抢夺行为是否要求构成犯罪及"当场"如何理解，有不同认识……

典型类案 56 入户盗窃以威胁手段抗拒抓捕是否构成入户抢劫 / 227

司法实践中，对于入户盗窃后被发现，遂以威胁的手段抗拒抓捕的行为是否构成入户抢劫罪，往往比较有争议，究其主要原因是刑法没有对抢劫、转化型抢劫、入户抢劫三者之间作出明确的界限，导致司法实践中对在户内盗窃后以威胁方式抗拒抓捕的情况是否构成入户抢劫存在很大的争议……

典型类案 57 对成年人、未成年人勾结共同对成年人、未成年人实施抢劫如何处理 / 231

司法实践中，我们发现成年人、未成年人勾结，共同对成年人、未成年人实施抢劫的案件时有发生。但司法机关对于此类案件中未成年人的处理结果具有相当大的差异，有的对未成年人不作犯罪处理，有的则按照抢劫罪定罪处罚。究其主要原因是现行司法解释的规定有不完善的地方。最高人民法院《关于审理未成年人刑事案件具体应用法律若干问题的解释》对于未成年人抢劫的认定标准作了实质的提高，关于成年人、未成年人勾结共同对成年人、未成年人实施抢劫的行为应如何适用法律成为了一个颇具争议的问题……

目 录

典型类案 58 对携带凶器实施抢夺但未向被害人出示的行为是否应
认定为抢劫 / 235

> 司法实践中把携带凶器进行抢夺但未向被害人出示的行为一概认定为抢劫，我们认为这有违罪责刑相适应原则。通过对抢夺罪与抢劫罪的行为特征进行比较，得出携带凶器进行抢夺但未向被害人出示的行为定抢夺罪更为合理一些……

典型类案 59 对侵占罪中的"埋藏物"如何理解 / 240

> 盗窃罪和侵占罪都属于侵犯财产类型犯罪。对盗窃罪与侵占罪如何区分一直是司法实践中的难点，侵占罪中"代为保管的他人财物"、"遗忘物"、"埋藏物"如何理解和认定，是区分两罪的关键……

典型类案 60 案发后归案前退还所骗款项应如何处理，行为人主观
上是否具有非法占有的故意 / 244

> 近年来的司法实践中，我们碰到了这样的案例，犯罪嫌疑人骗取被害人的钱财后表示愿意退还所骗款项，并已实际退还了部分款项。此种情况是否可以认定为行为人主观上具有"非法占有"的故意，所退还的款项应如何认定，在司法实践中产生了较大的认识分歧……

典型类案 61 盗窃被他人抛弃的盗赃物应如何定性 / 248

> 根据我国《刑法》第264条的规定，盗窃罪是指以非法占有为目的，秘密窃取公私财物，数额较大或者多次盗窃公私财物的行为，需符合以下几个要件：(1) 非法占有的目的；(2) 秘密窃取行为；(3) 犯罪对象是公私财物；(4) 数额须达到"较大"的程度。在司法实践中，我们碰到了盗窃被他人抛弃的盗赃物的案例，对于"赃物"是否属于盗窃罪范畴中的"公私财物"，产生了不同的认识……

典型类案62　如何理解盗窃罪"次数标准"与"数额标准"的关系 / 252

最高人民法院于1997年11月颁布《关于审理盗窃案件具体应用法律若干问题的解释》第4条规定:"对于一年内入户盗窃或者在公共场所扒窃三次以上的,应当认定为'多次盗窃',以盗窃罪定罪处罚。"《解释》第5条第1款第12项规定:"多次盗窃构成犯罪,依法应当追诉的,或者最后一次盗窃构成犯罪,前次盗窃行为在一年以内的,应当累计其盗窃数额。"司法实践中,对"多次盗窃"和"多次盗窃构成犯罪"及盗窃数额计算如何理解存在争议……

典型类案63　如何理解"多次盗窃" / 257

最高人民法院《关于审理盗窃案件具体应用法律若干问题的解释》第4条对"多次盗窃"进行了规定,即对于1年内入户盗窃或者在公共场所扒窃3次以上的,应当认定为"多次盗窃",以盗窃罪定罪处罚。虽然该规定对入户盗窃的次数作了规定,即必须是3次以上,而且有时间上的要求,即必须是1年以内。但在司法实践中,对如何理解"多次盗窃"仍存在一定的分歧。本文试图通过四个案例反映认定"多次盗窃"的三个困惑:一次连续盗窃3户是否构成"多次盗窃";3次盗窃同一户是否构成"多次盗窃";认定"多次盗窃"是否要求每次入户盗窃都必须窃得财物……

典型类案64　捆绑他人后诱骗其亲属汇钱是否具有"当场性" / 261

2005年6月8日,最高人民法院颁布了《关于审理抢劫、抢夺刑事案件适用法律若干问题的意见》,该意见第9条第3项对抢劫罪与绑架罪的区别进行了详细的规定。但是我们在实践中发现,由于该条款规定得较为模糊,特别是对抢劫罪"当场性"的论述过于狭窄,从而给认定犯罪带来一定的困难……

目 录

五、妨害社会管理秩序罪

典型类案65 "殴打他人情节恶劣的寻衅滋事罪"是否属于允许实施无过当防卫的"其他严重危及人身安全的暴力犯罪" / 265

> 司法实践中，经常遇到面对寻衅滋事随意殴打他人情节严重等犯罪行为，实施正当防卫造成不法侵害人重伤或死亡的严重损害后，防卫人被认定为防卫过当并追究刑事责任，而实施防卫的行为人及其辩护人以《刑法》第20条第3款有关无过当防卫的规定为依据进行辩解、辩护，认为不应被追究刑事责任的情形。目前，关于《刑法》第20条第3款的具体适用尚无明确的司法解释，致使司法实践中分歧意见较大……

典型类案66 因故殴斗未成的聚众斗殴行为应属犯罪预备或犯罪预备阶段的中止 / 269

> 近年来，在办案实践中常常遇到这类案件，行为人纠集多人预谋大规模持械聚众斗殴，后因故殴斗未成。在处理此类聚众斗殴案件的过程中如何适用法律，存在较大的意见分歧。以某市基层检察院为例，2003年至2005年间，此类案件经公安机关与检察院侦监部门共同协商，后未提请检察机关批准逮捕，而由公安机关直接作出行政拘留或劳动教养等行政治安处罚的就有9件23人；而类似案件在其他地区却又作了批准逮捕的决定……

典型类案67 临时性合意斗殴引起他人死亡无法查清直接致害人时应如何定性 / 274

> 司法实践中，对于临时性合意聚众斗殴引起他人死亡但无法查清直接致害人的情况究竟是认定为聚众斗殴罪，还是基于致人死亡结果直接认定为故意杀人罪，存在很大的争议。如果认定为聚众斗殴罪，则不免有放纵犯罪的嫌疑，而将殴斗方整体认定为故意杀人罪则显然科刑过重，不符合罪责刑相适应原则……

典型类案68 对持械聚众斗殴中未持械罪犯是否适用升格刑罚 / 278

　　持械情节是聚众斗殴犯罪中的加重情节，一旦认定犯罪嫌疑人具有这一加重情节，其量刑刑格即由3年以下有期徒刑升至3年以上10年以下有期徒刑。司法实践中对于持械聚众斗殴中未持械罪犯如何适用法律有不同意见……

典型类案69 对于因民事纠纷引起的多人斗殴案件如何理解把握聚众斗殴罪的构成要件 / 282

　　近年来，在办理聚众斗殴案件的司法实践中我们发现，对于因民事纠纷引起的多人斗殴案件如何理解把握聚众斗殴罪的犯罪构成要件存在较大分歧。实践中对于该条中的"民事纠纷"理解不一，导致类似案件的处理结果迥异……

典型类案70 多次受雇为赌博活动服务的行为是否属于刑法解释的"直接帮助" / 286

　　司法实践中，我们发现：对于多次受雇为赌博活动服务的行为是否属于为赌博犯罪"直接帮助"的行为，也即此类行为是否构成赌博罪的共犯，往往很有争议。对于多次受雇为赌博活动服务的人员是否构成赌博罪的共犯很有争议，这主要根源于对该行为是否属于"直接帮助"的不同理解。究其原因，是相关的司法解释中对"直接帮助"的内容用了列举式，并在列举的内容后用了"等"字，导致这种情况究竟是否属于"直接帮助"的范围不明确……

典型类案71 对刑法规定的"其他毒品"怎样理解，对毒品犯罪如何定性定量 / 290

　　近年来，贩卖氯胺酮的行为较为严重。办案中，对于具体个案虽然大多数办理结案，但对于贩卖氯胺酮多少数量才能定罪等问题在适用法律上仍然存在较明显的分歧意见，各地对类似问题的请示也比较多，上级法院、检察院的有关答复、批复等一直没有明确的解释或解释内容值得商榷……

目　录

典型类案 72　以暴力、威胁方法阻碍国有事业单位的非编制内行政
　　　　　　　执法人员依法执行职务是否可对侵害人以妨害公务罪
　　　　　　　论处 ／ 294

　　在办理行为人殴打收费站非事业编制人员执行行政收费职务案件中，对以暴力、威胁方法阻碍国有事业单位非编制人员依法执行职务如何定性问题上出现争议……

典型类案 73　妨害有瑕疵的公务行为如何定性 ／ 298

　　《刑法》第 277 条规定：以暴力、威胁方法阻碍国家机关工作人员依法执行职务的，构成妨害公务罪。司法实践中，我们发现，对于以暴力、威胁方法阻碍国家机关工作人员依法执行职务的行为，如果行为人侵害的公务行为本身就存在瑕疵，或者说公务人员在执行公务的过程中存在程序或实体上的瑕疵，在此情况下的违反行为是否构成妨害公务罪，在司法实践中很有争议……

典型类案 74　以自杀相威胁是否构成妨害公务罪 ／ 302

　　我国《刑法》第 277 条将妨害公务罪的罪状规定为"以暴力、威胁方法阻碍国家机关工作人员依法履行职务"，在司法实践中，存在以自杀要挟国家机关工作人员放弃执行公务的情况。对于以自杀相威胁是否属于妨害公务罪中"用威胁方法阻碍国家机关工作人员依法履行职务"，办案人员之间意见分歧较大……

典型类案 75　对盗窃具有行政执法职能的国有事业单位公文的行为
　　　　　　　能否以盗窃国家机关公文罪定罪处理 ／ 306

　　《刑法》第 280 条规定："伪造、变造、买卖或者盗窃、抢夺、毁灭国家机关的公文、证件、印章的，处三年以下有期徒刑、拘役、管制或者剥夺政治权利；情节严重的，处三年以上十年以下有期徒刑。"司法实践中，我们发现，对于盗窃具有行政执法职能的国有事业单位公文的行为能否以盗窃国家机关公文罪定罪处理，即能否把具有行政执法职能的国有事业单位认定为伪造、变造、买卖国家机关公文、证件、印章罪和盗窃、抢夺、毁灭国家

机关公文、证件、印章罪中的国家机关,有很大的争议,主要原因是目前相关法律规定中对于此类情况未作明确规定,导致法律适用混乱……

典型类案 76 如何界定非法种植毒品原植物罪的主观故意 / 310

我国刑法规定非法种植罂粟或者其他毒品原植物数量大的或者有其他情节的就构成非法种植毒品原植物罪,对该罪构成的主观方面没有明确界定,笔者认为这是不甚妥当的,因为很多情况下,种植者并非基于制毒故意而去种植,对他们的行为该如何定性就比较困难。笔者在办理一犯罪嫌疑人涉嫌非法种植毒品原植物案件过程中发现,我国刑法对非法种植毒品原植物罪构成要件的规定不甚明晰,尤其是对该罪的主观方面的认定至今仍无相关司法解释,造成了在办案实践中的很多困惑……

典型类案 77 非法种植毒品原植物罪是否应以"明知是毒品原植物"为主观构成要件 / 314

非法种植毒品原植物罪是指违反国家毒品原植物种植管制法规,私自种植罂粟、大麻等毒品原植物,情节严重的行为。非法种植毒品原植物罪是否应以"明知是毒品原植物"为主观构成要件,主观上对所种植的"毒品原植物"不明知,此种行为是否构成犯罪。在司法实践中,我们在审查非法种植毒品原植物罪的案件时发现,行为人对毒品原植物认识错误,不明知所种植的为"毒品原植物",对其种植行为能否认定为非法种植毒品原植物罪,争议较大……

典型类案 78 引诱、容留、介绍卖淫案"情节严重"如何认定,如何准确量刑 / 318

引诱、容留、介绍卖淫罪是一种常见的犯罪。1991年全国人大常委会颁布了《关于严禁卖淫嫖娼的决定》对该罪名进行了明确的规定,最高人民法院、最高人民检察院于1992年12月11日下发了《关于执行〈全国人民代表大会常务委员会关于严禁卖淫嫖娼的决定〉的若干问题的解答》,其中第7条就引诱、容留、介绍他人卖淫罪中的"情节严重"作了规定:"(一)多次引诱、容留、介绍他人卖淫的;(二)引诱、容留、介绍多人卖淫的；（三）引诱、容留、介绍明知是有严重性病的人卖淫的；（四）容留、介绍不满14周岁的幼女卖淫的；（五）引诱、容留、介绍他人卖淫具有其他严重情节的。"该《解答》第9条第2款又对第7条中的"他人"、"多人"、"多次"作了解释，这里的"多"是指"三"以上的数（含本数）。《刑法》1997年修订时，将引诱、容留、介绍卖淫罪列入了妨害社会管理秩序罪一章中。此后，由于该罪名的相关司法解释一直未出台，司法实践中，对于如何准确认定该罪名，如何准确进行量刑存在不少的分歧……

典型类案79 设置圈套诱骗他人"参赌"诈骗钱财的行为应定诈骗罪 / 322

在办案实践中，对设置圈套诱骗他人"参赌"诈骗钱财的行为，有的地区以赌博定性，有的地区以诈骗定性，争议较大。又因构成赌博罪犯罪数额起点远高于诈骗罪，所以，同样行为有的地区作了犯罪处理，有的地区未作犯罪处理……

典型类案80 对制作、传播邪教宣传品案件怎样定性、定量 / 326

近年来，司法实践中办理了多宗利用邪教组织破坏法律实施的案件，其中绝大多数被告、犯罪嫌疑人因制作、传播邪教宣传品而受到追究。虽然这些案件基本得以顺利定性和定案，但在办理这类案件过程中遇到一些问题，现有法律或者司法解释没有相应的明确规定，因而导致了如何适用法律的争议……

六、贪污贿赂罪

典型类案81 国家工作人员个人决定将本单位公款借给其配偶控股的企业使用的行为如何定性 / 331

在近年来的司法实践中，多次发生国有公司负责人私自越权决定并以单位走账的方式将公款供其配偶占股的其他单位使用的情况，对于这种情况能否认定为挪用公款罪，实践中有不同意见……

典型类案 82　被派至公司吸储的国有银行工作人员私自挪用吸储资金构成挪用公款罪还是挪用资金罪 / 336

犯罪嫌疑人的身份决定了其构成挪用公款罪还是挪用资金罪,所以确定犯罪嫌疑人具有何种身份就成为解决问题的关键。又由于国有商业银行的改制和改革,国有商业银行的工作人员的身份就变得扑朔迷离起来,对其身份的认定引起了一些争议。我们的办案人员也因此而陷入了激烈的争论……

典型类案 83　改制过程中国有企业负责人利用职务之便侵吞公共财物的行为如何定性 / 340

近年来,司法实践中对改制过程中国有企业负责人利用职务之便侵吞公共财物的案件定性争议较大……

典型类案 84　国家工作人员退休、离职后收受他人财物构成受贿罪是否需要"事先约定" / 344

对于国家工作人员在退休、离职后收受其曾经关照过、给予过不正当利益的人所送财物认定为受贿犯罪,是否需要该国家工作人员曾与行贿人"事先约定"这一要件,司法实践中的争议较多……

典型类案 85　国家工作人员认可他人以财物为其"疏通关系"的行为如何定性 / 348

随着国家反腐力度的加大,贪官污吏已比较忌讳利用职权直接收受金钱财物,各种各样的非直接的金钱贿赂层出不穷,给打击腐败行为增加了难度……

典型类案 86　对低价买卖国有资产的行为如何定性 / 352

在近年来的司法实践中,我们发现,低价自买国有资产的行为在国有资产改革的过程中较为典型……

目 录

典型类案 87 为结算工程款而行贿是否属于"为谋取不正当利益给予国家工作人员以财物" / 356

> 我们在司法实践中发现,建筑工程施工过程中,工程承包方为尽快结算工程款而行贿的情况是很常见的。对于这种行为属于为谋取不正当利益给予国家工作人员以财物,还是属于在经济往来中违反国家规定,给予国家工作人员以数额较大的财物,存在较大的意见分歧……

典型类案 88 对事前无约定离职后收受财物的行为如何定性 / 360

> 司法实践中,行为人在实施一定职务行为为请托人谋取利益之时或之前没有收受贿赂,在职务调动或退休之后收受该请托人的酬谢财物,且事先并无此约定的情形屡见不鲜,此行为是否认定为受贿犯罪,法律并无明确规定,以致各地做法不尽相同,甚至同一办案单位前后处理的结果也不尽相同。鉴于我国刑法对受贿罪的构成作了原则性规定,最高人民法院、最高人民检察院又针对实践办案中出现的有关受贿方面的认定争议情形作出了司法解释,但仍不够明确,造成办案中争议颇多……

典型类案 89 非法收受他人大额银行定期存款单的行为如何定性 / 364

> 在办案实践中,我们发现,行为人以大额银行定期存款单为犯罪对象,由于银行存单的特殊性,能否实际取得财物成为犯罪能否成立的重要因素。对此类问题如何适用法律争议较大……

典型类案 90 受委派人员在非国有公司企业改制后继续任职的是否以国家工作人员论 / 368

> 在办案中,我们遇到受国家机关、国有公司、企业、事业单位委派到非国有公司、企业任职人员,在公司、企业改制后继续任职,对其主体身份如何认定,存在较大争议……

七、渎职罪

典型类案91 渎职犯罪案件立案前挽回的经济损失能否扣减犯罪行
为实际损失 / 372

> 最近，某基层人民检察院分别查处了1件滥用职权和1件玩忽职守犯罪案件线索，并在初查阶段挽回了行为人滥用职权和玩忽职守行为所造成的20余万元和380余万元经济损失。但是，案件办理过程中，对立案前由检察机关挽回的经济损失是否应当从犯罪嫌疑人的行为造成的实际损失中予以扣减产生意见分歧，直接影响了案件的能否立案侦查和定罪处理工作……

典型类案92 对徇私枉法罪"情节严重"、"情节特别严重"如何
理解 / 376

> 在司法实践中，对徇私枉法罪的"情节严重"、"情节特别严重"如何理解，存在较大分歧……

《刑事诉讼法》适用与立法司法解释建议

典型类案93 犯罪嫌疑人在当地有固定住处却在旅馆房间内被执行
监视居住是否折抵刑期 / 383

> 司法实践中，对于在旅馆房间内执行监视居住能不能折抵刑期，争议较大。我们认为，犯罪嫌疑人在当地有固定住处却在旅馆房间内被执行监视居住，已经完全限制了犯罪嫌疑人的人身自由，该监视居住的期间可以折抵刑期。诉讼程序也应由法律明文规定，否则将会出现地区执法差异，引发较多不稳定因素……

典型类案 94 对怀孕的妇女被判处无期徒刑的能否暂予监外执行 / 387

被判处无期徒刑的罪犯由于其主观恶性较大，如果对其适用暂予监外执行，很难达到惩罚和改造罪犯的刑罚目的，因此，我国《刑事诉讼法》第214条对暂予监外执行的对象作了严格限制，即仅限于被判处有期徒刑或者拘役的罪犯。但是司法实践中的情况却是千变万化的，对于被判处无期徒刑的怀孕妇女，如果不给予暂予监外执行又明显不符合人权保障原则，因而出现两难。而监狱法从监狱依法监管和罪犯的改造需要角度，在第17条却规定了被判处无期徒刑的怀孕妇女可以暂不收监，这一规定与刑事诉讼法有明显冲突，给实践处理此类情况带来法律适用的困惑……

典型类案 95 如何执行《人民检察院办理未成年人刑事案件的规定》第10条 / 390

2006年12月28日最高人民检察院第十届检察委员会第六十八次会议通过的《人民检察院办理未成年人刑事案件的规定》第10条第4款规定："讯问未成年犯罪嫌疑人，应当通知法定代理人到场，告知法定代理人依法享有的诉讼权利和应当履行的义务。"然而在司法实践中，对于"应当通知法定代理人到场"的理解却存在较大分歧，导致适用的不确定性……

典型类案 96 刑罚执行通知书应当何时发出 / 394

我国刑事诉讼法和司法解释对刑罚执行通知书的发出缺乏明确的规定和要求，导致司法实践中出现相当程度的适用混乱和不确定，影响了刑罚执行活动的秩序和效果，有必要加以完善……

典型类案 97 《刑事诉讼法》第79条第3款规定的"路途时间"怎样计算 / 398

《刑事诉讼法》第79条第3款规定"法定期间不包括路途上的时间"，而对路途时间却没有规定是办案人员去提押犯罪嫌疑人的路途时间，还是办案人员去提押犯罪嫌疑人或被告人来回所需要的路途时间或者是寄押在当地看守所的所有羁押时间，至于需要用掉多少路途时间才显得更合理等更没有一个明确的规定。尽管从立法本意上来讲这是法律对有关诉讼期限出现例外情况进行一定的补充规定,但是该规定的不确定性往往让一些案件承办人有意无意地加以利用,延长了羁押期限,导致司法实践中存在适用混乱,形成隐藏在合法表象下的隐性超期羁押,侵犯了嫌疑人的合法权益。不独于此,法律规定的关于上诉书的路途时间同样存在上述问题,由此也导致检察机关在监督此类行为时面临于法无据的难题……

典型类案98 品格证据能否作为定案依据 / 402

由于现行法律和司法解释对品格证据的证明效力未作规定,这使得品格证据是否可以作为证明犯罪事实的证据或证明量刑情节的依据成为证据规则的难点,也给司法实践操作带来了诸多困难。近年来,我们在司法实践中发现,辩护人在庭审时经常以被告人案发前表现良好、工作积极、受到过多次嘉奖表彰或为人随和、团结乡邻等理由要求对被告人从轻处理。还有的案件,被告人或者辩护人提出系由于被害人的品行不端导致了被告人犯罪,从而要求对被告人从轻处罚(这里我们将被告人、被害人道德品质的相关证据简述为品格证据)。在实际处理过程中,有的法院对品格证据予以采信,有的则不予认定……

《国家赔偿法》适用与立法司法解释建议

典型类案99 国家赔偿法中的程序性缺陷如何完善 / 409

国家赔偿法制定于1995年,早于刑事诉讼法等相关法律,因而面临着与其他部门如何衔接的问题,再加上当初制定国家赔偿法时考虑欠妥,对国家机关承担赔偿责任的限制较多,导致了赔偿难的问题日益突出。司法实践中,我们也曾办理过此类案件,通过与案件当事人、承办人的"零距离"接触,深切体会了国家赔偿法存在的缺陷……

《刑法》总则适用与立法司法解释建议

一、犯罪主体

典型类案 1 单位勾结其他单位人员实施职务侵占

——对最高人民法院《关于审理贪污、职务侵占案件如何认定共同犯罪几个问题的解释》中的"行为人"如何认识

司法实践中,对单位勾结其他单位人员共同实施职务侵占的行为的法律适用存在较大争议,主要原因在于对最高人民法院《关于审理贪污、职务侵占案件如何认定共同犯罪几个问题的解释》中的"行为人"认识不一。现结合案例进行分析,对该"行为人"进行研究,进而对相关司法解释提出补充建议,希冀对司法实践有所启发。

一、类案简介

犯罪嫌疑人吴某系某钢材公司老总,自2002年开始,犯罪嫌疑人吴某所在的钢材公司与某棉机厂(非国有企业)开始发生钢材销售业务往来。2002年的一天,棉机厂的仓库保管员犯罪嫌疑人王某(另案处理)发现该单位的货物出入库管理非常混乱,便将犯罪嫌疑人吴某所送的长度不足2.7米的钢材登记为2.7米,使棉机厂财务按照这一尺寸多支付货款1000余元给犯罪嫌疑人吴某,后犯罪嫌疑人王某从犯罪嫌疑人吴某处分得400余元。后从2002年至2003年,犯罪嫌疑人王某与犯罪嫌疑人吴某先后采取虚开单据、虚增货物数量等手段共同侵吞棉机厂货款120余万元,犯罪嫌疑人吴某分得80余万元,犯罪嫌疑人王某分得40余万元。经查,犯罪嫌疑人吴某所在的钢材公司于1996年取得法人资格,在与棉机厂的业务中犯罪嫌疑人吴某均以公司名义在与棉机厂发生往来关系,无代表个人的行为,所得钱款也全部放在公司账务上。

二、本类案件的争议焦点

本案争议的焦点是单位与自然人共同实施职务侵占行为的法律适用,实际上是对最高人民法院《关于审理贪污、职务侵占案件如何认定共同犯罪几个问题的解释》中行为人如何理解。该解释第 2 条规定:"行为人与公司、企业或者其他单位的人员勾结,利用公司、企业或者其他单位人员的职务便利,共同将该单位财物非法占为己有,数额较大的,以职务侵占罪论处。"其中的"行为人"一般理解为自然人,能否扩大解释为包括自然人和法人,司法实践中颇有争议。

三、主要分歧意见与评析

第一种意见认为,犯罪嫌疑人吴某的行为属于单位行为,由于单位不能构成职务侵占罪,故不应对犯罪嫌疑人吴某以职务侵占罪论处。

在本案中,犯罪嫌疑人吴某与棉机厂发生业务往来的一切活动均是以单位名义实施的,他获得的非法利益也是放置在公司的账务上,所有现象都表明犯罪嫌疑人吴某的行为是一种典型的单位行为,犯罪嫌疑人吴某伙同犯罪嫌疑人王某共同实施职务侵占的行为实质上是某钢材公司伙同犯罪嫌疑人王某共同实施职务侵占。由于单位不属于职务侵占罪的犯罪主体,根据"法无明文规定不为罪"的原则,不应对某钢材公司定罪处罚,也不能对犯罪嫌疑人吴某进行定罪处罚。

第二种意见认为,犯罪嫌疑人吴某的行为虽然属于单位行为,但可以认定为职务侵占罪的共犯。

1. 我国刑法增设单位犯罪的立法本意在于,在规范处罚的基础上加大对单位犯罪的处罚力度,不能仅仅因为刑法未规定单位可以构成职务侵占罪,而不得对犯罪嫌疑人吴某以职务侵占罪追究刑事责任。

在立法上最早确认法人能够成为犯罪主体的是英美法系国家。这些国家原则上都承认法人与自然人一样,具有犯罪能力,认为除一些只能由自然人构成的犯罪,如强奸、重婚等犯罪以外,所有其他犯罪都可由法人构成。大陆法系多数国家最早是遵循以个人责任原则为依据,坚持罗马法的"社团不能犯罪"原则。但法人制度推动社会发展进步的同时,不少法人组织也实施了破坏经济秩序等危害社会的行为。遏制日益猖獗的法人不法行为的现实需要,使一些大陆法系国家的立场出现松动。在法人犯罪制度上走在时代最前列的,则非法国莫属。继在 1994 年 3 月 1 日生效的新刑法典中率先规定法人可以成为犯罪的主体后,法国又于 2004 年 3 月 9 日通过的刑事法令中将法人负刑事责任的范围扩展到所有自然人可构成的罪名中。在我国,对待法人犯罪问题,也经历了从否认法人犯罪到争论到肯定说逐渐占主流观点,体现在立法上,即1997年修订刑法规定了单位犯罪。

可以说,在立法上规定法人犯罪,其目的是为了对单位有效规范,而并非放弃对个人的惩罚。一方面,单位实施普通自然人犯罪时,对其主要责任人员追究刑事责任符合单位犯罪的立法本意。结合本案,犯罪嫌疑人吴某的行为虽然属于单位行为,但可以认定为职务侵占罪的共犯。另一方面,即使是对法人犯罪持否定说的一个主要理由,也是认为在刑法方面,把法人作为犯罪主体,违背我国刑法罪责自负原则,容易放纵罪犯和株连无辜。而本案,如果不追究犯罪嫌疑人吴某的行为才恰恰是放纵犯罪。

2. 直接责任人代表单位利益实施犯罪与自然人犯罪在犯罪构成上并无不同。

根据我国法律的规定,单位犯罪,法律有规定的才构成。理论界和实践中有人据此认为:"如果法律没有规定单位可以成为某一罪名的犯罪主体,那么既不能追究犯罪单位的刑事责任,也不能按该罪名追究单位直接责任人的刑事责任,否则有违罪刑法定原则。"

上述观点实际不能成立。在刑法没有规定某一代表单位意志实施的犯罪构成单位犯罪的情况下,该行为实质上就是某一自然人或某几个自然人代表单位意志实施的普通自然人犯罪,其与一般情形下自然人犯罪的唯一区别就在于其犯罪的动机(即为谁谋取利益)不同,而在犯罪的构成要件上并无二致,根据我国刑法理论的观点,犯罪动机显然不属于影响犯罪是否构成的要件,至多只对该犯罪的量刑有所影响,"代表单位意志"不能成为阻却自然人犯罪构成的要件。

3. 对单位实施犯罪的直接责任人追究刑事责任符合现行有关法律规定的精神。

最高人民检察院2002年8月13日在《关于单位有关人员组织实施盗窃行为如何适用法律问题的批复》中指出:"单位有关人员为谋取单位利益组织实施盗窃行为。情节严重的,应当依照刑法第二百六十四条的规定以盗窃罪追究直接责任人员的刑事责任。"我们不难看出,该司法批复所贯彻的法律精神就是"对于单位实施普通自然人犯罪的,虽然不追究单位刑事责任,但可以追究相关直接人的刑事责任"。

4. 目前法律适用上的解决办法。

最高人民法院《关于审理贪污、职务侵占案件如何认定共同犯罪几个问题的解释》第 2 条规定："行为人与公司、企业或者其他单位的人员勾结，利用公司、企业或者其他单位人员的职务便利，共同将该单位财物非法占为己有，数额较大的，以职务侵占罪论处。"该司法解释并未对"行为人"作仅限于自然人的规定，虽然针对当时的司法实践，司法解释者的原意并没有考虑包括"单位"，但鉴于目前司法实践中此类情况和矛盾较为突出，因此，对于自然人代表单位实施职务侵占罪的，仍可以适用这一司法解释，应对此类"行为人"的行为以职务侵占罪追究刑事责任。

我们同意第二种意见。

四、建议

1. 鉴于最高人民法院《关于审理贪污、职务侵占案件如何认定共同犯罪几个问题的解释》第 2 条中对"行为人"未明确规定为自然人，实践中对于单位能否成为"行为人"存在不同理解，我们建议上级机关对此作出明确解释，将单位纳入该条中"行为人"的范畴。

2. 鉴于单位实施自然人犯罪的现象在司法实践中较为普遍，尤其是1997年刑法生效后有关单位实施的行为造成的危害性、违法性越来越突出，在目前市场经济主体多元化的情况下，对于此类现象的法律认识在很多时候不一致，使得许多犯罪被放纵。建议立法机关在《刑法》总则部分第 30 条作局部修改："公司、企业、事业单位、机关、团体实施的危害社会行为，法律、司法解释规定为单位犯罪的，应当负刑事责任。"同时作一条补充："个人以单位名义为单位利益实施犯罪，不构成单位犯罪的，可以对其直接责任人和主管人员追究刑事责任。"

［作者：许同禄（1955—），男，汉族，江苏句容人，江苏省南通市人民检察院检察长，研究生毕业。］

典型类案 2　将本单位管理、使用或运输中的私人财产占为己有的国有事业单位工作人员能否构成贪污罪的主体

司法实践中，对国有事业单位工作人员将本单位管理、使用或运输中的私人财产占为己有的行为如何适用法律，存在较大争议，主要原因在于，对《刑法》第91条"在国家机关、国有公司、企业、集体企业和人民团体管理、使用或者运输中的私人财产，以公共财产论"中是否包括"国有事业、集体事业单位管理、使用或者运输中的私人财产"认识不一。现结合相关案例进行分析，以研究时供参考。

一、类案简介

案例1：明某，男，系市某中学总务主任。刘某，女，某中学总账会计。蒋某，男，某中学现金会计。明某、刘某、蒋某等人于1998年下半年，利用职务上的便利，采用虚支的手法，侵吞原某中学学生伙食账结余款人民币30000元，每人各分得赃款人民币7500元。1998年年底，又采用虚支的方法，侵吞该中学教育基金结余款人民币46200元，每人各分得赃款人民币11550元。（教育局明确规定，教育基金属明令禁止收取，应当退给学生。）

2004年3月27日，明某、刘某、蒋某由某市院决定立案侦查，目前强制措施已被撤销。

案例2：席某，男，1951年6月2日生，原系某市继续教育中心党支部书记，曾任某中学校长。因涉嫌贪污罪、受贿罪，于2004年3月28日被刑事拘留，4月10日被逮捕。席某伙同明某、刘某、蒋某等人于1998年下半年，利用职务上的便利，采用虚支的手法，侵吞原某中学学生伙食账结余款30000元，每人各分得赃款人民币7500元。1998年年底，又采用虚支的方法，侵吞该中学教育基金结余款人民币46200元，每人各分得赃款人民币11550元。对席某的贪污行为，法院以刑法未规定"在全民事业单位管理、使用或者运输中的私人财产以公共财产论"为由，认为席某犯贪污罪依据不足，而未予支

持公诉观点。2004年11月22日，席某因受贿罪被判处有期徒刑2年缓刑3年。

案例3：陈某，男，1959年10月3日生，汉族，任某市某乡教育委员会办公室主任。因贪污，于2000年1月15日被刑事拘留，2000年1月29日被逮捕。1996年至1998年间，陈某、孙某、孙某某、葛某采取收入不入账的手段，贪污学生考试费结余款36958元，四人平分。2000年7月20日因贪污罪，陈某、孙某、孙某某、葛某分别被某市人民法院判处有期徒刑3年缓刑4年，陈某不服判决申诉至某省高级人民法院。

二、本类案件的争议焦点

1. 《刑法》第91条第2款以公共财产论是否涵盖了在国有事业单位管理、使用或者运输中的私人财产？

2. 《刑法》第271条第2款"本单位财物"是否涵盖了在国有事业单位管理、使用或者运输中的私人财产？

3. 将本单位中管理、使用或运输中的私人财产占为己有的国有事业单位工作人员能否构成贪污罪的主体？

三、主要分歧意见与评析

1. 一种意见认为：上述被告人行为不成立贪污罪。

理由：根据我国《刑法》第382条第1款对贪污罪所下的定义，贪污罪是指国家工作人员利用职务上的便利，侵吞、窃取、骗取或者以其他非法手段占有公共财物的行为。这里，贪污罪的犯罪对象是公共财物。《刑法》第91条规定，公共财产应当包括：一是国有财产；二是劳动群众集体所有的财产；三是用于扶贫和其他公益事业的社会捐助或者专项基金的财产；四是在国家机关、国有公司、企业、集体企业和人民团体管理、使用或者运输中的私人财产。由此可见，公共财产不包括在国有事业单位中管理、使用或者运输中的私人财产，上列案件中的学校系国有事业单位，所以，学校所管理的私人财物不属于刑法中所规定的公共财产，因而不能成为贪污罪的犯罪对象，根据"法无明文规定不能定罪"的刑法原则，以上几被告人侵吞学生伙食结余款等学校代为管理的学生费用的行为不构成贪污罪。

2. 第二种意见认为：上述被告人行为成立贪污罪。

理由：《刑法》第91条第2款规定没有提及"国有事业单位"，并不意味着国有事业单位管理、使用、运输中的私人财产不应当以公共财产论，这只是"立法的严重疏漏"。从逻辑上说，既然在国家机关、国有公司、企业、集体企业和人民团体管理、使用、运输中的私人财产，应当以公共财产论。那么，在国有事业单位管理、使用、运输中的私人财产，也当然以公共财产论。因此，上述被告人行为可适用《刑法》第382条规定成立贪污罪。

3. 第三种意见认为：上述被告人作为在国有事业单位中从事公务的人员，利用职务之便，将本单位财物非法占为己有，符合《刑法》第271条第2款规定的贪污罪的构成要件。

理由如下：

首先，上述几被告人或是学校的校长、主任，或是乡教育委员会办公室主任等，属于在国有事业单位中从事公务的人员，根据《刑法》第93条之规定，以国家工作人员论，因此具备了贪污罪的主体条件。

其次，在国有事业单位管理、使用、运输中的私人财物应视为"本单位财物"。实践中，国有事业单位管理、使用私人财物的现象普遍存在。一些财政上自收自支、自负盈亏的事业单位，可能基于合同或职能管理暂时管理、使用、运输私人财物，如学校收取的学生的代办费、医院收取患者的住院预交费等，均应以"本单位财物"论。如以上案例中，贪污对象为收取的学生的各种考试、伙食和书本代办费，根据教育局的文件规定，这些费用采取多退少补的原则，如有结余应当退还给学生。毫无疑问，这些款项就是属于学校管理的学生所有的私人财产，学生随时有权要回这些结余款项，学校也应无条件地将这些款项退还给学生，因而支付学生结余款完全是学校的责任，因此，以上各贪污主体侵犯的对象就是本单位的财物。依照《刑法》第271条第2款的规定，受国有单位委派到非国有单位从事公务的人员利用职务便利非法占有其所任职非国有单位的财物构成贪污罪。

另外，公共财物作为贪污罪的对象，只是一条通则。但通则以外刑法尚有特别规定。根据《刑法》第394条、第271条第2款、第183条第2款等的规定，国内外公务活动中接受的应当交公的礼物，含有公共财产成分的混合制经济组织的财物，以及一些较大规模的私营经济实体的财产，均可能成为贪污罪的对象。例如，国家工作人员被委派到非国有单位中从事公务，利用职务之便进行贪污犯罪活动，则贪污犯罪对象可以包括属于本单位财产的公共财物以外的其他财物。可见，"公共财物"不是贪污罪客观方面的必要要件。因此，前述第一种意见认为由于上述几被告人所非法占有的财产不属于公共财产而不能认定为贪污罪是片面的。而第二种意见说立法有疏漏，我们认为这种说法于法无据，不能成立。

综上，上述被告人身为国家工作人员，利用职务上的便利，将国有事业单位管理中的私人财产非法占为己有,根据《刑法》第 271 条第 2 款的规定,其行为均构成贪污罪。

我们同意第三种意见,上述被告人行为均构成贪污罪。

四、建议

由于对《刑法》第 91 条第 2 款以公共财产论是否涵盖了在国有事业单位管理、使用或者运输中的私人财产,《刑法》第 271 条第 2 款"本单位财物"是否涵盖了在国有事业单位管理、使用或者运输中的私人财产等问题,认识不一,导致司法实践中操作的混乱,某些地区导致了放纵犯罪分子,为此笔者建议:

1. 修改《刑法》第 91 条关于公共财产范围的定义,将第 2 款改为:国家机关、国有公司、企业、事业单位、集体企业和人民团体管理、使用或者运输的私人财产,以公共财产论。

2. 增加一款将国家工作人员被委派到非国有单位从事公务、利用职务之便将本单位财物非法占为己有中的本单位财物以公共财产论。这样有利于《刑法》第 382 条第 1 款对贪污罪所下的定义中的"公共财物",与《刑法》第 91 条相吻合,以便于从贪污罪客观方面构成要件来界定贪污罪构成。

[作者:何启明(1967—),男,汉族,江苏南通人,江苏省南通市人民检察院副检察长;张毅(1963—),男,汉族,江苏南通人,江苏省南通市人民检察院研究室主任;张傲冬(1972—),女,汉族,河北唐山人,江苏省南通市人民检察院检察员、法律硕士。]

典型类案 3 　对为单位利益组织实施的盗窃行为是否应按单位犯罪对待

当前，为单位利益组织实施的盗窃行为的现象在现实生活中普遍存在，《刑法》第 30 条对单位犯罪作了明确规定，而刑法没有规定单位可以成为盗窃罪的主体。虽然最高人民检察院作出的《关于单位有关人员组织实施盗窃行为如何适用法律问题的批复》，因立法缺陷，以及一些司法人员甚至法学家对刑法规定的单位犯罪认识模糊，所以争议仍然很大。对单位有关人员为谋取单位利益组织实施的盗窃行为，是否应当按照单位犯罪对待，司法机关在具体操作中无法统一，对这些案件的处理也有较大差异，有的地方判无罪，有的地方判有罪。笔者认为，目前应对此类行为作为自然人犯罪定罪处罚，本文就从实际案例出发对此问题试作分析。

一、类案简介

2003 年 7 月至 2005 年 5 月间，被告人 A（某自来水厂厂长）、B（厂长助理）、C（该厂门卫）经过协商决定对某市自来水公司设在该厂的流量计采取拔电源线的作案手段进行窃水。被告人 C 骗取流量计房钥匙后，偷配了两把钥匙交给厂长 A，A 将钥匙发给 B、C 各一把，安排被告人 B、C 去流量计房实施窃水。被告人 D（新任的该自来水厂厂长）上任后于 2005 年 5 月指使 B 继续实施盗窃至案发。案发后，经价格认证中心对被窃自来水进行鉴定，认定某市自来水公司 2002 年 8 月 20 日至 2005 年 7 月 7 日期间被窃自来水 54 万余吨，价值人民币 68 万余元。

二、主要分歧意见与评析

第一种意见认为，四被告人的行为不构成盗窃罪。本案是为本单位利益所进行的盗窃，因而是单位盗窃。单位盗窃与个人盗窃，在性质上是有所不同的。单位盗窃的情况下，盗窃行为是单位行为，而不是个人行为，而且单位盗窃的财物是归单位所有而非归个人所有。因此，对于这种单位盗窃行为，应当以单位犯罪论处。但在刑法没有规定单位盗窃构成犯罪的情况下，其个人也不能构成犯罪。

第二种意见认为，四被告人的行为构成盗窃罪。根据我国《刑法》第 264 条和最高人民检察院《关于单位有关人员组织实施盗窃行为如何适用法律问题的批复》（以下简称《批复》）的规定，虽然都没有关于单位盗窃的规定，即单位不能构成盗窃罪的主体。但《批复》规定单位盗窃，情节严重，需要追究刑事责任的，应当追究直接责任人员的刑事责任。

第三种意见认为，四被告人的行为构成盗窃罪。在刑法没有规定某一犯罪的犯罪主体可以是单位时，单位的直接负责的主管人员和其他直接责任人员因为自己的行为构成自然人犯罪的，应当按照自然人犯罪追究其刑事责任。

我们同意第三种意见。主要理由如下：

1. 根据单位犯罪的法定性，本案不属于单位犯罪。

《刑法》第 30 条对单位犯罪作了明确规定。据此，单位犯罪应以刑法有明文规定的为限。而刑法没有规定单位可以成为盗窃罪的主体，因此，本案不属于单位犯罪。但是《刑法》第 30 条并没有禁止追究自然人刑事责任，因此，在自然人可能成为犯罪主体的情况下，应当追究自然人的刑事责任。第一种观点其实是以自己主观确立的单位犯罪概念与特征为根据，忽视了刑法关于单位犯罪的明文规定，有违反罪刑法定原则之嫌。

2. 从犯罪的本质来说，单位实施还是自然人实施盗窃本质没有区别。

犯罪的本质是侵犯法益，从对法益的侵犯来说，单位集体实施的犯罪行为与单纯自然人实施的犯罪行为没有区别。甚至从案件事实看，单位集体实施的盗窃行为对法益的侵犯比自然人实施的相同犯罪有过之而无不及。本案，如果是自然人实施盗窃行为，根本不可能达到在一年不到的时间里窃水 54 万多吨的情况。因此，在不违反罪刑法定原则的前提下，没有理由不追究相关自然人的刑事责任。并且，从刑法分则关于单位犯罪的相关规定看，根本不存在犯罪构成的区别。如《刑法》第 150 条、第 152 条、第 153 条、第 220 条、第 231 条、第 346 条等的规定，只是明确了对单位的处罚，而并不存在两个犯罪构成。既然犯罪构成不存在不同，犯罪性质也应是相同的。

3. 从历史的角度看，刑法中的犯罪是先有自然人犯罪主体后有单位犯罪主体，在规定单位犯罪之前，任何犯罪的主体都是自然人。而刑法之所以从仅仅规定自然人犯罪主体发展到规定单位犯罪是因为：在落后的自然经济条件下，社会行为（包括危害社会的行为）主体主要是自然人。但随着社会组织程度的提高，作为社会组织的单位在社会生活中的作用日益突出，成为具有人格化的重要活动主体，故规范单位的法律也应运而生。单位犯罪的出现并不排斥原有的自然人犯罪：即使一个自然人犯罪罪名现在规定了单位犯罪，也仍然可以处罚自然人犯罪，即在具体案件中的行为与单位没有有机关联时，就仍然以自然人犯罪认定；如果一个自然人犯罪罪名仍然没有改变，即不处罚单位犯罪，那么，具体案件中单位行为的事实也不可能被处罚，而仍然可以认定为自然人犯罪。我国最先规定单位犯罪的罪名是走私罪，但该罪在处罚单位之前，如果自然人以单位名义且为单位利益进行走私活动，仍然可以对自然人以走私罪进行处罚。也许今后刑法会规定单位盗窃罪，但在还没有这种规定的今天，就相当于当年走私罪没有规定单位犯罪那样，自然人以单位名义且为单位利益实施的盗窃行为，就理所当然地构成盗窃罪。

4. 从当前盗窃公共供水的现状与危害性看，一是盗用城市公共供水行为已严重破坏和影响了供水市场秩序和城市供水安全（包括供水压力安全与供水水质安全），侵犯了国家、社会公共利益和公共供水企业的合法权益。如擅自在公共供水管道及附属设施上打孔和接管道盗水、擅自将自建设施与公共供水管网系统直接连通盗水，在公共供水管道上直接装泵抽水盗用等行为，已直接影响了公共供水管网整体安全性，造成局部地区水压偏低、水质发浑，甚至引起局部爆管、停水事件；再如绕越公共供水企业用水计量装置盗水，拆除、伪造、开启法定或授权计量检定机构加封的用水计量装置封印盗水，改装、损坏、倒装公共计量装置使其少计量或不计量盗水等，直接侵犯国家、社会公共利益和城市公共供水企业合法权益（按国家规定大多数城市公共供水企业收取的水费中，有二分之一左右是属于政府的规费），而且社会影响很广、很快，影响很坏；还有一些企业或个人为私利或方便在非火警情况下擅自使用公共消火栓盗水，直接造成局部水压降低，甚至有人损坏消火栓而后逃之夭夭，造成水资源极大浪费。二是城市公共供水被盗的现状已使人触目惊心。就从江苏南通这样一个水资源不太紧缺的城市看，少数企业和个人盗窃公共供水情况也十分严重。据南通市自来水公司不完全统计数字看，2003年向市区共供水1.44亿立方，漏失率达14.63%（包含部分有效供水量如福利、消防用水），即全年流失2100余万立方，合人民币近4千万元；2004年向市区供水1.6亿立方，漏失率达14.46%（包含部分有效供水量如福利、消防用水），即全年流失2300余万立方，合人民币4千余万元；2005年向市区供水1.8亿立方，漏失率达14.03%（包含部分有效供水量如福利、消防用水），即全年流失2500余万立方，合人民币4千余万元。也就是说，3年共流失8900余万吨，折合人民币1.25亿余元。

像水资源缺乏的地区,企业和个人盗窃公共供水行为就更为严重,影响和危害就更大了。三是各地对盗窃城市公共供水的治理打击情况不太理想。各地供水企业和有的行政主管部门已认识到盗窃公共供水的严重危害性,如天津、大连、北京等地水行政部门牵头也相继出台了《关于打击盗用城市公共供水违法犯罪行为若干规定》,在当地政法部门、执法部门统一了思想和共同执行的规范,起到一定的作用。有的城市将最高人民检察院《关于单位盗窃行为如何处理问题的批复》(高检发研字〔1996〕1号)列入当地共同执行的规范统一了思想,对企业、单位盗窃公共供水行为的预防、控制和打击起到一定的作用,但据了解对单位盗窃公共供水行为作刑事追究的还很少。从江苏省以及南通的情况看,至少未出台城市公共供水管理方面的规定,可依据的仅有已经不适应当前形势的《水法》(2002年)、《城市供水条例》(1994年)、《南通市供水管理细则》(80年代末),尤其是对单位盗用公共供水的行为处罚无法操作,而且当地公、检、法三家对目前仅有的对单位盗窃有关情况处理原则的最高人民检察院司法解释意见不一,造成处理较难、定性较难。无论是政法机关还是政府及公共供水企业,均迫切需要从法制上统一预防、控制和打击的规范。

5. 从第一种观点的消极影响来看,如果在刑法没有规定单位犯罪的情况下,对其中的直接负责的主管人员和其他直接责任人也不追究自然人犯罪的刑事责任,后果将不堪设想。试想,如果甲、乙企业生产同类产品,但甲企业发现乙企业之所以在竞争中处于优势,是由于乙企业有一位优秀的科技人员,于是甲企业负责人集体研究决定并派某职工杀害了该科技人员,根据第一种意见,则不能追究甲企业负责人和该职工的刑事责任。果真如此,一些企业的负责人,就可以为了本单位的利益,而随意杀人、放火、抢劫、伪造货币了。这是不可思议的。

6. 第二种意见,在目前只有高检院司法解释的情况下,固然对本案是比较合适的一种解决办法。但其认为本案是单位犯罪,显然有违单位犯罪的法定性,并且只能解决盗窃罪一种情况。而事实上任何单位都可能为了单位的利益而实施任何犯罪行为,但任何国家的刑法都不可能规定单位可以成为一切犯罪的主体。所以,第二种意见亦是不可取的。

三、建议

经研究,建议高检院有必要以司法解释的形式明确有关内容或提请立法解释建议,明确在刑法中规定:"犯罪的主体只能是自然人时,而单位有关人员组织实施该行为,对单位直接负责的主管人员和其他直接责任人根据刑法相关规定,追究自然人的刑事责任。"

[作者:张毅(1963—),男,汉族,江苏南通人,江苏省南通市人民检察院研究室主任;张傲冬(1972—),女,汉族,河北唐山人,江苏省南通市人民检察院检察员、法律硕士。]

典型类案 4 单位组织实施盗窃行为能否对主管人员和直接责任人以盗窃罪追究刑事责任

我们在办案实践中发现，对于单位组织实施窃电的行为，能否对相关人员直接以盗窃罪追究刑事责任，由于对单位犯罪相关理论认识的不同存在较大争议。现将一起单位盗窃案件简述如下，以便研究时比较分析。

一、类案简介

2006年6月，犯罪嫌疑人官某（某针织染整有限公司董事长）、薛某（某针织染整有限公司电工，在逃）经合谋，以盗窃工业用电的方法降低生产成本使单位从中获利，薛某随后即以"U"型铜线插在电表下方的方法盗窃工业用电。2006年9月，犯罪嫌疑人刘某（某针织染整有限公司职工）在官某、薛某的安排下，也加入其中。至2007年2月4日案发，犯罪嫌疑人官某盗窃工业用电价值人民币309750元，犯罪嫌疑人刘某参与盗窃工业用电价值人民币121110元。本案在公安机关报捕后，检察机关经研究不予逮捕。

二、主要分歧意见与评析

本案中，单位实施窃电行为对主管人员及直接责任人员如何定性存在以下分歧意见：

第一种意见：犯罪嫌疑人官某、刘某的行为不构成盗窃罪。其目的是为本单位利益所进行的盗窃，因而是单位盗窃。单位盗窃与个人盗窃，在性质上是有所不同的。单位盗窃的情况下，盗窃行为是单位行为，而不是个人行为，而且单位盗窃的财物归单位所有而非归个人所有。因此，对于这种单位盗窃行为，应当以单位犯罪论处。对于此类案件不能追究责任人员的刑事责任。理由如下：其一，对于单位有关人员为谋取单位利益组织实施盗窃行为依照《刑法》第264条的规定追究直接责任人员的刑事责任违反了罪刑法定原则。《刑法》第30条、第31条对单位犯罪作了明确规定，也就是说对于没有法律明文规定为单位犯罪的行为既不能追究该单位的刑事责任，也不能追究直接责任人员和主管人员的刑事责任。其二，对于单位有关人员为了单位利益组织实施的盗窃以盗窃罪论处，实际上否定了单位犯罪与自然人犯罪的区别，且难以做到罪刑相适应。

第二种意见：犯罪嫌疑人官某、刘某的行为构成盗窃罪。根据最高人民检察院作出的《关于单位有关人员组织实施盗窃行为如何适用法律问题的批复》（以下简称《批复》）的规定，单位盗窃，情节严重，需要追究刑事责任的，应当追究直接责任人员的刑事责任。

虽然我国《刑法》第264条没有规定单位可以成为盗窃罪的犯罪主体，因而我们无法追究单位的刑事责任，但并非不能追究单位中自然人的刑事责任。我国刑法对单位犯罪的处罚主要是双罚制，在成立单位犯罪时且实行双罚制的情况下，单位的直接负责人和直接责任人因双罚制承担刑事责任，而在不构成单位犯罪的情况下，行为人因自己的行为构成自然人犯罪承担刑事责任，在这种情况下，其直接人员与主管人员承担刑事责任是因为其行为符合犯罪构成，与单位犯罪没有关系。从单位犯罪的本质来说，单位实施还是自然人实施盗窃本质没有区别，犯罪的本质在于侵犯法益，从对法益的侵犯来说，单位集体实施的犯罪行为与单纯的自然人实施的犯罪行为没有区别，甚至从案件本身来看，单位集体盗窃行为的社会危害性比自然人犯罪有过之而无不及。因此，在不违反罪刑法定原则的前提下，没有理由不追究自然人的刑事责任。

笔者同意第二种意见。我们认为，要正确把握单位实施普通自然人犯罪的定罪处罚原则，首先要从单位犯罪的立法本意进行全面分析和把握。实践中有人认为单位犯罪的立法目的侧重点在于是否对犯罪单位中的直接责任人追究刑事责任，而不在于对单位追究刑事责任。我们对于这一观点持反对意见，单位犯罪在我国的立法经历了1987年1月22日全国人大常委会通过的《中华人民共和国海关法》首次在单行刑法中规定单位能够成为犯罪主体，要追究单位的刑事责任；再到1997年3月14日第八届全国人大常委会第五次会议通过《中华人民共和国刑法》对单位犯罪的立法、罪名、刑罚进行全面确立的过程。由于在1997年修订刑法之前我国并无单位犯罪的规定，任何以单位名义实施犯罪都被视为自然人犯罪来定罪处罚，由于不承认单位的刑法主体地位，在这一处罚模式下刑法无法对犯罪利益的归属者——单位进行处罚，随着我国社会经济的发展，社会整体与单位团体利益间的冲突直接造成了大量单位经济犯罪的产生，单位凭借其力量实施犯罪特别是经济犯罪的情况越来越多，传统的法律对单位已不能进行有效的规范。正是基于这种现实情况，国家出于对单位行为规范管理和惩处犯罪单位的需要，在刑法中设置单位犯罪的条款，以适应司法实践对犯罪单位的处罚。显然，单位犯罪的立法原意并非是为了追究单位犯罪中自然人的刑事责任，而是为了便于对犯罪单位的处罚。如果说单位犯罪设置的目的在于追究单位中直接责任人和主管人员的刑事责任，那么如刑法修改之前不承认单位犯罪而对全部犯罪以自然人犯罪论处岂不更方便操作？因此，单位犯罪的立法本意是为了加强对犯罪单位的处罚而并非是为了惩处单位中的主管人员或直接责任人员，我国刑法所规定的"单位实施危害社会行为，法律规定为犯罪的，应负刑事责任"内涵应指法律明文规定单位实施的行为构成犯罪的，单位应负刑事责任，而并非是指单位实施危害社会行为不构成犯罪，单位中的直接行为人不负刑事责任。以单位不构成自然人犯罪为由将实施自然人犯罪的直接行为人（包括单位主管人员和直接责任人）视为不构成犯罪，显然是对单位犯罪立法本意的曲解，也是对无罪推定原则的一种滥用。同时需要指出的是，我国刑法规定的单位可以构成犯罪的，自然人也大都同时成为该罪的犯罪主体，这同样说明单位犯罪的立法重心在于打击犯罪单位而并非自然人。

在刑法没有规定某种自然人代表单位实施的危害社会行为构成单位犯罪的情况下，虽然不能再追究犯罪单位的刑事责任，但这并不意味着立法者放弃了对实施危害社会的自然人追究刑事责任的权力。从犯罪构成上来说，在刑法未将某种自然人代表单位实施的危害社会行为规定为单位犯罪的情况下，该行为实质上就是某一自然人或某几个自然人代表单位意志、为单位谋取利益而实施的普通自然人犯罪，其与一般情形下自然人犯罪的关键区别就在于其犯罪动机（如为单位抑或个人谋取利益）不同，而在具体犯罪的构成要件上并无二样。而依据我国刑法理论，犯罪动机显然并不属于犯罪构成的要件，至多只对犯罪的量刑有所影响，"代表单位意志"不能成为阻却自然人犯罪构成的要件。如我国刑法虽规定盗窃罪须有"非法占有"故意，但并未要求必须为"非法为本人占为己有"，也并未明确规定以单位名义实施盗窃不构成盗窃罪。需要指出的是，某一司法批复或解释对特定单位行为处罚上作出的法律适用规定，仅仅是立法者在追究其相关自然人刑事责任的一种特殊法律适用方案，而不能成为单位实施普通自然人犯罪所谓的"无罪推定"。事实上，无论是英美法系将单位犯罪立法扩大化的国家，还是日本等将单位犯罪局限于少部分罪名的国家，对单位危害社会行为进行刑事处罚而不作无罪处理都是打击单位犯罪时所坚持的一项重要原则。如果将单位实施的盗窃行为视为不构成犯罪，那当单位实施杀人、抢劫等恶性刑事案件时，我们难道还能将其视为无罪吗？

当然，由于《批复》使用了"情节严重"、"直接责任人"等术语，导致实践操作中可能存在一定不便，同时由于最高审判机关未出台相关问题的同类规定，使得审判实践中引用《批复》尚有一定缺陷，但这并不能否认《批复》在单位实施自然人犯罪处罚适用法律研究上的合理性与闪光点。只是由于单位实施自然人犯罪的法律适用问题从本质上说是属于刑法总则规定的事项问题，任何单一罪名的司法解释不仅不能妥善地解决同类问题，反而容易将人导入一般意义上的"法无明文规定不为罪"的认识误区。

三、建议

我国刑法有关规定对于单位实施自然人犯罪如何适用法律进行与自然人相区别的处罚确实存在规定不清、研究薄弱的问题。由于在单位实施普通自然人犯罪中，直接实施犯罪的人员的主观动机是为了单位利益，客观上利益归属不像一般自然人犯罪那样直接归属本人，其犯罪行为的社会危害性包括单位违法意志和个人违法意志的双重属性，在我国刑法没有明确规定单位可以构成该自然人犯罪主体的情况下，对此类犯罪中的直接行为人以类似于单位犯罪"单罚制"的方式进行处罚，有必要给予酌情从轻的考虑，同时还必须健全此种情形下对单位的行政处罚等刑罚替代措施。有鉴于此，也出于明确单位犯罪立法本意的需要，我们建议在《刑法》总则第30条中增加一款："公司、企业、事业单位实施的危害社会行为，法律未规定为单位犯罪的，不能追究单位的刑事责任；属于自然人犯罪的，可以对实施危害行为的直接责任人和主管人员追究刑事责任，但应酌情予以从轻或减轻处罚。"

[作者：仲崇明（1960—），男，汉族，江苏海安人，江苏省南通市港闸区人民检察院办公室主任；黄国平（1963—），男，汉族，江苏南通人，江苏省南通市港闸区人民检察院法警大队队长。]

典型类案 5　对国有单位委派的管理人员在国有资金抽出（未变更登记）后是否以国家工作人员论

《刑法》第 93 条第 2 款规定："国有公司、企业、事业单位、人民团体中从事公务的人员和国家机关、国有公司、企业、事业单位委派到非国有公司、企业、事业单位、社会团体从事公务的人员，以及其他依照法律从事公务的人员，以国家工作人员论。"司法实践中，对国有单位委派的管理人员在国有资金抽逃（未变更登记）后是否以国家工作人员论，存在争议。笔者认为对此类人员应认定为国家工作人员。现将相关案例作简要介绍并分析，以研究时作参考。

一、类案简介

某县东海劳务输出有限责任公司（以下简称东海公司）于 1995 年 1 月由县开发区管委会下属的东方房地产开发公司（全民所有制性质，以下简称东方公司）、东亚建筑安装装饰装潢工程公司（集体所有制性质，以下简称东亚公司）各出资 5 万元设立，并由开发区管委会提供办公用房。1995 年 2 月和 10 月东海公司即将出资 10 万元分别归还给东亚公司和东方公司。2003 年 7 月该公司经理张甲、副经理王乙与公司办公室主任马丙、现金会计张丁共同计议，将张丁保管的本公司未入账资金 203700 元用于四人利用本公司 3 间门市房合伙开设的新时空网吧装修及经营。期间，张甲等 4 人各分得网吧赢利款 6 万元。新时空网吧后因经营效益不佳等原因于 2006 年 3 月 16 日以 19 万元的价格转让给他人。转让款 19 万元连同网吧剩余经营利润 17176 元合计 207176 元被张甲、王乙、马丙、张丁四人予以平分后占为己有。

二、本类案件的争议焦点

本类案件争议的焦点在于，对国有单位委派的管理人员在国有资金抽逃后，未进行变更登记的，是否仍系受委派从事公务人员，是否以国家工作人员论。

三、主要分歧意见与评析

第一种意见：东海公司是由东方公司和东亚公司各出资5万元设立的，后该公司在较短时间内归还了东方公司、东亚公司各5万元。因此张甲、王乙虽受开发区管委会聘任，但在国有资金抽出后，原来的委派丧失了基础，因而开发区管委会已无权委派人员到东海公司，因此张甲、王乙不属受委派从事公务的人员，应以公司人员认定，本案应定性为职务侵占罪。

第二种意见：东海公司虽然从成立之初为国有与集体共同投资设立的，性质从形式上看为集体企业，但在两个股东在较短时间内均抽回出资后，东海公司完全是由张甲个人白手起家、发展壮大，其实质上为张甲个人所有的私营企业，张甲有权处分自己企业的财产作为福利发放给公司员工，故张甲等人的行为不构成犯罪。

第三种意见：东方公司、东亚公司虽抽回出资，但未进行任何工商变更登记，且开发区管委会仍一直对东海公司行使管理权，张甲、王乙仍属于受委派从事公务人员。张甲、王乙利用职务便利非法占有公共财物，张甲等人的行为涉嫌贪污罪。

我们同意第三种意见，认为国有企业抽回出资不对原委派人员的性质等产生影响，本案应定性为贪污罪。理由如下：

所谓委派，即委任、派遣，其形式多种多样。无论受委派的人员在被派遣单位任职采取何种任命方式，只要其任职是基于国家机关、国有公司、企业、事业单位的委任、派遣，代表国家机关、国有公司、企业、事业单位行使管理职权，就应当视为受委派从事公务，应以国家工作人员论。被委派的人员，在被委派以前，可以是国家工作人员，也可以不是国家工作人员，如工人、农民、待业人员等。本案中，东海公司的两个股东抽回出资后是否意味着东海公司就是张甲个人的企业，开发区管委会对张甲、王乙缺少委派的基础呢？笔者认为，是否抽回出资并不影响东海公司的性质，也不影响开发区管委会委派权的行使。

首先，开发区管委会对东海公司一直行使管理权，东海公司成立后，开发区管委会作为主管部门一直从目标考核、人事任免、财务审计等几个方面对东海公司行使着管理权。如按年度订立经济承包协议书或经济工作目标责任状，明确双方的权利义务，要求东海公司每年上缴开发区管委会管理费，每年组织对公司的财务审计，并对公司正、副经理等重要职务适时调整。

其次，开发区管委会有权委派。开发区管委会虽不是东海公司的股东，但它作为东方公司、东亚公司的主管部门，可以代为行使对东海公司管理人员的委派权。由于东海公司股份中有国有资产和集体资产的成分,开发区管委会委派到东海公司的人员,是作为国家机关的代表从事公务活动,负有保护非国有单位中的国有资产和集体资产或者行使某种监督职能的职责。张甲、王乙之所以能担任东海公司经理、副经理,正是基于开发区管委会的聘任,代表开发区管委会对东海公司从事组织、领导、监督、管理等工作。在过去计划经济体制下,一些集体所有制企业都必须有主管单位,而且主管单位很多都是国家机关、国有公司、企事业单位。为了行使管理职能,主管单位往往直接委派一部分干部到集体所有制企业担任职务。随着政企分开、产权明晰和法人制度的逐步到位,这种情况已经越来越少,但作为个别现象仍然存在。

第三,股东抽回出资也不意味着东方公司、东亚公司就不再是东海公司的股东。东海公司成立后公司章程中载明的股东一直是东方公司和东亚公司,并且得到了工商部门的认可。东方公司、东亚公司抽逃出资后,依照《公司法》第209条之规定,应当责令其改正,处以罚款,构成犯罪的,依法追究刑事责任,但并没有说由此就丧失了股东资格。如经营亏损,仍应由东方公司、东亚公司两股东承担有限责任。东方公司、东亚公司除非将出资转让给他人,否则,其股东身份应当和它投资设立的东海公司共同存在、共同消亡。

第四,股东抽回出资并不影响东海公司的性质,东海公司并不是张甲的私营企业。张甲在东海公司一成立就担任了经理,其对东海公司创建起步、发展壮大作出了较大的贡献,可以说没有张甲,也不会有东海公司的今天。但公司法上的股东并不是凭他对公司的贡献大小来认定的,而是以其对公司是否出资来认定的。张甲本人在公司设立和运营期间并没有投入公司一分钱,也就是说无论从法律上还是从事实上他都不是东海公司的股东。尽管东亚公司和东方公司分别于1995年2月和10月收回出资各5万元,但在1995年10月之前,东海公司已实际开展了出国劳务输出业务,有业务收入的形成,这些收入与东方公司的出资具有直接的因果关系,而且开发区管委会无偿向东海公司提供了办公用房供其使用,这些都与东海公司的顺利经营有着紧密的联系,因此不能认定东海公司实质上为张甲个人所有的公司。

最后,张甲、王乙虽然不是开发区管委会工作人员,但仍可以成为受委派的对象。在进入东海公司工作之前,张甲、王乙个人性质都是农民。然而不论被委派的人身份如何,只要是接受国家机关委派,代表国家机关在非国有公司中从事组织、领导、监督、管理等工作,都可以认定为国家机关委派到非国有公司从事公务的人员。对此2003年《全国法院审理经济犯罪案件工作座谈会纪要》已作了明确规定。

综上所述，开发区管委会为了使国有资产参股的公司实现利益最大化，聘任了张甲、王乙担任东海公司的经理、副经理，这种情形对张甲、王乙来说属于受委派从事公务，张甲、王乙应以国家工作人员论，本案定性应认定为贪污罪。

四、建议

笔者建议最高人民法院和最高人民检察院联合作出司法解释，明确规定："对国家机关、国有公司、企业、事业单位、人民团体委派到其参股的公司从事管理的人员，在国有资金抽出（公司未变更登记）后，仍然应当以国家工作人员论。"

[作者：吴文斌（1970—），男，汉族，江苏宝应人，江苏省宝应县人民检察院公诉科副科长；张日元（1955—），男，汉族，江苏宝应人，江苏省宝应县人民检察院研究室主任；李鸣（1968—），女，汉族，江苏如东人，江苏省南通市人民检察院侦监处副处长。]

二、主观方面

典型类案 6 因非法同居形成的事实上的养父将"养女"脱离生母控制的行为如何认定

在现实生活中，一些民事方面的事实行为通常会引起行为人同行为对象之间特定身份关系的变化。由此而引发的在构成刑事犯罪方面很可能影响到行为人的主观故意，特别是在对行为人的主观故意进行认定时，须得慎之又慎。而且，即使行为人真正对有特定关系者产生了犯意，那么在量刑时也应当注意针对行为人的主观恶性有所考虑。下面我们就以在实务中碰到的真实案情为例予以分析和研究。

一、类案简介

犯罪嫌疑人居××，男，汉族，1987年10月29日生，江苏如东人。2007年7月4日，因涉嫌拐骗儿童罪被如东县公安局刑事拘留，2007年7月11日由如东县公安局取保候审。

2005年农历十八，犯罪嫌疑人居××与吴××举办了婚礼（吴××系携带女儿再婚），但是二人并未到民政部门去领取结婚证。居××、吴××及吴之生女小吴××（2003年3月3日生）在一起共同生活了一年左右，居××在母女两人身上花销了三五万元。2006年年底，居××与吴××关系破裂，此后，吴××对居××一直避而不见。

2007年7月2日下午15时50分左右，犯罪嫌疑人居××因与吴××之间的纠纷到吴××的妈妈家把小吴××抱走，将小吴××放在自己的姨丈家（在另外一个县），并以解决好两人之间的纠纷为要挟拒不交出小吴××。2007年7月3日吴××在两县公安机关的协助下将小吴××解救。此时小吴××脱离其生母吴××达30余小时。

二、主要分歧意见与评析

对上述案件的处理，产生了四种不同的观点：

第一种观点认为，最高人民法院《关于适用〈中华人民共和国婚姻法〉若干问题的解释（一）》第5条规定："未按婚姻法第八条规定办理结婚登记而以夫妻名义共同生活的男女，起诉到人民法院要求离婚的，人民法院应当区别对待：……（二）1994年2月1日民政部《婚姻登记管理条例》公布实施以后，男女双方符合结婚实质要件的，人民法院应当告知其在案件受理前补办结婚登记；未补办结婚登记的，按解除同居关系处理。"由此可知，我国婚姻法并不承认事实婚姻，对于事实婚姻，从1994年2月1日以后是一律作为非法同居对待的。所以，所谓的行为人同行为对象之间的"养父与养女的关系"并不存在，行为人同其非法同居对象的女儿之间也不存在任何意义上的监护关系。如果硬要说居××同小吴××有什么关系，那也只是道义上的一种"赠与关系"，即居××基于道义而对小吴××实施赠与。因此，行为人将其非法同居对象的女儿脱离其生母控制的行为是构成犯罪的，即构成了拐骗儿童罪。

第二种观点认为，行为人抱走自己非法同居对象的女儿，并以将其交给其生母作为解决自己同该女之生母间纠纷的条件。在本行为过程中，该女之于行为人是人质，是作为解决居××同吴××之间纠纷的砝码，这符合我国《刑法》第239条规定的"绑架他人作为人质"的规定，所以，行为人抱走自己非法同居对象的女儿的行为应当构成绑架罪。

第三种观点认为，行为人将其非法同居对象的女儿抱走，还将其放到另外一个县，小吴××脱离其生母吴××达30余小时就相当于小吴××被居××非法拘禁了30余小时。这等于是《刑法》第238条规定的非法拘禁他人或者以其他方法非法剥夺他人人身自由的情形。居××非法限制了该小吴××的人身自由，该行为依法应当认为构成非法拘禁罪。

第四种观点认为，民间一般认为，男女双方在举办了结婚仪式之后以夫妻名义共同生活的就成立夫妻关系了，周围群众一般也认为他们是夫妻。尽管我国现行婚姻法并不承认事实婚姻，但是，对于这种经过举办了仪式之后的公开"非法同居"行为是不反对的。而且，居××、吴××及吴之生女小吴××（2003年3月3日生）在一起以夫妻的名义和父女的名义共同生活了1年左右的时间，居××在母女两人身上前前后后花销了三五万元，这足见养父女关系已经形成。所以，养父因夫妻家庭纠纷抱走自己的养女的行为是不能够被认为是犯罪的。

笔者同意第四种观点。通过分析本案，我们可以发现以下基本事实：（1）在非法同居关系中,行为人对非法同居对象的子女有事实上的人身关系(即抚养关系);(2)行为人对与其非法同居对象的子女实施了一定的行为,即使之脱离其生母控制的行为。我们认为,对行为人对与其有事实上抚养关系的"子女"的使之脱离其生母控制的行为不应当予以入罪,应当予以非罪化处理。结合本案中的具体案情来看,主要理由如下:

首先,行为人同行为对象之间的关系比较特殊。犯罪嫌疑人居××同吴××是事实婚姻关系。由于我国婚姻法不认可事实婚姻,故居××与吴××是非法同居关系,这种关系不受我国婚姻法的保护。但是,居××、吴××以及吴的生女小吴××共同生活了1年左右的时间,居××对于吴氏母女已有较大数额的开销。这说明居××对小吴××已形成事实上的抚养关系,当然,这种抚养关系还不具有法律上的意义。

其次,行为人不具有相关犯罪的主观故意。居××之所以对小吴××作出使之脱离其生母控制范围的行为,其主要是由于居××同吴××之间的家庭纠纷引起,这种纠纷可以说是由非法同居关系引起的纠纷,即非法同居关系面临破裂的危险。居××在主观上并不具有要对小吴××实施相关犯罪的意图,不论是非法拘禁罪的非法拘禁他人或者以其他方法非法剥夺他人人身自由的故意,还是绑架罪的以勒索财物为目的绑架他人,或者绑架他人作为人质,或者以勒索财物为目的偷盗婴幼儿的故意,更谈不上居××会有拐骗不满14周岁的未成年人吴××使之脱离其家庭或者监护人的故意。如果硬要说居××主观上有什么过错,也只是他太冲动,没有想到使用正确的方法去解决纠纷。

再次,社会危害性并不严重。我们都知道,犯罪的根本特征是严重的社会危害性。在居××同吴××之间闹了纠纷之后,二人之间的同居关系并未真正解除。居××从小吴××的外婆手中将其接走,小吴××的外婆愿意将小吴××交给居××,正是因为她还认为居××与吴××还是"夫妻",说明她还是相信居××的,认为其不会对小吴××怎么样。后来居××将小吴××放到另外一个县,充其量也只是引起了吴××及其母亲的高度担心,居××也并未对她们提出任何非法的要求。可见,居××并未侵犯我国刑法所保护的任何"法益"。

综上述三点理由,我们认为,居××的行为虽然有一些过分,但其行为并不符合我国刑法所要求的构成有关犯罪的成立要件。因此,对居××应当予以非罪化处理。据此,我们认为:(1)行为人同行为对象之间事实上的身份关系(以人作为行为对象时)应当纳入对行为人出入罪的考察范畴;(2)犯罪构成要件应当予以开放化,尤其是在出入人罪时应当结合法律条文规定的形式上的要求和实质方面的"法益"来考虑，而且，特别需要注意从实质上来认定行为人的行为，从而予以准确定性；（3）行为人的实行行为应当综合其他方面的客观表现来予以考察，比如说行为人是否提出了非法要求、实行行为的手段、实行行为造成的社会影响等方面来综合认定行为人到底是否构成了犯罪，谨防片面孤立地来看待行为人的实行行为。

三、建议

建议最高人民检察院作出司法解释："绑架、非法拘禁与自己有特定身份关系的人的，一般可不按犯罪处理；对确有追究刑事责任必要的，处罚时也应与在社会上作案的有所区别。"这可以看成是特定身份关系影响到量刑轻重的最好阐释，比如最高人民法院《关于审理盗窃案件具体应用法律若干问题的解释》第1条第4项规定，偷拿自己家的财物或者近亲属的财物，一般可不按犯罪处理；对确有追究刑事责任必要的，处罚时也应与在社会上作案的有所区别。

[作者：季国庆（1966—），男，汉族，江苏如东人，江苏省如东县人民检察院反贪污贿赂局干部；曹薇（1983—），女，汉族，江苏如东人，江苏省如东县人民检察院公诉科助检员；商银涛（1981—），男，汉族，湖北武汉人，江苏省如东县人民检察院干部。]

三、犯罪对象

典型类案 7　事业单位"乱收费"所得能否界定为国有资产

刑法中的国有资产，是指所有权属于国家的资金或其他财产，包括依法应上缴国库的资产和国家机关、国有公司、企业、事业单位、人民团体使用或者运输中的国有资产。然而，在近年来的司法实践中，对如何界定国有资产存在着不同的意见，给认定相关犯罪带来了一定的困难，比如学校"乱收费"所得是否能认定为国有资产？学校有关领导私分"乱收费"所得能否构成私分国有资产罪？这需要我们从理论和现行法律规定中去分析，方可得出较为科学的结论。在此，笔者围绕以下案例，对此进行较为全面的分析和论证，并在此基础上提出有关的司法建议。

一、类案简介

犯罪嫌疑人：蔡某某，男，1948年4月15日出生，原系某中学校长。

某中学未经物价部门及主管部门的批准，擅自向在校学生收取补课金，为防止有关部门发现，该款由学校专人保管列入小金库，用于发放教师的补课费和全体教职员工的福利。2004年7月，在该校进行人事变动期间，校长蔡某某召开学校行管人员会议决定，将结余的补课金39万余元私分给全体教职员工。

二、主要分歧意见与评析

对以上典型案例中带来的法律适用问题，主要产生了两种不同的观点：

第一种观点认为，该案的犯罪嫌疑人不构成私分国有资产罪，其擅自收取的补课金不属于国有资产范围。理由有二：其一，1998年8月6日最高人民检察院作出的《人民检察院直接受理立案侦查案件立案标准的规定（试行）》第4条附则第6款对国有资产的含义作了如下限定：本规定中有关私分国有资产罪案中的"国有资产"，是指国家依法取得和认定的，或者国家以种种形式对企业投资和投资收益、国家向行政事业单位拨款等形成的资产。根据该规定，国有资产的取得应当具有合法性。本案中，该中学收取的补课金未经相关物价及主管部门批准，属于违法收入，这与国有资产依法取得的性质不相符合，所以不属于国有资产。其二，根据我国《刑法》第91条的规定，公共财产是指国有财产，劳动群众集体所有的财产，用于扶贫和其他公益事业的社会捐助或者专项基金的财产；在国家机关、国有公司、企业、集体企业和人民团体管理、使用或者运输中的私人财产，以公共财产论。国有资产与公共财产呈现一种包含与被包含的关系，即公共财产包含国有资产。该中学属于国有事业单位，刑法条文未对此作明文规定，因此不能将补课金界定为公共财产，当然也不属于国有资产，根据法无明文规定不为罪的原则，本案中的犯罪嫌疑人不构成私分国有资产罪。

第二种观点认为，该案的犯罪嫌疑人构成私分国有资产罪，其擅自收取的补课金属于国有资产范围。理由有二：其一，根据国有资产管理局颁布的《国有资产产权界定和产权纠纷处理暂行办法》第7条的规定，国家机关及其所属事业单位占有、使用的资产以及政党、人民团体中由国家拨款等形成的资产，界定为国有资产。本案中，该中学收取的补课金虽然是未经相关物价及主管部门批准，不具有合法性，但其客观上为该中学所占有、使用，这笔钱实际上在该中学的控制之下，应当界定为国有资产。因此国有单位小金库中的违法性财产也可以是私分国有资产罪的侵害对象。其二，根据最高人民法院于2003年2月的〔2002〕刑他字第128号的批复：在国有事业单位管理、运输、使用中的私人财物可视为"本单位财物"。该中学收取的补课金实际上属于私人财产，但当其属于国有事业单位管理、使用时便属于国有事业单位财产，即国有资产。本案的犯罪嫌疑人侵犯的客体是国有资产，故本案构成私分国有资产罪。

根据我国《刑法》第396条第1款的规定：国家机关、国有公司、企业、事业单位、人民团体，违反国家规定，以单位名义将国有资产集体私分给个人，数额较大的，构成私分国有资产罪。本罪侵犯的客体，是国有财产的所有权和国家廉政建设的制度，犯罪对象仅限于国有资产。国有资产以外的公有财产和非公有财产均不能成为本罪的对象。在客观方面，本罪行为法人实施了违反国家规定，以单位名义将国有资产集体私分给个人，数额较大的行为。在司法实践中，私分国有资产的手段主要包括将国有资产以非法手段从财务账上支出后，在编造各种栏目进行私分，或将应依法上缴财务入账的国有财产擅自截留私分，将依法上缴的其他非正常性收入隐瞒不报、不缴或少缴进行私分等。本案涉及的法律问题的争议焦点是该中学违反规定收取的"补课金"是否属于国有资产，私分乱收费的行为是否构成私分国有资产罪。

笔者同意第二种观点，认为"补课金"属于国有资产的范围，蔡某某的行为构成私分国有资产罪。原因有三：

一是1998年8月6日最高人民检察院作出的《人民检察院直接受理立案侦查案件立案标准的规定（试行）》第4条附则第6款对"国有资产"的含义所作的限定与国有资产管理局颁布的《国有资产产权界定和产权纠纷处理暂行办法》第2条对"国有资产"所作的规定相同，国有资产均指国家依法取得和认定的，或者国家以各种形式对企业投资和投资收益，国家向行政事业单位拨款等形成的财产。由此可见，作为私分国有资产罪犯罪对象的国有资产主要是指国家机关、国有公司、企业、事业单位、人民团体使用、管理的固定资产、流动资产和金融性资产。最高人民检察院对"国有资产"的含义所作的限定实际上是从经济学角度来进行界定的。"资产"一词本身不是一个法律概念，而是一个会计学上的概念。对机关、团体、企业事业单位而言，资产是指这些单位实际拥有并能够控制的经济资源。"国有资产"的概念具有法律意义上"国有财产"与经济学意义上"资产"的混合属性。因此，根据上述规定，本案中的"补课金"在经济学范畴中确实不属于国有资产，但当其处于国有单位占有、使用过程中，其被国有单位工作人员所侵犯，在进行刑法上的评估时，应对国有资产的范围作扩大性解释，"补课金"应当属于一种拟制的国有资产。

二是根据我国法律的规定，一切违法所得都应没收上缴国库，即违法所得的终极所有权属于国家，从广义上讲，违法所得应是国有资产，因此国有单位的违法性财产也可以是私分国有资产罪的侵害对象。因此该中学未经物价部门及主管部门的批准，擅自向在校学生收取补课金，收取的"补课金"没有任何法律依据，为违法所得，应属于国有资产范围。

三是该中学收取的补课金，为乱收费所得款项，属于该学校利用国家所赋予其的职权所取得的收入，被收款方始终会认为是该中学收取的，补课金客观上为该中学所占有、使用，被国有事业单位当做国有资产进行管理，从狭义上讲，"补课金"也属于国有资产的范围。因此，该中学乱收费所得收入最终应该返还给财产所有人，但是在非法取得后返还给所有人的这段时间内，该中学应当是这笔收入的所有者,该中学所收取的补课金应当界定在国有资产范围内,所以对其私分的应当按照私分国有资产罪处罚,本案中的犯罪嫌疑人蔡某某私分乱收费的行为构成私分国有资产罪。

三、建议

我们认为现行立法和相关司法解释仍存在诸多不足之处,需要作进一步的修改和完善,故建议:(1)最高人民检察院作出专门的司法解释:"国有企业、事业单位因其本身的特定功能而收取的各项行政事业费用属于国有资产";(2)在立法上赋予检察机关对国有资产的界定权、保障国有资产保值和增值的监督权力;(3)为了严厉打击教育系统巧立名目、滥收费用,维护教育系统一片纯净的天空,建议在立法上设立"巧立名目滥收费用罪",即"国有企业、事业等公益事业单位巧立名目滥收费用,数额较大的是巧立名目滥收费用罪","除了没收非法所得、给予直接负责的主管人员和其他直接责任人员行政处分或者行政处罚之外,应当依法受到刑事追究"。

[作者:顾文卿(1982—),女,汉族,江苏如东人,江苏省如东县人民检察院反贪污贿赂局检察员;李德海(1962—),男,汉族,江苏如东人,江苏省如东县人民检察院反渎局局长。]

四、犯罪形态

典型类案 8 对盗窃数额虽未达到巨大但社会危害性较大的盗窃行为能否认定盗窃罪，如何把握"情节严重"

司法实践中，我们在办理一些盗窃未遂案件中发现，对于部分盗窃数额虽未达到巨大，但社会危害性较大的盗窃行为能否认定盗窃罪、如何把握"情节严重"存在较大争议。由于现行法律在盗窃未遂案件处罚规定上过于笼统，各地的司法部门对盗窃未遂案件的认定和处理均存在着重大分歧，导致对同样达到数额较大的盗窃未遂案件，有的一律定罪处罚，有的则一律不作犯罪论处的失衡局面。笔者从盗窃罪的犯罪构成入手，着重分析司法解释关于盗窃未遂"情节严重"的内涵，认为达到了情节严重应以盗窃罪（未遂）定罪处罚。实践中变通处理、"降格"处理的现象时有发生。现例举类案一则简述如下，以便在研究时进行比较分析。

一、类案简介

2005年9月5日，周某（另案处理）让被告人周某某、丁某二人盗窃桃叶珊瑚树苗，告知二被告盗窃的地点并允诺收购盗窃的树苗，同时还提供了用来装运树苗的蛇皮袋。当日晚，被告人周某某、丁某伙同王某（另案处理）三人携带镰刀等物窜至某村八组路段，用镰刀盗割该路段两侧绿化带的桃叶珊瑚树苗98.8平方米，总计21336株，价值人民币7470元。在二被告将树苗装在蛇皮袋里准备运走时被巡逻的民警当场抓获。2006年2月22日，某区检察院以被告人周某某、丁某涉嫌故意毁坏财物罪向某区法院提起公诉。同年3月18日，某区法院一审判决被告人周某某、丁某涉嫌故意毁坏财物罪，分别判处罚金人民币 5000 元。

二、本类案件的争议焦点

1. 最高人民法院《关于审理盗窃案件具体应用法律若干问题的解释》（以下简称《解释》）第 1 条第 2 项规定的"情节严重"，是指《解释》中第 6 条第 1 项规定的 3 种情形还是第 6 条第 3 项规定的 8 种情形？

2. 盗窃数额较大财物符合犯罪构成的行为，如犯罪未遂，是否应当只有在情节严重的情况下才能定罪处罚？

三、主要分歧意见与评析

1. 第一种意见认为，被告人周某某、丁某的行为不构成犯罪。

二被告人盗窃数额未达巨大。《解释》第 1 条第 2 项规定："盗窃未遂，情节严重，如以数额巨大的财物或者国家珍贵文物等为盗窃目标的，应当定罪处罚。"从这一法律规定来看，盗窃未遂案件中的"情节严重"仅指"以数额巨大的财物或者国家珍贵文物等为盗窃目标"。本案盗窃对象为"数额较大"，那么在未遂的犯罪形态下不应视为盗窃罪。

2. 第二种意见认为，被告人周某某、丁某的行为构成故意毁坏财物罪。

根据我国《刑法》第 275 条的规定，故意毁坏公私财物数额较大或有其他严重情节的，处 3 年以下有期徒刑、拘役或者罚金。二被告人以盗窃的方式故意毁坏公路绿化带，造成国家经济较大损失，虽不能以盗窃罪追究其刑事责任，但可以故意毁坏财物罪追究其刑事责任。

3. 第三种意见认为，被告人周某某、丁某的行为构成盗窃罪，应根据《解释》第 6 条有关规定认定其情节严重以盗窃罪追究其刑事责任。理由：

（1）从刑法规范来看，盗窃罪未遂行为应当受到刑事追究有其法律依据。我国刑法总则对于未遂形态的犯罪作出了明确界定并规定了处罚原则（《刑法》第 23 条），在刑法分则没有对盗窃犯罪的未遂形态作出特别规定的情况下，应当适用总则规定。由此可见，对于构成盗窃罪的未遂行为应当定罪处罚。

（2）从盗窃未遂案件的基本特征来看，在社会危害性方面，以数额较大的财物为目标实施盗窃，虽然未遂，但也严重损害了人民群众的安全感，危害了社会治安秩序，社会危害性较大；在刑事违法性方面，这种行为侵犯了我国刑法所保护的客体，即公私财物的所有权，虽然未遂，但其刑事违法性依然存在；在应受刑罚处罚性方面，以数额较大财物为目标的盗窃未遂行为仍是应当受到刑事打击的目标。由此可见，以数额较大财物为目标的盗窃未遂行为，只要足以认定，就应当给予刑事上的追究。《解释》第1条第2项规定的出台，使司法实践中对盗窃罪未遂行为的认定存在着认识不一、认定标准在各地之间、公检法三家之间的不一致。当然，从追究刑事责任必要性的角度以及从现实中存在的不少盗窃未遂且影响、危害严重等情况来看，司法解释给盗窃罪未遂定罪处罚的认定附加一个"情节严重"的条款，具有一定的合理性也有一定的现实意义。然而，一是这种条款显然不应仅局限于《解释》第1条第2项规定中举例叙说的单纯以"数额巨大"或"以国家珍贵文物为盗窃目标"，而应当根据《解释》第6条第3项规定的8种情形来认定盗窃罪的"情节严重"。二是从字面上看，《解释》第6条第3项规定是为《刑法》第264条关于有其他严重情节应处3年以上10年以下有期徒刑并处罚金的盗窃罪所作的解释。但对盗窃罪未遂行为定罪处罚，如果必须如《解释》第1条第2项规定要附加"情节严重"条款，那么如何认定"情节严重"，第6条第3项规定的8种情形解释就是最好的参考。三是认定数额较大的盗窃罪未遂行为是否具有"情节严重"，第6条第1项所列举的三种情形亦是最合适的认定标准。因为，此项规定是针对盗窃财物"接近"数额较大具有三种情形可以追究刑事责任的认定标准。盗窃未达数额较大本应不能定罪处罚，因不符合盗窃罪的基本构成。国家考虑到这三种情形的社会危害及严重影响，作出了"可以"追究刑事责任的司法解释，具有一定的道理。所以，无论从普通道理上讲还是从"罪刑阶梯"等法理上来讲，不符合或接近盗窃罪构成要件的行为只要有此三种情形就可定罪处罚，那已构成盗窃罪未遂的行为有此三种情形就更应当定罪处罚了。

（3）我国部分地区已经对以数额较大的财物为目标的盗窃未遂追究刑事责任的情况作了规定。如1999年浙江省高级人民法院刑事审判庭在其内部下发的《关于执行刑法若干问题的意见》中规定："盗窃未遂，但能明确计算盗窃数额，并符合定罪标准的，应以盗窃罪定罪处罚。"将盗窃"数额较大"未遂案件限定为"能够计算盗窃数额的案件"。又如上海市高级人民法院、上海市人民检察院、上海市公安局、上海市司法局在《关于本市办理盗窃犯罪案件若干问题的意见》中规定："以数额较大的财物为目标，实施终了的盗窃未遂或以数额巨大的财物为目标，未实施终了的盗窃未遂，可以定罪量刑。"则将盗窃数额较大未遂案件的定罪标准限制为"实施终了"的盗窃未遂案件。此种情况一方面说明对于以数额较大的财物为目标的盗窃未遂的认定和处理急需解决；另一方面说明由于《解释》的第1条第2款对盗窃未遂，情节严重的情况规定不明导致各地执法不一。而且，在实践中，还存在一个较为普遍的现象,那就是盗窃未遂案件往往与其他轻微刑事犯罪存在一种牵连关系或想象竞合关系,不少实务部门为了追究盗窃未遂案件犯罪嫌疑人的刑事责任,往往刻意回避争议焦点,即不追究其盗窃罪的刑事责任而以其他手段行为(如入室盗窃的定非法侵入住宅罪)或后果(如造成财物损坏的定故意毁坏财物罪),将对盗窃未遂案件的惩处定格在一个被异化的"最低有罪处罚"基础上,造成不少社会危害性较大的盗窃案件罚不当罪,放纵了相当一批主观恶性较大、社会危害较大、作案手段隐蔽的犯罪群体。

本案犯罪嫌疑人周某某、丁某盗窃数额已接近"数额巨大",且已实施终了,对公路两旁的绿化带造成了严重破坏,严重影响了市政建设,造成了较为严重的社会后果,应当综合全案的犯罪动机、主观恶性、社会危害性以盗窃罪数额较大且"情节严重"追究其刑事责任,而不能简单以其后果行为认定其构成故意毁坏财物罪。

我们同意第三种观点。

四、建议

经研究,建议对盗窃罪未遂行为的定罪处罚作出更加明确的司法解释。目前,最高人民法院《关于审理盗窃案件具体应用法律若干问题的解释》中的第1条第2项中关于对盗窃罪未遂行为定罪处罚必须具有"情节严重"的情形,应解释明确可以适用第6条有关严重情节所列举的一些规定。

[作者:张毅(1963—),男,汉族,江苏南通人,江苏省南通市人民检察院研究室主任;黄凯东(1966—),男,汉族,江苏南通人,江苏省南通市人民检察院公诉处处长;张傲冬(1972—),女,汉族,河北唐山人,江苏省南通市人民检察院检察员、法律硕士。]

五、量刑

典型类案 9 对适用减轻处罚的犯罪分子如何在法定刑以下判处刑罚

《刑法》第63条规定,"犯罪分子具有本法规定的减轻处罚情节的,应当在法定刑以下判处刑罚"。对适用减轻处罚的犯罪分子如何在法定刑以下判处刑罚,由于缺乏明确的司法解释,实际操作中颇为混乱。如何理解和掌握"法定刑以下",司法实践中分歧意见较大。甚至存在任意解释而导致滥用自由裁量权的现象,严重影响了司法公正的实现,亟待通过司法解释的途径,对此作出较为明确的规定。现以被告人吉某、黄某职务侵占、故意销毁会计凭证、会计账簿案为例,提出对适用减轻处罚的犯罪分子如何在法定刑以下判处刑罚的研究和建议。

一、类案简介

被告人吉某,男,1965年7月20日出生,汉族,中专文化,原某镇医院总账会计。被告人黄某,男,1973年3月4日出生,汉族,大学文化,系被告人吉某所在医院院长。2003年4月16日,被告人吉某利用职务便利,将所在镇医院受该镇人民政府委托代为管理,农民群众缴纳的农村合作医疗专项基金15万元从储蓄所支取后,以收入不入账的手段非法占为己有,用于归还个人欠款等个人支出。2005年年初,因乡镇合并,该镇医院不再代管该镇农村合作医疗专项基金。因此,被告人黄某向被告人吉某查问该基金结余情况,被告人吉某隐瞒自己侵占15万元的事实,仅告知尚结余12万余元。被告人黄某即与吉某合谋,办理了该镇农村合作医疗专户注销手续,并共同销毁了2001年至2002年的专户会计凭证,涉及收入支出金额59万余元,同时,被告人吉某还销毁了2000年和2003年的专户会计总账,涉及收入支出金额58万余元,将该专户尚余 12 万余元专款非法留存该镇医院。

2005 年 10 月 28 日，当地卫生局纪委及镇纪委根据群众举报，对吉某进行调查。吉某如实交代了自己侵占 15 万元并与黄某合谋销毁会计凭证、会计账簿的事实。公安机关依法受理并立案侦查本案后，于同年 10 月 31 日对吉某刑事拘留，并据其供述，对共同销毁会计凭证、会计账簿的事实，向黄某进行询问，黄某亦作出如实陈述。

本案处理结果：法院于 2006 年 9 月 5 日一审认定被告人吉某利用职务便利，将本单位代为管理的农村合作医疗专项基金 15 万元非法占为己有，犯职务侵占罪，数额巨大，在有关组织为核实其他问题找其谈话时如实供述了侵占 15 万元及伙同被告人黄某销毁会计凭证、会计账簿的事实，应视为自首，且能退出全部赃款，当庭认罪态度较好，适用减轻处罚，判处有期徒刑 1 年，并处没收个人财产人民币 12 万元；犯故意销毁会计凭证、会计账簿罪，系从犯，适用从轻处罚，判处罚金人民币 3 万元，决定执行有期徒刑 1 年，并处没收个人财产人民币 12 万元，罚金人民币 3 万元。

同时，法院认定被告人黄某犯故意销毁会计凭证、会计账簿罪，在公安机关向其调查被告人吉某职务侵占事实时如实供述了自己的犯罪事实，应视为自首，依法可从轻处罚，当庭认罪态度较好，可酌情从轻处罚，判处罚金人民币 4 万元。同级检察院对本案一审判决审查认为，法院适用减轻处罚时量刑不当，对被告人吉某职务侵占罪的量刑畸轻，在法定期限内依法向中级人民法院提出抗诉。

二、本类案件的争议焦点

本案在司法实践中具有十分重要的典型意见，其引发的争议焦点在于：刑法规定的"在法定刑以下判处刑罚"是否存在和应当掌握必要的限度。

三、主要分歧意见与评析

关于一审判决对被告人吉某犯职务侵占罪适用减轻处罚后仅判处其有期徒刑 1 年，并处没收个人财产人民币 12 万元是否畸轻，产生三种分歧意见：

第一种意见认为，一审判决对被告人吉某犯职务侵占罪的量刑，属于依法自由裁量，没有超越法律规定。理由：

1. 被告人吉某虽然职务侵占数额巨大，但确有应当视为自首，能全部退赃，认罪态度较好等情节，依照《刑法》第 67 条之规定，可以减轻处罚。

2. 《刑法》第 63 条规定，具有减轻处罚情节的，应当在法定刑以下判处刑罚。被告人吉某职务侵占 15 万元，依照《刑法》第 271 条及本省高级人民法院关于职务侵占罪的相关量刑意见，属于涉案数额巨大，应处 5 年以上有期徒刑。但是，由于可以减轻处罚，就应当在低一个量刑幅度的最高刑 5 年以下量刑。

3. 由于法律没有规定应当如何在法定刑以下量刑，所以，在法定刑 5 年以下或者拘役的幅度内量刑，属于法官自由裁量的职权范围，只要在幅度之内，都不是违法，不受任何干涉。

第二种意见认为，一审法院对被告人吉某犯职务侵占罪的主刑判决偏轻，但附加刑判处没收个人财产人民币 12 万元偏重，二者互补，并无不当。理由：

1. 既然适用减轻处罚，在法定刑 5 年以下或者拘役的幅度内判处有期徒刑 1 年，就没有违反法律规定。

2. 职务侵占 15 万元，数额巨大，判处有期徒刑 1 年，略显罚不当罪。

3. 虽然主刑量刑偏轻，但附加刑量刑偏重，就弥补了主刑偏轻的不足，尚可昭示公正。

第三种意见认为，一审法院对被告人吉某犯职务侵占罪的主刑量刑畸轻，应予纠正。理由：

1. 因适用减轻处罚而在法定刑以下判处刑罚，这是法律的规定，必须执行。但以下到什么程度，必须严格掌握，必须体现罪刑相适应的要求。按照本省规定，职务侵占以 1 万元作为构成犯罪的起点，10 万元为数额巨大的起点。就是说，在没有其他从重或从轻情节的情况下，职务侵占 10 万元就应当判处有期徒刑 5 年。被告人吉某职务侵占 15 万元，远远超出了认定为数额巨大的起点，一般情况下，量刑应在 5 年以上，因适用减轻处罚而仅判处有期徒刑 1 年显然是罚不当罪。

2. 《刑法》第 271 条规定，职务侵占数额较大的，处 5 年以下有期徒刑或者拘役，其量刑幅度较大，但基本的事实依据是侵占的数额大小。按照法定的数额标准与量刑幅度计算，一般情况下，侵占 2 万元左右即可判处有期徒刑 1 年，而侵占 15 万元仅因自首也只判处有期徒刑 1 年，显然没有法律依据。

3. 我国刑法并未确立主刑与附加刑易科制度，因适用没收个人财产人民币 12 万元的附加刑较重而在主刑量刑时予以冲减或者抵消，显然于法不符。

笔者认为，本案所反映出来的问题具有一定普遍性，其产生的原因在于对如何"在法定刑以下判处刑罚"缺乏明确的司法解释。

按照正常理解，所谓在"在法定刑以下判处刑罚"，是指适用减轻处罚后判处的刑罚，应当低于法定的最低刑，而不是在法律根据犯罪情节轻重规定了两个刑罚幅度的情况下由较重的刑罚档次直接减轻至较轻的刑罚档次以下。正如有关法学专家所指出的那样，这里的法定最低刑，并不是指行为人的犯罪行为所涉及的特定犯罪的法定刑的最低刑，而是指与行为人所实施的特定具体犯罪相适应的法定刑所包括的具体量刑幅度的最低刑。也就是说，由于犯罪行为人实施的犯罪情节各有轻重，虽罪名相同，法定最低刑却各有不同。本案中，被告人吉某职务侵占15万元，依法可以判处有期徒刑6年至7年，从轻处罚可以判处6年有期徒刑。因此，这里的6年有期徒刑，就是与被告人吉某的犯罪行为相适应的法定最低刑。那么适用减轻处罚就应在其最低法定刑6年以下量刑。

还有一点需要指出的是，"在法定刑以下判处刑罚"中的"以下"应当具有一定的限度和标准。否则，就会产生滥用自由裁量权的现象，以至于执法不公，罚不当罪，既不利于严格执法，又容易在人民群众中产生不良影响。但是，迄今为止，这种规矩和标准还没有任何法律规定或司法解释作为明确的依据，以至于在司法实践中产生了适用法律十分混乱的状况。

四、建议

笔者建议，尽快通过司法解释的途径，作出如下规定：犯罪分子具有刑法规定的减轻处罚情节的，应当在与行为人所实施的特定具体犯罪相适应的法定刑所包括的具体量刑幅度的最低刑以下判处刑罚。但是，最终确定的刑罚不得低于与其行为相适应的最低刑的二分之一。

[作者：花克明（1948—），男，汉族，江苏海安人，江苏省海安县人民检察院检察委员会委员；张娟（1974—），女，汉族，江苏海安人，江苏省海安县人民检察院干部。]

六、累犯

典型类案 10 盗窃罪累犯如何处罚

对于盗窃犯罪的累犯,是按照最高人民法院《关于审理盗窃案件具体应用法律若干问题的解释》第6条第3款的规定,加重处罚,还是按照刑法典的规定从重处罚,司法实践中的分歧意见较大。笔者拟从一盗窃累犯的典型案例谈起,以期对这一类法律适用问题作一些粗浅的研究,以便统一认识,并为立法机关和司法机关修改完善相关规定提出建议。

一、类案简介

犯罪嫌疑人王某某,男,生于1972年7月19日,汉族,盐城市人,初中文化,农民。1998年3月曾因犯盗窃罪被判处有期徒刑7年,2004年11月刑满释放。2007年1月,犯罪嫌疑人王某某先后三次在本市4路公交车上,趁乘客上下车之际,窃得手机三只,钱包一个。手机分别为诺基亚N70型手机和黑色三星D608型手机、X618型手机。钱包内有移动通信手机充值卡一张,价值50元,身份证、银行信用卡等物,以及人民币2214元。经评估,涉案赃物共计价值人民币6814元。犯罪嫌疑人系于公交车上行窃时,被受害人陈某发觉,后陈某与群众一起将犯罪嫌疑人王某某扭送至派出所,2007年2月,犯罪嫌疑人王某某被逮捕。

二、主要分歧意见与评析

对于盗窃罪的累犯,是否应当加重处罚?最高人民法院《关于审理盗窃案件具体应用法律若干问题的解释》(以下简称《解释》)第6条第3款的规定是:"盗窃数额达到'数额较大'或者'数额巨大'的起点,并具有下列情形之一的,可以分别认定为'其他严重情节'或者'其他特别严重情节':……4. 累犯……"这一规定在实践中受到了普遍的质疑,有观点认为它违背了新刑法典不得加重处罚的法理。

关于此类问题在司法实践中主要有以下两种争议,现浅析如下:

第一种意见:犯罪嫌疑人王某某构成盗窃罪,犯罪数额较大,且系累犯,给出的量刑建议应在3年以上10年以下有期徒刑期间内。理由是:(1)王某某在刑满释放后5年内,又犯有期徒刑以上新罪,属于累犯。根据《解释》规定的精神,当行为人"盗窃数额较大"并是累犯时应认定为"其他严重情节",按照《刑法》第264条的规定,对具有上述情节的行为人应当在"3年以上10年以下有期徒刑,并处罚金"幅度之内量刑。(2)犯罪嫌疑人主观恶性较深。犯罪嫌疑人因为盗窃罪曾经被判处有期徒刑7年,刑罚执行完毕后又进行盗窃犯罪,并且次数较多,手段狡猾,社会危害性较大,主观恶性很深,从其一贯表现来看,是一个以盗窃为业、以此谋生的罪犯。(3)盗窃数额接近上档量刑数额标准。盗窃数额接近上档量刑数额标准,是指超过本档起点数额2/3以上,离上档量刑数额的起点标准不大的,如数额较大的起点标准是2000元以上,数额巨大的起点标准是10000元以上。本案犯罪嫌疑人盗窃数额在7000元以上,接近10000元,属于接近上档数额巨大量刑标准。(4)无其他法定和酌情从轻情节。

综合上述情况,本案犯罪嫌疑人王某某,盗窃数额较大,已达到7000余元,已接近数额巨大1万元的标准。王某某认罪态度不好,且没有任何从轻情节。王某某是累犯,曾因盗窃被判处刑罚,且服刑期较长,刑罚执行完毕后不久又继续实施盗窃,主观恶性很深。按照法律规定,应当从重处罚。因此,作为公诉机关,应当依据《解释》的有关规定,在3年以上10年以下的量刑幅度内给出量刑建议。

第二种意见:犯罪嫌疑人王某某构成盗窃罪,犯罪数额较大,且系累犯,但给出的量刑建议应在3年以下有期徒刑期间内。理由是:我国现行刑法没有对累犯作加重处罚的规定,而是重申了1979年刑法对累犯"从重处罚"的原则,《解释》中关于盗窃罪累犯"加重处罚"的规定违反了这一原则,是无效的。因此,检察机关给出的量刑建议应在3年以下有期徒刑期间内,考虑到犯罪嫌疑人王某某的主观恶性,可以在3年以下有期徒刑的幅度内从重,但不能突破3年有期徒刑。

笔者同意第二种意见。理由是:

依据法律规定,被判处有期徒刑以上刑罚的犯罪分子,刑罚执行完毕或者赦免以后,在5年以内再犯,应当判处有期徒刑以上刑罚之罪的,构成累犯。

刑法规定了对累犯"应当从重处罚"。从法条可以看出，累犯属于一种"从重"处罚的情节，而不是"加重"处罚的情节，即只能在同一量刑幅度内适用相对较重的刑罚，而不能适用更重的刑种和刑度。我国1997年刑法未对累犯作加重处罚的规定，而是重申了对累犯"从重处罚"的原则。

《刑法》第264条为盗窃罪规定了四个量刑档次，即"盗窃公私财物，数额较大或者多次盗窃的，处三年以下有期徒刑、拘役或者管制，并处或者单处罚金；数额巨大或者有其他严重情节的，处三年以上十年以下有期徒刑，并处罚金；数额特别巨大或者有其他特别严重情节的，处十年以上有期徒刑或者无期徒刑，并处罚金或者没收财产；有下列情形之一的，处无期徒刑或者死刑，并处没收财产……"

根据《解释》第6条第3款的规定，当行为人"盗窃数额较大"并是累犯时应认定为"其他严重情节"；当行为人"盗窃数额巨大"并是累犯时应认定为"其他特别严重情节"，按照《刑法》第264条的规定，对上述两种情节的行为人应当在"3年以上10年以下有期徒刑，并处罚金"或者在"10年以上有期徒刑或者无期徒刑，并处罚金或没收财产"幅度之内量刑。换言之，如果行为人盗窃公私财物的数额达到较大，依《刑法》第264条规定应处3年以下有期徒刑、拘役或管制，并处或单处罚金，但如果同时属于累犯，那么就需上升一个格次在3年以上10年以下量刑幅度内决定刑罚。当盗窃数额达到巨大同时又是累犯的也同样上升一个格次在数额特别巨大的量刑幅度内决定刑罚。显然，《解释》对于累犯犯盗窃罪采用的是"加重处罚"原则，这也是目前司法解释中看到的唯一对累犯加重处罚的规定。《解释》对累犯加重处罚，违背了罪刑相适应的基本原则，违背了刑法的原意，超越了司法解释的权限，重复使用了量刑情节，加重了行为人的刑罚负担。

如某行为人系累犯，盗窃财物价值13000元，按照《解释》的第3条规定，13000元属于"数额巨大"的情节，按照《刑法》第264条、第62条、第65条之规定，本应该在3年到10年的幅度内从重，但如果按照《解释》第6条第3款的规定，就必须在10年以上有期徒刑、无期徒刑幅度内量刑，甚至还要在此基础上从重（即既加重又从重），这种盗窃13000元就要判处10年以上刑罚的处罚结果明显违背了罪刑相适应的原则，也影响了犯罪分子的悔罪和改造。此外，将盗窃和抢劫做一个比较。在司法实践中，鲜见仅因抢劫数额巨大而判处死刑的案例，如果对累犯盗窃的案件统一地适用《解释》的规定的话，将致使其犯抢劫罪和犯盗窃罪面临基本一样的量刑幅度范围。这样可能会促使作案人在选择作案手段时，会优先选择更强力更有效的暴力手段而不是秘密窃取的手段获取财物。抢劫罪的社会危害性远远大于盗窃罪，《刑法》对两罪分别规定了不同的刑罚。如果适用《解释》，对累犯而言，其盗窃行为和抢劫行为在刑罚上没能体现出区别，可能导致重罪轻处、轻罪重处。而事实上《解释》这一畸重的规定在司法实践中也并不能得到执行，却往往使司法工作者感到迷惑和无所适从。

此外，我国刑法的法条中所规定的法定刑量刑幅度较大，依法从重处罚，完全可以做到罪刑相适应，没有必要再加重处罚。

综合以上分析，笔者认为：对于本案犯罪嫌疑人王某某，公诉机关出具的量刑建议应当在3年以下有期徒刑的幅度内，并在这一幅度内从重，以使犯罪嫌疑人受到严厉而且公正的惩处。

三、建议

盗窃罪是一种常见罪、多发罪，历来是刑法打击的重点。近年来，以盗窃案件为主的侵财性案件居高不下，在我院公诉部门所办理的案件中占到三分之一强。新刑法施行不久，最高人民法院便作出了《关于审理盗窃案件具体应用法律若干问题的解释》，对刑法中不详尽的部分又作了规定，为指导办案工作起到积极作用。但是，由于该《解释》部分条款存在着一些缺陷，导致一些问题在司法实践中引发争论，难以把握，并造成执法的不统一。

笔者建议废止最高人民法院《关于审理盗窃案件具体应用法律若干问题的解释》中对盗窃累犯加重处罚的"盗窃数额达到'数额较大'或者'数额巨大'的起点，并具有下列情形之一的，可以分别认定为'其他严重情节'或者'其他特别严重情节'……4.累犯……"这一规定。

[作者：任亮，（1967—），男，汉族，江苏南通人，江苏省南通市崇川区人民检察院控申科副科长。]

典型类案 11　对附加剥夺政治权利刑罚执行期间重新犯罪能否同时按数罪并罚原则和累犯条款处理

对于主刑已经执行完毕,在附加剥夺政治权利期间又犯罪的罪犯如何适用法律,司法实践中不但有不同意见,而且执行上也有所不同,本文中案例1、2、3仅仅适用了累犯,没有适用数罪并罚,案例4、5、6不但适用了累犯,还适用了数罪并罚。

一、类案简介

案例1:被告人郭某,男,1975年11月1日生,汉族。曾因盗窃罪,于1996年9月被某人民法院判处有期徒刑6年,剥夺政治权利1年,2001年1月19日刑满释放。2001年11月16日因涉嫌盗窃罪被某院批准逮捕。经查,2001年7月至2001年10月,被告人郭某盗窃作案17起,窃得款物22000余元。2002年2月21日,某市人民法院以被告人郭某犯盗窃罪,属累犯,判处其有期徒刑8年;并处罚金人民币5000元。

案例2:被告人张某,男,1947年12月12日生,汉族。曾因惯窃罪,于1994年7月被某市人民法院判处有期徒刑7年6个月、剥夺政治权利1年,2001年11月1日刑满释放。2002年5月17日因涉嫌盗窃罪被批准逮捕。经查,2002年5月,被告人张某窃得杉木11根,价值人民币1130元。2002年7月4日,某人民法院以被告人张某犯盗窃罪,属累犯,判处其有期徒刑1年6个月,并处罚金人民币1000元。

案例3:被告人顾某,男,1945年12月21日生,汉族。曾因强奸罪,于1996年6月被某市人民法院判处有期徒刑7年、剥夺政治权利2年,2001年5月8日刑满释放。2002年7月31日因涉嫌强奸罪被批准逮捕。经查,2002年7月27日下午,被告人顾某在途经张女(78岁)家门口时,见张女一人在家,顿起奸淫之念,遂进屋将张女推到西房并按在床上,以语言相威胁,胁迫被害人与其发生两性关系,由于其自身生理原因未能得逞。2002年9月28

日，某人民法院以被告人顾某犯强奸罪，属累犯，判处其有期徒刑5年，剥夺政治权利1年。

案例4：被告人杨某，男，1974年8月15日生，汉族。1996年2月曾因犯流氓罪被某市中级人民法院判处有期徒刑15年，剥夺政治权利3年，2006年1月20日刑满释放，因涉嫌敲诈勒索罪于2006年3月10日被刑事拘留，同月22日被逮捕。经查，被告人杨某于2006年3月10日在某镇分3次打电话给被害人刘某，在电话中，被告人杨某谎称掌握了刘的隐私，公布于众将会影响其工作和家庭，以此进行威胁，向刘索要人民币2万元，后又减至1万元。当杨某第三次打电话向刘索要钱财时被公安人员抓获。2006年6月16日，某县人民法院以被告人杨某犯敲诈勒索罪，属累犯，被告人杨某在执行附加刑剥夺政治权利期间又重新犯罪，将新罪所判处的刑罚和前罪没有执行完毕的附加刑剥夺政治权利进行数罪并罚，判处被告人杨某有期徒刑1年，前罪尚未执行完毕的剥夺政治权利2年7个月3天继续执行。

案例5：被告人朱某，男，农民。1984年因犯强奸罪、盗窃罪被某市人民法院判处有期徒刑10年，剥夺政治权利2年；1996年1月9日因犯强奸罪、盗窃罪被某市人民法院判处有期徒刑11年6个月，剥夺政治权利3年6个月，2005年4月18日刑满释放。2005年10月27日因涉嫌犯盗窃罪被某市公安局监视居住，次日转刑事拘留，同年11月30日经批准被执行逮捕。经查被告人朱某于2005年4月至10月间采用掀栅栏、割网条等作案手段，窃得61户农户的鸡共240余只，价值人民币6509元。2006年2月24日，某市人民法院以被告人朱某犯盗窃罪，属累犯，被告人朱某在执行附加刑剥夺政治权利期间又重新犯罪，将新罪所判处的刑罚和前罪没有执行完毕的附加刑剥夺政治权利进行数罪并罚，判处被告人朱某有期徒刑2年10个月，并处罚金人民币1万元，前罪尚未执行完毕的剥夺政治权利2年11个月20天继续执行。

案例6：被告人陈某，男。曾因犯盗窃罪于1989年1月28日被某人民法院判处有期徒刑2年6个月；后又因犯盗窃罪于1995年3月23日被某市人民法院判处有期徒刑8年6个月，剥夺政治权利2年，服刑期间因犯脱逃罪于1997年7月21日被某市人民法院加刑1年，2003年6月25日刑满释放。2004年9月3日因涉嫌盗窃罪被刑事拘留，同年10月9日被逮捕。经查被告人陈某于2004年8月中、下旬间，采用钥匙捅开电门锁手段，先后窃取邢某某等人3辆摩托车，共计折合人民币2450元。2005年1月5日某市人民法院判处被告人陈某犯盗窃罪，属累犯，被告人陈某在执行附加刑剥夺政治权利期间又重新犯罪，将新罪所判处的刑罚和前罪没有执行完毕的附加刑剥夺政治权利进行数罪并罚，判处被告人陈某有期徒刑1年6个月，并处罚金人民币4000元，前罪尚未执行完毕的剥夺政治权利9个月22天继续执行。

二、本类案件的争议焦点

被判处有期徒刑附加剥夺政治权利的罪犯在刑满释放后执行剥夺政治权利期间重新犯罪能否同时按数罪并罚原则和累犯处理？问题的根本是《刑法》第65条和第71条的"刑罚执行完毕"本应同一含义。

三、主要分歧意见与评析

第一种意见：应适用数罪并罚条款，而不适用累犯。即对新罪作出判决后，再与前罪未执行完毕的剥夺政治权利按《刑法》第71条的规定并罚。

理由：首先，根据刑法总则规定（《刑法》第32条），刑罚应当包括主刑和附加刑。所以"刑罚执行完毕"应既包括主刑执行完毕又包括附加刑执行完毕。因而，根据《刑法》第71条的规定，判决宣告以后，刑罚执行完毕以前，被判刑的犯罪分子又犯罪的，应当对新犯的罪作出判决，把前罪没有执行的刑罚和后罪所判处的刑罚，依照《刑法》第69条的规定，决定执行的刑罚。罪犯在剥夺政治权利期间即附加刑尚未执行完毕期间犯罪，理应依法数罪并罚。其次，最高人民法院在1994年5月16日以法复〔1994〕8号作出过《关于在附加剥夺政治权利执行期间重新犯罪的被告人是否适用数罪并罚问题的批复》，专门对被判处有期徒刑的罪犯，主刑已执行完毕，在执行附加刑剥夺政治权利期间又重新犯罪的情形作出答复：如果所犯新罪无须判处附加刑剥夺政治权利的，应当按照《中华人民共和国刑法》第64条第2款（现行《刑法》第69条第2款）、第66条（现行《刑法》第71条）的规定，在对被告人所犯新罪作出判决时，将新罪所判处的刑罚和前罪没有执行完毕的附加刑剥夺政治权利，按照数罪并罚原则，决定执行的刑罚，即在新罪所判处的刑罚执行完毕以后，继续执行前罪没有执行完毕的附加刑剥夺政治权利。该批复明确了在剥夺政治权利期间再犯无须判处附加刑剥夺政治权利的新罪，应适用数罪并罚。很显然，这一司法解释认同"刑罚执行完毕"既包括主刑执行完毕又包括附加刑执行完毕的观点。第三，在同一部法典或同一份法律文书中，同一法律名词所表达的意思应该是一致的，因此，《刑法》第65条规定中的"刑罚执行完毕"也指主刑和附加刑。是以本文所述案例，应当适用数罪并罚，而非累犯。

第二种意见：应适用累犯，而不适用数罪并罚。本文中前三则案例即如此。

理由："刑罚执行完毕"应当理解为"主刑执行完毕"。首先，1995年8月3日最高人民法院研究室法研〔1995〕16号《关于如何理解刑法第六十一条中刑罚执行完毕问题的答复》（以下简称1995年《答复》），指出《刑法》第61条（现行《刑法》第65条）中规定的"刑罚执行完毕"，是指所判主刑执行完毕。如果前罪除被判处主刑以外，还被判处附加刑的，在前罪主刑执行完毕以后3年内（现行刑法为5年内）附加刑继续执行期间，被告人又犯应当判处有期徒刑以上刑罚之罪，符合累犯构成条件的，应当以累犯依法从重处罚。其次，从《刑法》第65条前后文结合来看，"刑罚执行完毕"中的"刑罚"显然与前一句中"判处有期徒刑以上刑罚的犯罪分子"中的"有期徒刑以上刑罚"在同一意义上使用，而"有期徒刑以上刑罚"只能是指有期徒刑、无期徒刑和死刑这几种主刑。因此，《刑法》第65条中的"刑罚执行完毕"仅是指主刑执行完毕。第三，如果将《刑法》第65条中的"刑罚执行完毕"理解为"主刑和附加刑均执行完毕"也违背了刑法罪刑相适应的原则，必然导致重罪轻判、放纵犯罪。因为司法实践中在附加刑执行期间犯新罪的犯罪分子屡见不鲜，特别是对于侵财案件来说更是如此。由于种种原因，大部分案件的罚金全部或部分无法执行。如果把《刑法》第65条规定的"刑罚执行完毕"理解为"主刑和附加刑均执行完毕"，那么，严格来说，很多侵财案件都是"刑罚没有执行完毕"。这样一来，许多被判过刑、但附加刑没有执行完毕的犯罪分子再故意犯应当判处有期徒刑以上之罪的，将只能适用数罪并罚，而不能被认定为累犯予以从重处罚。这明显与罪刑相适应原则背道而驰，必然导致重罪轻判，放纵犯罪。

第三种意见：既要适用累犯条款又要适用数罪并罚条款，即对符合累犯条件的新罪先适用累犯条款，从重处罚，再与前罪未执行完毕的剥夺政治权利按《刑法》第71条的规定并罚。首先，根据刑法的规定，适用数罪并罚应当是没有疑问的（理由同第一种意见的前两条）。其次，如果单单适用数罪并罚条款，一方面与1995年《答复》相冲突，另一方面也的确有违刑法罪刑相适应的原则，导致重罪轻判、放纵犯罪。从此意义上说，还应当同时适用累犯条款。第三，导致出现分歧的根本原因在于刑法关于累犯的规定（《刑法》第65条）用词不准确。而上述1994年、1995年两个司法解释又使得问题更加复杂化。累犯条款中关于"刑罚执行完毕"一词的实质内涵应当指"主刑执行完毕"，而"刑罚"却包括主刑与附加刑。因为虽然同一部法典中同一法律名词所表达的意思应该是一致的，但从1995年《答复》可以看出，规定累犯的立法原意，应当是指在主刑执行完毕以后。

我们同意第三种意见。

四、建议

建议将我国《刑法》第 65 条第 1 款规定的"被判处有期徒刑以上刑罚的犯罪分子，刑罚执行完毕或者赦免以后，在五年以内再犯应当判处有期徒刑以上刑罚之罪的，是累犯"修改为"被判处有期徒刑以上刑罚的犯罪分子，主刑执行完毕或者赦免以后，在五年以内再犯应当判处有期徒刑以上刑罚之罪的，是累犯"。

[作者：张毅（1963—），男，汉族，江苏南通人，江苏省南通市人民检察院研究室主任；朱砺（1962—），男，汉族，江苏南通人，江苏省南通市法学会刑法刑诉法研究会副会长，南通瑞慈律师事务所主任；张傲冬（1972—），女，汉族，河北唐山人，江苏省南通市人民检察院检察员、法律硕士。]

典型类案 12 缓刑考验期满后5年内再犯罪是否构成累犯

累犯是指因犯罪而受过一定的刑罚处罚，刑罚执行完毕或者赦免以后，在法定期限内又犯一定之罪的犯罪人。对累犯从严处罚，是当今世界各国通行的做法。我国刑法规定累犯制度是为了预防犯罪，对于那些在缓刑考验期满后仍不思悔改，在5年以内故意再犯应当判处有期徒刑以上刑罚之罪，说明该犯罪分子并未认真彻底改造好自己，甚至当时"较好"的悔罪表现是为了追求得到缓刑这种较轻的处理而伪装的，其继续犯罪的事实，足以证明其具有较大的主观恶性和社会危害性，应当以累犯予以从重处罚，只有这样才能有效发挥刑罚教育改造罪犯的目的。在办案实践中，对被判处缓刑的犯罪分子，在缓刑考验期满后5年内又故意犯罪是否构成累犯，存在争议。现根据相关典型案件，对此类法律适用问题作分析与研究。

一、类案简介

被告人林某，男，1982年10月29日生，无业，2003年3月20日因犯盗窃罪被某市人民法院判处有期徒刑6个月缓刑1年，并处罚金人民币1500元。缓刑期满后，被告人林某于2004年4月13日至5月28日间伙同被告人顾某、秦某等人先后窜至某地采取掰窗栅翻窗入室手段盗窃作案7起，窃得金首饰、手机及现金，案值15000余元。案发后，某市公安局以涉嫌盗窃罪于2004年6月2日将林某刑事拘留，同年7月2日转取保候审，同年12月27日移送某市检察院审查起诉，并于2005年1月24日向某市人民法院提起公诉，同年2月24日某市人民法院决定对被告人林某执行逮捕。同年3月2日判处被告人林某有期徒刑2年6个月，缓刑3年，并处罚金13000元。

二、本类案件的争议焦点

本类案件争议的焦点在于缓刑考验期满后5年内故意犯罪是否构成累犯？本案中被告人林某曾于2003年3月20日因犯盗窃罪被判处有期徒刑6个月缓刑1年，在缓刑考验期满后1个多月被告人林某又犯盗窃罪，且又被判有期徒刑2年6个月缓刑3年。对被告人林某的行为是否构成累犯，我国法律没有就此问题作出明确规定。

三、主要分歧意见与评析

第一种意见认为，被告人林某的行为不构成累犯。理由是：被告人林某在缓刑考验期限内，未发生《刑法》第77条规定的情形，因此，缓刑考验期满，原判的刑罚就未再执行。这就意味着刑罚没有执行，也就不符合累犯所规定的"刑罚执行完毕"之要求。所以，被告人林某的行为不构成累犯。

第二种意见认为，被告人林某的行为构成累犯，且不应再适用缓刑。理由是：被告人林某虽在缓刑考验期内未发生《刑法》第77条规定的情形，缓刑考验期满，原判刑罚不再执行，但仍应认定为是受过刑事处罚的，缓刑考验期满时，应理解为刑罚执行完毕，其在缓刑考验期满后不久又故意犯罪，盗窃数额巨大，应是累犯，且根据《刑法》第74条规定："对于累犯，不适用缓刑。"不应再对被告人林某适用缓刑。

笔者倾向同意第二种意见，被告人林某的行为构成累犯，且不应再适用缓刑。现具体分析如下：

累犯是指因犯罪而受过一定的刑罚处罚，刑罚执行完毕或者赦免以后，在法定期限内又犯一定之罪的犯罪人。我国《刑法》第65条明确规定："被判处有期徒刑以上刑罚的犯罪分子，刑罚执行完毕或者赦免以后，在五年以内再犯应当判处有期徒刑以上刑罚之罪的，是累犯，应当从重处罚，但过失犯罪除外。""前罪"是被判处有期徒刑以上刑罚且是"实刑"的故意犯罪，是否构成累犯，自然明了。但如果"前罪"是被判处有期徒刑宣告缓刑的故意犯罪，缓刑考验期满后，在五年以内因故意再犯应当判处有期徒刑以上刑罚之罪的，是否构成累犯，理论界一直未有定论，司法实践中也由于认识不尽一致，存在着不同的观点。无论是理论界还是司法实践中，大多数人认为上述情形不构成累犯，其理由是：《刑法》第76条规定，被宣告缓刑的犯罪分子，在缓刑考验期限内，如果未发生《刑法》第77条规定的情形，缓刑考验期满，原判的刑罚就不再执行。这就意味着刑罚没有执行，也就不符合累犯制度所规定的"原判刑罚执行完毕"之要求。

但是，笔者认为，"不构成累犯"的观点从表面上看，似乎是严格执行法律规定，有章可循，但实际上是对法条的机械片面理解。笔者认为"构成累犯"观点是符合立法原理的，理由如下：

首先，从缓刑的含义分析，缓刑是指对于被判处拘役、3年以下有期徒刑的犯罪分子，根据其犯罪情节和悔罪表现，确实不致再危害社会的，在一定期间内附条件地暂不执行原判刑罚的一种刑罚制度。换言之，缓刑的适用是在维持原判刑罚效力的前提下给犯罪分子以悔过自新的机会，是对犯罪分子在惩罚前提下宽大处理的一项特殊刑罚制度，是依附于原判刑罚而存在的一种执行刑罚的方法。宣告缓刑必须以判处刑罚为前提，不能脱离原判刑罚而单独存在，它是通过宣告缓刑来替代有期徒刑的执行。我们不能因为被宣告缓刑的犯罪分子未经过监狱或其他执行场所的劳动改造，就认定他没有被执行过刑事处罚的话，就等于否认了缓刑具有刑罚的性质，否认了缓刑制度是我国刑罚具体运用的一种方式。因此，被判处缓刑的犯罪分子，虽在缓刑考验期内未发生《刑法》第77条规定的情形，缓刑考验期满，原判刑罚不再执行，仍应认定为是受过刑事处罚的。

其次，从缓刑的惩罚功能分析，本来应当根据犯罪的事实、犯罪的性质、情节和对于社会的危害程度，依照刑法的有关规定对犯罪分子处以一定的刑罚（3年以下有期徒刑）且是实刑，才能实现对其惩罚和改造的目的，但因为犯罪分子具有较好的悔罪表现，结合其犯罪情节和不致再危害社会的预见，规定一定的考验内容和考验期限、考察方式。如果犯罪分子在该考验期限内遵守规定通过了这些考验，就推定其已经得到了改造，从而达到了对其惩罚和教育改造的目的。故此时的"原判刑罚不再执行"实际是通过"缓刑的执行"已经得到了执行。其实质是通过执行相对原执行强度较弱的执行方法实现了其执行目的。缓刑的这种法律后果实质是留下了被缓刑人曾经犯过罪的历史记录，对于被缓刑人会起到警戒的作用，有利于预防犯罪。因此这里的"不再执行"是一种实质意义上的"执行完毕"的"执行"，与累犯制度所规定的"刑罚执行完毕"的本质是一致的。"缓刑的考验期满"不能仅从字面上理解为原判刑罚不再执行，而是意味着原判刑罚的执行完毕。

再次，从我国刑罚的目的来看，认为被判处有期徒刑宣告缓刑考验期满后再犯新罪不能构成累犯的观点与我国刑罚的目的相违背。对累犯从严处罚，是当今世界各国通行的做法。实践中，受过刑罚处罚的大多数犯罪分子，能够改恶从善，从新做人，重返社会后成为守法公民，但是也有少数受过刑罚处罚的犯罪分子，仍然不思悔改，在刑罚执行完毕或者赦免以后的一定时间内再次实施犯罪，严重危害社会。刑法规定累犯制度是为了预防犯罪，对于那些在缓刑考验期满后仍不思悔改，在5年以内故意再犯应当判处有期徒刑以上刑罚之罪，说明该犯罪分子并未认真彻底改造好自己，甚至当时"较好"的悔罪表现是为了追求得到缓刑这种较轻的处理而伪装的，其继续犯罪的事实，足以证明其具有较大的主观恶性和社会危害性，应当以累犯予以从重处罚，只有这样才能有效发挥刑罚教育改造罪犯的目的，否则，就会放纵罪犯。只有如此才能有效地保证刑罚的特殊预防和一般预防的目的的实现，提高惩罚犯罪、改造犯罪人的实际效果。

四、建议

《刑法》第65条规定："被判处有期徒刑以上刑罚的犯罪分子，刑罚执行完毕或者赦免以后，在五年以内再犯应当判处有期徒刑以上刑罚之罪的，是累犯，应当从重处罚，但过失犯罪除外。前款规定的期限，对于被假释的犯罪分子，从假释期满之日起计算。"同样对于被判处有期徒刑宣告缓刑的故意犯罪，在缓刑考验期满后，5年内又故意再犯应当判处有期徒刑以上刑罚之罪的，也应当构成累犯。为有效发挥刑罚教育改造罪犯的目的，提高惩罚犯罪、改造犯罪人的实际效果。进一步规范执法行为，促进公正执法，建议最高人民法院、最高人民检察院作出明确司法解释，规定："对前罪是被判处有期徒刑宣告缓刑的故意犯罪，缓刑考验期满后，在五年以内又故意再犯应当判处有期徒刑以上刑罚之罪的，构成累犯。"

[作者：袁国民（1963—），男，汉族，江苏通州人，江苏省通州市人民检察院反渎职侵权局局长；陆永和（1966—），男，汉族，江苏通州人，江苏省通州市人民检察院办公室副主任；葛健（1968—），男，汉族，江苏通州人，江苏省通州市人民检察院公诉科副科长。]

七、自首和立功

典型类案 13 以数额巨大的财物作为目标但盗窃未遂而被抓获后如实供述相同手段的其他盗窃既遂事实能否认定为自首

在办理刑事犯罪案件的过程中，正确认定"自首"行为，对具有自首情节的犯罪行为人予以从宽处理，既有利于教育感化犯罪分子，又有利于依法办案和犯罪预防工作。但是，正确认定"自首"是一项政策性很强的工作，掌握和运用不当，极易成为办案者徇私舞弊、徇情枉法的借口。我们在办理以数额较大的财物为目标但盗窃未遂而被抓获后如实供述相同手段的其他盗窃既遂事实能否认定为自首的问题上，就曾经因为应当如何正确适用法律，产生了较大的分歧意见。现以被告人王某、祁某盗窃案为例，提出笔者的研究意见和建议。

一、类案简介

被告人王某，男，28岁，农民。被告人祁某，男，60岁，某提蜡厂工人。被告人王某与被告人祁某及同案人陈某（已病亡）相互勾结，使用水泥船、潜水泵等作案工具，分别于2005年9月16日及10月某日的22时许，由被告人祁某内应望风，被告人王某及陈某将管道伸入位于被告人王某所在村组的某提蜡厂，以潜水泵从该厂工业原料油罐内往自备的水泥船上抽油，分别窃得价值人民币2万余元和2.49万余元的工业原料油7吨多和11吨多，销赃得款1.67万元和2.03万元予以分赃。2005年10月20日22时许，被告人王某、祁某及陈某再次以数额巨大的工业原料油为目标，使用水泥船并携带潜水泵等作案工具窜至该提蜡厂准备行窃时，被该厂伏击人员抓获并报警方处理。被告人王某、祁某在接受讯问过程中如实供述了两次盗窃既遂和一次盗窃未遂的事实。

案件处理结果：检察机关以盗窃罪对被告人王某、祁某提起公诉后，法院认定被告人王某、祁某犯盗窃罪，同时适用《刑法》关于自首、犯罪未遂、缓刑适用等法定条款，判处被告人王某有期徒刑3年，缓刑4年，并处罚金8万元，判处被告人祁某有期徒刑2年，缓刑3年，并处罚金4万元。

二、本类案件的争议焦点

以数额巨大的财物作为目标但盗窃未遂而被抓获后，如实供述相同手段的盗窃既遂事实，能否认定为自首，是一个必须引起重视的原则问题。就本案而言，争议的焦点在于被告人第三次盗窃未能得逞的行为是否构成犯罪。

三、主要分歧意见与评析

检察机关公诉部门认为，被告人王某、祁某第三次盗窃未遂并被抓获后如实供述前两次盗窃既遂的犯罪事实，属于坦白认罪态度较好而不应认定为自首。理由是根据1998年5月9日最高人民法院《关于处理自首和立功应用法律若干问题的解释》（以下简称《解释》）规定，认定自首必须同时具备"自动投案"和"如实供述自己的罪行"这两个关键条件，仅具备其中一个条件都不能被认定为是"自首"。所谓自动投案，《解释》也有明确的表述，即"犯罪事实或者犯罪嫌疑人未被司法机关发觉，或者虽被发觉，但犯罪嫌疑人尚未受到讯问、未被采取强制措施时，主动、直接向公安机关、人民检察院或者人民法院投案"。本案被告人因在作案时被发现且被抓获，虽如实交代了自己的犯罪事实但系受到公安机关讯问情况下的行为而非自动投案，故不能认定为自首。

法院认为，"被告人王某、祁某在被公安机关掌握的盗窃事实不构成犯罪时又主动交代了其他的盗窃事实，应视为自首"。其理由是，两被告人于2005年10月20日第三次盗窃并未得逞，所以不应以犯罪论处，故其对自己前两次盗窃既遂犯罪事实的供述，应以"因形迹可疑，被有关组织查询、教育后，自动投案"的情况对待。

笔者对本类案件的评析意见具体如下：

（一）本案被告人王某、祁某的行为不应认定为自首

1. 就本案而言，检察机关与审判机关争议的焦点在于被告人第三次盗窃未能得逞的行为是否构成犯罪。因为，如果这一行为构成犯罪，两被告人在被公安机关抓获后的陈述就是对自己犯罪行为的供述，不属于自动投案。反之，

如果这一行为依法不构成犯罪，而是在其形迹可疑受到查询的情况下，主动交代了未被公安机关掌握的其他犯罪事实，则应认定为自首。关于这个问题，最高人民法院1997年11月4日《关于审理盗窃案件具体应用法律若干问题的解释》第1条第2项明确指出，"如以数额巨大的财物或者国家珍贵文物等为盗窃目标的"，即使未遂，也"应当定罪处罚"。该《解释》第3条又指出，"个人盗窃公私财物价值人民币五千元至二万元以上的，为'数额巨大'"。本案被告人前两次盗窃均使用了水泥船和潜水泵等作案工具，第一次窃得原料油7吨多，第二次窃得原料油11吨多，价值都已达到数额巨大标准。第三次，他们仍然使用水泥船和潜水泵，同样是将数额巨大的原料油作为盗窃目标，依照上述解释规定，应当定罪处罚。所以，被告人被公安机关抓获后的有罪供述就不属自动投案。

2. 两被告人虽然在被公安机关抓获后主动交代了自己的全部犯罪事实，但并不属于在未被司法机关发觉，或者虽被发觉，但犯罪分子尚未受到讯问、未被施行强制措施时自动投案的行为，所以不能认定为自首。

从本案判决情况来看，法院一方面认定两被告人"在被公安机关掌握的盗窃事实不构成犯罪时又主动交代了其他的盗窃犯罪事实，应视为自首"，另一方面又认定两被告人第三次盗窃未遂，从而适用了两个可以从轻或者减轻处罚的法律条款，以致尽管盗窃数额巨大，仍然适用缓刑，罚金总额却达12万元之多，而且均在判决之前即已预收。显然属于适用法律不当，判决依据不足。

（二）类似情形均不应以"自首"论处

1. "自首"必须同时具备两个条件：

一是自动投案。所谓"自动"，是指出于犯罪分子自愿向司法机关交代自己的犯罪行为，自愿接受法律处罚的主观动机和目的，主动向司法机关或相关组织坦白交代自己的犯罪事实的行为。其所以被认定为"自动"有两个特点：（1）在时间方面，投案必须发生在犯罪行为未被司法机关发觉之前，或者是犯罪行为已被司法机关发觉，但谁是犯罪嫌疑人还没有明确，或者是虽然司法机关已经发现了犯罪事实，基本查明了谁是犯罪嫌疑人，但尚未开始实施对犯罪嫌疑人的讯问，或者尚未采取强制措施的情况之下。（2）在客观表现方面，必须是犯罪行为人主动的积极的投案，即主动到司法机关交代问题的行为，而不是在司法办案人员讯问之下回答问题的行为。否则，均不应认定为自动投案。

二是如实交代自己的罪行。犯罪行为人必须是毫无保留地交代自己的犯罪事实，而不是交小瞒大，企图蒙混过关。

上述两个条件必须同时具备，才能成立"自首"。其中，"自动投案"是前提条件。凡是在接受讯问或被采取强制措施之后才交代自己的犯罪事实的，都不是"自首"，而属于认罪态度较好，是可以从轻处罚的酌定情节，而不是自首从轻的法定情节。

2. 依法认定犯罪是正确认定"自首"的基础工作。

"自首"是在犯罪事实已经发生的情况下发生的犯罪行为人自动投案行为，没有犯罪事实就无所谓自首。所以，行为人因形迹可疑但未被确认为犯罪嫌疑人而被抓获的情况下，主动交代司法机关尚未掌握的犯罪事实，应认定为自首。相反，犯罪嫌疑人被讯问或被采取强制措施的原因是其被抓获时的行为已经构成犯罪，即使被抓获后主动交代了司法机关尚未掌握的犯罪事实，也不能认定为自首。本类案中，被告人王某、祁某以盗窃数额巨大的工业原料油为目标，因被伏击人员抓获而未遂，根据最高人民法院的相关司法解释规定应予定罪处罚。所以，在其因犯罪事实被发现并被当场抓获后，在接受讯问的情况下交代自己犯罪事实的行为，不能认定为自首。

3. 不应以滥用"自首"作为刑罚交易的筹码。

目前，少数地方的审判人员出于"单位创收"目的而大量适用罚金刑的现象时有发生，不同程度地影响着法律的严肃性和公正性。为了适用罚金刑，又要使被告人服判，往往会出现主刑与附加刑易科现象。但是，主刑与附加刑易科，即减轻主刑处罚程度，总要找出一定的理由。因此，以种种借口不恰当地认定"自首"，也就顺理成章地成为某些案件中进行刑罚交易的通常做法。这种状况必须得到有效的改变。

四、建议

笔者建议，最高人民法院和最高人民检察院结合司法实践，重申严格掌握和适用自首条件的规定，尤其是在"视为自首"的问题上，不得任意扩大认定自首的范围，以限制和规范自由裁量权。

[作者：蒋志琪（1955—），男，汉族，江苏通州人，江苏省南通市人民检察院监察处处长；何海晏（1978—），男，汉族，江苏海安人，江苏省海安县人民检察院干部。]

典型类案 14 劝说同案犯自首是否构成立功

刑法中的立功,是指犯罪分子检举、揭发他人犯罪行为,查证属实的,或者提供重要线索,从而得以侦破其他案件的,或者阻止他人犯罪活动,或者协助司法机关抓捕其他犯罪嫌疑人,或者抢险救人等具有有利于国家和社会的突出表现或重大贡献的行为。在司法实践中,我们碰到了这样的案例,犯罪嫌疑人在归案以后成功地劝说其他同案犯自首,这种劝说行为极大地帮助了侦查机关及时迅速地查明了犯罪事实,为国家和社会节约了较大的侦破成本。这是否可以认定为行为人有"其他有利于国家和社会的突出事迹"从而构成立功呢?对此,司法实践中产生了认识上的分歧,有构成立功说,有不构成立功说,还有折中说,即作适当的考虑,既不全面否定也不全面承认。在此,笔者依据现行刑法规定和刑法学理论,通过对以下案例进行深入和细致的分析和论证,并在此基础上提出相应的司法建议。

一、类案简介

犯罪嫌疑人陈××,男,汉族,1964年5月4日出生,初中文化,农民,江苏省××县人。

犯罪嫌疑人陈××于2006年至2007年5月间,从"上线"犯罪嫌疑人陈×和朱××(另案处理)处购得大量伪劣香烟和部分真烟,并且先后分别销售给××县22家个体小商店,涉嫌犯罪金额达404587元,分别构成销售伪劣产品罪和非法经营罪,于2007年5月20日被××县公安局监视居住,同年6月22日被××县公安局采取取保候审的强制措施。公安机关在追缉其"上线",即犯罪嫌疑人陈×和朱××时发现陈×和朱××已不知所踪。在追缉期间,公安机关已经花费了较大的人力、物力和财力,但皆未有结果。后犯罪嫌疑人陈××在归案之后通过以联系陈×和朱××的家属并做其思想工作的形式劝说陈×和朱××投案自首。后来陈×和朱××在犯罪嫌疑人陈××的劝说之下到公安机关投案自首。

二、主要分歧意见与评析

对上述问题如何适用法律，司法实践中产生了以下三种不同的意见：

第一种意见认为，犯罪嫌疑人劝说同案其他犯罪嫌疑人投案自首的行为应当认定为立功。理由是，最高人民法院《关于办理减刑、假释案件具体应用法律若干问题的规定》第1条第2项规定："'立功表现'是指具有下列情形之一的：………5. 有其他有利于国家和社会的突出事迹的。"首先，犯罪嫌疑人陈××在侦查阶段的劝说同案其他犯罪嫌疑人投案自首的行为直接使得同案其他犯罪嫌疑人先后投案自首，减少了公安机关在侦查方面的人力、物力及财力付出，为国家和社会节约了侦破成本；其次，这种劝说同案其他犯罪嫌疑人投案自首的行为是有着积极效果的，它有助于公安机关迅速及时地查清相关犯罪事实，较好地保护了刑法所保护的法益。这可以认为是"其他有利于国家和社会的突出事迹"，应当认定为构成立功。

第二种意见认为，犯罪嫌疑人劝说同案其他犯罪嫌疑人投案自首的行为不应当认定为立功。理由是，《刑法》第68条规定，犯罪分子有揭发他人犯罪行为，查证属实的，或者提供重要线索，从而得以侦破其他案件等立功表现的，可以从轻或者减轻处罚。犯罪嫌疑人陈××的劝说同案其他犯罪嫌疑人投案自首的行为算不上是"揭发他人犯罪行为"，也不构成"提供重要线索，从而得以侦破其他案件"。尽管其他同案犯在其劝说之下向公安机关投案自首（自首是指行为人犯罪以后自动投案，如实供述自己的罪行的行为）了，但这主要还是其他同案犯自己的"自觉自愿"并勇于承担法律责任使然，而不应当认为是劝说者的"立功表现"使然。

第三种意见认为，犯罪嫌疑人劝说同案其他犯罪嫌疑人投案自首的行为既不构成立功，但是在考察行为人的人身危险性时也应当予以适当的考虑。其理由是，被劝说者主动投案自首是犯罪嫌疑人的"劝说行为"和投案自首者勇于积极主动地承担法律责任这两个方面相结合作用的结果，没有前面的"劝说行为"，后面的投案自首行为很难发生；但如果投案自首者已经下定了决心要逃避法律追究，劝说者再怎么劝说也是无济于事的。所以，我们不能够无限夸大犯罪嫌疑人陈某"劝说行为"的作用，但也应当对这种劝说同案其他犯罪嫌疑人投案自首的行为予以适当地考虑。这种意见可以称之为折中说。

笔者同意第一种意见，其主要理由如下：

首先，将犯罪嫌疑人劝说同案其他犯罪嫌疑人投案自首的行为认定为立功是有法律依据的。第一，《刑事诉讼法》第43条规定，侦查人员必须保证一切与案件有关或者了解案情的公民，有客观地提供证据的条件，除特殊情况外,并且可以吸收他们协助调查。犯罪嫌疑人在未被人民法院判决有罪之前依照法律规定他还是中华人民共和国公民,他可以协助公安机关调查。犯罪嫌疑人陈××的劝说同案其他犯罪嫌疑人投案自首的行为可以认为是公民依法对公安机关的"协助调查行为"。犯罪嫌疑人陈××不仅协助了侦查机关及时迅速地查明了犯罪事实,而且还对国家和社会有积极贡献,依法是可以被认定为立功的。第二,最高人民法院1998年5月9日颁行的《关于处理自首和立功具体应用法律若干问题的解释》第5条规定,根据《刑法》第68条第1款的规定,具有其他有利于国家和社会的突出表现,应当认定为有立功表现。很显然,犯罪嫌疑人陈××的劝说同案其他犯罪嫌疑人投案自首的行为一方面有利于公安机关迅速查明犯罪事实,另一方面也节省了公安机关不少的警力、物力和财力资源。这些都足以说明本案中犯罪嫌疑人陈××的"劝说行为"对国家和社会是有利的,他的这种行为表现有利于国家和社会,是突出表现,构成了立功。

其次,犯罪嫌疑人劝说同案其他犯罪嫌疑人投案自首的行为也是卓有成效的,对于快速侦破案件起到了较大的作用。从实际效果来看,该劝说同案其他犯罪嫌疑人投案自首的行为是卓有成效的,被劝说者即本案中的"上线"犯罪嫌疑人陈×和朱××在陈××的劝说之下,积极主动地将自己交付于公安机关的控制之下,并如实交代了自己的罪行。这现实地减轻了公安机关的侦破代价,协助公安机关及时查清了犯罪事实,这些也是各方面都有目共睹的。

第三,认定犯罪嫌疑人劝说同案其他犯罪嫌疑人投案自首的行为构成立功,有助于鼓励其他同类案件的犯罪嫌疑人积极协助侦查机关查明犯罪事实,从而使案件得以及时侦破,这也可以比较好地保护我国刑法所保护的法益。对于其他的有多人参与的刑事案件来说,认定此类劝说行为是立功意味着我们在司法实践中树立了一个榜样:积极配合公安机关的侦查是可以被认定为是立功的,是法律明确规定的酌定减轻情节。这可以起到积极地鼓励和引导作用。

第四,如果将犯罪嫌疑人劝说同案其他犯罪嫌疑人投案自首的行为进行折中考虑,仅作适当考虑的话,这不利于鼓励犯罪嫌疑人积极主动地与侦查机关配合,不利于吸纳犯罪嫌疑人协助侦查机关及时查明犯罪事实,从而及时有效地查处犯罪分子。从反方面来看的话,这样处理就近乎堵塞了其他一切可以团结的力量作出积极贡献的大门,这明显是不利于侦查机关查处犯罪的。

三、建议

通过上述分析,我们认为现行立法和相关的司法解释仍有诸多不足之处,需要作进一步的修改和完善：(1) 建议在司法解释中明确立功的实质标准，即对国家和社会有突出表现，并量化"突出"表现，从而使之具有可操作性；(2) "突出"表现似乎表明其在参照一般的"普通"表现而言的，所以我们建议将"积极表现"取代"突出表现"，因为，"积极"的表现不同于"突出表现"，它的范围相对而言就比较宽泛，只要从正面去理解它就行。这里，我们扩大了认定立功的范围。况且，"立功"也只是"酌定"的量刑情节，对它只能是"可以从轻或者减轻处罚"；(3) 建议在司法解释中进一步明确"具有其他有利于国家和社会的突出事迹的"中的"其他"，便于在司法实践中对立功进行准确认定。

［作者：商银涛（1981—），男，汉族，湖北武汉人，江苏省如东县人民检察院干部；王晶晶（1981—），女，汉族，江苏如东人，江苏省如东县人民检察院干部；陈军（1959—），男，汉族，江苏如东人，江苏省如东县人民检察院干部。］

典型类案 15 对被告人检举揭发已经查证属实如何认定

司法实践中,法院在审理被告人所涉嫌的犯罪事实过程中查明,被告人在先前受到刑事强制措施处理之时曾有检举揭发他人重大犯罪事实的情况,并且由公安机关出具了相关的书面证明。这种证明是否可以认定为被告人检举揭发他人犯罪并且查证属实,司法实践中存在不同的认识。

一、类案简介

被告人杨××,男,1963年4月5日出生于江苏省××县,汉族,大专文化,原任××县粮管所财务科副科长、科长,住××县××镇西郊新村201号。因涉嫌犯贪污罪于2004年6月8日被刑事拘留,同月18日被逮捕。被告人杨××羁押于××县看守所期间检举揭发原××县粮管所所长姜××涉嫌虚开增值税专用发票的犯罪事实。××县人民法院在审理被告人杨××涉嫌犯贪污罪的审理过程中,法院根据××县公安局经侦大队出具的"情况说明"认定:根据被告人杨××犯罪情节,应当处10年以上有期徒刑,但其犯罪后自首又有重大立功表现,应当减轻处罚,故判处被告人杨××有期徒刑3年6个月。××县经侦大队出具的"情况说明"如下:在押犯罪嫌疑人杨××检举揭发××县粮管所虚开增值税专用发票一案,经初步查明,粮管所有虚开增值税专用发票的犯罪嫌疑,涉嫌虚开增值税专用发票,价税合计8000余万元,普通发票3000余万元(不含普通发票税款),税款900余万元。2004年10月10日经批准,犯罪嫌疑人姜××,于2004年10月11日被公安局刑事拘留。

被检举人姜××,男,1957年11月2日出生于江苏省××县,汉族,大专文化,原××县粮管所所长,住××县××镇。因涉嫌虚开增值税专用发票,于2004年10月11日被刑事拘留,同年11月17日因涉嫌犯受贿罪被逮捕。××县人民法院于2005年2月5日以受贿罪判处被告人姜××有期徒刑3年缓刑4年。

案件处理结果:法院判决认定被告人杨××犯罪后自首又有重大立功表现,应当减轻处罚,故判处被告人杨××有期徒刑3年6个月。

二、本类案件的争议焦点

该类案件的争议焦点可以概括为：（1）犯罪分子揭发他人此罪，而最终查证此罪不存在，彼罪存在。这种情况是否属于《刑法》第68条规定的"查证属实"？（2）有权"查证属实"的主体是人民法院还是侦查机关？

三、主要分歧意见与评析

上述典型案件在法律界引起了两种不同的分歧与争议：

第一种意见认为，该判决中人民法院依据公安机关侦查过程中出具的情况说明认定被告人检举具有重大立功表现，认定依据不足，对罪犯杨××不应认定为有重大立功表现。理由如下：

其一，根据《中华人民共和国刑法》第68条的规定，犯罪分子有揭发他人犯罪行为，查证属实的，或者提供重要线索，从而得以侦破其他案件等立功表现的，可以从轻或者减轻处罚；有重大立功表现的，可以减轻或者免除处罚。犯罪后自首又有重大立功表现的，应当减轻或者免除处罚。本案中，被告人杨××因检举罪犯姜××涉嫌虚开增值税专用发票罪而被法院认定为有重大立功表现。而公安机关最终的侦查结果说明罪犯姜××不构成虚开增值税专用发票罪。这说明杨××虽然揭发了他人涉嫌犯罪的行为，但其检举、揭发失实，侦查机关最终没有能据此查证。

其二，依据《刑法》第68条的规定，认定检举人有重大立功表现的依据除了检举、揭发他人重大犯罪行为，经查证属实的情形外，还有提供侦破其他重大案件的重要线索，经查证属实的情况，本案中，被检举人姜××最终因受贿罪被判处有期徒刑3年缓刑4年的刑罚，这表明姜案不属于重大案件，杨××的检举也不符合提供侦破其他重大案件的重要线索的条件。

其三，法院在姜案尚处于侦查过程中时，即依据公安机关出具的情况说明，而认定杨××具有重大立功表现，并据此对杨××作出减轻处罚的判决，根据未经法院判决，不得确定任何人有罪的原则，如此认定显然是违背法律规定的，因为在杨××案件审理之时，姜××是否能最终入罪尚不得而知。

第二种意见认为，该案中认定被告人杨××具有重大立功表现的依据充分，人民法院可以认定其具有重大立功表现。根据《刑法》第68条的规定，犯罪分子有检举、揭发他人重大犯罪行为或提供侦破其他重大案件的重要线索，经查证属实的可认定为具有重大立功表现。理由如下：

其一，本案中，被告人杨××检举了姜××涉嫌虚开增值税发票犯罪的事实，公安机关对姜立案侦查，并出具了情况说明，表明姜涉嫌虚开增值税发票犯罪，并且涉嫌犯罪数额特别巨大，法院据此认定杨××具有重大立功表现，符合法律规定。

其二，虽然被告人姜××的案件最终以受贿罪判处，推翻了公安机关的"情况说明"中认定的姜××涉嫌虚开增值税发票犯罪，但是姜××最终被人民法院科以受贿罪的处罚，这说明被告人杨××检举了姜××犯罪是真实的，是可以认定查证属实的。

对于该案件的分析、研究，笔者倾向于第一种意见。

我们应该正确理解现行刑法对立功表现的界定条件"查证属实"。

第一，依据罪刑法定原则，只要未经法院判决就不能认定任何人有罪，即使经公安机关查证，案件事实已经基本回归客观真实，也只能是初步认定涉嫌犯罪，而不是真正的犯罪认定。因此，我们认为直接影响对被告人量刑处罚幅度的从轻或减轻处罚情节，不能以被检举、揭发对象仅是"涉嫌"犯罪作为依据。这种将立功表现的确定提前至侦查阶段实质上反映的是有罪推定的思想，即只要被侦查机关立案侦查就认为涉嫌犯罪的人构成犯罪，据此即可认定检举人有立功表现。实际上，立案之后对案件的处理结果有多种，一个刑事案件从立案到侦查终结、审查起诉到最终法院判决只是一个案件的正常处理程序，在这一处理程序中对于犯罪事实的认定也可能是变化的，法院的生效判决才是对一个案件作出最终处理的具有确定法律效力的依据。人民法院根据侦查机关提供的各类证据最后综合判断出犯罪分子揭发他人的材料是否"属实"。所以在这个意义上有权"查证属实"的最终主体应该是人民法院。

第二，如果案件查处过程中不同诉讼环节的处理结果可作为认定是否"查证属实"的依据，会使对"查证属实"的认定具有更多的不确定性，如普通刑事案件侦查机关的侦查结果是"查证属实"的，到检察机关审查起诉的"查证属实"，再到审判机关的最终"查证属实"，会导致将阶段性的处理结论当做最终处理结果的错误做法，并且容易滋生司法腐败现象。

第三，从更有利分化、打击犯罪的角度出发，我们认为犯罪分子揭发他人此罪，而最终查证此罪不存在，彼罪存在。这种情况应当属于《刑法》第68条规定的"查证属实"。不应当过于拘泥于法律规则的字面意义。理由在于，首先从犯罪分子角度讲检举揭发犯罪是其主观上认罪悔罪的具体表现，再者执法者不能用其谙熟的法律知识素养要求犯罪分子，犯罪分子不可能厘清此罪与彼罪。退一步讲犯罪分子揭发他人此罪，而最终查证此罪不存在，彼罪存在。这种情况即使不属于《刑法》第68条规定的"查证属实"，也可以涵括为"提供重要线索"。当然"提供重要线索"与"得以侦破其他案件"是否应当是必然因果关系，我们尚存疑义。因为"得以侦破其他案件"的主体是侦查机关，我们不能因为案件不能告破而推翻犯罪分子"提供重要线索"的存在。

四、建议

从该案件的分析我们认为现行《刑法》第68条"查证属实"的表述存在疑义，同时该条关于"或者提供重要线索，从而得以侦破其他案件等立功表现的"规定过于局限。为了将检举揭发性质的立功确实建立在依法认定的基础之上，同时切实保障诉讼主体的合法权益，兼顾更好地打击犯罪。笔者认为现行《刑法》第68条可以修改为："犯罪分子揭发他人犯罪并经法院判决为有罪的立功表现，或提供重要线索，有利于侦查机关侦破案件，可以从轻或者减轻处罚，如检举人已被判处刑罚，可以根据立功表现，对其减刑。"

[作者：孙宏亮（1976—），男，汉族，江苏如皋人，江苏省如东县人民检察院干部。]

八、数罪并罚

典型类案 [16] 在缓刑考验期满后发现期中有违法、犯罪行为或者漏罪是否应撤销缓刑实行数罪并罚

缓刑是指对于被判处拘役、3年以下有期徒刑的犯罪分子，根据其犯罪情节和悔罪表现，如果暂缓执行刑罚确实不致再危害社会，就规定一定的考验期，在考验期内，暂缓刑罚的执行，如果犯罪分子遵守法律规定的一定条件，则原判刑罚就不再执行的一项制度，对于促进犯罪人改过自新起着相当重要的积极作用。该制度要求犯罪分子在此期间不能犯新罪或没有漏罪，否则，是不能享受不执行刑罚的待遇的。对考验期满间发现有违法、犯罪行为或者漏罪的，1997年刑法规定应撤销缓刑实行数罪并罚。但对考验期满后发现期中有违法、犯罪行为或者漏罪的应否撤销缓刑实行数罪并罚，我国现行刑法未作明确规定。司法实践中，对考验期满后发现期中有违法、犯罪行为或者漏罪的应否撤销缓刑实行数罪并罚的法律适用问题存在较大争议。现将相关案例阐述如下，并作分析，以供研究时参考。

一、类案简介

案例1：犯罪嫌疑人赵某，男，1967年12月9日生。犯罪嫌疑人赵某曾于1988年因犯盗窃罪被某县人民法院判处有期徒刑3年；2004年8月25日因犯故意伤害罪被处有期徒刑1年6个月，缓刑2年。2005年10月的一天夜里，犯罪嫌疑人赵某伙同他人盗窃山羊2只，价值人民币440元。2006年11月6日夜，犯罪嫌疑人赵某又伙同他人盗窃山羊4只，价值人民币1335元。2006年12月4日夜，犯罪嫌疑人赵某又伙同他人盗窃山羊2只，价值人民币445

元。2006年12月5日犯罪嫌疑人赵某因涉嫌盗窃罪被某市公安局刑事拘留，2007年1月8日被执行逮捕，2007年2月28日移送检察机关审查起诉。

案例2： 被告人杨某，男，1982年11月28日生，因犯交通肇事罪，于2003年9月3日被某市人民法院判处有期徒刑2年，缓刑2年。2005年8月的一天凌晨，被告人杨某伙同他人窜至某公司，窃得铜管125公斤，价值人民币5375元。2006年4月2被某市公安局刑事拘留，同年4月29日逮捕，同年6月7日某市人民法院作出判决：撤销原某市人民法院（2003）东刑初字第259号刑事判决书中，判处有期徒刑2年，缓刑2年中的缓刑部分，被告人杨某犯盗窃罪，判处有期徒刑1年，并处罚金人民币5000元，决定执行有期徒刑2年6个月，罚金人民币5000元。

二、本类案件的争议焦点

从实践案例可以看出，本类案件争议的焦点即：对考验期满后发现期中有违法、犯罪行为或者漏罪的应否撤销缓刑实行数罪并罚。

三、主要分歧意见与评析

第一种意见认为，缓刑考验期满，刑罚已经执行完毕，不存在撤销缓刑的问题，因而也不再进行数罪并罚。《刑法》第70条规定的数罪并罚，是指刑罚执行完毕以前，发现被判刑的犯罪分子漏罪的才可以实行数罪并罚。

第二种意见认为，应当撤销缓刑，实行数罪并罚。即使缓刑刑罚已经执行完，但只要是其犯罪行为是发生在缓刑宣告之前，没有过追诉时效，就应依照《刑法》第77条、第70条和第69条的规定，撤销缓刑，再实行数罪并罚。

经研究，我们倾向于第二种意见。理由是：

1. 缓刑，就是对于判处某种剥夺自由的刑罚的犯罪分子，遵守一定的条件的情况下，不执行原判刑罚的制度。缓刑不是刑种，而是刑罚适用、裁量制度的重要内容。缓刑考验期是指对被宣告缓刑的犯罪分子进行考察的一定期间，要求犯罪分子在此期间不能犯新罪或没有漏罪，否则，是不能享受不执行刑罚的待遇的。1997年《刑法》第77条规定："被宣告缓刑的犯罪分子，在缓刑考验期限内犯新罪或者发现判决宣告以前还有其他罪没有判决的，应当撤销缓刑，对新犯的罪或者新发现的罪作出判决，把前罪和后罪所判处的刑罚，依照本法第六十九条的规定，决定执行的刑罚。被宣告缓刑的犯罪分子，在缓刑考验期限内，违反法律、行政法规或者国务院公安部门有关缓刑的监督管理规定，情节严重的，应当撤销缓刑，执行原判刑罚。"由于以上对在缓刑考验期间还是在考验期后撤销缓刑没有明确规定，导致有人认为，撤销缓刑应当是在缓刑考验期间才行，也就是发现新罪和撤销缓刑都在同一期间，过后就不能撤销，视为原判刑罚已经执行。但我们认为，这种理解是错误的，与我国法律关于罪刑相适应原则不相符。罪犯有缓刑考验期间没有遵守规定，违法犯罪，应当受到处罚。因此犯罪分子在缓刑考验期限内又犯新罪，即使在缓刑考验期满后才被发现，只要未超过追诉时效，也应当宣告撤销缓刑，并且依照《刑法》第77条的规定，决定执行的刑罚。

2. 我国1979年《刑法》第70条规定："被宣告缓刑的犯罪分子，在缓刑考验期限内，由公安机关交所在单位或者基层组织予以考察，如果没有再犯罪，缓刑考验期满，原判的刑罚就不再执行；如果再犯新罪，撤销缓刑，把前罪和后罪所判处的刑罚，依照本法第六十四条的规定，决定执行的刑罚。"与1979年旧《刑法》相比，1997年修订后的《刑法》第77条规定增加了对缓刑宣告以前还有漏罪和缓刑期内有违反法律、行政法规或者国务院公安部门有关缓刑的监督管理规定，情节严重的行为，都应当撤销缓刑，数罪并罚或执行原判刑罚的规定。虽然我国法律法规没有明确规定犯罪分子在缓刑考验期满后，才被发现其在缓刑考验期限内违法、犯罪或者漏罪的等情况如何处罚，但根据1985年8月21日最高人民法院《关于人民法院审判严重刑事犯罪案件中具体应用法律的若干问题的答复三》第36问："被判处拘役、有期徒刑宣告缓刑的犯罪分子，在缓刑考验期限内再犯新罪，而在缓刑考验期满后才被发现，对这样的犯罪分子是否应当撤销缓刑，把前罪和后罪所判处的刑罚，按照刑法第六十四条的规定实行数罪并罚？"其答复是："根据我国刑法第七十条的规定，对被宣告缓刑的犯罪分子不再执行原判的刑罚，是以罪犯在缓刑考验期限内不再犯新罪为条件的；如果罪犯在缓刑考验期限内再犯新罪，就应当撤销缓刑，对前罪和后罪所判处的刑罚，依照刑法第六十四条的规定，决定执行的刑罚。即使是在缓刑考验期满后，才发现该罪犯在缓刑考验期限内所犯的新罪，如未超过追诉时效期限的，也应当按照刑法第七十条的有关规定执行。"同样道理，那就是缓刑考验期满后，才发现该罪犯分子在缓刑考验期限内，违反法律、行政法规或者国务院公安部门有关缓刑的监督管理规定，情节严重的行为，或在缓刑宣告以前还有漏罪，如未超过追诉时效期限的，也应按照《刑法》第77条的规定，决定执行的刑罚。

3. 缓刑是我国刑法运用惩办与宽大相结合、惩罚与教育改造相结合的刑事政策而确立的重要刑罚制度之一。其目的就是国家对犯罪分子及其犯罪行为进行否定的评价，同时又体现了对犯罪分子一定的宽大政策，在维持原判刑罚效力的基础上给犯罪分子以悔过自新的机会。但也不应让不思悔改的犯罪分子占便宜，对在缓刑考验期限内又犯新罪或有违反法律、行政法规或者国务院公安部门有关缓刑的监督管理规定，情节严重的，即使在缓刑考验期满后才被发现，只要未超过追诉时效，也应当宣告撤销缓刑，并且依照《刑法》第77条的规定，决定执行的刑罚。

四、建议

根据以上分析，犯罪分子在缓刑考验期限内又犯新罪或有违反法律、行政法规或者国务院公安部门有关缓刑的监督管理规定，情节严重的，即使在缓刑考验期满后才被发现，只要未超过追诉时效，也应当宣告撤销缓刑，并且依照《刑法》第77条的规定，决定执行的刑罚。建议上级有关部门对《刑法》第77条的适用法律问题作出明确的司法解释。明确规定："根据我国刑法第七十七条的规定，对被宣告缓刑的犯罪分子不再执行原判的刑罚，是以罪犯在缓刑考验期限内不再犯新罪为条件的；如果罪犯在缓刑考验期限内再犯新罪，就应当撤销缓刑，对前罪和后罪所判处的刑罚，依照刑法第六十九条的规定，决定执行的刑罚。即使是在缓刑考验期满后，才发现该罪犯在缓刑考验期限内所犯的新罪或有违反法律、行政法规或者国务院公安部门有关缓刑的监督管理规定，情节严重的，如未超过追诉时效期限的，也应当按照刑法第七十七条的有关规定执行。"

[作者：居少波（1954—），男，汉族，江苏海安人，江苏省南通市人民检察院检察长助理；张毅（1963—），男，汉族，江苏南通人，江苏省南通市人民检察院研究室主任；张建兵（1966—），男，汉族，江苏通州人，江苏省通州市人民检察院研究室主任。]

典型类案 17 数罪中既有判处有期徒刑又有判处拘役或者管制等异种有期自由刑如何并罚执行

司法实践中，我们经常遇到数罪中既有判处有期徒刑，又有判处拘役或者管制，对不同种类的有期自由刑之间应当如何并罚，由于目前我国刑法没有明文规定，因此出现如何适用法律的争议。

一、类案简介

案例1：被告人林某，男，1990年5月15日生，无业。曾因犯盗窃罪，于2006年9月28日被某市人民法院判处有期徒刑1年，缓刑1年。同年10月1日至13日间，被告人林某单独或伙同他人在某镇、某某镇等地入户盗窃作案4起，涉案金额计人民币1495元。10月13日下午，被告人林某再次盗窃作案时，被群众发现并抓获，2007年1月18日，某市人民法院作出判决：一、撤销某市人民法院（2006）通刑初字第0396号刑事判决书对被告人林某犯盗窃罪判处有期徒刑1年，缓刑1年，并处罚金人民币3000元中的缓刑部分。二、被告人林某犯盗窃罪，判处拘役3个月，罚金人民币1000元，与原判有期徒刑1年、并处罚金人民币3000元合并，决定执行有期徒刑1年、拘役3个月，罚金人民币4000元。

案例2：被告人张某，男，1987年11月10日生，无业。曾因犯盗窃罪，于2006年7月25日被某区人民法院判处拘役4个月，缓刑8个月，并处罚金人民币3700元。同年9月20日至10月6日间，被告人张某伙同他人在某造船厂工地、某船舶修造有限公司、某船务有限公司等地盗窃作案6起，涉案金额计人民币14562元。2007年1月18日，某市人民法院作出判决：一、撤销某区人民法院于2006年7月25日作出的（2006）崇刑初字第266号刑事判决书中，被告人张某犯罪盗窃罪，判处拘役4个月，缓刑8个月的缓刑部分。二、被告人张某犯盗窃罪，判处有期徒刑3年6个月，并处罚金人民币14000元，连同原判拘役4个月、并处罚金人民币3700元，决定执行有期徒刑3年6个月、拘役4个月，并处罚金人民币17700元。

二、主要分歧意见与评析

第一种意见认为，对判决宣告的不同种有期自由刑，应分别执行，先执行较重的刑种，再执行较轻的刑种，即先执行有期徒刑，再执行拘役、管制；或者先执行拘役，再执行管制。

第二种意见认为，对不同种有期自由刑的合并处罚，采用重刑吸收轻刑的规则决定执行的刑期，即有期徒刑吸收拘役或者管制，只执行有期徒刑；或者拘役吸收管制，只执行拘役。

第三种意见认为，对于不同种有期自由刑采用体现限制加重原则的方法予以并罚，首先将不同种有期自由刑折算为同一种较重的刑种，即将管制、拘役折算为有期徒刑或者将管制折算为拘役，而后按限制加重原则决定执行的刑期。

对前述三种意见，笔者倾向于第三种，具体分析如下：

1. 我国《刑法》第 69 条规定了对同种自由刑并罚采用限制加重原则，但对异种有期自由刑，即数罪中既有被判处有期徒刑，又有拘役或管制的，如何合并处罚决定执行刑未作规定。最高人民法院研究室在 1988 年 3 月 24 日《关于被判处拘役缓刑的罪犯在考验期内又犯新罪应如何执行问题的电话答复》中指出："经研究，同意你院意见，即被判处拘役宣告缓刑的犯罪分子，在缓刑考验期内，如果再犯新罪被判处有期徒刑的，应根据刑法第七十条的规定，撤销缓刑，对新罪判处有期徒刑，因拘役和有期徒刑在执行方法上不完全相同；故可参照我院（81）法研字第 18 号批复的精神办理，即在对新罪所判处的有期徒刑执行完毕后，再执行前罪所判处的拘役。"另最高人民法院研究室在 1981 年 7 月 27 日《关于管制犯在管制期间又犯新罪被判处拘役或有期徒刑应如何执行的问题的批复》中指出："由于管制和拘役、有期徒刑不属于同一刑种，执行的方法也不同，如何按数罪并罚的原则决定执行的刑罚，在刑法中尚无具体规定，因此，仍可按照本院 1957 年 2 月 16 日法研字第 3540 号复函的意见办理。即'在对新罪所判处的有期徒刑或者拘役执行完毕后，再执行前罪所没有执行完的管制。'对于管制犯在管制期间因发现判决时没有发现的罪行而被判处拘役或者有期徒刑应如何执行的问题，也可以按照上述意见。"最高人民法院 1958 年 4 月 7 日《关于管制期间可否折抵徒刑刑期问题的答函》也指出："徒刑的刑罚较管制的刑罚为重，徒刑和管制的执行方法也不同，徒刑是在劳动改造机关监管执行，而管制并不这样执行。因此，管制的刑期不宜折抵徒刑。"以上仅仅是最高人民法院内设部门研究室指导工作时的电话答复，不是经最高人民法院审委会通过的严格意义上的司法解释，因此，不具有法律效力。

2. 对异种有期自由刑采取分别执行与数罪并罚的基本原则不相适应。这种并罚，虽然体现了有罪必罚、一罪一罚的精神，形似公正且有理论依据，但是会引发刑罚适用上的不平衡。如果一个被告先后两个罪均判处有期徒刑，法院会依照刑法规定限制加重原则并罚，在前后两个罪所判刑期的总和以下，酌定执行一定的刑期，宣告的刑期比总和刑期要小。但如采取分别执行，在执行了较重的有期自由刑以后，再执行较轻的自由刑，所体现的只是对犯罪人的惩罚，与我国对犯罪适用刑罚的改造目的不相符合，不利于对罪犯的教育改造。就罪犯改造的实际情况看，在执行有期徒刑，尤其是刑期较长的有期徒刑之后，再执行拘役或者管制，并无太大的实际必要。同时，采用并科原则，对犯罪人也过于苛严，与数罪并罚的基本原则不相适应。

3. 对异种有期自由刑采取分别执行，在实际操作中，执行起来比较困难、复杂。《刑事诉讼法》第213条规定，对于被判处有期徒刑以上（死刑立即执行除外）的罪犯，由公安机关依法将该罪犯送交监狱执行。对于被判处有期徒刑的罪犯，在被交付执行前，剩余刑期在一年以下的，由看守所代为执行。对于被判处拘役、管制的罪犯，由公安机关就近执行。从以上规定可以看出，管制或拘役和有期徒刑的执行往往在两个不同场所进行，而且两个场所又分属不同的主管机关，前者属公安机关，后者属司法行政机关，有的两地相距较远。两个不同执行机关在执行交接的法律手续、途中由谁押解以及安全责任的等问题，都难以协调。另外，罪犯在刑罚执行过程中两地改造表现的考核，如何减刑都很难操作，也不符合司法经济原则。如果在执行有期徒刑期限间，犯罪分子确有悔改表现，假释后不再危害社会，在这种情况下，对犯罪分子再执行另一并罚刑种，是否有利于犯罪分子改造。且另一刑种是在被假释后立即执行还是在假释考验期满后才执行，被假释后，假释考验期内无《刑法》第86条规定的情形，就认为原判刑罚已执行完毕。此时，被判处的另一刑种还要不要执行，在司法实践中操作非常困难、复杂，且没有统一规定，不利于法律的统一实施。

4. 最高人民法院研究室曾于2006年8月16日答复上海市高级人民法院（2006）沪高刑他字第67号《关于被告人在拘役缓刑考验期内又犯新罪被判处有期徒刑应如何并罚问题的请示函》，即《关于被告人在拘役缓刑考验期内又犯新罪被判处有期徒刑应如何并罚问题的答复》中规定："刑法第六十九条对不同刑种如何数罪并罚没有明确规定，因此，对于被告人在拘役缓刑考验期内又犯新罪被判处有期徒刑应如何并罚问题，你院可根据案件的不同情况，个案处理。就本案而言，同意你院的倾向性意见，即可以只执行有期徒刑，拘役不再执行。"这种对异种有期自由刑采取重刑吸收轻刑的规则，笔者认为有违有罪必罚原则。《刑法》第72条缓刑是对原判刑罚有条件的不执行，同时《刑法》第77条规定，被告人在缓刑期间犯新罪或者发现判决宣告前还有其他罪，应撤销缓刑，把前罪和后罪所判的刑罚，依照《刑法》第69条规定，决定执行的刑罚。从这规定可以看出，刑法对缓刑后再犯罪的并不是既往不咎，而是撤销缓刑，把前罪和后罪所判的刑罚，依照《刑法》第69条决定执行的刑罚。如果仅仅决定执行数刑中的最高刑，不能体现有罪必罚的刑罚原则，违背了罪刑相适应的刑法基本原则，有重罪轻罚之嫌，致使在犯数罪和犯一重罪承担相同刑事责任的条件下，无疑等于鼓励犯罪人或潜在犯罪人实施一重罪后，去实施更多同等或较轻的罪。势必会轻纵犯罪，体现不出数罪从重处罚的原则，达不到预防犯罪的目的。

5. 对数罪分别被判处有期徒刑、拘役、管制的也采取限制加重原则，符合数罪并罚原则。这是在坚持"有罪必罚"和"一罪一罚"原则的基础上，克服了并科原则和吸收原则或失之于严酷且不便具体适用，或失之于宽纵而不足以惩罚犯罪的弊端，既使得数罪并罚制度贯彻了有罪必罚和罪刑相适应的原则，又采取了较为灵活、合乎情理的合并处罚方式。只有对数罪所判处的不同种类的自由刑进行折抵换算，才能做到既符合对同一犯罪人只能决定执行一种主刑的一般原则，又体现了对数罪的从重处罚。同时，采取折算的方法解决不同种类自由刑之间的并罚问题，也具有操作的可行性。我国《刑法》第41条规定判决之前先行羁押的，羁押1日折抵管制刑期2日；第44条、第47条规定羁押1日折抵拘役刑期1日、有期徒刑1日，实际上就是关于管制、拘役和有期徒刑三者之间折抵换算的规定，因而可视为折算说的法律依据。管制、拘役和有期徒刑三者之间的差异只是量的不同，即犯罪人人身自由权利丧失程度的不同和刑期长短、轻重程度的不同，其本质则是相同的，都属于以罪犯的人身自由为内容的刑罚方法，并且都是有期限的，因而它们之间是可以相互折抵换算的。

综上所述，在执行异种有期自由刑并罚过程中，存在如何适用并罚的原则，如何决定并罚的刑种、刑期问题，如何决定执行不同刑种顺序问题，要从根本上解决这些问题，建议立法部门及司法部门在刑法条文或司法解释上予以明确规定，以避免司法实践中出现做法不一、操作混乱等现象，以利于维护法律的统一正确实施。

[作者：张毅（1963—），男，汉族，江苏南通人，江苏省南通市人民检察院研究室主任；高传果（1963—），男，汉族，江苏南通人，江苏省南通市人民检察院研究室干部；张建兵（1966—），男，汉族，江苏通州人，江苏省通州市人民检察院研究室主任。]

典型类案 18 被判处无期徒刑减为有期徒刑的罪犯再次减刑后在刑罚执行完毕之前发现漏罪如何决定数罪并罚

《刑法》第70条规定：判决宣告以后，刑罚执行完毕以前，发现被判刑的犯罪分子在判决宣告以前还有其他罪没有判决的，应当对新发现的罪作出判决，把前后两个判决所判处的刑罚，依照《刑法》第69条的规定，决定执行的刑罚，已经执行的刑期，应当计算在新判决的刑期以内。司法实践中，笔者收集到这样一起争议较大的典型案例及法律适用问题，对有关被判处无期徒刑减为有期徒刑的罪犯再次减刑后在刑罚执行完毕之前发现漏罪的情况，如何决定数罪并罚引起我们的关注和思考，现结合典型案例提出如下研究意见及司法解释建议。

一、类案简介

被告人李某，男，39岁，1987年因犯盗窃罪被某县人民法院判处有期徒刑3年6个月，在服刑期间因犯故意伤害罪被加刑2年，1992年1月23日刑满释放。1998年因犯盗窃罪被某市中级人民法院判处无期徒刑，剥夺政治权利终身。2001年11月某省高级人民法院刑事裁定，将李某刑期减为有期徒刑19年，剥夺政治权利5年，2004年1月某市中级人民法院再次对李某减刑1年。2005年1月因发现被告人李某还于1994年3月25日伙同被告人黎某携带撬棒等作案工具窜至某公司内，撬门入室，并撬开该公司财务室内保险箱，窃得现金人民币20余万元。某中级人民法院经开庭审理于2005年6月15日判决被告人李某犯盗窃罪，判处有期徒刑15年，剥夺政治权利5年，并处罚金人民币10万元；与某中级人民法院（1998）阜中刑初字第47号刑事判决处罚并罚。决定执行无期徒刑，剥夺政治权利终身，并处罚金人民币10万元。

二、本类案件的争议焦点

原被判处无期徒刑的罪犯减为有期徒刑并再次减刑后，在刑罚执行完毕前，发现被执行人在原判决宣告前还有漏罪没有处理，对漏罪所判处的刑罚与

"前判决"所判处的刑罚数罪并罚时,该"前判决"是指原判无期徒刑还是减刑后所裁定的19年有期徒刑,还是再次减刑后所裁定的18年有期徒刑。

三、主要分歧意见与评析

第一种意见认为,对被告人李某数罪并罚决定执行刑期,应当撤销原减刑裁定,对漏罪所作的新判决与前判决无期徒刑按《刑法》第70条规定并罚。《刑法》第70条所称"前判决"仅指"判决"而并不包括"裁定"。理由是:被告人李某在服刑期间,未能真正悔改,认罪服法,全部交代自己的所有罪行,不具备减刑条件。

第二种意见认为,对被告人李某数罪并罚决定执行刑期,应对漏罪所判处的刑罚与最后一次减刑裁定的刑罚并罚。《刑法》第70条所称"前判决"包括"判决"与"裁定"。且自2001年11月减刑后已经执行的刑期,应当计算在新判决决定的刑期以内。理由:

1. 裁定与判决具有同等效力。刑罚执行过程中,依法减刑后,发现漏罪的,刑法并未规定撤销减刑裁定。《刑法》第70条规定表述的是"把前后两个判决所判处的刑罚"数罪并罚。"前判决"应当包括"前裁定"。因此,应将漏判之罪刑罚与前次减刑(最后一次减刑)裁定所确定的刑罚依照第70条规定实行数罪并罚。即该案应对发现漏罪被判处有期徒刑15年与2004年被减刑确定有期徒刑18年根据《刑法》第70条规定在有期徒刑18年至20年间酌情决定执行刑期,且自2001年11月减刑后已经执行的刑期,计算在新判决决定的刑期以内。

2. 我国刑法对罪犯刑罚执行过程中又犯新罪的与发现漏罪的情况在处罚上是有不同指导思想的。具体表现在:罪犯在服刑期间又犯新罪表明其不思悔改,继续作恶,难以改造,人身危险性较大,所以对其应当从严惩处;而漏罪毕竟是既往的犯罪事实,属于"旧账",所以对罪犯在服刑期间发现的漏罪处理相对又犯新罪的处理较宽。因而在具体并罚刑期计算上,对又犯新罪与发现漏罪分别采取"先减后并法"和"先并后减法"两种不同的计算方法。在相同条件下,对又犯新罪后并罚的最终执行刑期,必然长于对发现漏罪后并罚的最终执行刑期。然而,本案如果按第一种观点处理其结果必然有悖于上述立法精神。因为按第一种观点,李某数罪并罚的结果是判决无期徒刑,而且对已执行的刑期无法从新判决的刑期中扣除。而假设李某在2005年不是发现余罪,而是重新犯罪,同样被判处有期徒刑15年,则按照《刑法》第71条的规定,应对其两个有期徒刑15年进行并罚,对李某最终执行刑期只能在有期徒刑15

年至 20 年间酌情决定，绝不会达到无期徒刑。显然，这样的处罚后果造成了发现漏罪重于又犯新罪，不符合我国刑法关于数罪并罚规定的立法精神。

第三种意见认为，被告人李某数罪并罚执行刑期，应对漏罪所判处的刑罚与减刑改变刑种的第一次有期徒刑 19 年的裁定并处。即根据《刑法》第 70 条规定应当在有期徒刑 19 年至 20 年间酌情决定执行刑期，且自 2001 年 11 月减刑后已经执行的刑期，应当计算在新判决决定的刑期以内。理由：对刑种裁定变更后的数罪并罚如果再执行变更前的刑种将导致对已执行的刑期无法从新判决的刑期中扣除，而刑种相同减刑后则不存在此问题。

我们同意第二种意见。

四、建议

我们认为，司法解释应当明确《刑法》第 70 条中所称的"前判决"包括"前判决"和"前裁定"。

[作者：张毅（1963—），男，汉族，江苏南通人，江苏省南通市人民检察院研究室主任；张傲冬（1972—），女，汉族，河北唐山人，江苏省南通市人民检察院检察员、法律硕士；瞿明惟（1970—），男，汉族，江苏南通人，江苏省南通市人民检察院反渎局副局长。]

九、缓刑

典型类案 19 缓刑判决尚未生效期间又犯新罪
——缓刑考验期限自何时起计算

　　缓刑是指对于被判处拘役、3年以下有期徒刑的犯罪分子，根据其犯罪情节和悔罪表现，如果暂缓执行刑罚确实不致再危害社会，就规定一定的考验期，在考验期内，暂缓刑罚的执行，如果犯罪分子遵守法律规定的一定条件，则原判刑罚就不再执行的一项制度，该制度对于促进犯罪人改过自新起着相当重要的积极作用。《刑法》第73条规定，缓刑考验期限，从判决确定之日起计算。司法实践中，由于对判决确定之日的理解不同，对被宣告缓刑的犯罪分子在缓刑宣告后判决未生效期间又犯新罪、发现漏罪或者有情节严重的违反缓刑的监督管理规定的，如何适用法律存在较大争议。现将相关案例阐述如下，并作简要分析，以供研究时参考。

一、类案简介

　　被告人林某，男，1990年5月15日生，无业。曾因犯盗窃罪，于2006年9月28日被通州市人民法院判处有期徒刑1年缓刑1年。同年10月1日至13日间，被告人林某单独或伙同他人在某地入户盗窃作案4起，涉案金额计人民币1495元。10月13日下午，被告人林某再次盗窃作案时，被群众发现并抓获而归案并被刑事拘留，同年11月8日被某市人民检察院批准逮捕，2007年1月4日向某市人民法院提起公诉，同年1月18日，某市人民法院作出判决：一、撤销通州市人民法院（2006）通刑初字第0396号刑事判决书对被告人林某犯盗窃罪判处有期徒刑1年缓刑1年，并处罚金人民币3000元中的缓刑部分。二、被告人林某犯盗窃罪，判处拘役3个月，罚金人民币1000元，与原判有期徒刑1年、并处罚金人民币3000元合并，决定执行有期徒刑1年、拘役 3 个月，罚金人民币 4000 元。

二、本类案件的争议焦点

本类案件的争议焦点是：对被宣告缓刑的犯罪分子在缓刑宣告后判决未生效期间又犯新罪的，是否应当撤销原判决，还是撤销原判决缓刑部分，关键在于对判决确定之日的理解。

三、主要分歧意见与评析

司法实践中，对被宣告缓刑的犯罪分子在缓刑宣告后判决未生效期间又犯新罪的，如何适用法律主要有以下三种分歧意见：

第一种意见认为，应当撤销缓刑，实行数罪并罚。我国《刑法》第 73 条的规定，缓刑考验期限，从判决确定之日起计算。根据我国刑法理论及实践，通常认为判决确定之日就是判决发生法律效力之日。虽然被宣告缓刑的犯罪分子在缓刑宣告后判决未生效期间又犯新罪的不完全符合《刑法》第 77 条规定的缓刑考验期间内犯新罪，然而在缓刑考验期间内犯新罪已规定要撤销缓刑，在此之前犯新罪更要撤销缓刑，这种情况实际上已经包含于法条的意义之中，因此应当撤销缓刑，实行数罪并罚。司法实践一般均采用这一做法。

第二种意见认为，应启动再审程序，裁定撤销原判决，将前后犯罪行为以一罪或数罪一并进行处罚，重新判决。这种观点也认为判决确定之日，就是指判决发生法律效力之日。但该种观点认为被宣告缓刑的犯罪分子在缓刑宣告后判决未生效期间又犯新罪的不属于《刑法》第 77 条规定的缓刑考验期间内犯新罪，不能按《刑法》第 77 条进行数罪并罚，但原判决必须撤销，因此，只有启动再审程序来弥补法律规定的漏洞。

第三种意见认为，我国《刑法》第 73 条的规定，缓刑考验期限，从判决确定之日起计算。判决确定之日就是宣告之日，在缓刑宣告以后又犯新罪，属在缓刑考验期限内犯新罪，应当撤销缓刑，把前后两罪所判刑罚数罪并罚。

我们倾向于第三种意见，理由是：

1. 第一种意见认为可以予以推定的做法不妥。如果是在民事诉讼中也许可以进行这样的推定，但是在刑法中却不能这样。被告人在判决生效前犯新罪与判决生效后犯新罪的两种情况是一种并列关系，既然法律对于这种情况没有作出明确的规范表示，就应当认为存在法律上的规范缺失，不能通过当然解释予以推定。这也是刑法作为保障法所不同于民法等其他部门法律的表现，是由刑法本身的性质即通过最严厉的制裁手段和国家的强制力量作保证并最终实现法秩序的稳定所决定的。因此不应撤销缓刑，实行数罪并罚。

2. 第二种观点也值得商榷。也许采取这种做法比较简便，可以节约诉讼成本，提高司法效率，法官也比较容易操作，看来也是合情合理，但法院裁定撤销判决仅是在审判监督程序发现生效判决有错误，才撤销判决，上述判决无论在实体上还是在程序上均没有错误，一审法院撤销判决显然没有法律依据，且在绩效考核、执法检查逐渐引起重视的情况下所有法院、法官均不会"无错生非"，这一做法无生存之地。因此也不应启动再审程序，裁定撤销原判决，而将前后犯罪行为以一罪或数罪一并进行处罚，重新判决。

3. 缓刑制度是我国刑罚制度的一项重要内容，缓刑考验期，是指对被宣告缓刑的犯罪分子进行考察的一定期间。根据《刑法》第73条第3款的规定，缓刑考验期限，从判决确定之日起计算。《刑法》第77条规定，被宣告缓刑的犯罪分子，在缓刑考验期限内犯新罪或者发现判决宣告以前还有其他罪没有判决的；在缓刑考验期限内，违反法律、行政法规或者国务院公安部门有关缓刑的监督管理规定，情节严重的，应当撤销缓刑。该条将撤销缓刑的条件限定在缓刑考验期限内犯新罪、发现漏罪或者有情节严重的违反缓刑的监督管理规定。由此判决确定之日如何理解显得尤其重要。所谓"判决确定之日"，在目前司法实践中一般理解为判决发生法律效力之日。一审判决后，被告人未上诉，检察机关也未提出抗诉的，从判决之日起经过10日生效，即为判决确定之日（死刑判决除外）。对于上诉或抗诉的案件，二审判决宣告之日即为判决确定之日。但对缓刑考验期的确定之日如何理解则无明确规定，我们认为可以将其理解为判决宣告之日。理由有二：其一，《刑法》第77条规定，判决宣告以后，刑罚执行完毕以前，被判刑的犯罪分子又犯罪的，应当对新犯的罪作出判决，把前罪没有执行的刑罚和后罪所判处的刑罚，依据《刑法》第69条的规定，决定执行的刑罚。虽然缓刑考验期不是执行刑罚，但也是一种行刑方式，缓刑考验期限的开始也类同于刑罚执行的开始，缓刑考验期限的期满也类同于刑罚执行的完毕。开始之日就是判决宣告之日。其二，如果将判决确定之日理解为判决生效之日，法律就存在明显漏洞。《刑法》第77条规定，被宣告缓刑的犯罪分子，在缓刑考验期限内犯新罪或者发现判决宣告以前还有其他罪没有判决的；在缓刑考验期限内，违反法律、行政法规或者国务院公安部门有关缓刑的监督管理规定，情节严重的，应当撤销缓刑。如果一方面规定缓刑考验期限从判决生效之日起计算，另一方面又将撤销缓刑的条件明确地限定在缓刑考验期内，则使得立法上对犯罪分子在宣判以后到判决生效之前的这段时间内的行为没有规制，出现了立法上的空白和漏洞，其理由在对前述两种观点的评析中已阐述。

因此，如果将判决确定之日理解为判决生效之日，那么对犯罪分子在对被宣告缓刑的犯罪分子在缓刑宣告后判决未生效期间又犯新罪、发现漏罪或者有情节严重的违反缓刑的监督管理规定的行为将无法处罚。

四、建议

综上所述，我们认为歧义的产生为"判决确定之日"的不同理解所致，因此，有必要通过立法程序对《刑法》进行修正，即将《刑法》第73条的第3款"缓刑考验期限，从判决确定之日起计算"修改为"缓刑考验期限，从判决宣告之日起计算"，或将《刑法》第77条修改为："被宣告缓刑的犯罪分子，在判决宣告之后缓刑考验期满前犯新罪或者发现判决宣告以前还有其他罪没有判决的，应当撤销缓刑，对新犯的罪或者新发现的罪作出判决，把前罪和后罪所判处的刑罚，依照本法第六十九条的规定，决定执行的刑罚。被宣告缓刑的犯罪分子，在判决宣告之后缓刑考验期满前，违反法律、行政法规或者国务院公安部门有关缓刑的监督管理规定，情节严重的，应当撤销缓刑，执行原判刑罚。"

[作者：谢松泉（1962—），男，汉族，江苏南通人，江苏省南通市人民检察院检察长助理；秦继培（1961—），男，汉族，江苏南通人，江苏省南通市人民检察院民行处处长；周文宾（1966—），男，汉族，江苏通州人，江苏省通州市人民检察院监所检察科科长。]

《刑法》分则适用与立法司法解释建议

一、危害公共安全罪

典型类案 [20] 对盗割正在使用的电话电缆行为如何定罪量刑

我们在办案实践中发现，对盗割正在使用的电话电缆的行为是否适用最高人民法院《关于审理破坏公用电信设施刑事案件具体应用法律若干问题的解释》（以下简称《解释》）的问题，存在较大争议；再从全国各地的判例来看，有的地区以盗窃罪定性，有的地区以破坏公用电信设施罪定性，而且因定性的差异，同样行为所受到的刑罚悬殊较大，有的地区以破坏公用电信设施罪，判处 7 年以上有期徒刑，有的地区以盗窃罪，判处 3 年以下有期徒刑或者是拘役。究其原因，主要是因为《解释》中"网间"的概念没有明确，导致在司法实践中无所适用，往往争议较大。下面我们结合发生在某市的真实案例对此类案件如何适用法律进行分析和研究。

一、类案简介

沈某某，男，因涉嫌破坏公用电信设施罪，于 2005 年 10 月 24 日被某市公安局刑事拘留，同年 11 月 25 日被批准逮捕，同日由某市公安局执行逮捕。

顾某某，男，曾因犯盗窃罪，于 1996 年 9 月 25 日被某市人民法院判处有期徒刑 1 年 6 个月；因涉嫌破坏公用电信设施罪，于 2005 年 11 月 16 日被某市公安局刑事拘留，同年 12 月 19 日被逮捕，同日由某市公安局执行逮捕。

黄某某，女，因涉嫌破坏公用电信设施罪，于 2005 年 10 月 24 日被某市公安局刑事拘留，同年 11 月 4 日变更为取保候审。

1. 2005 年 9 月 18 日深夜，犯罪嫌疑人沈某某、顾某某携带脚扣、锯弓等作案工具，驾驶机动三轮车前往某市某村农田中，将正在使用的架设在编号为 50 至 52 电线 1 杆上规格为 400 对的电话线盗割，造成 380 多户电话通讯中断

36小时，后销赃得币2700元。经某市价格认证中心鉴定，价值为人民币3948元。

2. 2005年10月23日深夜，犯罪嫌疑人沈某某伙同其妻黄某某携带脚扣、锯弓、矿灯等作案工具，驾驶机动三轮车前往某市一村中心路段，将正在使用中的架设在编号为46至47号电线杆上规格为300对电话线盗割，造成300户电话通讯中断9小时30分。犯罪嫌疑人沈某某、黄某某作案逃离现场后在回家途中被公安人员当场抓获。经某市价格认证中心鉴定，价值为人民币1540.19元。

案件处理结果：被告人沈某某犯盗窃罪，判处有期徒刑2年，并处罚金人民币6000元；被告人顾某某犯罪盗窃罪，判处有期徒刑1年6个月，并处罚金人民币5000元；被告人黄某某犯盗窃罪，判处有期徒刑6个月，缓刑1年，并处罚金人民币3000元。

二、本类案件的争议焦点

笔者认为，此类案件的争议焦点在于300多户电话用户通讯中断数小时是否属于《解释》第1条第3项"网间通信全阻"或者第4项"网间通信严重障碍"的问题。

三、主要分歧意见与评析

在案件办理过程中，主要形成了如下意见：

第一种意见：三犯罪嫌疑人的行为构成破坏公用电信设施罪。理由：（1）本案破坏的是网间通信而不是网内通信。300多户电话用户通讯中断数小时属于"网间"通讯全阻，本案应当适用《解释》第1条第3、4项或者第2条第3、4项之规定。结合本案，"网间"是指电信服务与移动、联通、铁通等服务之间的关系，而本案第一节380多户、第二节300多户电信用户通信被中断，这意味着这些电信用户无论与其他电信用户，还是移动、联通、铁通等用户之间的通信全部中断，包括通过电话线上网等网络业务也全部中断，符合"网间"中断的含义。而且某市电信局出具证明：本案中二次所造成的后果分别是380户、300户电信用户网间通信全阻。因此，本案符合《解释》第1条第3、4项的规定，属于危害公共安全的行为。（2）具有破坏公用电信设施的间接故意。犯罪嫌疑人主观上虽然以非法占有公私财物为目的，但其对犯罪对象是否正在使用中的通信线持放任的心理态度，具有破坏公用电信设施的间接故意。

根据主客观一致的理论，本案应适用《解释》第1条第3、4项或者第2

条第3、4项的规定，三犯罪嫌疑人的行为同时涉嫌盗窃罪、破坏公用电信设施罪。根据最高人民法院《关于审理盗窃案件具体应用法律若干问题的解释》（法释〔1998〕4号）、最高人民法院《关于审理破坏公用电信设施刑事案件具体应用法律若干问题的解释》（法释〔2004〕21号），本案属想象竞合犯，应当择一重罪——破坏公用电信设施罪处罚。

第二种意见：三犯罪嫌疑人的行为构成盗窃罪。（1）本案盗窃行为所破坏的是网内通信，而不是网间通信。《网间互联及业务开放管理暂行办法》第3条第2款规定：本办法中的网间业务是指，归属中国电信的电话网用户通过网间互联可以使用其他运营商提供的电信，或归属其他运营商的电话网用户通过网间互联可以使用中国电信提供的电信业务。由此我们可以理解为"网间"是指，电信与其他运营商（如：移动、联通、铁通等）网络之间的整体中断，而不是电话用户之间的中断。如：电信网与移动网之间、电信网与联系网之间通过关口局相连接，再从关口局通向用户，从而保证用户的通信畅通，如果被破坏的线路位于电信、移动、联通等网络通向关口局过程中，则将导致该网络与其他网络整体破坏，属于"网间"的破坏；如果被破坏的线路位于关口局通向用户过程中，则仅导致部分用户的使用中断，不属于"网间"的破坏。结合本案，二次破坏的均是部分用户的电信中断，未造成电信与移动、联通等网络之间整体中断，本案所造成的破坏事实不符合"网间"的含义，不应适用《解释》第1条第3、4项或第2条第3、4项之规定，而符合"网内"中断。（2）本案网内破坏未达相应后果。虽然危害公共安全是行为犯，但如何判断该行为是否危害了公共安全，需要一具体的标准，《解释》第1条第2项规定对此作了规定，造成2000户以上不满1万用户通信中断1小时以上，或者1万以上用户通信中断不满1小时的，属于《刑法》第124条规定的"危害公共安全"。破坏了公用电信设施就一定危害公共安全的认识是不符合客观实际情况的。本案中被中断的电信用户未达2000户，所以不能适用该《解释》。（3）犯罪手段与犯罪目的。本案犯罪嫌疑人的行为属于破坏性手段盗窃造成公私财物损失的范畴，其主要目的不是破坏公用电信设施，而是盗窃电缆，换取钱财，这一事实由其犯罪行为及事后的销赃行为所证实；破坏公用电信设施的故意仅是我们办案人员对犯罪嫌疑人主观上的推定，即使该故意成立也是间接故意，而其支配其行为的直接故意是获取被破坏电缆线的价值。

综上，三犯罪嫌疑人以非法占有为目的，直接支配其秘密窃取公私财物，且涉案数额较大，符合盗窃罪的构成要件，应当以盗窃罪追究其刑事责任。

笔者同意第二种意见。

破坏公共电信设施罪，是指故意破坏正在使用中的公共电信设施，危害公共安全的行为，犯罪嫌疑人如果以非法占有为目的破坏电信设施，往往存在盗窃罪与破坏电信设施罪的竞合，在此种情况下，就需要以想象竞合犯的理论处理此类问题，如果网间的概念又不明确的话，只能以盗窃罪定罪处理了。

四、建议

我们认为有必要对《解释》的相关规定进一步加以明确，具体建议如下：

"第一条 采用截断通信线路、损毁通讯设备或者删除、修改、增加电信网计算机信息系统中存储、处理或者传输的数据和应用程序等手段，故意破坏正在使用的公用电信设施，具有下列情形之一的，属于刑法第一百二十四条规定的'危害公共安全'，依照刑法第一百二十四条第一款规定，以破坏公用电信设施罪处三年以上七年以下有期徒刑：

……

（三）在一个本地网范围内，网间通信全阻、关口局至某一局全部中断或网间某一业务全部中断不满二小时或者直接影响范围不满五万（用户×小时）的；

（四）造成网间通信全部障碍，一日内累计二小时以上不满十二小时的；

……"

建议增加一款："网间是指不同的电信营运商之间，如：电信与移动、网通、联通等营运商网络之间。"

[作者：张丽华（1978—），女，汉族，江苏启东人，江苏省启东市人民检察院助理检察员。]

典型类案 21 交通肇事致人重伤后逃逸是否应认定为加重情节

《刑法》第 133 条规定了交通肇事罪的构成要件，其中规定"交通运输肇事后逃逸或者有其他特别恶劣情节的"，构成交通肇事罪的加重情节，应处 3 年以上 7 年以下有期徒刑。近一段时间，司法实践中发生了几起交通肇事致人重伤逃逸案件，对于这类案件是否可以认定为加重情节，存在着疑问。

一、类案简介

案例 1：2006 年 8 月 11 日 8 时 10 分，被告人管某无驾驶证驾驶未经公安机关管理部门登记的二轮摩托车，途经南通市小海镇庙桥村三组路段，由西向东行驶时，未注意避让横过道路的行人，致使其所驾摩托车碰撞陆某颅脑。案发后，管某驾车逃逸。后被公安机关抓获。经鉴定，陆某伤势已构成重伤。公安机关认定，管某负本起事故的全部责任，陆某无责。

案件最终处理结果：一审法院以交通肇事罪判处被告人管某有期徒刑 1 年，缓刑 1 年。

案例 2：2005 年 4 月 4 日，被告人王某驾驶变型拖拉机途经南通市张江路南通农场五大队路段时与湛某所驾自行车发生碰撞，致湛某倒地受伤。发生事故后被告人王某逃逸。后被抓获。被害人湛某构成重伤。公安机关认定，王某负本起事故的全部责任，湛某无责。

案件最终处理结果：一审法院以交通肇事罪判处被告人王某有期徒刑 8 个月。

案例 3：2007 年 2 月 23 日 20 时 25 分许，被告人李某无证驾驶未经公安交通管理部门登记上牌的二轮摩托车，沿江阴市澄杨线由南向北行驶至江阴市周庄镇周西村红绿灯十字路口地段时，未察明前方道路情况，车辆撞入站在道路上的人群，致行人向某、蔡某受伤，经法医鉴定，向某的伤势构成重伤。案发后，被告人李某弃车逃逸，同月 25 日被公安机关抓获。经公安机关责任认定，被告人李某无证驾驶无号牌机动车上路行驶，未察明前方道路情况，盲目驾驶，且事发后弃车逃逸，负此事故的全部责任，向某、蔡某不负此事故责任。

案件最终处理结果：一审法院以交通肇事罪判处被告人李某有期徒刑1年3个月，缓刑1年3个月。

二、本类案件的争议焦点

本类案件的争议焦点是交通肇事后致人重伤，被告人逃离现场的行为，作为认定被告人负事故的全部责任的因素之一，在定罪中已作出了评价，其逃逸行为是否仍然可以作为加重处罚之情节。

三、主要分歧意见与评析

第一种意见认为，行为人构成《刑法》第133条中规定的交通肇事后逃逸的加重情节。行为人驾驶机动车辆肇事，致1人重伤，负事故的全部责任，根据最高人民法院《关于审理交通肇事刑事案件具体应用法律若干问题的解释》（以下简称《交通肇事司法解释》）第2条之规定，其行为已经构成交通肇事罪。且在发生交通事故后为逃避法律追究而逃跑，属于"交通运输肇事后逃逸"。

第二种意见认为，行为人的行为不构成《刑法》第133条中规定的交通肇事后逃逸的加重情节。不构成交通肇事后逃逸的意见又有两种：一种意见认为，《交通肇事司法解释》第2条第2款所规定的6种情形是并列、选择性的，具备其中之一即能构成基本的交通肇事罪，具备所有的6种情形也仅仅构成基本的交通肇事罪。《交通肇事司法解释》第2条第2款、第6款与前面的5款情形一样，都只能作为定罪情节，而不能作为量刑情节，也就是说，在致人重伤的交通肇事中，逃离事故现场的行为不存在构成"交通运输肇事后逃逸"的问题。另一种意见认为，"逃逸"作为一种加重量刑情节，不应当重复评价。在上述案件中的基本交通肇事罪的构成中，公安机关作出的事故责任认定书认定被告人负事故的全部责任时，已经考虑了被告人肇事后逃离事故现场的情形。因此，被告人逃逸的情形不能再作为加重情节。如果要认定被告人的行为构成"交通运输肇事后逃逸"，则必须证明被告人在发生道路交通事故时，即使不存在逃逸行为也应负事故的主要或全部责任。因没有证据证明上述情形，因此，被告人的行为只构成基本的交通肇事罪。

笔者认为，上述案例中被告人的行为均不构成"交通运输肇事后逃逸"，在理由上赞同第二种意见。

构成"交通运输肇事后逃逸"必须首先具有交通运输肇事行为，且该肇事行为已经构成交通肇事罪，其次要具有为逃避法律追究而逃跑的逃逸行为。

实践中其表现形式多种多样。有驾驶车辆或弃车逃离事故现场的；有将伤者送到医院后无故离开的；有在接受调查时报假姓名、假地址、假联系方式后逃跑的等。《交通肇事司法解释》第2条第2款第6项"为逃避法律追究逃离事故现场"的规定，实际上属于"逃逸"情形的一种，而且是属于最典型、危害性最大的"逃逸"情形。司法解释将这种逃逸情形在一定的条件下作为定罪情节来使用，显示了对此种逃逸情形严厉打击的指导思想。前5项情形与第6项情形是不一样的。前5项情形在交通肇事发生前就已经存在，而第6项情形是在交通肇事发生后才会出现。他们之间并非是并列的，而是以交通肇事的发生为中心点，具有前后的承继关系。

在交通事故责任认定上，《道路交通安全法实施条例》（以下简称《条例》）第92条明确规定："发生交通事故后当事人逃逸的，逃逸的当事人承担全部责任。"这里对交通肇事逃逸行为采用了推定责任的原则，即当行为人逃逸，致违章行为或者违章行为与事故结果之间的因果关系无法确定的情况下，推定肇事后逃逸的行为人负全部责任。该条款的设立，对于遏制逃逸行为，防止交通肇事案件久拖不决具有积极作用。但是，由于该条款对某些交通肇事行为具有定罪作用，而《刑法》第133条又将肇事后逃逸作为一个从重量刑情节，在某些情况下，就可能对行为人的一次"逃逸"行为作出两次认定，从而加重对行为人的处罚。上述案例中行为人交通肇事后逃逸，使事故责任无法认定，假设行为人不逃逸，事故责任可以认定，在不适用《条例》第92条的情况下，行为人可能只对交通事故承担次要或者同等责任而不受刑事处罚，但由于其具有逃逸行为，推定其负全部责任。这里，行政法规《条例》对逃逸行为作了第一次评价，即不管行为人实际应承担何种责任，因其逃逸使事故责任无法认定，所以推定其承担全部责任。如果根据刑法和最高人民法院《交通肇事司法解释》第2条第2款第6项的规定，交通肇事致一人重伤后逃逸符合《刑法》第133条中的"交通运输肇事后逃逸"的条款，那么就会在将交通肇事逃逸作为追究行为人刑事责任依据的基础上，又对同一"逃逸"行为作第二次评价，将其作为一个加重处罚的情节，这有违刑法理论中对同一构成要件不能重复评价的原则。

因此，笔者认为对于最高人民法院《交通肇事司法解释》第2条第2款第6项"为逃避法律追究逃离事故现场"的规定应当区别两种情形，即（1）如果要将第6项情形作为加重的量刑情节，必须要有前5项的情节共同存在时才可以适用，也就是《交通肇事司法解释》第3条规定的相关内容；（2）如果仅有第6项情形单独存在，那么其只能作为定罪的情节使用。

四、建议

经研究，建议将最高人民法院《交通肇事司法解释》第 2 条第 2 款及第 3 条修改为：

"第二条……

交通肇事致一人以上重伤，负事故全部或者主要责任，并具有下列情形之一的，以交通肇事罪定罪处罚：

（一）酒后、吸食毒品后驾驶机动车辆的；

（二）无驾驶资格驾驶机动车辆的；

（三）明知是安全装置不全或者安全机件失灵的机动车辆而驾驶的；

（四）明知是无牌证或者已报废的机动车辆而驾驶的；

（五）严重超载驾驶的。

第三条　'交通运输肇事后逃逸'，是指行为人具有本解释第二条第一款和第二款规定的情形之一，在发生交通事故后，为逃避法律追究而逃跑的行为。行为人因交通肇事致一人以上重伤，负事故全部或者主要责任，在发生交通事故后，为逃避法律追究而逃跑，但不具有本解释第二条第二款规定的情形之一，以交通肇事罪定罪处罚，不构成'交通运输肇事后逃逸'。"

[作者：张仁才（1952—），男，汉族，江苏如东人，江苏省南通市人民检察院检委会委员、政治部主任；季明珠（1969—），女，汉族，江苏如东人，江苏省南通市人民检察院检察员、法律硕士；高传果（1963—），男，汉族，江苏南通人，江苏省南通市人民检察院研究室干部。]

典型类案 22 交通肇事后为逃避法律追究隐藏或遗弃被害人应根据案情区别对待

最高人民法院2000年11月10日《关于审理交通肇事刑事案件具体应用法律若干问题的解释》(以下简称《解释》)第6条规定:"行为人在交通肇事后为逃避法律追究,将被害人带离事故现场后隐藏或者遗弃,致使被害人无法得到救助而死亡或者严重残疾的,应当分别依照刑法第二百三十二条、第二百三十四条第二款的规定,以故意杀人罪或者故意伤害罪定罪处罚。"但是,本条规定不能涵盖行为人实施将被害人带离事故现场后隐藏或者遗弃行为而出现的诸种实际情形,以致在适用该条规定办理具体案件时产生了诸多意见分歧。现谨就此类案件应当如何正确处理提出笔者的意见及建议。

一、类案简介

案例1:被告人陶某,男,30岁,中专文化,原某粮机厂工人。陶某于1998年(时年21岁)1月3日19时许,酒后驾驶无牌证的250型二轮摩托车,驮带该摩托车车主杨某某由西向东行至某幼儿园门前地段,在与对面来车交会过程中,所驾摩托车撞倒南侧路边行人史某某(男,58岁),致其颅脑损伤。陶某伙同杨某某将受伤的被害人史某某拖离事故现场,遗弃于路南瓦房墙脚下。然后,陶、杨二人逃逸,被害人史某某经他人发现并送医院抢救无效,于1月3日晚死亡。交警大队认定被告人陶某负事故全部责任。

本案处理结果:法院审理后认定陶某犯交通肇事罪,且有肇事后逃逸的恶劣情节,判处其有期徒刑2年6个月。

案例2:被告人王某某,男,40岁,初中文化,农民。2006年11月9日18时左右,王某某驾驶二轮摩托车经某大桥南0.9公里处由南向北行驶时,与在该地段步行过公路的村民卢某某发生碰撞,致卢跌倒受伤,后被告人王某某将卢某某带离现场,为逃避法律追究,于途中将卢某某遗弃于某村胡桑田边。卢某某因头部外伤,虽被他人发现后送医院抢救,但仍无效而于当日死亡。

本案处理结果:法院审理后依照最高人民法院《解释》规定,认定被告人王某某犯故意杀人罪，判处有期徒刑 6 年。

二、本类案件的争议焦点

本类案件的争议焦点是在交通肇事行为人为逃避法律追究而将被害人带离事故现场予以隐藏或者遗弃的案件中，如果行为人的隐藏或者遗弃行为并非致使被害人死亡或者严重残疾的直接原因，是否仍应依照《解释》第 6 条的规定处理。

三、主要分歧意见与评析

第一种意见认为，凡是在交通肇事后为了逃避法律追究，将被害人带离事故现场并予隐藏或者遗弃，且有致被害人死亡或者严重残疾之最终结果的，均应依照《解释》第 6 条之规定处理。理由是：

1. 行为人主观上存在放任被害人死亡或严重残疾结果发生的故意。

2. 行为人实施了隐藏或遗弃被害人，致使其不被及时得到救助的行为，且已造成了被害人死亡或者严重残疾的结果。

第二种意见认为，对于此类案件，应当根据具体案情区别对待。因为，在实际生活当中，交通肇事行为人将被害人带离事故现场并予隐藏或者遗弃，虽然在表面上都是实施了同一种行为，但实际情形却各不相同，大致有以下几种：

1. 被害人遭遇交通肇事后虽严重受伤但经及时救助即能避免死亡或形成严重残疾，肇事者却为了逃避法律追究，将被害人带离事故现场隐藏或遗弃，致使被害人无法得到救助而死亡或严重残疾。这种情况完全符合《解释》第 6 条规定以故意杀人罪或故意伤害罪定罪处罚的情形。

2. 被害人遭遇交通肇事后已当场死亡或已形成严重残疾，肇事者为了逃避法律追究，从而实施了隐藏或者遗弃被害人的行为。在这种情况下，被害人的死亡或严重残疾的直接原因是交通肇事而不是因为行为人的隐藏或遗弃行为所致，所以不符合《解释》第 6 条规定的由于隐藏或者遗弃致使被害人无法得到救助而死亡或者严重残疾的情形。

3. 被害人遭遇交通肇事后已严重受伤，但即使得到及时救助，也无生存可能或难以避免严重残疾，在这种情况下，虽然肇事者实施了隐藏或遗弃被害人，致使其无法得到救助的行为，也确实发生了被害人死亡或严重残疾的结果，但这种结果与肇事者隐藏或遗弃被害人的行为之间并不存在直接的、必然的因果关系。也就是说，被害人的死亡或严重残疾，同样是交通肇事的必然结果而非肇事者的隐藏或遗弃行为所致使。

4. 被害人遭遇交通肇事后严重受伤且被肇事者隐藏或遗弃,但由于被他人及时发现而得到救助,避免了死亡或严重残疾结果的发生。在这种情况下,被害人没有死亡或严重残疾,并不是豁免肇事者隐藏或遗弃被害人行为之罪责的理由。但是,按照《解释》第6条的规定,由于没有发生被害人死亡或严重残疾的结果,就不能以故意杀人罪或故意伤害罪对肇事者定罪处罚,从而体现不出法律对交通肇事后为逃避法律追究而隐藏或遗弃被害人之行为从严打击的精神。

笔者同意第二种意见。理由如下:

1. 由于交通肇事与其后的隐藏或遗弃被害人行为之间存在连续关系,所以,尽管从犯罪结果上看,都表现为被害人死亡或严重残疾,但各个具体案件中行为人的行为与结果之间的因果关系却各不相同,处理时就不能只看其行为和结果,而置刑法所规定的因果关系于不顾。

2. 在肇事者实施了隐藏或遗弃被害人行为的情况下,被害人的死亡或严重残疾,是否确为隐藏或遗弃行为所"致使",还是交通肇事后即已发生,需要作出严密的科学鉴定,否则难使行为人认罪服法。但是,由于各种客观条件的限制,要求司法鉴定部门作出这样的鉴定是很难实现的。然而,由于隐藏或遗弃被害人之行为,以及被害人确已死亡或严重残疾之结果的存在,司法实践中又不得不依照《解释》第6条的规定办理,从而导致了罪刑不相适应现象的发生,显然不符合"以事实为依据,以法律为准绳"的原则。

3. 《解释》第6条关于交通肇事行为人隐藏或遗弃被害人,致使其无法得到救助而死亡或严重残疾,分别以故意杀人罪或故意伤害罪定罪处罚的规定,有将简单的问题复杂化之嫌,且在实践中较难操作。

四、建议

我们建议,在坚持从严打击交通肇事后隐藏或遗弃被害人行为和执行《解释》第6条规定的量刑幅度的前提下,按照避繁就简便于操作的原则,对《解释》第6条的规定修改如下:

"行为人在交通肇事后为逃避法律追究,将被害人带离事故现场后隐藏或者遗弃,且有被害人死亡或严重残疾情节的,处三年以上十年以下有期徒刑。"

作出上述修改的益处是:

1. 在对隐藏或遗弃被害人行为的定罪处理上,以认定为交通肇事罪,作为一种特别恶劣的严重情节处理更符合实际,也更便于操作。第一,从本质上讲，这种行为是交通肇事行为的一种例外延续。第二，从危害结果上看，有的是交通肇事行为的既成事实，有的是隐藏或遗弃行为所致，实践中颇难区分。所以，在罪名上还是以统一确定为交通肇事，作为位于《刑法》第133条交通肇事逃逸之后的第四种情况处理为宜。

2. 规定修改后的量刑幅度与《解释》第6条原有规定一致，其最高刑大于交通肇事和交通肇事有其他特别恶劣情节（即死亡2人以上或者重伤5人以上，负事故全部或者主要责任；死亡6人以上，负事故同等责任；造成公共财产或者他人财产直接损失，负事故全部或者主要责任，无力赔偿数额在60万元以上）以及交通肇事后逃逸行为的处罚力度，保持了原有规定对交通肇事后隐藏或遗弃被害人行为从严惩处的立法原意，在适用时也不存在任何矛盾和冲突。

3. 规定修改之后，避免了被害人死亡或严重残疾的结果到底是交通肇事所致还是隐藏或遗弃被害人所致难以界定的局面，也就不至于在行为与结果的因果关系上纠缠不清而影响定性定罪工作，操作上简便易行。

4. 由于规定的量刑幅度在3年以上10年以下，最低刑与最高刑之间的差距达7年之多，完全可以在具体适用法律的过程中，充分考虑到行为人的行为以及对被害人造成的实际损害而处以恰当的刑罚，从而避免和减少行为人不服或被害人及其亲属不满的不良现象。

[作者：季明珠（1969—），女，汉族，江苏如东人，江苏省南通市人民检察院检察员、法律硕士；高传果（1963—），男，汉族，江苏南通人，江苏省南通市人民检察院研究室干部；花克明（1948—），男，汉族，江苏省海安县人，海安县人民检察院检察委员会委员、四级高级检察官。]

典型类案 23 交通肇事后找人顶罪构成交通肇事后逃逸还是妨害作证

随着经济的发展，交通运输业越来越发达，交通肇事案件现已成为司法实践中较为常见的多发罪名。在交通肇事案件中，一部分肇事人常因各种原因找人顶罪，对此种行为如何适用法律目前争议较大。笔者试就以下案例进行分析研究。

一、类案简介

犯罪嫌疑人朱某驾驶，但未依法取得机动车驾驶证。2007 年 7 月 24 日朱某租用他人的桑塔纳轿车，载着徐某到朋友孙某家去，车子停在离孙某家一百米处的一条不足 4 米的窄路上，刚开车门，致使其驾驶室车门碰撞了由北向南同方向行驶的电动自行车，致使骑车人张某摔倒。朱某和徐某离开现场到达孙某家商量，朱某自知没有驾驶证，叫同车的有驾驶证的徐某顶罪，并承诺所有费用朱某承担，徐同意。遂回现场，徐某向现场民警承认自己是肇事驾驶员，并到派出所和交巡警大队作了虚假陈述。张某受伤后需抢救，朱某在垫付了 1 万多元的医疗费后，不愿再负担，徐某无奈于 2007 年 7 月 30 日向公安机关自首，供认了真正的肇事者朱某。张某经抢救无效于 2007 年 8 月 4 日死亡。

二、本类案件的争议焦点

本类案争议的焦点：（1）找人顶罪的行为是否应该包含在交通肇事后逃逸之中？（2）这种行为是否已经构成妨害作证罪？（3）这两种行为是否是一罪，该不该数罪并罚？

三、主要分歧意见与评析

第一种意见：朱某的行为构成交通肇事罪，在其肇事后逃离现场到孙某家商量顶罪事宜，已符合交通肇事后逃逸的特征，找人顶罪的目的还是为了逃避法律的追究，应视为交通肇事后逃逸行为的延续，作为一种恶劣情节在量刑时予以考虑。

第二种意见：朱某的行为构成交通肇事罪，不认定逃逸，同时构成妨害作证罪。妨害作证的行为被交通肇事的行为所吸收，定交通肇事罪，妨害作证的行为作为量刑时一个情节予以考虑。

第三种意见：朱某的行为构成交通肇事罪，不认定逃逸，同时构成妨害作证罪。认为朱某的行为已符合交通肇事罪和妨害作证罪的犯罪构成要件，而且交通肇事和指使他人为自己顶罪是两种不同的行为，侵害的是两种犯罪客体，不符合法定为一罪或处断为一罪的条件，故朱某应以构成交通肇事罪、妨害作证罪实行数罪并罚。

笔者同意第三种意见。对朱某无证驾驶肇事后，找人顶罪的行为应以交通肇事罪和妨害作证罪并罚。

首先，根据有关司法解释的规定，所谓交通肇事后逃逸是指行为人在交通肇事，发生事故后，为逃避法律追究而逃离事故现场的行为。行为人在交通肇事后本应履行由此带来的报警、抢救伤者或财产、维护现场等附随义务以减轻自己的责任，如果行为人选择了"逃离事故现场"的方式来逃避法律的追究，不仅不利于事故的处理，而且也体现了行为人对他人生命财产的蔑视，对法律法规尊严的蔑视，具有较为严重的社会危害性，所以，法律将此情节列为交通肇事罪的加重处罚情节，目的是做到罪刑相适应。我们不应该妄自扩大它的内涵，如果认为朱某离开现场的行为应是交通肇事后的逃逸，找人顶罪的目的还是为了逃避法律的追究，视为交通肇事后逃逸行为的延续，作为一种恶劣情节在量刑时予以考虑显然是有违法律的立意。如果擅自扩大"交通肇事后逃逸"的内涵，那么，在交通肇事后为逃逸法律追究而将现场目击证人杀死灭口的行为不也应视为交通肇事后逃逸的延续吗？很显然，交通肇事罪的刑期无法包容故意杀人行为并以一罪处罚，所以，第一种意见是不正确的。

被告人朱某肇事后，离开现场，与徐某商量顶罪，后徐某回现场承认自己是肇事者，朱某的行为构不构成肇事后逃逸？其行为如何认定？对于逃逸行为，笔者认为朱某离开现场的目的是为了与徐某商量顶罪的事宜，其行为如果将其定为妨害作证罪，就不能再重复评价该行为是肇事逃逸，否则对朱某的处罚有失公正。

其次，我们再来分析一下，这种行为是否已经构成妨害作证罪。我国《刑法》第307条第1款规定："以暴力、威胁、贿买等方法阻止证人作证或指使他人作伪证的，处三年以下有期徒刑或拘役；情节严重的，处三年以上七年以下有期徒刑。"此罪的构成要件是：（1）本罪侵害的客体是复杂客体，包括司法机关正常的诉讼活动和秩序以及公民依法作证的权利，其中司法机关正常的诉讼活动和秩序是主要客体，公民依法作证的权利是次要客体。（2）本罪的客观表现为以暴力、威胁、贿买等方法阻止证人作证或指使他人作伪证的行为。就行为表现来说，妨害作证罪具体包括两种行为：其一是阻止证人作证，即采用劝阻、唆使、引诱等方式不让证人作证；其二为指使他人作伪证，包括为他人作伪证进行"造意"，即促使他人产生作伪证的意念；以及在他人已有伪证意念的情况下告诉对方如何作伪证等情况。其中，指使他人作伪证的行为是指唆使、引诱、劝诱他人作假证明，使了解案件情况的人向司法机关作虚假的证明，或者使不了解案件情况的人假称了解向司法机关作虚假的证明。本罪通常发生在诉讼过程中，即刑事诉讼、民事诉讼或行政诉讼等一切诉讼活动过程中，但也可以发生在诉讼活动之外。（3）本罪的主体是一般主体，从司法实践来看，多为与案件有利害关系的人。但没有将犯罪嫌疑人、被告人所实施的妨害作证的行为排除在刑法规制的范围之外。立法增设妨害作证罪的目的是为了给证人依法履行作证义务提供一个良好的外部环境，以保证诉讼活动的正常顺利进行。从立法的精神来分析，刑法并没有在法条中对本罪进行明确的限制。虽然在实践中，妨害作证的行为多为当事人的亲戚、朋友等实施，但并不能由此否定，诉讼当事人自身实施这些行为时，不能构成本罪。当事人为了自己非法利益而以暴力、威胁、贿买等方法阻止证人作证或者指使他人作伪证，其主观恶性丝毫不亚于实施这种行为的其他利害关系人，并且一旦犯罪得逞，所造成的社会危害性也不会比其他利害关系人实施这些行为的社会危害性小。（4）本罪的主观方面只能是直接故意，即行为人主观上对自己实施的妨害证人作证的行为会发生妨害国家司法机关正常诉讼活动和侵犯他人依法作证的权利或人身权利的危害结果，却希望并积极追求这一危害结果的发生。其动机、目的通常是通过种种手段使证人不能作证、不愿作证或使证人或其他人作伪证，使本人、有关当事人或与本人有利害关系的人，逃避、减轻法律责任或在诉讼中处于有利地位从而获取非法利益。

在本案中，朱某在肇事后，对证人徐某许诺只要徐某顶替他认罪，所有费用他出，事实上徐某在派出所已经替朱某认罪，公安机关已经把他当肇事者进行了讯问，并根据徐某的虚假供述，要求法医对当时尚活的伤者进行是否被碾压的司法鉴定，已经妨害了司法机关的正常诉讼活动。朱某肇事后为逃避法律处罚而唆使交通肇事的案外人徐某到公安机关做虚假证明，自证其罪，以掩盖他自己的罪行的行为完全符合妨害作证罪的构成要件，即触犯了《刑法》第307条，构成妨害作证罪。从犯罪构成要件看：（1）朱某是已达到刑事责任年龄，具有刑事责任能力的自然人，可以成为本罪的主体；（2）朱某明知自己找人替自己顶罪的行为可能会造成干扰司法机关的正常诉讼活动和侵害徐某依法作证的权利的结果,但为了逃避法律追究,他希望并积极追求这种危害结果的发生,其主观上是一种直接故意的心理态度;(3) 朱某的行为确实妨害了司法机关的正常诉讼活动和他人依法作证的权利,如果不是徐某投案自首,就会造成错案;(4) 客观方面朱某实施了致使他人(徐某)作伪证的行为。

那么,交通肇事和妨害作证,这两种行为是否是法定一罪还是处断为一罪,还是数罪并罚呢?根据刑法理论,实质上的一罪形态包括继续犯、想象竞合犯和结合加重犯;数行为法定为一罪有结合犯、惯犯等;处断为一罪的种类有如下几种:连续犯、吸收犯、牵连犯。很显然这两种行为不属于惯犯、结合犯、连续犯。所谓吸收犯指行为人实施数个犯罪行为,因其所符合的犯罪构成之间具有特定的依附与被依附关系,从而导致其中一个不具有独立性的犯罪,被另一个具有独立性的犯罪所吸收,对行为人仅以吸收之罪论处。它的基本特征是具有数个独立的符合犯罪构成的犯罪行为;行为人实施的数个行为必须侵犯同一或相同的直接客体,并且指向同一的具体犯罪对象;数个行为必须触犯不同罪名;行为人必须基于一个犯意,为了实现一个具体的犯罪目的而实施数个犯罪行为;数行为之间具有吸收关系,即前行为是后行为发展所经阶段,后行为是前行为发展的必然结果。从吸收犯的最后一个特征可以判断,本案中两个行为不符合吸收犯的特征,因为本案中的妨害作证行为并不是交通肇事行为发展的必然结果,两者间没有必然联系。至于牵连犯,牵连犯只存在于直接故意犯罪中,过失犯罪不可能构成牵连犯。交通肇事罪是过失犯罪,而妨害作证罪是故意犯罪,因此,本案中的两行为不能以一罪处罚。

四、建议

建议在最高人民法院《关于审理交通肇事刑事案件具体应用法律若干问题的解释》中补充规定:"交通肇事后找人到司法机关顶罪的,以交通肇事罪和妨害作证罪数罪并罚。"

[作者:沈菁(1970—),女,汉族,江苏南通人,江苏省南通市港闸区人民检察院公诉科检察员。]

典型类案 24 交通肇事致一人重伤后逃逸推定负事故全部责任或主要责任是否一律认定为犯罪

最高人民法院《关于审理交通肇事刑事案件具体应用法律若干问题的解释》规定，交通肇事致一人以上重伤，负事故主要责任以上，具有"为逃避法律追究逃离事故现场的"，可以以交通肇事罪定罪处罚。那么，交通肇事致一人重伤后逃逸推定负事故全部责任或主要责任是否应当一律认定为犯罪呢？交通肇事案件在现实生活中比较常见，情形也多种多样，现就两起典型案例对该规定的合理性进行研讨。

一、类案简介

案例1：2002年10月18日18时15分左右，犯罪嫌疑人冒某驾驶小客车途经204国道某路段由东向西超车过程中，将横穿马路的李某所骑自行车撞倒，李某负重伤。事故发生后犯罪嫌疑人冒某驾车逃离现场，后于当晚19时许向公安机关投案，公安机关依据犯罪嫌疑人冒某逃逸的情节以及被害人横穿马路的过错认定冒某负事故主要责任。2006年7月17日，公安机关以犯罪嫌疑人冒某涉嫌交通肇事罪向检察机关移送审查起诉。

案例2：2006年3月14日17时许，犯罪嫌疑人王某驾驶经检验制动不合格的货车经204国道某路段由西向东行驶时，与被害人李某驾驶的摩托车发生碰撞发生道路交通事故，李某负重伤。事故发生后犯罪嫌疑人李某驾车逃离现场，公安机关据此认定犯罪嫌疑人王某负事故全部责任。2006年8月15日，公安机关以犯罪嫌疑人王某涉嫌交通肇事罪向检察机关移送审查起诉。

二、主要分歧意见与评析

交通肇事致一人重伤后逃逸推定承担全部责任或主要责任的行为人，是否应当套用最高人民法院《关于审理交通肇事刑事案件具体应用法律若干问题的解释》第2条第2款第6项之规定："交通肇事致一人重伤，负事故全部或者主要责任，为逃避法律追究而逃离事故现场的，构成交通肇事罪。"司法实践中，对上述类案存在以下分歧意见：

第一种意见认为，犯罪嫌疑人冒某、王某均构成交通肇事罪。理由是：根据《道路交通安全法实施条例》第92条之规定，发生道路交通事故后当事人逃逸的，逃逸的当事人承担全部责任。但是有证据证明对方当事人也有过错的，可以减轻责任。犯罪嫌疑人冒某、王某的责任认定均是由此得出的。根据最高人民法院《关于审理交通肇事刑事案件应用法律若干问题的规定》第2条第2款的规定，交通肇事致1人重伤，负事故全部或主要责任，并且为逃避法律追究而逃避事故现场的，构成交通肇事罪。因此，犯罪嫌疑人冒某、王某均构成交通肇事罪。

第二种意见认为，犯罪嫌疑人王某构成交通肇事罪，犯罪嫌疑人冒某不应认定为交通肇事罪。理由是：

第一，交通肇事致人重伤案件适用推定责任定罪有可能违背禁止重复评价的刑事处罚原则。根据最高人民法院《关于审理交通肇事刑事案件应用法律若干问题的规定》第2条第2款的规定，交通肇事致1人重伤的，须负事故全部或主要责任，并且为逃避法律追究而逃避事故现场的，才构成交通肇事罪。而在交通肇事致人重伤逃逸案件中，逃逸这一情节不仅属于事故责任认定的要件，而且属于单独的定罪要件，也即是说在交通肇事致人重伤逃逸案件中，如果并非依据相关客观证据作出肇事者负全部责任或主要责任的责任认定，那么逃逸这一情节将两次作为犯罪构成要件对犯罪嫌疑人进行评价，这显然违背刑事处罚的基本原则，有滥用刑罚之嫌。

第二，部分排除逃逸情节的犯罪构成要件，并不违背犯罪构成理论。众所周知，在致人死亡的交通肇事案件中逃逸情节并不属于必要犯罪构成要件，而只是一个结果加重犯的修正构成要件，其所发挥的实际作用并非是对犯罪行为性质的界定，而是对犯罪情节的一种判断。在致人重伤逃逸的案件中，由于客观后果并未达到交通肇事罪的定罪标准（一人死亡），因此立法者在最高人民法院《关于审理交通肇事刑事案件具体应用法律若干问题的解释》第2条第2款中列举了6种肇事者存在重大过错的情形构成犯罪，以体现主客观相一致的归罪原则。但值得注意的，该条款中交通肇事逃逸行为与其他5种主观过错存在明显区别，其他5种过错均属于事发之前的过错，而肇事后的逃逸则属于事发后的主观过错，严格地按照犯罪构成理论其并不属于单独的犯罪构成要件。将交通肇事致人重伤案件中的逃逸情节在推定责任认定时则不仅发挥着主观要件（肇事后逃逸）的作用，而且发挥着客观要件（致人重伤且推定负全部或主要责任）的作用，显然存在着不合理的因素。

第三，在道路交通事故的处理中，交警部门认定的事故责任与交通肇事罪中所需具备的责任要件并不完全吻合，根据《道路交通安全法实施条例》第92条及《交通事故处理程序规定》的相关规定，交通肇事逃逸后的责任认定属推定责任，即肇事人所承担的责任是根据其逃逸这一行为直接得出的，并非其在肇事过程中的实际责任。其实际情况大致有以下几种情况：

1. 肇事方违章造成交通事故的，无证据证明被害方过错的，肇事方应当负全部责任；

2. 双方当事人均有违章行为的，违章行为在事故发生中作用大的一方负主要责任，作用小的一方负次要责任；

3. 双方当事人违章行为作用基本相同，均有过错的，负同等责任。

在第1种情形中由于肇事方逃逸，加之肇事方存在违章行为且没有证据被害人有过错的，肇事方应承担全部责任。如前面所述的犯罪嫌疑人王某交通肇事案。在第2种情形中肇事方与被害方均有过错的，虽有逃逸仍应依据实际情况分别认定肇事方与被害方的责任，而不能简单地依据交通安全法规将肇事方的全部责任降为主要责任从而追究肇事方的刑事责任，如果有证据证明被害人存在严重过错，肇事方的违章行为对事故发生作用较小的，则不应依据交通事故处理部门出具的推定责任认定对肇事方适用刑罚，如前面所述的冒某交通肇事案。在第3种情形中，如果确有证据证明被害人与肇事方负同等责任的，同样不应对肇事方追究刑事责任。以上几种情形说明，交通肇事逃逸案件中其实质责任分配往往与交警部门出具的推定责任认定书并不吻合，由于交通肇事逃逸案件中也往往存在多种责任分配形式，如果忽视实际证据情况，简单套用逃逸案件交通事故处理中的推定责任认定，就很有可能将那些尚不构成犯罪的交通肇事行为纳入刑法调整的范畴，造成交通肇事案件刑事处罚的扩大化。

对上述两个案例进行探讨的关键是要不要适用禁止重复评价原则。刑法上禁止重复评价原则是指，在定罪量刑时，禁止对同一犯罪构成事实予以两次以上的法律评价。禁止重复评价原则充分体现法的正义性、公正性。现代意义上刑法当中的禁止重复评价原则，是17、18世纪启蒙思想家们对公民自由、平等、正义、价值等问题的深刻研究的最终结果，归根到底还是对公民个人权益的保护斗争的结果。发展到当代，鉴于禁止重复评价原则在限制国家刑罚权保护被告人权益当中的重要作用，许多国家刑事法甚至是宪法当中规定了这一原则或类似原则。对这一原则的理解，笔者认为既包括对同一犯罪行为不能作两次刑法上的评价，也包括对构成犯罪的诸要素及情节重复评价。在犯罪嫌疑人冒某交通肇事案中，冒某"逃离现场"的情节既在认定交通肇事的责任分担比例时作了评价（交通肇事的责任分担比例是构成交通肇事罪的构成要件之一),又将此情节作为单独的要件和责任分担比例等要件放在一起继续评价是否达到犯罪标准。对冒某"逃离现场"的情节作了两次评价是明显的。

所以,笔者同意第二种意见,认为上述两起案件中,犯罪嫌疑人王某构成交通肇事罪,而犯罪嫌疑人冒某则不应构成交通肇事罪。

三、建议

鉴于司法实践中交通肇事致一人重伤逃逸的案件存在多种情形,一律将其定罪处罚不仅有违刑事定罪的基本原则,同时也与刑罚谦抑的刑事处罚原则不相吻合。为此,我们建议上级机关将最高人民法院《关于审理交通肇事刑事案件具体应用法律若干问题的解释》第2条第2款第6项修改为:"交通肇事致一人重伤,负事故全部或主要责任,并具有下列情形之一的,以交通肇事罪定罪处罚:……(六)为逃避法律追究逃离事故现场的,但有证据证明被害人有严重过错、重大违章的除外。"

[作者:刘志华(1978—),男,汉族,江西高安人,江苏省南通市港闸区人民检察院人民监督员办公室科员;姚建东(1967—),男,汉族,江苏通州人,江苏省南通市港闸区人民检察院人民监督员办公室主任。]

典型类案 25 对纵容他人无证驾驶造成重大交通事故如何定性

最高人民法院《关于审理交通肇事刑事案件具体应用法律若干问题的解释》(法释〔2000〕33号,自2000年11月21日起施行) 第7条规定:单位主管人员、机动车辆所有人或者机动车辆承包人指使、强令他人违章驾驶造成重大交通事故,具有本解释第2条规定情形之一的,以交通肇事罪定罪处罚。在司法实践中,存在车辆所有人纵容他人违章驾驶造成重大交通事故的情形,而纵容行为显然无法为指使和强令的语义所涵盖,由此导致实践中对此类行为的定性产生疑问和分歧。我们通过下面的案例作一讨论与研究。

一、类案简介

在一次驾车游玩途中,乘客雷某某向车辆驾驶人曹某某提出要开一段路玩玩,曹某某在明知其无机动车驾驶资格的情况下,仍欣然应允。期间,曹某某就端坐于副驾驶位置,对雷某某超速驾驶行为放任不管,以致酿成了一起重大翻车事故,造成车内人员不同程度受伤。经交警部门事故责任认定,雷某某、曹某某二人均承担本起事故的全部责任。

二、主要分歧意见与评析

本案中,对雷某某行为的定性不存在异议,但对曹某某行为的定性产生了以下三种意见:

第一种意见认为,曹某某的行为构成交通肇事罪。交通肇事罪是指违反交通管理法规,因而发生重大事故,致人重伤、死亡或者使公私财产遭受重大损失的行为。本罪侵犯的客体是交通运输的正常秩序和安全,在客观方面表现为在交通运输活动中违反交通运输管理法规,因而发生重大事故,致人重伤、死亡或者使公私财产遭受重大损失的行为。主观方面表现为过失,包括疏忽大意的过失和过于自信的过失。行为人违反交通法规可能是出于故意,但他对于因此而发生的交通肇事的严重后果则是过失的,也就是说行为人并未预见到可能发生严重后果,或者虽然已经预见,但轻信可以避免,以致发生了严重的危害后果。故意不构成本罪，如果行为人故意违反交通管理法规，希望通过违章操作交通工具造成严重后果的，则构成其他罪。本案曹某某将车子交给无驾驶资格的人驾驶，并任由驾驶人肆意违章，属于纵容驾驶人违反道路交通安全法律、法规和机动车安全驾驶要求驾驶机动车，其行为已违反了《道路交通安全法》的有关规定，并且造成了严重后果，依照《刑法》第133条的规定，应当认定曹某某构成交通肇事罪。

第二种意见认为，曹某某的行为不宜以犯罪论处。理由是：最高人民法院《关于审理交通肇事刑事案件具体应用法律若干问题的解释》第7条规定：单位主管人员、机动车辆所有人或者机动车辆承包人指使、强令他人违章驾驶造成重大交通事故，具有本解释第2条规定情形之一的，以交通肇事罪定罪处罚。曹某某作为车辆驾驶人将车子交给无驾驶资格的人驾驶，造成重大交通事故，虽具有重大过错，但不符合"指使、强令"，因而在"罪刑法定"的前提下，不能认定曹某某构成交通肇事罪。

第三种意见认为，曹某某的行为构成以危险方法危害公共安全罪。以危险方法危害公共安全罪，是指故意以放火、决水、爆炸、投放危险物质以外的并与之相当的危险方法，足以危害公共安全的行为。本罪侵犯的客体是社会公共安全，即不特定多数人的生命、健康或者重大公私财产的安全。在客观方面表现为以危险方法危害公共安全的行为。这里"危险方法"包括两层含义：第一，其他危险方法，是指放火、决水、爆炸、投放危险物质以外的危险方法。第二，其他危险方法，应理解为与放火、决水、爆炸、投放危险物质的危险性相当的，足以危害公共安全的方法。在主观方面表现为犯罪的故意。即行为人明知其实施的危险方法会危害公共安全，会发生危及不特定多数人的生命、健康或公私财产安全的严重后果，并且希望或者放任这种结果发生。实践中这种案件除少数对危害公共安全的后果持希望态度，由直接故意构成外，大多持放任态度，属于间接故意。本案中曹某某明知将机动车交给没有驾驶资格的人驾驶，会发生危害社会的结果，对不特定多数人的生命权、财产权构成威胁，而放任这种结果发生，符合以危险方法危害公共安全罪的构成要件。

我们支持第三种意见，曹某某的行为构成以危险方法危害公共安全罪。

首先，纵容他人无证驾驶已危及公共安全。公共安全，即不特定或多数人的生命、健康和重大公私财产的安全。所谓"不特定"，是相对"特定"而言的，是指危害行为的危害结果事先无法确定，危害公共安全行为一经实施，其犯罪后果就具有严重性与广泛性。行为人对此既无法预料也难以控制，这正是此类犯罪巨大危险性与危害性的表现。客体的不特定性包括两个方面的内容：

(1) 犯罪对象的不特定性。对象的不特定性又分为两种情况：一种是行为人主观上有其特定的侵害对象，而客观情况使行为人主观上的特定对象成为不可能，从而呈现出不特定性。另一种是行为人主观上就没有特定的侵害对象。例如某司机陈某酒后驾车，由于车速太快，路面打滑，驶入逆行道，与对面来车相撞，致使3人死亡、1人重伤。(2) 危害结果的不特定性。危害公共安全罪的不特定性，其次表现在可能性结果的不确定上。这是不特定性的最主要、最明显的表现。具体讲，包括可能侵害范围大小、数量多少和程度深浅的不特定。本案中，曹某某纵容他人无证驾驶，他的危害行为指向的是正在道路上行使的不特定多数人的生命、健康或重大公私财产的安全，其危害结果是行为人事先无法预料和难以控制的，并且这种不确定性一直持续到最后结果发生时才能确定，显然已危及公共安全。

其次，行为人对侵害结果具有可预见性。随着高速交通工具的发展，矿山、工厂、土木建筑以及科学实验等社会生活的复杂化，危险行为明显增多。但这些具有侵害法益危险的行为，对社会的发展又是具有实用性和必要性的。实施这种危险行为的人，如果遵守了其行为所必需的规则，以慎重的态度实施其行为，即使造成了法益侵害结果，也应认为是合法的，这就是被允许的危险的理论。既然日常生活中存在必要的危险行为，在许多情况下就不能否认有预见法益侵害的可能性，对此都以过失犯论处是不妥当的。即使对结果有预见的可能性，但行为人如果履行了结果回避的义务，也不应当成立犯罪。本案中，曹某某在明知雷某某无机动车驾驶资格的情况下，无视《道路交通安全法》中关于"任何人不得强迫、指使、纵容驾驶人违反道路交通安全法律、法规和机动车安全驾驶要求驾驶机动车"的规定，擅自将机动车交给无证人驾驶，显然已经预见到了危险结果的发生，但又怠于履行回避的义务，如对肇事人的违章行为置之不理，应当属于故意犯罪。

最后，其他危害公共安全的犯罪无法适用。以危险方法危害公共安全罪的构成要件在客观方面是开放的、弹性的，没有明确、固定的内容。其重要的特征就是，其他危害公共安全犯罪能够适用的，均不能再构成本罪，只有行为人的行为危及了公共安全，而其他危害公共安全犯罪又没有适用余地的，方可以本罪论处。具体到本案中，曹某某的行为虽然已经违反了《道路交通安全法》的有关规定，并且造成了严重后果，但不符合高法法释〔2000〕33号司法解释第7条"指使、强令"的规定，因此依照"罪刑法定"的原则，不能适用交通肇事罪的有关规定。基于这一层原因，我们认为曹某某的行为可以适用以危险方法危害公共安全罪的有关规定。

三、建议

由于最高人民法院《关于审理交通肇事案件具体运用法律若干问题的解释》将纵容的情形排除在交通肇事罪之外，因此，在实践中有可能造成困难，加重对纵容者的处罚。根据司法解释的精神，单位主管人员、机动车辆所有人或者机动车辆承包人只有在指使、强令他人违章驾驶造成交通事故的情形才能按本罪定罪处罚。这本身与《道路交通安全法》的要求并不相同，该法第22条第3款规定：任何人不得强迫、指使、纵容他人违反道路交通安全法律、法规和机动车安全驾驶要求驾驶机动车。

笔者建议，司法解释将未脱离单位主管人员、机动车辆所有人或者机动车辆承包人的能力监督范围内发生的纵容他人违章驾驶造成交通事故的情形吸收在交通肇事罪内，对《关于审理交通肇事案件具体运用法律若干问题的解释》第7条修改为：单位主管人员、机动车辆所有人或者机动车辆承包人指使、强令、纵容他人违章驾驶造成重大交通事故，具有本解释第2条规定情形之一的，以交通肇事罪处罚。

[作者：姜镇锋（1979—），男，汉族，江苏海门人，江苏省海门市人民检察院干部；管军军（1985—），男，汉族，江苏海门人，江苏省海门市人民检察院干部。]

典型类案 26 交通肇事逃逸情节与其他定罪情节并存时逃逸行为的认定

从目前的法律和司法解释看，交通肇事者在发生交通肇事后的逃逸行为与其他定罪情节并存时，逃逸行为对最终的定罪量刑会根据不同的情况产生不同的影响。办理交通肇事案件的司法实践中，也经常会有这样的情况，对交通肇事者在发生交通肇事后的逃逸行为与其他定罪情节并存时，如何看待逃逸行为对定罪量刑的影响存在不同的分歧意见。笔者认为，当交通肇事后的逃逸行为与其他定罪情节并存时，对逃逸行为的认定应根据具体情形分别对待，并建议最高人民法院修改《关于审理交通肇事刑事案件具体应用法律若干问题的解释》，以利于司法实践界操作。本文试从两起典型案例入手，研究和分析此类问题，并提出一些司法解释修改意见。

一、类案简介

案例1：2006年1月1日18时35分左右，被告人包某酒后无证驾驶其未经公安交通管理部门登记的力帆牌正三轮摩托车，沿本市车郭线由东向西行至郭园镇田桥村3组路段，碰撞对面钱某驾驶的二轮摩托车而肇事，致钱某及二轮摩托车乘员田某、钱某受伤，事故发生后，被告人包某驾车逃离现场，当日被公安机关查获，经如皋市公安局法医鉴定，田某的伤情属重伤。经如皋市公安局交巡警大队交通事故认定：被告人包某负该事故的主要责任。目前本案已经法院审理判决，法院认为被告人包某违反交通运输管理法规驾驶车辆，发生重大事故，致1人重伤，且肇事后逃逸，其行为触犯刑律，构成交通肇事罪。被告人包某有前科劣迹，酌情从重处罚。被告人包某自愿认罪，能部分赔偿被害人的经济损失，可酌情从轻处罚。依据《中华人民共和国刑法》第130条、最高人民法院《关于审理交通肇事刑事案件具体应用法律若干问题的解释》第2条第2款第1、2、4、6项、第3条，最高人民法院、最高人民检察院、司法部《关于适用普通程序审理"被告人认罪案件"的若干意见（试行）》第9条之规定，判决被告人包某犯交通肇事罪，判处有期徒刑3年。

案例2：2004年1月10日19时50分左右，被告人陈某无证驾驶二轮摩托车，在本市林梓镇怡然休闲中心门前，碰撞步行过公路的陈某某，致陈某某受伤，事发后，被告人陈某驾车逃逸，经如皋市公安局法医鉴定：陈某某的伤情属重伤。目前本案已经法院审理判决，法院认为，被告人陈某违反交通运输管理法规，无证驾驶机动车辆，发生重大交通事故，致1人重伤，并驾车逃逸，其行为已触犯刑律，构成交通肇事罪，并依据最高人民法院《关于审理交通肇事刑事案件具体应用法律若干问题的解释》第2条第2款规定，被告人陈某无驾驶资格驾驶机动车辆，致1人重伤，且为逃避法律追究逃离事故现场，对被告人陈某这一行为不应重复评价，应在3年以下有期徒刑幅度内量刑。根据《中华人民共和国刑法》第133条、第17条第1、3款、第72条第1款、第73条第1、3款之规定，判决被告人陈某犯交通肇事罪，判处有期徒刑1年，缓刑1年6个月。

二、本类案件的争议焦点

此类案件的争议焦点在于当交通肇事后的逃逸行为与其他定罪情节并存时，逃逸行为应作为定罪情节还是作为量刑情节考虑。

三、主要分歧意见与评析

第一种意见：为适应预防和打击交通肇事后逃逸行为的实践需要，有效衔接刑法与司法解释对交通肇事后的逃逸的规定，对交通肇事后的逃逸行为与其他定罪情节并存时应区别对待：

1. 如果行为人交通肇事后的逃逸行为已经作为交通管理部门认定其负事故全部责任或主要责任的主要依据，则逃逸行为不再作为对行为人定罪或量刑的情节考虑。理由：根据禁止重复评价的原则，对当事人同一行为不能多次作为其承担法律责任的基础。如果行为人的逃逸行为已经根据2004年5月1日公安部颁布实施的《交通肇事事故处理程序规定》第45条"……当事人逃逸，造成现场变动、证据灭失，公安机关交通管理部门无法查证交通事故事实的，逃逸的当事人承担全部责任"的规定作为认定被告人行政责任或民事责任的基础，就不能再作为其承担刑事责任的基础，否则必然使同一行为从法律上进行多次重复评价，不符合法律的谦抑性原则。

2. 如果行为人交通肇事后逃逸行为仅是导致被害人重伤结果发生的原因行为之一，那么行为人交通肇事后的逃逸行为应作为犯罪构成的客观要件，即按照最高人民法院《关于审理交通肇事刑事案件具体应用法律若干问题的解释》（以下简称《解释》）第2条第2款的规定，行为人出现交通肇事后逃逸的情形或同时出现该款中其他5种情形，对其认定交通肇事罪处3年以下有期徒刑或拘役。理由：根据刑法因果关系理论原理，行为人的行为与犯罪结果之间是引起与被引起的关系时，其行为就不是一般意义上的违法行为，而是触犯刑法、应受刑罚处罚性的犯罪行为，对其就应从刑法上予以评价，将逃逸行为与《解释》第2条第2款中规定的其他5种情形都作为对行为人定交通肇事的根据，但在量刑时不再作为加重情节考虑。因此，如果有证据能证明行为人的逃逸行为使被害人得不到及时救治并与其他肇事行为共同作用导致被害人重伤的结果，对行为人应定交通肇事罪，处三年以下有期徒刑或拘役。但是如果逃逸行为对事故责任认定影响不大或者即使肇事者不逃逸也不可避免地会造成受害人重伤以上的结果，则肇事者的逃逸行为不影响交通肇事罪是否成立，逃逸行为只是表明其主观上企图逃脱法律的追究，从而延误了受害人的及时治疗，此时，行为人的逃逸行为应当只作为量刑情节考虑。

综上所述，根据刑法罪刑相适应的原则，行为人承担的刑事责任应与行为性质、危害结果以及其人身危险性等相适应，对行为人的逃逸行为根据具体情形在不同的量刑幅度内量刑：（1）行为人交通肇事出现《解释》第2条第2款的前5种情形之一，致1人以上重伤后又逃逸的，对被告人在3年以下有期徒刑内从重处罚；（2）行为人交通肇事出现《解释》第2条第1款中规定情形之一，且肇事后逃逸的，对被告人应加重处罚，处3年以上7年以下有期徒刑；（3）行为人交通肇事后逃逸，受害人因长时间得不到救助而死亡，处7年以上有期徒刑。

第二种意见：虽然行为人的交通肇事行为中同时出现《解释》第2条第2款规定的6种情形中的多种情形，但该条规定的6种情形是认定交通肇事罪犯罪构成的选择性要件，即行为人交通肇事致1人重伤，并负事故主要责任或全部责任时，只要具备6种情形之一对行为人就可以定交通肇事罪，处以3年以下有期徒刑或者拘役，因此，《解释》第2条第2款规定的6种情形都只是定罪情节，根据禁止重复评价的原则，不能把逃逸行为再单独作为量刑情节考虑，应对行为人在3年以下有期徒刑或者拘役幅度内处刑。

第三种意见：如果行为人的交通肇事行为不仅符合《解释》第2条第2款规定的犯罪构成，而且根据《解释》第3条及《刑法》第133条关于交通肇事后逃逸的规定，逃逸行为一律应作为交通肇事罪的加重情节考虑，只要行为人的行为属于交通肇事后逃逸，法定刑就应升格，对行为人应当在3年以上7年以下有期徒刑幅度内处刑。

笔者支持第一种意见。当交通肇事后的逃逸行为与其他定罪情节并存时，对逃逸行为的认定应根据具体情形分别对待。

四、建议

笔者建议最高人民法院修改《解释》，具体意见是：（1）删除最高人民法院《解释》第2条第2款第6项情形，以消除司法解释与法律规定之间的冲突。（2）修改《刑法》第133条，将最高人民法院《解释》第2条第2款的前5种情形补充、细化为该条的内容。（3）在《刑法》第133条后增加一条，明确规定："行为人交通肇事致一人以上重伤后又逃逸的，对被告人在三年以下有期徒刑内从重处罚；行为人交通肇事致人死亡，且肇事后逃逸的，对被告人应加重处罚，处三年以上七年以下有期徒刑；行为人交通肇事后逃逸，受害人因长时间得不到救助而死亡，处七年以上有期徒刑。"

[作者：高丽（1977—），女，汉族，江苏如皋人，江苏省如皋市人民检察院公诉科副科长；夏玲娟（1974—），女，汉族，江苏如皋人，江苏省如皋市人民检察院书记员。]

典型类案 27 交通肇事第一碰撞人逃逸后被害人又遭其他车辆碰碾，能否追究第一碰撞人的刑事责任

交通肇事逃逸后被害人又遭其他车辆碰碾，尤其是在不能确定被害人死亡是由第一次碰撞还是其后车辆再次碰撞造成，而第一碰撞人负事故主要以上责任的情况下能否追究第一碰撞人的刑事责任，这个问题涉及法律、伦理等诸多方面。笔者从实际发生的几个类案出发，对此作一些简要的分析与研究，并提出相关的法律解释建议，以期引起相关部门重视与关注。

一、类案简介

案例1：犯罪嫌疑人董某于2005年2月7日1时05分左右，持超过有效期的B类驾驶证驾驶沪B/F7111号桑塔纳轿车，沿G204线由南向北行至807.1km处，碰撞由西向东进204线左转弯的王某所骑的自行车而肇事，董驾车逃逸，后王又被其他车辆碾压。事故导致王当场死亡。经法医鉴定：王某系严重颅脑损伤死亡。交巡警部门对该交通事故的责任认定：董某负事故的主要责任。案件最终处理结果：检察机关经过审查，认为犯罪嫌疑人董某构成犯罪的依据不充分，建议公安机关撤回案件。

案例2：犯罪嫌疑人陈某于2004年1月19日22时20分左右，持B、E类驾驶证驾驶苏FA3736号小客车，沿G204线由北向南行至811.7km处，碰撞步行于机动车道内的无名妇女而肇事，陈驾车逃逸，后无名妇女又遭多辆车辆碾压当场死亡。经法医鉴定：死者系严重复合性损伤死亡。交巡警部门对该交通事故的责任认定：陈某负事故的主要责任。案件最终处理结果：检察机关经过审查，认为犯罪嫌疑人陈某构成犯罪的依据不充分，建议公安机关撤回案件。

案例3：仲某于2003年8月20日4时50分许，持B类驾驶证驾驶苏JAX223号轻型普通货车，沿G204线由南向北行至798.7km处，碰撞由西向东过公路的纪某而肇事，仲驾车逃逸，后吴某驾驶沪AG2567号中型普通货车

途经事故现场碾轧纪,事故导致纪当场死亡。交巡警部门对该交通事故的责任认定:仲某负事故的主要责任。案件最终处理结果:检察机关经过审查,认为犯罪嫌疑人仲某构成犯罪的依据不充分,建议公安机关撤回案件。

二、本类案件的争议焦点

笔者认为,此类案件的争议焦点在于交通肇事后逃逸,被害人又遭其他车辆碰碾,尤其是在不能确定被害人死亡是由第一次碰撞还是其后车辆再次或多次碰撞造成,而第一碰撞人在负主要以上责任的情况下能否追究刑事责任的法律规定不明确。

三、主要分歧意见与评析

第一种意见:应该追究第一碰撞人的刑事责任。理由有:第一碰撞人违反交通运输管理法规驾驶车辆,在发生交通事故后又逃离现场,客观上造成被害人因不能离开危险境地又遭其他车辆碰碾死亡的后果,其行为符合最高人民法院《关于审理交通肇事刑事案件具体应用法律若干问题的解释》第5条规定的因逃逸致使被害人因得不到救助而死亡的情形。在这种情形下,第一碰撞人的行为与被害人的死亡之间有着直接的因果关系。所以,在第一碰撞人负主要责任以上责任的情况下,理应对其定罪处罚。

第二种意见:不能追究第一碰撞人的刑事责任。理由有:根据最高人民法院《关于审理交通肇事刑事案件具体应用法律若干问题的解释》的规定,交通肇事致1人死亡或造成其他严重后果,负事故全部或者主要责任的,以及交通肇事致1人以上重伤,负事故全部或者主要责任,并具有为逃避法律追究逃离事故现场等情形的,才能追究行为人的刑事责任。而上述案件当中,尽管第一碰撞人负事故主要以上责任,但其驾驶车辆发生交通事故后,被害人又遭其他车辆撞碾,虽然客观上造成了一人死亡的严重后果,但属多因一果,在无法确认第一碰撞人交通肇事行为是否已致被害人死亡或者重伤的情况下,难以认定第一碰撞人的交通肇事行为与被害人的死亡后果之间存在着必然的、直接的因果关系。根据"疑罪从无"的原则,不予追究第一碰撞人的刑事责任。

第三种意见:分为多起交通事故处理,其后果都认定为致被害人死亡,若多起交通事故的肇事者均负主要以上责任,则追究多人的刑事责任;若其中之一负主要以上责任,则只追究其刑事责任;若多起交通事故的肇事者均不负主要以上责任,则不予追究刑事责任。

笔者同意第一种意见。上述情形认定为一起事故,无论第一碰撞人致被害人当场死亡、重伤还是致其轻伤,只要当时被害人丧失自我救助能力,第一碰撞人就要负主要责任以上的责任，则构成交通肇事罪，并系"因逃逸致人死亡"。下面，笔者通过对第一碰撞人与被害人死亡的因果关系、其主观故意，以及法律条文的理解把握等方面阐释自己的观点。

首先，从因果联系上看，危害行为与危害结果的因果关系是行为人负刑事责任的客观基础。上述案件中的死亡结果是第一碰撞人的交通肇事行为与其后车辆的碰碾行为共同所致，而后面车辆的碰碾行为只是因果运动的介入因素，其是否承担刑事责任要看其行为对后果的发生是否起支配、决定作用。我们可以看到，如果没有第一碰撞人的先前行为，而且将被害人置于危险之中不顾，就不可能有后面车辆碰碾行为的发生，显然第一碰撞人的肇事行为对被害人死亡结果的发生起着决定作用。

其次，从主观过失程度看，对于被害人遭其他车辆再次碰碾这一危害结果的发生，第一碰撞人系应当预见没有预见，或已经预见但轻信可以避免这种情况发生，其主观上的过失非常明显，而后面碰碾行为实施者一般情况下，由于情况特殊则属于不能预见或难以预见，特别是在夜间行驶则需要高度注意才能预见，故而在道路交通事故责任认定中，一般把不能预见的过失责任定为次要责任。所以，对于第一碰撞人来说，其在主客观方面都存在着足够预见或者能够避免被害人再次被撞的条件，这种应当预见而未预见或预见却轻信可以避免的过失情形，反映了其主观上具有可责难的恶性，故属于过错较大的过失，故而交警部门在事故责任认定中，认定第一碰撞人对事故负的主要以上责任时，即应认定其交通肇事致人死亡，以交通肇事罪追究肇事者的刑事责任。

最高人民法院《关于审理交通肇事刑事案件具体应用法律若干问题的解释》第5条规定，"因逃逸致人死亡是指行为人在交通肇事后为逃避法律追究而逃跑，致使被害人因得不到救助而死亡的情形"。在司法实践中，对"因得不到救助而死亡"一般理解为：肇事者致人伤害后，不履行救助义务致使伤者因得不到治疗而死亡的情形，其并不包括将被害人撞伤后逃逸，而任伤者处于车辆来往密集的公路上，处于危险境地这一情形。事实上，"因逃逸致人死亡"所包含的内容，还应当包括不救助伤者，任受伤者处于危险境地于不顾这一情形。如上述案件中第一碰撞人在交通肇事后不救助伤者而逃逸，放任被害人处于危险境地于不顾，而致被害人遭其他车辆碰碾而死亡。这一行为无论从社会危害性、刑事违法性还是从刑罚当罚性考虑，都属于应当受刑罚处罚的行为，而且此类案件的社会危害性不亚于普通交通肇事案，若对这种在交通肇事后不履行报案、保护现场、抢救被害人等义务并由此导致被害人死亡的行为不予严厉追究，将不利于对交通肇事罪的公正处理，被害人所遭受的人身和经济损害也将难以弥补，交通运输秩序和安全更是难以有效地得到保障，所以，第一肇事人肇事后逃逸，置被害人于危险境地，而致被害人遭其他车辆碰碾致死的行为，也应属于"因逃逸致人死亡"的情形。

四、建议

通过以上分析，我们不难看出：第一碰撞人行为的性质，应当认定为交通肇事，并视为逃逸致人死亡的情形。为体现司法打击犯罪的必要性和司法可操作性，笔者建议由最高人民法院出台司法解释，明确规定：行为人在交通肇事后逃逸，不履行救助义务或置被害人于危险境地不顾，致使被害人死亡的，以交通肇事罪论处，并视为逃逸致人死亡的情形。

[作者：朱明洁（1965—），女，汉族，江苏如皋人，江苏省如皋市人民检察院政治处主任；周久贵（1973—），男，汉族，江苏如皋人，江苏省如皋市人民检察院公诉科副科长。]

典型类案 28　对二人以上共同承担事故主要责任的肇事行为人是否应追究刑事责任

司法实践中笔者发现，由于有两名以上肇事行为人在一起一死一伤的交通肇事案件中共同承担事故主要责任，根据刑法及司法解释，交通肇事死亡1人或者重伤3人以上并负事故全部或者主要责任的，处3年以下有期徒刑或者拘役，对应当共同承担事故责任的肇事行为人是否追究刑事责任，产生了较大的意见分歧，现研究分析如下：

一、类案简介

2007年3月18日13时55分左右，犯罪嫌疑人杨某某（男，30岁）驾驶苏FAE389号轿车，用帆布带牵引犯罪嫌疑人倪某某（男，29岁）所驾驶的苏E72296号微型普通客车，途经海安县曲塘镇花庄村14组地段由南向北行驶时，遇有被害人倪某某（女，72岁）、景某某（男，56岁，手推人力三轮车）同方向步行。其时，杨某某驾车向右避让，而倪某某驾车向左避让，牵引车辆的帆布带与倪某某和景某某发生碰刮，致倪、景跌倒受伤。倪某某经抢救无效，于同月22日死亡。

案件诉讼过程：某县公安局交巡警大队于2007年4月21日作出交通事故认定书，认定杨某某用帆布带牵引制动不合格的车辆时，未保持安全车速，倪某某驾驶被牵引的制动不合格的车辆，在牵引车遇有情况避让时采取措施不当，均违反了《道路交通安全法》的规定，双方的违法行为是事故发生的主要因素，共同承担本起事故的主要责任。倪某某和景某某均未靠路边行走，分别承担自身事故的次要责任。

该县公安局于2007年4月29日，向被害人倪某某之子发出不予立案通知书，认为杨某某、倪某某的行为不属于犯罪行为。

被害人倪某某之子于2007年5月16日向该县检察院提出控告，请求对该案实施立案监督，该县检察院审查后认为杨某某、倪某某的行为已涉嫌交通肇事罪，并于2007年5月21日向该县公安局发出《要求说明不立案理由通知书》。

二、本类案件的争议焦点

二人以上交通肇事,行为人共同对一起交通肇事刑事案件承担事故主要责任的,对行为人是依法分别承担刑事责任,还是适用《刑法》第 25 条关于"二人以上共同过失犯罪,不以共同犯罪论处"的规定,以责任分散为由,对行为人不予追究刑事责任。

三、主要分歧意见与评析

第一种意见认为,对于有两个以上肇事行为人对同一起交通肇事案件共同承担事故主要责任的,不宜以犯罪论处。理由是:

1. 依照《刑法》第 25 条规定,在同一起交通肇事案件中共同承担责任的,不构成共同犯罪。

2. 既然不构成共同犯罪,就只能根据行为人在交通肇事过程中的具体行为及其与危害结果之间的因果关系来确定是否应当追究刑事责任。在两个以上肇事行为人对一起交通肇事刑事案件共同承担主要责任的情况下,分解到各个行为人的具体责任就必然达不到应当追究刑事责任的标准,自然就不能以犯罪论处。如果同一起交通肇事刑事案件的两名以上肇事行为人中的某一人应当承担事故的主要责任,其他肇事行为人应当承担次要责任甚至次要责任中的次要责任,就应当由承担主要责任的肇事行为人承担刑事责任。在这种情况下,交通事故认定书就不应作出所谓"共同承担事故主要责任"的结论。换言之,凡是交通事故认定书作出由两名以上肇事行为人"共同承担"事故主要责任认定的,都属于责任分散,难以确定谁应承担刑事责任的情况,均不宜以犯罪论处。

第二种意见认为,凡是由两名以上肇事行为人共同对一起交通肇事刑事案件承担事故主要责任的,行为人均应依法分别承担刑事责任,而不能以适用《刑法》第 25 条关于"二人以上共同过失犯罪,不以共同犯罪论处"的规定和责任分散为由,对行为人不予追究刑事责任。其理由如下:

1. 交通肇事犯罪属于过失犯罪,依照《刑法》第 25 条的规定,在同一起交通肇事案件中,由两名以上行为人共同承担事故全部或主要责任的,不应以共同犯罪论处。但不以共同犯罪论处,并不是不以犯罪论处。既然交通肇事而且符合追究刑事责任的法定条件,就应当由相关行为人承担刑事责任。如果一件交通肇事案件由两个以上肇事行为人共同承担事故主要责任,而最终的处理结果却是没有人来承担责任,于理于法都是说不通的。

2. 在同一起交通肇事刑事案件中,存在两名以上肇事行为人,而且应当共同承担事故的全部或主要责任，就意味着他们的交通肇事行为必然是形成事故结果的直接原因，他们都应当对自己的交通肇事行为及其危害结果负责，包括承担相应的刑事责任。必须强调的是，所谓共同承担责任，并不是某种量的简单相加，更不能采取分解法则来确定肇事行为人是否应当承担刑事责任。

笔者倾向于第二种意见。

四、建议

笔者建议对交通肇事刑事案件中存在两名以上肇事行为人且应共同承担事故主要责任的，对各个肇事行为人均应依法追究刑事责任，但在量刑时可以适当从轻。

理由：

1. 既然交通肇事且已达到刑事案件立案标准，就应由相关人员承担刑事责任。

2. 肇事行为人共同承担事故主要责任，表明了他们各自的肇事行为都是形成事故的重要原因，缺少了谁的行为，事故都不至于形成，危害结果也不至于发生，属于多因一果难以区分主次的情况。所以，肇事行为人均应对自己行为的危害结果承担刑事责任。

3. 交通肇事刑事案件的处理，不仅涉及刑事责任的追究，而且涉及民事赔偿的落实，刑事责任尚难明确，民事处理何以顺畅？所以，从构建和谐社会出发，也不宜对此类案件不以犯罪论处。

[作者：张毅（1963—），男，汉族，江苏南通人，江苏省南通市人民检察院研究室主任；高传果（1963—），男，汉族，江苏南通人，江苏省南通市人民检察院研究室干部；花克明（1948—），男，汉族，江苏海安人，海安县人民检察院检察委员会委员、四级高级检察官。]

典型类案 29 在未竣工的公路和乡村道路上驾驶交通工具致人死亡构成过失致人死亡罪还是交通肇事罪

《道路交通安全法》第119条对"道路"概念重新作了界定。但实践中各地仍认识不一。对在未竣工的公路上和乡村道路上驾驶交通工具致人死亡的行为是以过失致人死亡罪定罪量刑还是以交通肇事罪定罪量刑争议极大。仅在我市，某地区2005年1至7月份，已办理该类案件7件，该市人民法院全部以过失致人死亡罪定罪判刑，而在另一地区同样的案件却全部都以交通肇事罪定罪判刑，结果导致同样类型的案件，不同罪名，有悖于法律的统一实施原则和公平原则。因此，统一"道路"概念迫在眉睫。

一、类案简介

案例1：被告人朱某，男，汉族，初中文化，个体汽车驾驶员，2004年7月26日因涉嫌过失致人死亡罪被刑事拘留，7月29日转取保候审。2005年3月31日，被告人朱某被某人民法院判处有期徒刑3年6个月。

被告人朱某2004年4月7日17时10分许，持B类驾驶证，驾驶其私有的栏板大货车，在未竣工的某镇路段，由北向南倒车过程中，碰撞由南向北骑自行车的金某及车后乘坐的朱某某，致朱某某当场死亡，金某受伤后经抢救无效死亡，经公安局法医鉴定：金某、朱某某系严重颅脑损伤死亡，朱某应负事故的全部责任。

案例2：被告人叶某，男，汉族，高中文化，驾驶员，2005年1月14日因涉嫌过失致人死亡罪被取保候审。2005年4月4日，被告人叶某被某人民法院判处有期徒刑1年，缓刑1年6个月。

2004年11月22日11时50分许，被告人叶某持B类驾驶证驾驶其私有的二轮摩托车由北向南行驶，碰刮由西向东步行横过机耕路的周某，致周某死亡。经公安局法医鉴定：周某系严重颅脑损伤死亡，叶某负事故的主要责任。

案例3：被告人王某，男，汉族，汽车驾驶员。2003年1月3日因涉嫌过失致人死亡罪被取保候审。2004年12月15日被刑事拘留，2004年12月25日被依法执行逮捕。2005年3月21日，被告人王某被人民法院判处有期徒刑6个月。

2002年10月20日14时48分许，被告人王某持B类驾驶证，驾驶半挂列车，由南向北行至封闭维修路段，与对向骑自行车的洪某发生事故，致洪某当日死亡。经公安局法医鉴定：洪某系外伤性失血性休克死亡，王某应负事故的全部责任。

案例4：被告人钱某，男，汉族，高中文化程度。因涉嫌过失致人死亡罪，于2005年1月4日被取保候审。2005年1月28日，某县人民法院判决被告人钱某犯交通肇事罪，判处有期徒刑1年，缓刑1年6个月。

被告人钱某于2003年10月20日21时左右，驾驶二轮摩托车，途经某村7组地段由南向北左转弯。同时张某驾驶另一辆二轮摩托车驮带其母亲丁某也经该地段由北向南直行，因被告人钱某未让相对方向行驶的直行车先行，其所驾摩托车与张所驾的摩托车相撞，致丁跌倒受伤，经送医院抢救无效于次日死亡。经认定，被告人钱某应负本起事故的主要责任。

案例5：被告人濮某，男。因涉嫌交通肇事罪于2005年2月20日被取保候审。2005年4月12日，某县人民法院判决被告人濮某犯交通肇事罪，判处有期徒刑2年，缓刑3年。

被告人濮某于2005年1月20日18时40分左右，无证驾驶无号牌的二轮摩托车，经某村6组地段由西向东行使时，未能在道路中间通行，所驾摩托车右侧与车前同向步行的公民张某某相碰撞，致张跌倒受伤。事发后，被告人濮某即拦车送被害人去医院抢救，被害人经医院救治无效于同月24日死亡。经认定，被告人濮某应负本起事故的全部责任。

案例6：被告人沈某，男。因涉嫌交通肇事罪于2005年3月22日被取保候审。2005年4月12日，某县人民法院判决被告人沈某犯交通肇事罪，判处有期徒刑2年，缓刑3年。

被告人沈某于2005年2月6日14时10分左右，酒后驾驶无号牌的二轮摩托车，驮带未戴头盔的妻子朱某，途经某某村7组地段由南向北行驶，因避让情况采取措施不当，未能确保安全，其所驾摩托车驶入公路右侧，致朱某跌倒当场死亡。经认定，被告人沈某应负本起事故的全部责任。

二、主要分歧意见与评析

第一种意见，肇事者的行为应以过失致人死亡罪追究刑事责任。根据最高人民法院《关于审理交通肇事刑事案件具体应用法律若干问题的解释》（以下简称《解释》）第8条规定，"在实行公共交通管理的范围内发生重大交通事故的，依照刑法第一百三十三条和本解释的有关规定办理。在公共交通管理的范围外，驾驶机动车辆或者使用其他交通工具致人伤亡或者致使公共财产或者他人财产遭受重大损失，构成犯罪的，分别依照刑法第一百三十四条、第一百三十五条、第二百三十三条等规定定罪处罚"。所谓公共交通管理范围内，应当是指纳入公共交通管理机关管理范围内的道路。《中华人民共和国道路交通安全法》第119条已对"道路"作了明确规定。以上案例的发生地点，均不属于该法第119条所列举的情况，所以肇事者在驾车过程中，因过失发生交通事故，致他人死亡，虽然符合交通肇事罪的构成要件，但在《解释》有明确规定的情况下，必须以过失致人死亡罪定罪量刑。

第二种意见，此类案件中肇事者的行为应以交通肇事罪追究刑事责任。

主要理由：

1. "道路"概念的理解。

（1）根据《中华人民共和国道路交通安全法》第119条明确规定："'道路'，是指公路、城市道路和虽在单位管辖范围但允许社会机动车通行的地方，包括广场、公共停车场等用于公众通行的场所。"我们推究该规定的本意，认为只要是允许社会机动车通行的地方，就应认定为"道路"。

（2）江苏省公安厅交巡警总队所印发的全省交通事故处理培训班讲义中对《中华人民共和国道路交通安全法》第119条"道路"里的"公路"所作的理解是："这里的'公路'，包括公路桥梁，公路隧道和公路渡口，包括国道、省道、县道、乡道、村道，总之，只要是社会机动车通行的地方，都属于道路。"

2. 两罪侵犯的客体不同。交通肇事侵犯的客体是公共安全，而过失致人死亡侵犯的客体是公民的人身权利。虽然，所有交通肇事致人死亡的犯罪，从行为人的主观方面和客观后果方面，都属过失致人死亡行为，其完全符合过失致人死亡罪的构成要件，但由于其危害的是公共安全，且其具有犯罪主体的特定性、犯罪环境的特殊性，尤其是犯罪所侵犯的客体的重要性，因此，立法者对该类犯罪给予了特别规定，将其单列为交通肇事罪，从而形成了特别法与普通法的关系。前述类案关于第1、2、3个案例中，发生的事故虽在乡村道路或维修路段，但无论其路上有无行人或者东西，肇事车一旦无视交通安全法律法规，均对公共安全造成威胁直至危害。行为人的行为尽管符合过失致人死亡的犯罪构成要件，但与交通肇事罪相比，其侵犯的客体更符合危害公共安全的特征。

3. 从量刑幅度来看。"过失致人死亡的,处三年以上七年以下有期徒刑。""违反交通运输管理法规,因而发生重大事故,致人重伤、死亡或者使公私财产遭受重大损失的,处三年以下有期徒刑或者拘役。"从上可以看出,交通肇事罪量刑一般在3年以下,而过失致人死亡罪量刑一般是在3年以上。即使根据疑罪从轻原则,也应认定交通肇事罪。

4. 对交通肇事罪中"道路"的理解不能机械化。以前,农村道路与城市道路交通的差别很大,农村道路上极少有机动车辆通行。现在农村道路建设得到了飞速发展,有的农村"村道"或广场甚至比城市的道路都更宽更平,而且机动车辆的通行量剧增,其情形与城市道路区别甚少。因此,道路交通事故在处理上也不应该存在城乡区别。笔者同意第二种意见。

三、建议

笔者建议上级机关对"道路"进行司法解释,将允许社会机动车通行的、自建自管未列入规划的城市巷弄、乡道或村间路或者村自行修建并自行负责管理的路面;允许社会机动车通行的,用于田间耕作的农村铺设的水泥路、沥青路、砂石路等机耕路;允许社会机动车运行的村民宅前宅后建造的路段或封闭式住宅小区内楼群之间路段;由于社会公共车辆长期自然通车形成的道路;撤村建居后尚未移交公安交通部门管理、断路施工尚未竣工、已竣工尚未移交公安交通部门管理但已经有大量社会公共机动车辆通行的道路均纳入"道路"的范围。

[作者:张毅(1963—),男,汉族,江苏南通人,江苏省南通市人民检察院研究室主任;朱砺(1962—),男,汉族,江苏南通人,江苏省南通市法学会刑法刑诉法研究会副会长、南通瑞慈律师事务所主任;张傲冬(1972—),女,汉族,河北唐山人,江苏省南通市人民检察院检察员、法律硕士。]

二、破坏社会主义市场经济秩序罪

典型类案 30 如何认定诈骗和虚报注册资本的牵连关系

在司法实践中，我们碰到了这样的案件，行为人为了占有公司发起人约定的借款费用，伪造了一系列的金融凭证，帮助发起人成功地取得了公司的注册登记。此种情况下，行为人对于公司发起人是否构成诈骗罪，对于公司登记管理机关是否构成虚报注册资本罪，司法实践中存在不同的意见。

一、类案简介

2005年12月，桑××欲成立江苏××投资担保有限公司，股东为江苏××工程有限公司和费××。因没有钱投资，桑××通过在其公司兼职做会计的韩××，由韩××介绍认识了周×，三人商定，约定周×为桑××垫付2000万元的首期出资用于注册登记验资，并在规定期限内办理验资报告，等桑××领取营业执照后周×再将2000万元抽走，事后桑××付给周×手续费20万元作为酬劳，并约定了5000元的违约金。2006年1月，周×告诉韩××未能借到用于验资的2000万元，但为了得到桑××的20万元和不承担违约责任，周×便伪造了南京××县××农村信用合作社的公章、现金收讫章，伪造了两张该信用社的分别为江苏××工程有限公司的600万元、费××的1400万元的现金缴款单以及银行询证函，韩××在明知是假现金缴款单和询证函后又与周×共同伪造了南京××会计事务所的验资报告、公章及注册会计师的印章，从而骗得了××县工商局的注册登记。后周×、韩××将桑××给的20万元手续费平分。2006年7月，桑××准备再增资400万元时案发。

二、主要分歧意见与评析

第一种意见认为，周×构成伪造金融票证罪，韩××和桑××构成虚报注册资本罪。理由是桑××在没有注册资本的情况下，让周×借钱帮助其取得工商登记注册后再由周×将钱抽走，其虚报注册资本的故意非常明显，故桑××构成虚报注册资本罪。桑××支付给周×的20万元是桑××为虚假注册而给付的，桑××不是被诈骗的对象，更不是受害人，两被告（周×和韩××）采取欺骗手段骗取公司登记并不违背桑××的意志，桑××实际上是虚假注册资本的受益人。因此周×和韩××帮助桑××成立公司的行为不符合诈骗罪的构成要件，符合虚报注册资本的特征，同时周×采取伪造现金缴款单及银行询证函的手段帮助桑××骗取公司登记的行为构成伪造金融票证罪，且系情节严重，由于伪造金融票证罪量刑比虚报注册资本罪重，根据重罪吸收轻罪的原则，故应对周×以伪造金融票证罪量刑。另一被告人韩××和周×共同商定为桑××垫付2000万元的首期出资用于注册登记验资，而后明知是假现金缴款单和询证函后又与周×伪造了南京××会计师事务所的验资报告、公章及注册会计师的印章，为桑××取得了××县工商局的注册登记。韩××的行为构成了虚报注册资本罪，并且其在虚报注册资本的共同犯罪中起辅助作用，是从犯。

第二种意见认为，周×和韩××都构成诈骗罪，桑××不构成犯罪。理由是周×、韩××主观上为了取得桑××许诺给付的20万元酬金，客观上实施了伪造南京××农村信用合作社的现金缴款单、银行询证函以及会计师事务所验资报告的行为，并且周×、韩××隐瞒了上述事实真相，使桑××误以为周×为其借到了用于验资的2000万元，在陷入此错误认识后才"自愿地"地交出了20万元。实际上桑××给付的20万元并不是出于其本意支付给周×的酬金，而是基于周×、韩××的欺诈才作出的不当处分。从而使周×和韩××不法取得了桑××的20万元，对照诈骗犯罪因果关系的各个环节，周×和韩××的行为是完全符合诈骗罪的构成要件的。

周×和韩××不构成虚报注册资本罪的理由是，虚报注册资本罪是指申请公司登记使用虚假证明文件或者采取其他欺诈手段虚报注册资本，欺骗公司登记主管部门，取得公司登记，虚报注册资本数额巨大、后果严重或者有其他严重情节的行为。虚报注册资本罪的主体是特殊主体，即申请公司登记的人或单位，根据《公司登记管理条例》的规定，有限责任公司的"申请公司登记的人"是指由全体股东指定的代表或者共同委托的代理人。本案中，周×、韩××既不是股东指定的代表或者共同委托的代理人，也不是实际向工商部门申请注册的人，所以不单独构成虚报注册资本罪。周×、韩××也不是虚报注册资本罪的帮助犯，刑法中的帮助犯是针对共同犯罪中的实行犯而言的，共同犯罪中犯罪主体之间应具有共同的犯罪故意，被帮助主体桑××不具有虚报注册资本的故意，自然就不构成共同犯罪，因此也不会存在帮助犯了。

被告人周×也不构成伪造金融票证罪。本案中，周×伪造金融票证的行为和虚报注册资本的行为不应适用重行为吸收轻行为的吸收犯理论，因为这两个行为不是独立的，而是手段行为和目的行为的牵连关系，因周×和韩××不构成虚报注册资本罪，所以也不是伪造金融票证和虚报注册资本的牵连关系。周×伪造金融票证的行为只是其实施诈骗的手段，并非目的，因此伪造金融票证的行为和虚报注册资本的行为应按照牵连犯的规定，从一重罪处罚。根据《刑法》第177条的规定，伪造金融票证情节特别严重的处10年以上有期徒刑或无期徒刑，并处5万元以上50万元以下罚金或者没收财产。但本案中伪造2000万元金融票证是否属于情节特别严重的情形，无明确法律依据；而根据《刑法》第266条的规定，诈骗公私财物数额特别巨大或者有其他特别严重情节的，处10年以上有期徒刑或者无期徒刑，并处罚金或者没收财产。且最高人民法院《关于审理诈骗案件具体应用法律若干问题的解释》第1条规定，诈骗数额达20万元，属诈骗数额特别巨大，所以应以诈骗罪这一重罪来定罪量刑。

本案中桑××不构成犯罪。本案有证据证明桑××主观上不具有虚报注册资本的故意，其是想通过向别人借款垫资的方式来获取工商登记，领取营业执照，其所追求的验资资金必须真实存在，2000万元是实资，而非虚资，至于其实际注册资本后是否又抽逃了出资，由于本案桑××只是具有抽逃出资的主观意图，实际并未发生抽逃出资的行为，所以也不可能构成抽逃出资罪。且被告人韩××在得知周×伪造金融票证后，没有将情况告知给桑××，所以桑××也不具有通过伪造金融票证来虚报注册资本的主观要件，根据主客观统一的犯罪构成原则，桑××不构成犯罪。

第三种意见认为，周×和韩××的行为属于虚报注册资本的间接正犯和诈骗的牵连，桑××不构成犯罪。理由是周×和韩××为取得桑××的20万元采用伪造金融票证等的方式提供虚假出资的证明材料，帮助桑××取得工商登记。从而使桑××在以为是真实注册资金的情况下取得了工商部门的登记，此案中周×和韩××的行为侵害了国家工商管理登记秩序，实际上是虚报注册资本的间接正犯，桑××只是陷于了认识错误才提供了虚假证明材料，取得了工商部门的有效注册。周×和韩××的最终目的是为骗得桑××的20万元,通过隐瞒真相使被害人桑××自愿地交出了20万元,其行为构成了诈骗罪。如果只认定为诈骗罪就忽略了周×和韩××对侵害工商登记管理秩序的评价,如果只认定为虚报注册资本的间接正犯就遗漏了对周×和韩××非法占有20万元的评价,所以说周×和韩××的行为是虚报注册资本和诈骗的牵连。根据《刑法》第158条的规定,虚报注册资本罪数额巨大,后果严重或者有其他严重情节的,处3年以下有期徒刑或者拘役,并处或者单处虚报注册资本金额1%以上5%以下罚金。而根据最高人民法院《关于审理诈骗案件具体应用法律若干问题的解释》第1条规定,诈骗数额达20万元,属诈骗数额特别巨大,处10年以上有期徒刑或者无期徒刑,并处罚金或者没收财产。所以应以诈骗罪这一重罪来定罪量刑。

桑××不构成犯罪,其是想通过借款垫资的方式来获取工商登记,其所追求的验资资金必须真实存在,2000万元是实资,而非虚资,桑××是被利用的工具,被诈骗的对象,所以桑××不构成犯罪。

对于上述三种意见,笔者同意第三种意见。

三、建议

笔者认为,以取财为目的,通过虚构事实真相来帮助虚报注册资本应如何定性是本案要解决的根本问题,要解决这一问题,需要分析诈骗和虚报注册资本牵连关系的认定问题。故建议:(1)在认定此罪与彼罪之间的牵连关系时,应从行为的根本目的出发,当行为人采用的手段是为了达成这一目的而实施的话,应认定这一系列行为是手段和目的的牵连,中间的过程不再单独评价。(2)建议在我国《刑法》第158条规定的"申请公司登记使用虚假证明文件或者采取其他欺诈手段虚报注册资本,欺骗公司登记主管部门,取得公司登记,虚报注册资本数额巨大、后果严重或者有其他严重情节的,处三年以下有期徒刑或者拘役,并处或者单处虚报注册资本金额百分之一以上百分之五以下罚金。单位犯前款罪的,对单位判处罚金,并对其直接负责的主管人员和其他直接责任人员,处三年以下有期徒刑或者拘役"后面加上"对于违反行政管理法律、法规的行为,应当依法向有关行政管理机关提出处理的司法建议"。(3)建议司法机关作出司法解释:"当申请人以外的行为人欺骗工商登记管理机关并为申请人提供了虚假出资的证明材料而使得申请人取得注册登记,而后该登记被撤销登记时,工商登记机关在此过程中对审核注册材料存在着过失,导致申请人取得了登记之后因该登记被撤销了而受到损失,那么登记机关应当依法对申请人给予相应的补偿。"（4）建议司法机关对伪造金融票证罪何种属于"情节特别严重"的情形，作出司法解释。

［作者：陈晓莉（1972—）女，汉族，江苏如东人，江苏省如东县人民检察院人民监督员办公室主任；徐健（1980—）男，汉族，江苏通州人，江苏省如东县人民检察院干部。］

典型类案 31 对销售双方明知不合格的产品能否认定生产、销售伪劣产品罪

司法实践中，对于生产、销售违反国家产品质量管理法规，在产品中掺杂、掺假、以假充真、以次充好或者以不合格产品冒充合格产品的行为，如果数量达到一定的标准，则构成生产、销售伪劣产品罪。这种情况往往仅限于一方明知该产品不符合国家标准而予以销售，然而一旦出现销售双方均明知该产品为不符合国家产品质量管理法规的规定而仍然予以销售的，是否能认定为生产、销售伪劣产品罪，在司法实践中则有较大的争议。究其原因，主要是因为《刑法》第140条和第149条未能很好地衔接，导致对于此种情况不能明确地予以处理。以下结合相关案例对此类情形进行分析和研究。

一、类案简介

黄某、李某于2006年1月上旬接孙某、施某电话，向其购20吨左右不合格钢筋混凝土用热轧带肋钢筋。1月11日，黄某等四人商定，每人出资15000元共同经营这笔业务，后租车到山东某地钢材市场以3450元/吨的单价购了规格为Φ10mm和Φ12mm的该种钢材20.54吨。1月14日晨，钢材运至江苏，黄某等四人以单价3750元/吨与孙某、施某、徐某商议成交后，黄某驾驶长安车载着孙某、施某、徐某在运送途中被查获，经检验，该钢材不符合GB1499—1998标准规定的要求，属不合格钢材。

二、本类案件的争议焦点

我们认为，此类案件的争议焦点就是：《中华人民共和国刑法》第140条规定，生产、销售伪劣产品罪，是指在产品中掺杂、掺假、以假充真、以次充好或者以不合格产品冒充合格产品，销售金额5万元以上的行为。对于该条款中以假充真，这个"充"字究竟是"冒充"的意思，还是仅指"代替"的意思，这将直接关系到销售双方明知不合格产品的行为是否构成犯罪，对此，相关的司法解释未予以明确，直接导致了此类案件的争议。

三、主要分歧意见与评析

第一种意见：销售者的行为应构成销售伪劣产品罪。理由：《中华人民共和国产品质量法》第26条第2款明确规定产品质量应当不存在危及人身、财产安全的不合理的危险，有保障身体健康和人身、财产安全的国家标准、行业标准的，应当符合该标准。钢筋混凝土用热轧带肋钢筋系强制性国家标准产品，质量不合格的严禁生产和销售，因而生产、销售该产品，一旦造成严重后果，即构成《刑法》第146条生产、销售不符合安全标准的产品罪。由于本案中并未造成严重后果，因而应依照《刑法》第149条第1款之规定以销售伪劣产品罪定罪处罚。

第二种意见：销售者的行为不构成犯罪。理由：在该销售行为发生之前，销售者与购买者之间均明确知道该钢材系不合格产品，从购买者的主观来看，也是需要购买该不合格产品，因而从主观方面而言，双方均明确该产品系不合格产品，也就不存在所谓的"以次充好，以不合格产品冒充合格产品"的问题，因为所谓的"以次充好"，必须是要有一个用次品的货物冒充正品的过程，所谓的"以不合格产品冒充合格产品"必须也要有一个冒充的过程，而此类案件中双方均明知该产品是不合格的产品，根本不存在冒充的过程，故不符合销售伪劣产品罪"以次充好或以不合格产品冒充合格产品"的特征。因此，在客观上行为人不具有刑法规定的销售伪劣产品的行为，在主观上行为人也没有以次充好或以不合格产品冒充合格产品的故意，因而不符合刑法规定的构成要件。根据罪刑法定原则，他们的行为不构成犯罪。

《中华人民共和国刑法》第140条规定："生产、销售伪劣产品罪，是指在产品中掺杂、掺假、以假充真、以次充好或者以不合格产品冒充合格产品，销售金额五万元以上的行为。"生产、销售伪劣产品罪所侵犯的客体是国家对产品质量的监督管理制度、市场管理制度和消费者的合法权益。该罪的犯罪对象是指在生产、销售领域中的质量低劣、不合格者失去了使用价值的商品。

从主观方面而言，要求是直接故意，即行为人必须明知是伪劣产品而予以生产或者销售。尤其对销售者来说，必须是在经销的产品中掺杂、掺假，故意以假充真，以次充好或者以不合格产品冒充合格产品而予以出售才构成销售伪劣产品罪。

该罪在客观方面表现为生产者、销售者在产品中掺杂、掺假、以假充真、以次充好或者以不合格产品冒充合格产品的行为。主要有四种表现形式：一是掺杂、掺假；二是以假充真；三是以次充好；四是以不合格产品冒充合格产品。如何准确认定这四种行为方式，根据2001年4月9日最高人民法院、最高人民检察院公布的《关于办理生产、销售伪劣商品刑事案件具体应用法律若干问题的解释》规定：所谓"在产品中掺杂、掺假"是指在产品中掺入杂质或者异物，致使产品质量不符合国家法律、法规或者产品明示的质量标准规定的质量要求，降低、失去应有使用性能的产品的行为。所谓"以假充真"，是指不具有某种使用性能的产品冒充具有该种使用性能的产品，或者以残次、废旧零配件组合、拼装后冒充正品或者新产品的行为，所谓"不合格产品"，是指不符合《中华人民共和国产品质量法》第26条第2款规定的质量要求的产品，即产品质量应当不存在危及人身、财产安全的不合理的危险，有保障身体健康和人身、财产安全的国家标准、行业标准的，应当符合该标准。钢筋混凝土用热轧带肋钢筋系强制性国家标准产品，质量不合格的严禁生产和销售。因而生产、销售该产品，一旦造成严重后果，即构成《刑法》第146条生产、销售不符合安全标准的产品罪。

然而，从犯罪的分类而言，《刑法》第146条规定的生产、销售不符合安全标准的产品罪属结果犯，也即必须造成严重后果才构成此罪。因而在没有造成严重后果的情况下，也即仅出现销售双方均明知不合格产品的情况下，还不能构成《刑法》第146条规定的生产、销售不符合安全标准的产品罪。

事实上，《刑法》第140条至第149条均属于生产、销售伪劣商品罪的章节，从立法技术上分析，生产、销售假药罪、劣药罪、不符合卫生标准的食品罪、生产、销售伪劣农药、兽药、化肥、种子罪等均属于特定的犯罪，很多都需要达到一定的危害后果。考虑到在有些情况下，虽然行为人实施了这些行为，但不一定直接造成后果，但该种行为同样侵害了社会主义市场经济秩序，也侵犯了人民群众的人身和财产权利，侵害了消费者的合法权益（当然，在双方明知系伪劣产品的情况下，不一定会直接侵害购买者的人身和财产权益，但有可能会侵害再购买者的相关权益）。正因为如此，刑法在立法过程中增设第149条，规定"不构成各该条规定的犯罪，但是销售金额在五万元以上的依照本法第一百四十条规定定罪处罚"，从本义上讲，该条款属兜底条款，也即只有在生产、销售不符合安全标准的产品但尚未造成严重后果，但销售金额在5万元以上时才应以《刑法》第140条规定定罪处罚。因而在销售双方均明知系不合格产品的情况下，如果该产品属国家强制性安全标准产品，且销售金额在5万元以上，则应对销售人员以《刑法》第140条的规定处理，即应构成销售伪劣产品罪。笔者同意第二种意见。

通过上面的分析，我们不难发现，产生本案争议的根本是《刑法》第140条在条文的表述上存在一定的缺憾，导致与《刑法》第149条不能很好地衔接。如果仅仅生产、销售了不合格产品,虽然该产品不符合保障人身、财产安全的国家标准、行业标准,但由于《刑法》第140条条款中明确规定只有在"以次充好或者以不合格产品冒充合格产品"的情况下方构成该罪。一方面是应处理,另一方面又无法套用相应的法条进行处理,导致司法实践中产生争议。

四、建议

《中华人民共和国刑法》第140条规定:生产者、销售者在产品中掺杂、掺假、以假充真、以次充好或者以不合格产品冒充合格产品,销售金额在5万元以上不满20万元,处2年以下有期徒刑或者拘役,并处或者单处销售金额50%以上2倍以下罚金;销售金额20万元以上不满50万元的,处2年以上7年以下有期徒刑;销售金额50万元以上不满200万元的,处7年以上有期徒刑,并处销售金额50%以上2倍以下罚金;销售金额200万元以上的,处15年有期徒刑或者无期徒刑,并处销售金额50%以上2倍以下罚金或者没收财产。

根据研究和分析,现提出如下法律修改意见:将该条款中"以不合格产品冒充合格产品"修改为"不符合保障人身、财产安全的国家标准、行业标准或者一般标准的产品"。

[作者:瞿忠(1968—),男,汉族,江苏南通人,江苏省启东市人民检察院党组书记、检察长。]

典型类案 32 生产、销售伪劣产品（烟草制品）罪的销售金额如何认定，"尚未销售"是否等同于未遂

我们在检察实践中发现，最高人民法院、最高人民检察院、公安部、国家烟草专卖局2003年12月23日《关于办理假冒伪劣烟草制品等刑事案件适用法律问题座谈会纪要》（以下简称《纪要》）的部分规定，在运用过程中矛盾较大，如司法实践中办理的袁某销售伪劣产品案在法律适用上存在较大分歧。笔者结合该案分析如下：

一、类案简介

被告人袁某，男，37岁，无业，曾因盗窃、诈骗犯罪被两次判处有期徒刑以上刑罚，2005年9月27日因涉嫌销售伪劣产品罪被刑事拘留，后改为取保候审。2005年11月9日某市人民法院以销售伪劣产品罪判处其拘役6个月缓刑1年；并处罚金人民币8万元。

被告人袁某于2005年5月以28000元人民币从福建人林某处购得假冒南京牌香烟22箱（计1100条），后因发现香烟不好，找林某交涉，由林某出面与乙县人金某谈妥价格，以其中假冒精品南京牌香烟每箱800元、特醇南京牌香烟每箱750元售给金某。2005年8月18日，被告人袁某由某市将所购假冒南京牌香烟中的20箱（精品599条、特醇401条）发往乙县，途经乙县开发区大桥附近时被烟草稽查人员查获。按照议定价格，袁某应得销售金额为1.5万余元。

某县质量技术监督局鉴定袁某所售香烟为假冒伪劣香烟。

某县价格认证中心所作的价格鉴定结论证明，2005年8月18日合格精品南京、特醇南京牌香烟的市场中等价格分别为每条190元和105元。按此价格计算，该假冒南京牌香烟（精品599条、特醇401条）的货值金额为15.59万余元。

二、本类案件的争议焦点

1. 《纪要》第 1 条第 1 项第 3 款中所称的伪劣产品销售金额的"标价"是指标价牌所标价格还是指交易双方商定的销售价？

2. 《纪要》第 1 条第 1 项第 3 款中所说的"伪劣烟草制品尚未销售"与"生产、销售伪劣产品未遂"是否属同一意义？

三、主要分歧意见与评析

第一种意见认为，被告人袁某的行为属于销售伪劣产品未遂，其行为依法不构成销售伪劣产品罪。理由：

1. 被告人袁某的行为属于销售伪劣产品未遂。因为处于销售过程之中，销售还未结束，由于其意志以外的原因被查处而销售未逞，应当认为是销售伪劣产品罪未遂。

2. 根据《纪要》第 1 条第 1 项第 3 款的有关规定，"伪劣烟草制品尚未销售，货值金额达到十五万元以上的，以销售伪劣产品（未遂）定罪处罚。货值金额以违法销售的伪劣产品的标价计算，没有标价的，按照同类合格产品的市场中间价格计算"。本案中，标价即是被告人袁某与金某谈妥的价格，因而本案货值金额为 1.5 万余元，未达到《纪要》规定的 15 万元的追诉起点标准。

第二种意见认为，被告人袁某的行为属于销售伪劣产品未遂，其行为构成销售伪劣产品罪。理由：

1. 被告人袁某的行为属于销售伪劣产品未遂。理由同前。

2. 根据《纪要》第 1 条第 1 项第 3 款的有关规定，伪劣烟草制品货值金额以违法销售的伪劣产品的标价计算，没有标价的，按照同类合格产品的市场中间价格计算。本案中，被告人袁某与金某谈妥的价格，并不是《纪要》所说的"标价"，因而应当按照同类合格产品的市场中间价格计算货值金额，根据价格鉴定结论，本案货值金额为 15.59 万余元，已达到《纪要》规定的 15 万元的追诉起点标准。事实上，伪劣产品在绝大多数零售情况下才有标价，此前的销售、贩卖过程中仅有买卖双方的议定价。这种议定价不应当认为是标价。因为如果认定为标价，往往会由于其议定价格比零售时的标价低得多（因为是伪劣产品），从而出现初始销售或贩卖者与零售者之间在销售相同数量伪劣产品时的货值金额差距相当大的情况，在处理结果上明显不一致，有失公平。

第三种意见认为，被告人袁某的行为属销售伪劣产品未遂，其行为依法不构成生产、销售伪劣产品罪。理由：

1. 被告人袁某的行为属于销售伪劣产品未遂。理由同前。

2. 根据《纪要》第1条第1项第3款的有关规定，"伪劣烟草制品尚未销售，货值金额达到十五万元以上的，以销售伪劣产品（未遂）定罪处罚"。被告人袁某的行为虽属销售伪劣产品未遂，即违法所得并未到手。但毕竟处于销售过程之中，其销售伪劣烟草制品已议定好销售价格与数量并已经开始发了货，不能认定为"尚未销售"，不属于"尚未销售"而按货值金额计算、以销售伪劣产品（未遂）定罪处罚的情况。其行为属于按照以销售金额计算、以销售伪劣产品（未遂）定罪处罚的情况。

3. 《纪要》第1条第1项第2款按照《刑法》第110条的规定，"生产、销售伪劣烟草制品，销售金额在五万元以上的，构成生产、销售伪劣产品罪"。《纪要》第1条第1项第3款根据2001年4月5日最高人民法院、最高人民检察院《关于办理生产、销售伪劣商品刑事案件具体应用法律问题的解释》的部分规定，"销售金额是指销售者出售伪劣烟草制品后所得和应得的全部违法收入"。由于本案被告人袁某销售伪劣烟草应得销售金额仅为1.5万余元，因此，达不到构成该罪的起点数额。

笔者同意第三种意见。

四、建议

笔者认为，上述分歧意见的产生，关键在于《纪要》的部分规定尚不完全明确，部分规定与司法实践中遇到的实际情况不相适应。虽然笔者同意第三种意见，但其矛盾或不利因素显而易见，不利于对越来越突出的制售假冒伪劣商品行为的打击。本案明显显示出《纪要》在司法实践中的一个矛盾或不利因素，即如果被告人袁某销售伪劣烟草制品的行为已经全部完成并取得销售收入，则按照纪要规定，应以销售金额计算犯罪数额，由于其违法所得收入为1.5万元，当然不构成犯罪；而同样的人同样的情况，如果其伪劣烟草制品尚未销售即被查处，则按照《纪要》规定，应以货值金额计算犯罪数额，由于货值金额达15.59万元，反而构成犯罪。很明显，同样价值的伪劣烟草制品已销售的行为，其社会危害性一定大于同样价值的伪劣烟草制品尚未销售的行为。《纪要》规定已销售的按照销售金额计算犯罪数额，尚未销售的按照货值金额计算犯罪数额，原本具有合理性，而且因为实践中伪劣烟草制品的销售金额远远小于同类合格产品的市场中间价格，《纪要》考虑了这一情况并对销售行为未完成的情况规定了3倍（15万元）于销售行为完成的情况的标准（5

万元)。但由于实践中其差距远大于3倍,如本案其价值差距达到10倍。因而,就出现了伪劣烟草制品已销售的而社会危害性又相对较大的行为不构成犯罪,而社会危害性相对较小的同样价值的伪劣烟草制品尚未销售的行为构成犯罪的现象,有违罪责刑相适应原则。

因此建议,对《纪要》中的部分规定予以修改。

1. 建议规定:生产、销售假冒伪劣烟草制品的,无论其已经销售还是尚未销售,应一律以货值金额计算犯罪数额。所得和应得的违法收入不宜作为定罪的依据,而应当对其规定一个幅度作为量刑的参考。

2. 建议规定:销售金额或货值金额一律以价格认证部门鉴定的合格同类产品的市场中间价格计算。

3. 建议明确:生产、销售假冒伪劣烟草制品的标价,就是仅指零售时的标价牌所标价格(如第二条建议被明确,此条建议可以不要)。

4. 建议进一步明确:生产、销售伪劣产品罪(未遂)不仅仅包括"尚未销售"的情况,还包括已经开始生产、销售伪劣烟草制品,和由于其意志以外的原因被查处而销售未遂的情况,以免对《纪要》所述的"尚未销售"在实践中认识不一或产生误解。

[作者:张毅(1963—),男,汉族,江苏南通人,江苏省南通市人民检察院研究室主任;张傲冬(1972—),女,汉族,河北唐山人,江苏省南通市人民检察院检察员、法律硕士;张日元(1955—),男,汉族,江苏宝应人,江苏省宝应县人民检察院研究室主任。]

典型类案 33 非法传销罪主体中的组织者或经营者如何界定

打击非法传销犯罪活动,对于维护社会主义市场经济秩序,维护消费者的合法权益,具有非常重要的意义。但非法传销活动的特殊性,决定了参与者颇为众多的现实性,也就形成了适用法律办理具体案件的复杂性。2005年11月1日起实施的国务院《禁止传销条例》第7条规定,组织者或者经营者实施了通过发展人员,要求被发展人员发展其他人员加入,对发展的人员以直接或者间接滚动发展的人员数量为依据计算给付报酬,牟取非法利益等三种规定情形之一的,属于传销行为。该法规第13条规定,工商行政管理部门查处传销行为,对涉嫌犯罪的,应当依法移送公安机关立案侦查。但是,司法实践中对于参与非法传销的所有上线行为人是否均属于组织者或经营者,存在较大的意见分歧。为正确适用法律办理非法传销案件,建议统一相关规定,以利于司法操作。为此,笔者提出如下研究意见及其建议。

一、类案简介

被告人潘某,男,1968年7月出生,因涉嫌非法经营罪,于2006年2月22日被依法逮捕。被告人王某,男,1973年8月出生,因涉嫌非法经营罪,于2005年7月14日被刑事拘留,同年8月19日变更为取保候审。被告人潘某于2004年10月至2005年8月期间,违反国家规定,通过认购保健品的方式,取得加入、发展他人加入销售网络的资格,通过发展人员并要求被发展人员发展其他人员加入,形成上下线关系,从而以下线的营销业绩计算和给付上线报酬,非法经营额达890余万元。被告人王某以认购商品的方式成为潘某组织的销售网络业务员后,又发展唐某、张某等人成为下线,唐、张二人再发展下线,销售潘某传销网络的商品,非法经营额达257万余元。本案中,被告人潘某在多地都发展了传销网络,参与者众多。被告人王某在某地发展的下线唐某、张某等人也发展了不少下线,仅参与传销者张某就在唐某处购买了7单商品,且开设了专卖店,成为该传销网络的骨干成员之一。林某经被告人王某宣传后也参与了传销,仅一次就携带44万余元购买了455单商品,一周后获返还款 20 万元，之后又陆续获得每月数千元返还款。

案件处理结果：检察机关以非法经营罪对被告人潘某、王某提起公诉，法院认定两被告人构成非法经营罪，分别判处有期徒刑 2 年，并处罚金人民币 10 万元和有期徒刑 1 年，缓刑 2 年，并处罚金人民币 6 万元。

二、本类案件的争议焦点

从上述案例中可以看出，在非法传销案件中，参与非法传销的组织者和经营者十分广泛。因此，在非法传销的宝塔式结构体系中，所有发展了下线人员的参与非法传销者，是否均符合非法传销犯罪的组织者或经营者主体身份，是本文讨论的争议焦点。

三、主要分歧意见与评析

本案办理过程中，对被告人潘某、王某的行为构成非法经营罪，应予依法惩处的意见一致。但是，对于潘某、王某发展的下线人员唐某、张某，以及唐某、张某又发展的下线，下线再发展的下线人员，是否也应认定为非法传销的组织者或经营者，以非法经营罪追究刑事责任，分歧意见较大。

第一种意见认为，只要是实施了符合国务院《禁止传销条例》第七条规定的传销行为，且非法经营额在 5 万元以上或违法所得在 1 万元以上的，均属非法传销构成非法经营罪的行为，应依法追究刑事责任。理由：

1. 国务院《禁止传销条例》颁布之前，国务院办公厅转发的国家工商局、公安部等部门关于严厉打击传销和变相传销等非法经营活动的意见就已经规定，对传销和变相传销情节严重涉嫌犯罪的，应按司法程序对组织者依照《刑法》第 225 条的有关规定处理。因此，凡是加入非法传销组织并积极发展传销下线，非法经营额或违法所得额达到法定标准的，都应依法惩处。只有这样，才能使积极参与非法传销犯罪的行为得到有效遏制，使非法传销犯罪的蔓延趋势得到有效遏制。

2. 所谓传销和变相传销的组织者，并不仅仅局限于传销和变相传销的策划和发起人，对于积极参与传销，并在由其实施的传销活动中起到组织作用的，也应认定为组织者予以追究。这是因为，非法传销犯罪的特点，决定了传销组织的逐步发展和扩大，是由除了策划人和发起人之外的一级又一级的下线的组织行为所促成的，没有这些下线的积极组织和发展下线行为，非法传销犯罪就不可能蔓延。

3. 国务院《禁止传销条例》不仅规定对实施了传销和变相传销行为的组织者应当依法处理，而且对于实施了传销和变相传销行为的经营者，也应依法处理。这一规定表明，在认定构成非法传销行为的主体范围上比以前有所扩大，也就是说，除了积极参与发展下线，通过自己的组织行为使非法传销队伍不断得到扩大者应当依法追究刑事责任之外，对于那些虽然没有发展下线，但积极销售传销商品，从事传销经营活动，经营额或违法所得额达到法定标准的，也应认定为犯罪行为，给予依法打击，司法实践中务必遵照执行。

第二种意见认为，对参与非法传销的行为追究刑事责任，应当区别对待，只有对那些在传销和变相传销活动中起到策划、发起和组织作用的组织者，以及以传销和变相传销为业的经营者，才能追究刑事责任。理由：

1. 从国务院1998年4月发布《关于禁止传销经营活动的通知》到2005年8月颁布《禁止传销条例》，都一直强调对传销和变相传销活动中的组织者必须坚持打击，表明在对象上必须从严掌握。《禁止传销条例》虽然在打击、处理的范围上，将"经营者"扩大为打击和处理对象，但并没有明确规定所有参与了非法传销的行为人都是组织者或经营者，都应当启动司法程序予以打击。尤其是在"经营者"的认定上，务必依法从严把握。只有那些确实是以经营传销商品为业，从中牟取暴利，坑害消费者，民愤很大的，才应以非法传销的"经营者"予以打击，而对那些受骗上当，误入非法传销队伍，自己购买传销商品后，因为吃了亏，又去骗人，企图挽回自己的损失，推销了一定传销商品的行为人，则应区别对待，不能滥施刑罚。

2. 实际生活中，传销和变相传销体系发展到一定规模时，参与者往往十分众多，范围会一层层地越扩越大，除最底层的参与者之外，一般都实施了发展他人参与传销网络的行为，其中非法经营额达到法定追究刑事责任标准的也不在少数，如果均以刑罚手段予以打击，势必造成打击面过宽的状况，不符合打击少数、教育多数的方针，也不利于社会的和谐与稳定。

四、建议

笔者认为，由于传销和变相传销活动中的参与者往往都比较多，严厉打击传销和变相传销，应当采取行政手段和法律手段并用，以行政手段，即工商行政处罚为主，以法律手段，即对情节严重者施以刑罚为辅的政策。因此，对因参与传销和变相传销而构成非法经营罪的主体范围，即传销和变相传销中的组织者、经营者，必须予以明确界定，以有效解决地区与地区之间适用法律上的差别，同时能够有效解决案件与案件之间在适用法律上的平衡问题，从而使罪该打击的都能得到及时有效的打击，防止执法标准上的不统一而产生不良影响，既防止放纵犯罪，又防止打击面过宽。根据传销和变相传销活动的实际状况，结合司法实践，建议通过司法解释，作出下列明确规定：

1. 下列人员为传销和变相传销活动的组织者：（1）策划、发起传销和变相传销活动的人员；（2）在组织实施传销和变相传销活动中担负上层领导、指挥作用的人员；（3）在传销和变相传销活动中担负片域组织领导作用的骨干人员。

2. 下列人员为传销和变相传销的经营者：（1）参与传销和变相传销，以发展传销下线销售传销商品，从中取得报酬，经营时间达6个月以上的人员；（2）开设传销商品专卖店，经营某一地区传销商品销售活动6个月以上的人员；（3）参与传销和变相传销，经营传销商品数额达20万元以上或违法所得2万元以上的人员；（4）在传销和变相传销活动中通过发展传销人员并以直接或间接滚动发展的人员数量为依据取得报酬，发展传销人员10人以上或取得报酬1万元以上的人员。

[作者：崔勇（1965—），男，汉族，江苏海门人，江苏省海安县人民检察院检察长。]

典型类案 34 对冒充他公司提起民事诉讼骗取法院执行款的行为能否以诈骗罪追究刑事责任

行为人以非法占有为目的,冒充债权人依法向人民法院请求实现其债权,与此同时还伪造了有关的印章和虚假的材料,最终通过法院的执行成功地骗取了原本不属于冒充者的"债款",对于这类行为应如何定性,能否以诈骗罪追究刑事责任,值得探讨。对于这个此类法律适用问题,我们拟通过下面这个真实案例的分析,提出研究意见。

一、类案简介

2003年4月至8月,被告人黄某某私刻了某市政公司公章、财务章及法人印鉴等印章,利用曾经在某市政公司担任法律顾问期间调查某机电公司欠某市政公司汽车租赁款的便利,伪造了某市政公司起诉状、法人授权委托书等虚假材料,以某市政公司诉讼代理人的名义向法院起诉某机电公司请求偿还汽车租赁债务。法院经判决并从某机电公司执行到偿还款30万元。同年9月,黄某某再次伪造了某市政公司介绍信、收据从法院冒领出转账30万元到某市政公司的支票,并用伪造的某市政公司印章在转账支票上背书将该款转至为转移赃款而专门设立的某小百货商店账户,分5次提出现金用于赌球,挥霍一空。

二、主要分歧意见与评析

第一种意见:黄某某行为侵犯的客体是双重客体,首先是司法机关正常的职能活动,其次才是公私财产所有权。黄某某冒充南通市某市政公司诉讼代理人所欺骗的并非是财产所有人,而是法院,法院为黄某某所具有的代理人的表象所迷惑,根据真实的债权债务关系,作出了执行被害人财产的判决。被害人财产的转移,并不是"自愿"的,而是迫于法院的判决和执行。因此,黄某某的行为实质上是对法院的诈骗。该行为无疑具有严重的社会危害性,但现行刑法中对这种行为无明确的规定。根据罪刑法定原则,此行为不构成诈骗罪。但黄某某为实施诉讼欺诈行为,伪造了公司的印章,应以伪造公司印章罪追究其刑事责任。

第二种意见：黄某某采取伪造公司印章编造虚假诉讼文书的手段欺骗法院，借助法院判决、执行，获得胜诉，并从法院冒领出真实的转账支票，用伪造的公司印章背书转款，非法取得财产，黄某某的行为应成立诈骗罪与伪造公司印章罪之牵连犯，根据牵连犯处置的原理，应当从一重罪处罚，即对黄某某应以诈骗罪论处。

第三种意见：黄某某以非法占有为目的，通过伪造公司印章编造虚假诉讼文书进行诉讼欺诈，并背书伪造法院开具的转账支票，冒领了执行款，其行为分别构成伪造金融票证罪与票据诈骗罪、伪造公司印章罪之牵连犯，按照牵连犯从一重罪处断原则，即以票据诈骗罪论处。

笔者同意第三种意见。在当前司法实践中，通过以伪造证据的方式起诉，骗取法院民事判决而非法占有他人财物的案件不断出现，且对该类案件应如何正确适用法律，争论比较大。笔者认为，对于诉讼诈骗行为的处理，不能一概而论，应具体案件具体分析。就本案而言，与大部分利用伪造欠款条、合同等虚构债权债务关系进行诉讼欺诈不同的是，本案民事主体双方——某市政公司和某机电公司之间的债权债务是客观真实存在的，黄某某所伪造的是民事主体身份方面的证据，也就是冒充某市政公司身份进行诉讼欺诈。

从表面上看，本案黄某某以非法占有为目的，通过私刻某市政公司印章，虚构了其作为某市政公司诉讼代理人的身份，骗取了法院民事判决从而获取某机电公司财产，其行为虽然侵害了正常的民事诉讼秩序和公私财产所有权，但被骗人是法院，受害人是上海某机电公司，被骗人与受害人相分离，根据我国目前刑法理论，诈骗犯罪的被骗人和受害人应当一致，因此不宜以诈骗罪对黄某某定罪处罚，而只能以伪造公司印章罪论处。

但我们对本案作深入分析，不难看出黄某某虽然虚构了某市政公司诉讼代理人的身份，骗取了法院的判决，但真正胜诉的不是黄某某本人，而是某市政公司，即虽然黄某某虚构了其作为合法代理人的事实，但被代理人如果知道并且主张权利，那么，他是能获得这一执行的财产利益的。同时，法院支付执行款只能是付给某市政公司，黄某某要拿到这笔钱，只有在法院开出的转账支票上做文章。法院开出的又是真实的转账支票，黄某某再次利用其私刻的公章，在转账支票上背书转款从而取出现金占为己有。根据票据法理论，伪造背书签名属伪造金融票据。票据的伪造是指行为人以取得票据权利为目的，以他人名义在真实票据上或在非法制造的票据上签章，为票据行为的行为。伪造票据包括伪造票据本身和伪造票据签名。伪造票据签名是指假冒他人名义而为出票以外的票据行为，是对已经存在的票据实施伪造签名的行为，如假冒他人名义而签名背书、承兑或者保证。背书是持票人为了实现转让票据权利和其他目的，在票据背面其粘单上所为的一种附属的票据行为。背书具有权利移转效力，背书人通过背书将自己享有的票据权利转移给被背书人。而假冒签名背书就是假冒背书人的名义，在票据背面或者粘单上进行非法记载，并且假冒背书人的签章。这种伪造的票据仍然是真正的票据。根据《刑法》第177条之规定，本案黄某某伪造某市政公司印章在法院开具的真实的支票上进行假冒签名背书，属于伪造金融票证罪客观方面四种行为方式中的第一种行为方式即"伪造汇票、本票、支票的"，因此，黄某某的行为构成伪造金融票证罪。黄某某伪造金融票证后，又使用，构成伪造金融票证罪与票据诈骗罪之牵连犯。票据诈骗罪是指行为人明知是瑕疵票据而使用、签发价值基础不真实的票据或者冒用他人票据，进行诈骗活动，数额较大的行为。根据《刑法》第194条之规定，黄某某将伪造背书签名的转账支票投入银行，使银行发生认识错误，自动地向黄某某指定的为转移赃款而专门设立的某小百货商店交付数额特别巨大的资金，黄某某的行为符合票据诈骗罪客观方面四种行为方式中的第一种行为方式即"明知是伪造、变造的汇票、本票、支票而使用的"。刑法没有规定对此实行数罪并罚，应当按照牵连犯从一重罪处断原则，票据诈骗罪数额特别巨大是10万元以上，处10年以上有期徒刑或者无期徒刑，而伪造金融票证罪要情节特别严重，才处10年以上有期徒刑或者无期徒刑，因此，对黄某某应按票据诈骗罪定罪处罚。

综上所述，以非法占有为目的，通过伪造证据骗取法院民事判决从而占有他人财物的诉讼欺诈行为，根据我国现有刑法理论和罪刑法定原则，不宜以诈骗罪追究刑事责任，但行为人在实施诉讼欺诈过程中，其手段行为或目的的行为又触犯了我国刑法规定的其他罪名，应根据所触犯的罪名，按照牵连犯从一重罪处断原则定罪处罚。

三、建议

随着法律知识的普及和公民通过诉讼获取权利的意识的觉醒，越来越多的个人和单位选择通过民事诉讼的手段来解决债务纠纷以及其他民事纠纷。但在这中间，一些不法分子通过以伪造、变造证据的方式起诉，意图骗取法院民事判决而非法占有他人财物的案件不断出现，对该类案件应如何正确适用法律，争论比较大。虽然根据刑法的谦抑原则，只有当其他法律不能调整某一社会关系时，才应由刑法来加以调整，也即如果欺诈的数额不大，被害人能够及时发现并挽回损失，则应将此类行为作一般民事欺诈处理。但是目前此类犯罪有犯罪数额大额化、犯罪手段隐蔽化等鲜明的趋势，上述案例就是一个典型的例子。对于这种侵犯多重法益、造成重大社会危害的诈骗行为如果不能加以统一的惩处，不利于社会的安定和司法秩序的稳定。

建议：最高人民检察院关于此类犯罪作出明确的司法解释："通过伪造证据骗取法院民事判决从而占有他人财物的诉讼欺诈行为，不宜以诈骗罪追究刑事责任，但行为人在实施诉讼欺诈过程中，其手段行为或目的行为又触犯了刑法规定的其他罪名，应根据所触犯的罪名，按照牵连犯从一重罪处断原则定罪处罚。"以便于基层检察院在办案过程中把握执法尺度，保证不枉不纵。

[作者：范道凯（1976—），男，汉族，江苏南通人，江苏省南通市崇川区人民检察院检察员；王志刚（1952—），男，汉族，江苏南通人，江苏省南通市崇川区人民检察院检察员。]

典型类案 35 捡拾他人信用卡并在 ATM 柜员机上使用的行为如何定性

在司法实践中，经常发生行为人捡拾他人信用卡后在 ATM 柜员机上进行使用的案例，对此类案件如何定性和处理，存在较大的分歧，需要相关的司法解释对此作出明确的规定。

一、类案简介

犯罪嫌疑人申某于 2006 年 11 月 2 日 19 时许，到某银行开发区支行柜员机准备取款时，发现前面取款的被害人陈某将其银行信用卡遗留在柜员机内（已处于输入密码后的操作状态），经查询，得知该卡内存有人民币 8000 余元。犯罪嫌疑人申某通过操作柜员机从该卡中取款人民币 4000 元，并在修改密码后将卡拿走。后犯罪嫌疑人申某先后于同年 11 月 3 日、11 月 5 日、11 月 12 日、11 月 13 日，先后 4 次持该卡到交通银行开发区支行柜员机和工商银行开发区支行柜员机共取款 4700 元。犯罪嫌疑人申某冒用被害人陈某的信用卡，共计取款人民币 8700 元。

案件最终处理结果：该案移送审查起诉后，检察机关认为犯罪嫌疑人申某构成盗窃罪，鉴于其系未成年人，且犯罪情节轻微，认罪态度较好，故对其作了相对不诉处理。

二、本类案件的争议焦点

本案争议焦点是捡拾他人信用卡并在 ATM 柜员机上使用的行为如何定性。

三、主要分歧意见与评析

第一种意见：申某构成盗窃罪。理由：信用卡只是一种金融工具，它并非等同于现金本身。行为人通过捡拾获得他人信用卡，再从柜员机上提出现金使用，就好像获得一把开门的钥匙后，利用这把钥匙打开门将财物取走。由于主观上行为人具有非法占有的目的，客观上采用不为财物所有人所知的秘密窃取方法，且窃取现金数额较大，因而应构成盗窃罪。

第二种意见：申某不构成犯罪。理由：捡拾他人信用卡并在 ATM 柜员机上使用的，等于获得了信用卡内资金的使用权，这与拾得他人活期存折而取款的行为性质相同，而与秘密窃取有着很大区别。行为人使用拾得的信用卡时，其使用的信用卡和密码都是真实的信息，付款人依据真实信息付款，对银行不存在欺骗的内容；对失主来说，也不存在被盗窃的情形。因此，对申某不宜以犯罪论处；如申某拒不退还，可以侵占罪论处。

第三种意见：申某构成信用卡诈骗罪。理由：捡拾他人信用卡并在 ATM 柜员机上使用的，属于《刑法》第 196 条第 2 款第 3 项规定的"冒用他人信用卡"的行为，因此该行为应认定为信用卡诈骗罪。

我们认为：

1. 捡拾他人信用卡并在 ATM 柜员机上使用的不构成侵占罪。

构成侵占罪说的理由或逻辑推理大致如下：信用卡属于遗忘物；侵占信用卡等同于侵占财物；侵占信用卡是主行为，使用信用卡是侵占信用卡的后续行为，应按主行为认定行为性质；既然盗窃信用卡并使用的成立盗窃罪，那么，侵占信用卡并使用的当然成立侵占罪。但上述观点存在以下疑问：

（1）虽然行为人对信用卡本身实施了侵占行为，但这并不意味着行为人对信用卡所记载的财产也实施了侵占行为。换言之，信用卡本身不等于财产、不同于金钱，也不同于记名、不挂失的定额支票，捡拾了信用卡并不等同于捡拾了信用卡记载的现金。因为如果行为人捡拾信用卡后并不使用，就不可能导致他人财产损失；而将捡拾的金钱、不记名、不挂失的定额支票据为己有后，即使不使用也导致他人财产损失。因此，侵占信用卡并不等同于侵占信用记载的财物。既然如此，就不能仅以行为人侵占了信用卡为由，认定侵占罪。

（2）所谓侵占信用卡是主行为，使用信用卡是从行为或是侵占信用卡的后续行为的说法，不符合客观事实。侵占信用卡并使用的，不属于吸收犯（因为捡拾信用卡本身并不成立犯罪，而且不存在吸收犯的前行为与后行为的必然联系），以所谓主行为吸收从行为来确定犯罪性质缺乏根据。侵占罪说实际上将前行为视为主行为，将后行为视为从行为。可是，就捡拾信用卡并在 ATM 柜员机上使用的情形而言，对法益侵害起决定性作用的是在 ATM 柜员机上使用信用卡的行为，而不是捡拾信用卡的行为，因为捡拾信用卡的前行为并不能直接造成法益侵害结果，只有使用信用卡才能直接造成他人财产损失。既然如此，就不能认为捡拾行为是主行为，使用行为是侵占的后续行为。应当认为，使用行为是实行行为，捡拾行为充其量只是预备行为（甚至不算预备行为）。不能以预备行为的性质决定实行行为的性质，从而认定其行为构成侵占罪。

2. 捡拾他人信用卡并在 ATM 柜员机上使用的不构成盗窃罪。

盗窃罪在客观方面表现为行为人实施了秘密窃取数额较大的公私财物的行为。秘密窃取是指行为人采用自以为不使财物所有人、保管人发觉的方法占有他人财物。捡拾他人信用卡并在 ATM 柜员机上使用的不构成盗窃罪。

（1）认定为盗窃罪不能完全反映行为整体。捡拾信用卡并使用的行为从整体上看是一个采用非法手段占有他人财产的过程，具体看来，是由捡拾他人的信用卡和冒用他人的信用卡两部分组成。无论是盗窃罪还是诈骗罪，它们都是财产性犯罪，非法取得他人的财产是该类犯罪评价的重点。在捡拾他人信用卡并在 ATM 柜员机上使用行为的两部分中，取得财产的是冒用行为而非盗窃行为，定为盗窃罪无法反映行为人取得财产的冒用行为特征。

（2）捡拾他人信用卡并在 ATM 柜员机上使用的行为不符合盗窃罪的客观要件。盗窃罪在客观方面表现为行为人实施了秘密窃取数额较大的公私财物的行为。秘密窃取是指行为人采用自以为不使财物所有人、保管人发觉的方法占有他人财物。捡拾信用卡的行为当然不具有秘密性，即便是冒用他人信用卡的行为，也不具有秘密性。当行为人捡拾他人信用卡后，从财产关系上看，此时信用卡上钱款的所有人为被害人，保管人则为银行。在冒用信用卡的过程中，从主观上讲，行为人不具有自认为钱款保管人银行没有发现其不法占有的心理，从客观上讲，钱款保管人银行也明知行为人取款的过程，因而，冒用他人信用卡的行为也不具有秘密性。

3. 捡拾他人信用卡并在 ATM 柜员机上使用的构成信用卡诈骗罪。

《刑法》第 196 条规定了冒用他人信用卡的行为属于信用卡诈骗的行为，须具备以下几个要件：（1）这里的信用卡即为全国人大常委会《关于〈中华人民共和国刑法〉有关信用卡规定的解释》中规定的信用卡；（2）行为人实施了冒用信用卡的行为。中国人民银行《信用卡业务管理办法》第 36 条规定：信用卡仅限于合法持卡人本人使用，持卡人不得出租或转借信用卡及其账户。信用卡必须由持卡人本人使用，这是信用卡使用过程中所遵循的一项准则。冒用他人的信用卡是指非合法持卡人以持卡人的名义使用持卡人的信用卡骗取财物的行为。需要说明的是，只要行为人主观上具有冒用的意思，客观上实施了"未经持卡人的同意或授权"以及"以持卡人的名义"使用的，就属于"冒用"。这里的"使用"是指按信用卡通常的使用方式使用，包括用信用卡在特约商户购买商品、在银行或者自动取款机上取现以及接受信用卡进行支付结算的各种服务。这里的"骗取"，是指财物所有人、保管人基于对信用卡持有人身份、信息的错误认识而自愿交出财物的行为。

行为人捡拾他人信用卡后或者通过猜配获得密码，或者直接捡拾被害人遗忘在 ATM 柜员机上且处于无密码状态的信用卡，单就信用卡本身来说是遗忘物应该是不存在争议的，但是此时获得信用卡并不等于获得了信用卡上的资金，因为信用卡与财产虽具有一定的联系，但信用卡只是记载财产内容的一种载体，其本身并不等于是财产，如果要转化为财产必须有兑现的过程。正如司法实践中，对于盗窃信用卡并加以使用的，以盗窃罪论，而认定盗窃的数额则是以行为人实际占有使用的数额作为依据，并非是以信用卡上存在的数额作为标准，可见信用卡与财产不能完全等同。行为人捡拾他人信用卡后在柜员机上使用的行为，其实质是行为人在未经信用卡合法持卡人同意或授权的情况下，冒充合法持卡人的身份使用信用卡，作为银行服务延伸的柜员机在识别信用卡信息及密码等身份后，误将行为人当做信用卡的合法持有者而予以兑现钱款的行为。有人认为，作为机器的 ATM 柜员机不可能被"骗"。我们认为，ATM 柜员机内的程序系人为编制，正是在这种程序控制下，柜员机才能识别持卡人的身份并兑现钱款，这种程序控制，正体现了人的意识。因此，使 ATM 柜员机误认身份的行为正是一种欺骗手段。

基于上述分析，我们认为，捡拾他人信用卡并在 ATM 柜员机上使用的完全符合信用卡诈骗罪的构成要件，应认定为信用卡诈骗罪。故笔者同意第三种意见。

四、建议

笔者建议最高人民法院、最高人民检察院在诈骗犯罪的相关司法解释中明确："捡拾他人信用卡并在 ATM 柜员机上使用的构成信用卡诈骗罪。"

[作者：高传果（1963—），男，汉族，江苏南通人，江苏省南通市人民检察院研究室干部；张达伟（1975—），男，汉族，江苏南通人，江苏省南通市开发区人民检察院办公室主任；朱砺（1962—），男，汉族，江苏南通人，江苏省南通市法学会刑法刑诉法研究会副会长、南通瑞慈律师事务所主任。]

典型类案 36　利用假身份证挂失补办新卡后取走信用卡中余额的行为如何定性

我们在办案中遇到行为人偷记信用卡号和身份证号码,并利用假身份证补办新卡的案件,对此种行为如何适用法律,实践中颇有争议。现将某案例简述如下,并进行分析,以研究时作为参考。

一、类案简介

2006年7月某日,犯罪嫌疑人方某到老乡付某的暂住地玩,听付某讲"我卡里有7000多元",遂暗中记住付某手中把玩的信用卡卡号,回到自己暂住地后写在一张纸上;2006年8月某日,方某陪付某妻子寄钱,付某妻子以丈夫名义寄钱时,填错了单子,方某见单子上面有付某的身份证号码,就偷偷放进自己口袋带回暂住地;2006年12月份某日,方某到外地用付某的身份资料办了张假身份证,次日就持假身份证和付某银行卡号到银行办理该卡的挂失,并在当日取得了补办的卡,3日后取得了新卡的密码。方某分5次从ATM柜员机上把卡里的7000元钱取出来用于开销。

二、主要分歧意见与评析

本案中对方某的行为如何定性,司法实践中主要存在以下三种分歧意见:

第一种意见认为,方某的行为构成盗窃罪。

盗窃罪是指以非法占有为目的,秘密窃取数额较大的公私财物或者多次秘密窃取公私财物的行为。其主观方面为直接故意,且具有非法占有的目的;在客观方面表现为行为人有秘密窃取数额较大的公私财物或者多次秘密窃取公私财物的行为。本案中,主观方面,方某听付某讲其卡里有7000元钱后,即偷偷记下卡号,此时方某就有了非法占有付某卡里钱的故意;客观方面,方某用秘密的方式获得了付某的卡号和身份证号码,利用这两个号码在银行办理挂失业务,取走卡中的金钱。方某此种盗窃信用卡并使用的行为应认定为盗窃罪。

第二种意见认为,方某的行为构成信用卡诈骗罪。

首先,方某的行为不应构成诈骗罪。诈骗罪侵犯的客体是公私财物所有权,诈骗罪侵犯的对象,仅限于国家、集体或个人的财物,是单一的,而不是骗取其他非法利益,本案中方某分5次从ATM柜员机上把卡里的7000元钱取出用于开销的行为实质上是冒用他人信用卡的行为,不仅侵犯财产权,而且还侵犯了金融管理秩序。因而其行为不构成诈骗罪。

其次,信用卡诈骗罪是指以非法占有为目的,违反信用卡管理法规,利用信用卡进行诈骗活动,骗取财物数额较大的行为。本罪侵犯的客体,是双重客体,既侵犯了公私财产的所有权,又侵犯了国家的金融管理制度。犯罪对象是信用卡。信用卡是银行或者信用卡公司发给用户(包括单位和个人)用于购买商品、取得服务或者提取现金的信用凭证。全国人民代表大会常务委员会于2004年12月29日通过了《关于〈中华人民共和国刑法〉有关信用卡规定的解释》,规定:"刑法规定的信用卡,是指由商业银行或者其他金融机构发行的具有消费支付、信用贷款、转账结算、存取现金等全部功能或部分功能的电子支付卡。"也即刑法意义上的信用卡包括金融术语意义上的信用卡和借记卡。本案中付某的银行卡是中国农业银行的金惠通宝卡,是借记卡的一种,应此属于刑法意义上的信用卡。信用卡诈骗罪在客观上表现为使用伪造、作废的信用卡,或者冒用他人信用卡,或者利用信用卡恶意透支,诈骗公私财物较大的行为。所谓冒用他人的信用卡,是指非持卡人以持卡人的名义使用持卡人的信用卡而骗取财物的行为。如使用捡得的信用卡的;未经持卡人同意,使用替持卡人代为保管的信用卡进行消费的;等等。本案中方某利用其伪造的付某的身份证,将付某的借记卡挂失,补办了新卡,此新卡从法律意义上来说还是属于付某的。其后方某用信用卡分5次从ATM柜员机上把付某卡里的7000元钱取出的行为属于冒用他人信用卡的行为,因此应定信用卡诈骗罪。

第三种意见认为,方某的行为构成诈骗罪。

诈骗罪是指以非法占有为目的,用虚构事实或隐瞒真相的方法,骗取数额较大的公私财物的行为。诈骗罪在客观方面表现为以虚构事实或者隐瞒真相的欺骗方法,使财物所有人、管理人产生错觉,信以为真,从而似乎"自愿地"交出财物。所谓虚构事实,就是指捏造不存在的事实,骗取被害人的信任,虚构的事实可以是部分虚构,也可以是全部虚构。所谓隐瞒真相,就是对被害人掩盖客观存在的某种事实,以此哄骗被害人,使其交出财物。在上述情况下,被害人由于受骗,不了解事实真相,表面上看像是"自愿地"交出财物,实质上是违反其本意的。在主观方面表现为直接故意,并且具有非法占有公私财物的目的。本案中方某隐瞒了付某借记卡没有丢失的真相、隐瞒其不是付某的真相,骗取银行的信任,领取了付某的卡,非法占有了付某的钱款,对方某的行为应认定为诈骗罪。

笔者倾向于第三种意见，根据现行刑法，方某的行为构成诈骗罪。

首先，方某的行为不构成盗窃罪。《刑法》第 196 条第 3 款规定：盗窃信用卡并使用的，依照本法第 264 条的规定定罪处罚。本案方某获得信用卡的方式比较特殊，在知道银行卡号和身份证号后，利用假身份证补办新卡，这样的方式虽然是付某所不知道的，方某也是秘密进行的，但这不是盗窃行为，而是隐瞒事实真相的诈骗行为。

其次，根据现行刑法，方某的行为不构成信用卡诈骗罪，而是构成诈骗罪。

本案中方某的行为实际上是一种骗领信用卡的行为。骗领信用卡是指伪造虚假的申请领取信用卡的条件，骗取发卡银行发放信用卡后进行透支消费等的行为。骗领信用卡有多种表现方式，其骗领的持卡人的名义有多种，可以是其虚构的根本不存在的，可以是真实存在的其他人。如有的行为人虚构持卡人名义，制作相应的虚假身份证件，骗取信用卡。此时，由于名义上的所谓"持卡人"根本不存在，即使该信用卡发生了巨额透支，银行也根本无从查证，更无法挽回经济损失；有的行为人冒用他人名义以及身份证件，冒领信用卡，致使他人为其承担恶意透支责任或者造成他人财产损失，本案中方某的行为即是此种。

刑法对骗领信用卡的行为如何定性没有明确规定，司法实践中颇有争议。有的意见认为，由于法无明文规定，对这种行为不应定罪处罚，然而这种行为的社会危害性是显而易见的，不定罪处罚有失法律的公允。也有意见认为，应当按照恶意透支的行为进行定罪处罚，此时从表面上看似乎是解决了定性问题，但却属于"名不副实"。恶意透支的构成要件之一就是信用卡的持卡人必须是合法持卡人，而骗领信用卡的持卡人不是合法持卡人，因此恶意透支的行为也不宜以信用卡诈骗罪定罪处罚。还有意见认为，可以将这种行为视为冒用他人信用卡的行为予以处罚。但是刑法规定的他人的信用卡应当是他人合法申领的信用卡，因而也不宜以冒用他人信用卡的行为进行处理。

本案中，方某用付某的身份资料办了张假身份证，并持假身份证和付某银行卡号到银行办理付某信用卡的挂失，从而取得了补办的卡，由于此卡的办理没有体现付某的真实意志，因而尽管方某骗领的卡也是发卡银行发放的真实信用卡，但它不是付某合法申领的信用卡，从法律意义上来看不是付某的卡，所以不能视为"他人的信用卡"，因而方某的行为不构成信用卡诈骗罪。

鉴于这种犯罪行为隐蔽性强、社会危害性大等特点，在信用卡诈骗罪刑法条文没有增加的情形下，笔者认为可以依照《刑法》第266条的规定，以诈骗罪定罪处罚。本案中方某利用假身份证谎称信用卡丢失，从而欺骗银行为其补办了信用卡，获得了密码，这些都是隐瞒真相的行为；银行也因而在不了解真相的情况下"自愿"将付某的7000元交给了方某；主观上方某具有非法占有付某钱财的目的，符合诈骗罪的主观特征。综上，根据现行刑法，对方某的行为应认定为诈骗罪。

三、建议

笔者建议：对《刑法》第196条进行修改，对信用卡诈骗的行为方式增加一款，对骗领信用卡的，以信用卡诈骗罪定罪处罚。

[作者：李鸣（1968—），女，汉族，江苏如东人，江苏省南通市人民检察院侦监处副处长；钱建明（1957—），男，汉族，江苏南通人，江苏省南通市人民检察院行装处干部；张日元（1955—），男，汉族，江苏宝应人，江苏省宝应县人民检察院研究室主任。]

典型类案 37 介绍他人开具抵扣税款专用发票但数量或者金额是否存在不实情况无法确定的行为如何定性

根据最高人民法院《关于适用〈全国人民代表大会常务委员会关于惩治虚开、伪造和非法出售增值税专用发票犯罪的决定〉的若干问题的解释》的规定，行为人介绍虚开抵扣税款的增值税发票，构成虚开增值税发票罪。但是对于该解释中关于数量或金额是否存在"不实"的情况的认识，司法实践中存在不同意见。实践中经常有这样的情况，即侦查机关查明犯罪嫌疑人介绍他人开具抵扣税款专用发票，但是却无法证明发票数量或者金额不实，导致的问题就是对于这类行为应如何定性产生疑难。现行司法解释的规定存在不明确的地方，也使在实际办案中产生诸多分歧。

笔者曾多次在办案中遇到这一情况，现列出其中几例试作研究分析，以期对这一问题提出确当的建议。

一、类案简介

案例1：2004年9月至2005年10月，犯罪嫌疑人张某某在为某某纺织品经贸公司带账期间，为该公司以及某某化工公司、某某辅料厂、某某纺织厂、某某针织外贸公司等5家单位从某某货运配载信息中心某服务部钱某某处（已判刑），以支付票面金额4.5%—4.7%开票费的手段，取得非法制造的假运输发票31张，发票金额886520元，再将开票费加至5.2%—5.6%，向5家单位收取开票费。5家单位均于当期按7%的税率抵扣税款62056.40元。案发后，犯罪嫌疑人张某某供述其是某某纺织品经贸公司、某某化工公司的带账会计，该2家公司的运输业务是真实的；另3家某某辅料厂、某某纺织厂、某某针织外贸公司的负责人都是其原单位的老同事，确实不知该3家公司的运输业务的发生情况，运输发票上的内容都是5家公司的负责人事先告诉的。而5家公司的负责人均坚称发票上的运输业务都是真实的。经退回公安机关补充侦查，仍然没有收集到证明运输发票上的业务虚假的证据，即仍然不能排除运输发票上的业务的真实性。另外，根据钱某某供述以及其他证据证实，犯罪嫌疑人张某某并不知道钱某某所提供的运输发票为假票。

案例2：2006年5月至2007年3月，犯罪嫌疑人季某某在为某某运输物流公司带账期间，为该公司以及某某橡胶厂、某某纺织厂、某某超市等4家单位从广东人李某某处（在逃），以支付票面金额4.3%—4.6%开票费的手段，取得非法制造的假运输发票42张，发票所记载的交易内容，均系由犯罪嫌疑人季某某向李某某提供，再由李某某开出的，发票金额783510元。季某某拿到发票后，再将开票费加至5%—5.5%，向4家单位收取开票费。4家单位均于当期按7%的税率抵扣税款54460.40元。案发后，犯罪嫌疑人季某某供述其是某某运输物流公司带账会计，该家公司的运输业务是真实的；另3家：某某橡胶厂、某某纺织厂、某某超市都是其带账的物流公司的客户，但是季某某本人称，其本人确实不知该3家公司的运输业务的发生情况，而4家公司的负责人均坚称发票上的运输业务都是真实的。同时，根据犯罪嫌疑人季某某的供述，其并不知道钱某某所提供的运输发票为假票。退回公安机关补充侦查后，仍然没有收集到证明运输发票上的业务虚假的证据，即仍然不能排除运输发票上的业务的真实性。

二、主要分歧意见与评析

第一种意见：虚开用于抵扣税款发票罪的主体应为虚开人，犯罪嫌疑人张某某等人作为开票人和受票人之间的中间人，并不符合虚开抵扣税款发票罪的主体要件，所以犯罪嫌疑人张某某的行为不构成犯罪。

第二种意见：根据最高人民法院《关于适用〈全国人民代表大会常务委员会关于惩治虚开、伪造和非法出售增值税专用发票犯罪的决定〉的若干问题的解释》（以下简称《解释》）第1条的规定，具有下列行为之一的，属于虚开增值税专用发票：（1）没有货物购销或者没有提供或接受应税劳务而为他人、为自己、让他人为自己、介绍他人虚开增值税专用发票；（2）有货物购销或者提供或接受了应税劳务，但为他人、为自己、让他人为自己、介绍他人开具数量或者金额不实的增值税专用发票；（3）进行了实际经营活动，但让他人为自己代开增值税专用发票。由此可见，介绍人如果具备上述第1、2两种情形之一的，应当以虚开增值税专用发票罪定罪。犯罪嫌疑人张某某等人作为中间人，仍然可以成为虚开抵扣税款发票罪的主体，所以第一种意见是不正确的。根据《解释》的规定，介绍他人开具抵扣税款发票本身并不构成犯罪，只有具有数量或者金额不实的情况，进而有骗取国家税款的可能性才能认定为虚开抵扣税款发票。因此，如何查实发票数量或金额与实际交易存在不一致就成为定罪的关键。本案中，由于未能收集到证明运输发票上的业务虚假的证据，即仍然不能排除运输发票上的业务的真实性，基于"疑罪从无"的原则和"疑点利益归于犯罪嫌疑人"的精神，我们认为应对犯罪嫌疑人张某某等人作存疑不起诉处理。

第三种意见：虚开抵扣税款发票罪属于抽象的危险犯，司法机关应以一般的经济运行方式为依据，判断其是否具有骗取国家税款的可能性，如果确实具有会造成国家税款流失的可能性，则应认定构成本罪。目前，根据现有证据虽然无法查清5家单位是否存在虚报业务的情况，但从通常的经济运行方式来分析，犯罪嫌疑人张某某等人的行为仍足以对国家税款的流失造成危险。上海市高级人民法院2006年7月25日作出的《关于办理虚开抵扣税款发票刑事案件适用法律问题的解答》规定："运输企业以收取开票费为目的，非法为其他运输从业者代开货运发票或联运发票，但因要求代开票的其他运输从业者下落不明或者主体消亡而不能排除该其他运输从业者实际未提供运输劳务的案件，运输企业代开货运发票或联运发票行为构成犯罪的，也应当适用刑法二百零五条的规定以虚开抵扣税款发票罪论处……对被告人量刑时应当酌情从轻处罚。"因此，我们可以参考上海市的上述规定，对犯罪嫌疑人张某某等人作相对不起诉处理。

笔者同意第二种意见。但第三种意见从是否具有骗取国家税款的可能性角度，以一般的经济运行方式为依据，判断行为是否构成本罪，从法理上分析也是有一定道理的。第一，根据财政部《发票管理办法》以及国家税务总局《发票管理办法实施细则》等的规定，发票仅限于领购单位和个人因销售商品、提供劳务以及从事其他经营活动而收取款项时向付款人开具，任何单位和个人不得为他人带开。犯罪嫌疑人张某某介绍他人开具发票，其行为本质就是一种违反了发票管理规定的行为，危害了国家的抵扣税款发票管理制度；第二，犯罪嫌疑人张某某等人介绍他人开具抵扣税款发票，具有谋取非法的开票费差价利益而不计受票者偷逃国家税款、骗取国家税款的主观故意，其行为处于虚开抵扣税款发票，逃避、骗取国家税款类犯罪活动的源头地位，社会危害性较大，有必要从严规制以虚开抵扣税款发票罪论处；第三，由于证据上存有瑕疵而不能排除运输发票上的业务的真实性，理应适当从轻或者减轻处罚进行调适。

为他人代开抵扣税款的专用发票的行为在现实生活中较为普遍，而侦查机关在侦查中遇到的突出问题就是现有《解释》中的数量或者金额是否真实的问题。由于有的案件缺乏除发票外的其他佐证，因此，仅仅根据代开人和被代开人的供述以及陈述往往不能对代开人定罪处罚。但是代开人的这种行为的社会危害性是非常明显的，其损害了国家的抵扣税款发票管理制度，同时他们在整个犯罪中起到了承上启下的关键作用。

三、建议

江苏省检察院根据江苏本地的实际，参考上海市高级人民法院《关于办理虚开抵扣税款发票刑事案件适用法律问题的解答》，作出规定："对介绍他人开具抵扣税款专用发票，但无法证明发票数量或者金额不实的行为，适用刑法第二百零五条的规定以虚开抵扣税款发票罪论处，但应当酌情从轻处罚"，以便司法机关在实践中正确掌握尺度，确保不枉不纵，维护国家税款秩序。

[作者：黄昕颖（1983—），男，汉族，江苏南通人，江苏省南通市崇川区人民检察院书记员。]

典型类案 38 生产企业自行收购废旧金属作为原料并与废旧物资经营单位签订委托收购合同而让其开具销售发票用于抵扣税款的是否不予定性为虚开

  生产企业收购废旧金属作为生产原料而引起的虚开用于骗取抵扣税款发票案件的情况时有发生,因适用法律产生争议,导致案件处理较难。某检察院于2007年审查办理了一件生产企业收购废旧金属作为生产原料而引发的虚开用于骗取抵扣税款发票案件,因适用法律时产生争议,最终决定,由侦查机关先行撤回,待相关法律规定及司法解释明确后再作处理。目前,类似于该案的情况时有发生,执法机关企盼相关法律规定或司法解释尽快出台。因此,特以该案为例,提出如下研究意见及其司法解释建议。

一、类案简介

  涉案单位:某铜业有限责任公司(以下简称铜业公司)。法定代表人袁某,男,41岁,高中文化,系某铜业有限责任公司法定代表人。铜业公司以向社会上的废旧物资收购人员收购的废铜作为生产原料,但无法取得相应的进货发票抵扣税款,其法定代表人袁某与股东王某合谋,于2005年元月2日及5月1日,与山东省某市天盈再生资源有限公司及顺达再生资源有限公司签订了金额分别为2000万元和1600万元的委托收购废铜合同一份,载明由该两公司委托铜业公司在其周边地区自行收购废铜。2005年1月至11月,铜业公司确已自行收购废铜后,采取将同等数额的货款先汇至该两公司的银行账户,再由该两公司予以返还,并支付每吨150元至300元手续费的方法,让该两公司为其开具废旧物资销售统一发票263份,发票金额总计1447万余元。此外,铜业公司还采取自行收购废铜后,将与购铜金额相等的货款汇至对方再由对方返还,并支付一定手续费的方法,让某市福德工艺品厂等单位以出售废铜的名义,开具增值税专用发票,价税合计99.6万余元,以及废旧物资销售专用发票45份,金额为406万余元。以上票据税款合计193万余元，均已申报抵扣。

案件诉讼过程及处理结果：铜业公司所在地县公安局根据该县国税局移送材料，于2006年5月24日对该案立案侦查，并于同年11月6日移送检察机关审查起诉。检察机关审查后，向上级人民检察院作出汇报并根据上级院公诉处意见，建议公安机关撤回了移送审查起诉意见。

二、本类案件的争议焦点

在上述案例的办理过程中，相关办案部门及办案人员争议颇多，其焦点在于：国家税务总局国税函〔2002〕893号批复规定："废旧物资收购人员（非本单位人员）在社会上收购废旧物资，直接运送到购货方（生产厂家），废旧物资经营单位根据上述双方实际发生的业务，向废旧物资收购人员开具废旧物资收购凭证，在财务上作购进处理，同时向购货方开具增值税专用发票或普通发票，在财务上作销售处理……不违背有关税收规定，不应定性为虚开。"那么，生产厂家自行收购废旧物资，并与废旧物资经营单位签订委托收购合同而让其开具增值税专用发票或普通发票，用于抵扣税款的行为，是否可以同样不予定性为虚开。

三、主要分歧意见与评析

第一种意见认为，国家税务总局的规定不能适用于本案，某铜业公司和犯罪嫌疑人袁某、王某的行为依法构成虚开用于骗取抵扣税款发票罪。

1. 1996年10月17日，最高人民法院《关于适用〈全国人民代表大会常务委员会关于惩治虚开、伪造和非法出售增值税专用发票犯罪的规定〉的若干问题的解释》规定，具有下列行为之一的，属于"虚开增值税专用发票"：（1）没有货物或者没有提供或接受应税劳务而为他人、为自己、让他人为自己、介绍他人开具增值税专用发票；（2）有货物购销或者接受了应税劳务但为他人、为自己、让他人为自己、介绍他人开具数量或者金额不实的增值税专用发票；（3）进行了实际经营活动，但让他人为自己代开增值税专用发票。据此可以看出，进行了实际经营活动，但让他人为自己代开增值税专用发票是虚开增值税专用发票或虚开抵扣税款发票的行为，构成虚开增值税专用发票罪或虚开用于抵扣税款发票罪。本案铜业公司直接从社会上购买废铜作为生产原料，虽然进行了实际经营活动，且与废旧物资经营单位签订了委托收购合同，但仍属于让他人为自己代开用于抵扣税款发票的行为，符合该司法解释规定构成犯罪的情形。

2. 国税函〔2002〕893号文件虽然明确规定废旧物资经营单位的特定经营

行为不应定性为虚开,但是该批复对与其行为相对应的购货方即生产厂家让其开具增值税专用发票或普通发票的行为是否也不应定性为虚开,并没有明确表述。国税函〔2005〕839号批复已明确指出,该局〔2002〕893号文件是针对废旧物资回收经营行业某一种特定经营方式的个案批复,不能作为判定该行业其他经营行为是否涉嫌虚开专用发票的政策依据。所以,对购货方即生产厂家让废旧物资经营单位开具发票的行为,只能仍然依照最高人民法院1996年10月17日的司法解释定罪处罚。

第二种意见认为,依照国税函〔2002〕893号文件精神,本案铜业公司和袁某的行为,不应以虚开用于骗取抵扣税款发票罪定罪处罚。

1. 国税函〔2002〕893号文件,是针对原请示文件中提出的关于废旧物资经营单位相关行为是否应当定性为虚开的请示内容所作的批复,所以不可能涉及购货方即生产厂家的对应行为是否应当定性为虚开的问题。但是,在同一法律关系中,既然一方行为不应定性为虚开,那么对应方的对应行为当然也就不应定性为虚开。

2. 本案铜业公司确已实际购买了废铜作为生产原料,而且与主要开票单位山东省某市天盈和顺达两家废旧物资经营单位签订了委托从社会上收购废铜的合同,其垫资收购废铜的行为就应视为该两家公司的收购行为,正如国税函〔2002〕893号文件所指出的那样,属于废旧物资收购人员在社会上收购废旧物资后,直接运送到购货方(生产厂家)的情况。因此,铜业公司在购货后,要求售货方,即上述两家公司开具销售发票的行为,并不违背有关税收规定,也就不应定性为虚开。

3. 国税函〔2002〕893号文件既然肯定了废旧物资收购人员在社会上收购废旧物资可以直接运送到购货方(生产厂家),而废旧物资经营单位只要在财务上做平了购进和销售账目,其未进行实际经营活动但开具了增值税专用发票或普通发票的行为仍然不予定性为虚开,那么,购货方(生产厂家)直接从社会上收购废旧物资而要求废旧物资经营单位在做平购进和销售账目的基础上为其开具增值税专用发票或普通发票,就同样不应定性为虚开。

四、建议

笔者认为,尽管有国税函〔2002〕893号文件的存在,仍然应当对类似于铜业公司的行为以虚开用于骗取抵扣税款发票罪定罪处罚。理由是:

1. 国税函〔2002〕893号文件仅仅是针对废旧物资经营单位进行的一种特定经营方式,即废旧物资经营单位对废旧物资收购人员向其出售的废旧物资不经过仓储后集中销售的程序,而是由废旧物资收购人员将所收购的废旧物资直接运送到购货方,废旧物资经营单位予以应有的账务处理并开具相关票据的特定经营方式所作出的个案批复,并不能作为在其他不同情形下广泛适用的依据。对此,国税函〔2005〕839号文件已予明确规定。本案中,铜业公司虽与山东省某市的两家废旧物资经营单位签订委托收购合同,而且作为购货方(生产厂家)直接接受了废旧物资收购人员收购的废铜作为生产原料,其运作方式虽与国税函〔2002〕893号文件规定的情形有所类似,但并不完全一致,所以,不能适用该文件的规定。

2. 生产厂家直接从社会上收购废铜等废旧物资作为生产原料未尝不可,但关于增值税发票的开具和税款抵扣事宜,应依照国家税收政策办理,而不应擅自以给付一定费用的办法,让并未进行实际经营活动的废旧物资经营单位虚开增值税专用发票或普通销售发票。否则,就违反了税收政策,扰乱了税收管理秩序,并使国家税收遭受相应损失,理应依法惩处。

3. 目前,关于司法机关能否在具体案件中适用国税函〔2002〕893号文件规定的问题,实践中存在的争议较多,如湖南省的"7·23"案件,江苏省的"铁本"案件等。尽管国税函〔2005〕839号文件已作明确批复,但争议依然存在,实践中务必谨慎从事,不得滥用。尤其是具体案情与该文件规定情形相距甚远的,更不能乱加适用。

综上所述,笔者建议,对司法机关办理涉税案件的过程中如何适用国税函〔2002〕893号文件规定的问题,应由最高人民法院、最高人民检察院联合予以解释,防止实践中各行其是,有碍国家法律的统一和正确实施。

[作者:花克明(1948—),男,汉族,江苏海安人,江苏省海安县人民检察院检察委员会委员;何海晏(1978—),男,汉族,江苏海安人,江苏省海安县人民检察院干部。]

典型类案 39 不同单位犯偷税罪,同一负责人如何承担罪责

在司法实践中,普遍存在同一负责人在经营不同公司或企业时均实施偷税犯罪的情况,对于此类犯罪主体是否构成犯罪,是构成一罪还是数罪,存在较大争议。下面结合具体案例进行阐述。

一、类案简介

黄某某,原某某市某彩钢结构件厂(已注销)负责人,现某某市某钢制品有限公司总经理。黄某某于 2002 年至 2004 年在负责经营某某市某彩钢结构件厂期间,隐瞒生产加工收入 1073280 元(含税),未向税务机关申报纳税,合计偷逃税款 65611.83 元。其中 2003 年隐瞒收入 855280 元,合计偷逃税款 52285.04 元,占同期应纳税款的 44.21%。某某市某钢制品有限公司于 2003 年至 2004 年 9 月隐瞒生产加工收入 896460 元(含税),未向税务机关申报纳税,合计偷逃税款 54802.46 元。其中 2004 年隐瞒收入 746460 元,合计偷逃税款 45632.65 元,占同期应纳税款的 26.47%。

二、主要分歧意见与评析

第一种意见认为,两个不同单位犯偷税罪,黄某某为直接负责的主管人员,不是犯罪主体,但作为刑罚主体应分别确定黄某某的刑事责任。此种犯罪是基于单位而存在的,单位构成了偷税罪个人才被追究刑事责任。而该案中是两个不同的单位,对作为犯罪主体的单位判处罚金是分别判处的,由于其中一个涉嫌犯罪的单位被注销,根据最高人民检察院《关于涉嫌犯罪单位被撤销、注销、吊销营业执照或者宣告破产的应如何进行追诉问题的批复》(2002 年 7 月 15 日起施行)的规定,涉嫌犯罪的单位被撤销、注销、吊销营业执照或者宣告破产的,应当根据刑法关于单位犯罪的相关规定,对实施犯罪行为的该单位直接负责的主管人员和其他直接责任人员追究刑事责任,对该单位不再追诉。在自然人犯罪中,自然人既是犯罪的主体,又是刑罚主体,两者是统一的;而在单位犯罪中,存在两类主体,犯罪主体只能是单位,刑罚主体既可以

是单位,也可是直接负责的主管人员和其他直接责任人员(双罚制)或只是直接负责的主管人员和其他直接责任人员(单罚制)。从单位犯罪的角度来讲,罪刑是一致的;但从犯罪主体的角度来讲,则不一致。由此可见,直接负责的主管人员和其他直接责任人员不能独立构成犯罪,其受刑罚处罚,是因为在单位犯罪中,其负有罪责。因此,黄某某作为两个不同单位的直接负责的主管人员,不是犯罪主体,不能构成偷税罪,但其作为刑罚主体应当被追究刑事责任,也应分别确定。

第二种意见认为,虽然是两个不同单位犯偷税罪,但是直接负责的主管人员为同一人,单位是民法上所拟制的权利义务主体,其社会活动是由其组成人员的自然人实施的,其自身不可能实施所谓单位犯罪行为。黄某某是某某市某彩钢结构件厂(已注销)的负责人,在该公司被注销以后,他继续以该公司的名义与其他公司签订合同,进行偷税的行为。此后,在某某市某钢制品有限公司任总经理时继续偷税,其偷税的行为处于一个连续的状态且完全是在其个人意志支配下实施的,体现的是其个人意志。因此,黄某某构成偷税罪,其偷税数额应当累计计算。

第三种意见认为,黄某某构成两个偷税罪。黄某某为两个不同单位的直接主管人员,两个单位分别独立构成偷税罪,因而黄某某也构成两个偷税罪,应当数罪并罚。

笔者支持第一种意见,不是黄某某个人犯罪,而是某钢制品有限公司和某彩钢结构件厂两个单位犯罪。

单位犯罪,是指公司、企业、事业单位、机关、团体为本单位谋取不正当利益,经单位集体决定或者由负责人决定实施的犯罪。《刑法》第30条规定:公司、企业、事业单位、机关、团体实施的危害社会的行为,法律规定为单位犯罪的,应当负刑事责任。刑法分则对单位能否构成犯罪作了具体的规定,只有法律明文规定单位可以构成犯罪的情况下才成立单位犯罪。从刑法理论上看,单位犯罪和个人犯罪尽管都是由个人实施的,但是其根本区别在于,单位犯罪必须是在单位意志支配下实施的,体现单位的意志,单位集体决定或者由其负责人员决定是单位犯罪意志的具体体现方式。所谓单位集体决定,是指经过根据法律或者单位章程规定,有权代表单位行为的机构研究决定,如职工代表大会、股东大会、董事会、专门领导机构(工厂委员会、院务委员会、党委会等)研究决定等;"负责人员决定",是指经过根据法律或者单位章程规定,有权代表单位行为的个人决定,如企业的厂长,公司的董事长或总经理,机关、团体的主要负责人决定等。如果不具备这一特征,就不是单位犯罪而只能是个人犯罪。如果单位内部人员没有得到单位授权，而是基于自己的意志，以单位名义和为了单位利益而进行某种犯罪活动，除非这种犯罪活动得到单位负责人的同意，否则它就只能是责任人员个人犯罪而非单位犯罪。在上述的偷税案中，黄某某系被注销的某某市某彩钢结构件厂的负责人，他所作的决定即"负责人员决定"，代表了单位的意志；同时黄某某是某某市某钢制品有限公司总经理，是该公司偷税行为的直接责任人员。根据最高人民法院《关于审理单位犯罪案件具体应用法律若干问题的解释》（1999年6月18日最高人民法院审判委员会第1069次会议通过，自1999年7月3日起施行）的规定，"公司、企业、事业单位"，既包括国有、集体所有的公司、企业、事业单位，也包括依法设立的合资经营、合作经营企业和具有法人资格的独资、私营等公司、企业、事业单位。个人为进行违法犯罪活动而设立的公司、企业、事业单位实施犯罪的，或者公司、企业、事业单位设立后，以实施犯罪为主要活动的，不以单位犯罪论处。盗用单位名义实施犯罪，违法所得由实施犯罪的个人私分的，依照刑法有关自然人犯罪的规定定罪处罚。本案中，不能说黄某某是为了进行违法犯罪活动而设立公司，也不能说他在公司设立后以实施犯罪为主要活动。而他在某某市某彩钢结构件厂被注销以后继续冒用公司名义签订合同的行为，应当是他个人犯罪，然而因达不到定罪标准，只能按一般违法行为来处理。从单位犯罪与自然人犯罪在主观上的根本区别来看，单位犯罪必须是"为本单位谋取不正当利益"，如果单位内部成员假借单位名义实施犯罪以牟取私利，不是单位犯罪，只能单位成员的个人犯罪。本案黄某某作为负责人和直接责任人员先后为两个公司谋取不正当利益，因此两个公司均构成偷税罪。

三、建议

刑法中采单位犯罪值得商榷。（1）"单位"不是法律上的概念，含义模糊，不好界定。所谓单位，根据汉语词典的解释：是"指机关、团体或其所隶属的分支机构"（《新华词典》）或指"机关、团体或属于一个机关、团体的各个部门"（《现代汉语词典》）。这些解释表明它不包括企业、事业机构；而是，既指机关、团体本身，也指它的下属的某一部门，可见，采用单位犯罪的称谓不符合我国非自然人犯罪的实际情况。（2）法人是法律上的概念，我国的其他法律如民法、民事诉讼法、行政诉讼法都使用了"法人"一词；"法人犯罪"在国际上也是通用的称谓，具有确定的含义，容易为人们所理解和接受；利于法律之间的协调与统一。（3）使用"法人犯罪"，辅之以"非法人组织犯罪，以法人犯罪论"，可以避免仅仅使用"法人犯罪"带来的对非法人组织犯罪无法适用法律的问题。(4) 虽然单行刑法中均使用"单位犯罪"一语,但流行的并非是最好的,且在中共中央《关于建立社会主义市场经济体制若干问题的决定》中正式使用了"法人犯罪"的概念。

我国《刑法》第30条规定:公司、企业、事业单位、机关、团体实施的危害社会的行为,法律规定为单位犯罪的,应当负刑事责任。

笔者建议:(1)以"法人犯罪"这一更为科学的术语取代单位犯罪。法人犯罪的称谓能更好地体现商事组织体的犯罪特征,具有更高的准确性。(2)单位刑罚的种类太少,只有一种罚金刑,难以适应我国单位犯罪的现状。进一步丰富单位犯罪的刑罚种类,建议增设资格刑、包括解散公司等不同的刑种,还应增设一些对公司权利的限制等。

[作者:曹瑜(1983—),女,汉族,江苏海门人,江苏省海门市人民检察院干部;祝建波(1973—),女,汉族,江苏海门人,江苏省海门市人民检察院检察员。]

典型类案 40 在实际交易前提下行为人让第三人为自己代开发票抵扣税款是否构成虚开增值税专用发票、用于抵扣税款发票罪

在与他人有商品交易的前提下,让第三人为自己代开增值税专用发票、用于抵扣税款发票的行为是否构成虚开增值税专用发票、用于抵扣税款发票罪?各地司法处理不尽相同,法理界也颇有争议。究其原因,是对虚开税票所侵犯的法益理解不一以及相关立法、司法解释不明确。本文拟从一类实际案例处理出发,对这个问题试作初步研究。

一、类案简介

案例1:2004年5月至12月期间,犯罪嫌疑人胡某因如皋市英龙宠物玩具有限公司(本案中犯罪嫌疑单位)生产需要向河北省枣强县大营镇和徐州市沛县大屯镇的个体户购买兔皮。因为相关个体户不能提供增值税专用发票,犯罪嫌疑人胡某为使犯罪嫌疑单位达到抵扣税款的目的,分别于2004年9月、2004年10月、2004年12月让河北武邑县新飞畜牧加工厂、河北武邑县顺兴绒毛裘皮制品厂和献县飞龙畜牧制品厂虚开增值税发票8份,价税合计人民币781231.5元,税额为人民币113512.26元,已由犯罪嫌疑单位全部向税务机关申报抵扣。其中,犯罪嫌疑人胡某以支付4.5%开票手续费的方式,让他人虚开增值税专用发票价税合计人民币200000元,税额为人民币29059.83元。2005年6月,犯罪嫌疑单位向税务机关补缴全部税款。案件最终处理结果:对犯罪嫌疑单位、犯罪嫌疑人作相对不起诉处理。

案例2:犯罪嫌疑人单位因生产需要,在本单位内收购个体废旧人员收购的废铁皮,因个体废旧人员不愿增加经营成本,缴纳税款,故不按规定领取营业执照,申办税务代开证,从而无法向犯罪嫌疑单位提供抵扣税款发票。为使犯罪嫌疑单位达到抵扣税款的目的,该单位的法定代表人及工作人员钱某、陈某、顾某(均系犯罪嫌疑人)于2004年7月至2006年9月,以支付2.8%、5.5%的手续费的方式,让安徽省肥东县废旧物资回收有限公

司、山东省枣庄市台儿庄区物资再生利用中心、徐州营发搪瓷厂等单位为本单位代开增值税专用发票及用于抵扣税款发票,所开发票总额计人民币8474623元,税款人民币877426.51元,已全部申报抵扣。案件最终处理结果:2007年4月检察机关以被告单位及被告人构成虚开增值税专用发票、用于抵扣税款发票罪向法院提起公诉,此案目前正在审理之中。

二、本类案件的争议焦点

此类案件引发的争议焦点是,行为人在与他人有商品交易的前提下,让第三人为自己代开增值税专用发票、用于抵扣税款发票,对于这种情况行为人的行为是否造成税款流失,是否属于让他人为自己虚开增值税专用发票的行为,是否构成虚开增值税专用发票、用于抵扣税款发票罪。

三、主要分歧意见与评析

第一种意见:行为人在与他人有商品交易的前提下,让第三人为自己代开增值税专用发票、用于抵扣税款发票不属于让他人为自己虚开增值税专用发票、用于抵扣税款发票的行为,不构成虚开增值税专用发票、用于抵扣税款发票罪。理由如下:

1. 本案中行为人在与他人存在实际商品交易的情形下,找第三人为自己代开增值税专用发票、用于抵扣税款发票系为他人实开,此行为虽然侵犯了国家对税票的管理制度,但从本质上并没有造成国家税款的流失,因此没有侵犯国家对税收的征管这一法益,从犯罪客体上方面分析,并不构成犯罪。

2. 代开的行为存在两种情况,一是不存在实际经营活动的情况下但让他人代为开出增值税专用发票、用于抵扣税款发票的行为(即代"虚开");二是存在实际的经营活动而让他人代为开出增值税专用发票、用于抵扣税款发票的行为(即代"实开")。根据《中华人民共和国刑法》第205条第4款和《全国人民代表大会常务委员会关于惩治虚开、伪造和非法出售增值税专用发票犯罪的决定》(以下简称《决定》)的规定,虚开增值税专用发票或者虚开用于骗取出口退税、抵扣税款的其他发票,是指有为他人虚开、为自己虚开、让他人为自己虚开、介绍他人虚开行为之一的。从法条含义解释,代开的行为应属于为他人"虚开"或让他人为自己"虚开",并没有明确代"实开"的行为是否构成该类犯罪,根据罪刑法定原则,此类行为不宜认定为犯罪。

3. 根据最高人民法院《关于适用〈全国人民代表大会常务委员会关于惩治虚开、伪造和非法出售增值税专用发票犯罪的决定〉的若干问题的解释》(以下简称《解释》)中关于"进行了实际经营活动,但让他人为自己代开"

的表述和最高人民法院《关于对为他人代开增值税专用发票的行为如何定性问题的答复》（以下简称《答复》）中关于"虚开增值税专用发票包括自己未进行实际经营活动但为他人经营活动代开增值税专用发票的行为"的表述，语义上的理解是"只要存在代开的行为，即符合虚开的客观要件"。但从《中华人民共和国刑法》、全国人大《决定》的规定与最高人民法院《答复》、《解释》的对比看，有理由认为，最高人民法院的上述两个文件的"只要存在代开行为，就构成虚开"的规定，已经扩大了"虚开"的范围，等同于一项新的立法行为，显然，这与最高人民法院拥有的司法解释的职责和权限是不一致的。加之《中华人民共和国刑法》的上位法效力显然高于最高人民法院的《解释》及《答复》，且其实施时间迟于最高人民法院的《解释》及《答复》，新法也优于旧法，继续认定为代他人实开增值税专用发票、用于抵扣税款发票的行为构成虚开增值税专用发票罪实在难以找到法律依托。

第二种意见：行为人在与他人有商品交易的前提下，让第三人为自己代开增值税专用发票、用于抵扣税款发票属于让他人为自己虚开发票行为，应该构成虚开增值税专用发票、用于抵扣税款发票罪。理由有：

1. 根据罪刑法定原则，评判某类行为是否构成犯罪，要看此行为是否具备某罪的构成要件，即从行为主体、侵害客体、主观方面和客观方面四个要件进行分析，只要不具备任何一要件，即不能认定为犯罪。虚开增值税专用发票、用于骗取出口退税、抵扣税款发票罪，其犯罪客体要件是国家的税收管理制度。犯罪对象是增值税专用发票和可用于骗取出口退税款的其他发票。本类案件中发票开、受双方与实际交易双方并不一致，代开发票的行为显然侵犯了扰乱国家的税收管理制度。从税务发票管理制度看，依法纳税是法定义务，纳税人合法取得的进项税票可以作为抵扣进项税的依据，故国家对税款抵扣的要求是发票取得渠道的正当性、合法性，否则不予抵扣。换句话讲，即使用非法取得的发票申报抵扣了税款，即造成了税款的流失。行为人实际进行了经营活动，但让他人为自己代开发票的行为即符合此情形，认定此行为犯罪有法律基础。

2. 《中华人民共和国刑法》和全国人大的《解释》对虚开的规定较为原则，并未明确区分代虚开和代实开的行为，而根据最高人民法院《解释》中关于"进行了实际经营活动，但让他人为自己代开"和《答复》中关于"虚开增值税专用发票包括自己未进行实际经营活动但为他人经营活动代开增值税专用发票的行为"的阐述，无论是代实开还是代虚开都是一种虚开行为，最高人民法院的司法解释也是有权解释，其解释并未违背立法的本意，故认定存在实际交易的情况下让他人代开发票的行为为犯罪行为有法律依据。

3. 实践中，此类代开发票的现象大量存在，这种现象的存在使一些企业沦落为"专职"的开票公司，受票企业、个体小贩偷逃大额税款，给国家的税收管理造成混乱，影响社会稳定及和谐，具有极大的社会危害性，因此此行为有刑事打击的必要性。

笔者支持第二种意见，即这种存在实际交易的实开行为，应该视为虚开增值税专用发票、用于抵扣税款发票的犯罪行为。

四、建议

笔者建议最高人民法院修改《关于适用〈全国人民代表大会常务委员会关于惩治虚开、伪造和非法出售增值税专用发票犯罪的决定〉的若干问题的解释》和最高人民法院《关于对为他人代开增值税专用发票的行为如何定性问题的答复》，明确规定："存在实际交易的情况下，以少缴、不缴或冲抵税款为目的，让他人为自己代开增值税专用发票的，依《中华人民共和国刑法》第205条、第212条之规定处罚。"

[作者：周久贵（1973—），男，汉族，江苏如皋人，江苏省如皋市人民检察院公诉科副科长；高丽（1977—），女，汉族，江苏如皋人，江苏省如皋市人民检察院公诉科副科长。]

典型类案 41 盗用他人注册与实际使用不一致的商标是否构成犯罪

我国刑法规定,未经注册商标所有人许可,在同一种商品上使用与其注册商标相同的商标,情节严重的构成假冒注册商标罪。盗用他人实际使用的与其注册不一致的商标,是否构成假冒注册商标罪?笔者通过对司法实践中的典型案例,对此类案件如何定性作简要分析,并提出相关的司法解释建议。

一、类案简介

曾某,男,39岁,汉族,江苏省如皋市人,大专文化,原江苏九鼎集团股份有限公司(以下简称九鼎集团)土工材料分公司总经理,住江苏省如皋市如城镇仙鹤村4组。2003年12月,曾某以19万元人民币的价格让如皋市仙鹤机械厂生产土工格栅后处理设备1台,卖给南京金路土工复合材料有限公司(以下简称金路公司)45万元人民币。并收到南京金路公司的预付款13.5万元。因交货期延迟及机械安装过程中出现质量问题,犯罪嫌疑人曾某为了拿到剩余的31.5万元设备款,于2004年5月到南京浩鹏工程材料有限公司(江苏九鼎集团土工格栅南京销售代理,以下简称浩鹏公司),与该公司总经理、法定代表人林某商定,由该公司为其销售一批土工格栅,并约定价格为5.5元/平方米,货款与曾某结算,以达到扣除金路公司所欠曾某设备余款的目的。在浩鹏公司要求是"鼎"牌产品的情况下,曾某于2004年6月初,将通过其亲戚从江苏九鼎集团股份有限公司取得的含有"鼎"牌商标的合格证300余份及自制的检测报告等送至金路公司,并让该公司人员将合格证贴在该公司生产的土工格栅上,后金路公司按照曾某的要求将该批货物合计59400平方米土工格栅送至浩鹏公司的销售地点,经营额为人民币326700元。6月24日,该批假冒注册商标货物被南京市工商部门查获。该案中,曾某使用的是九鼎集团正常使用中的商标,该集团使用中的商标经与注册商标仔细对比存在多处细微差异。本案最终处理结果,曾某被如皋市人民法院以假冒注册商标罪判处有期徒刑1年6个月,并处罚金人民币40万元。

二、本类案件的争议焦点

笔者认为，本类案件的争议焦点有两个：一是在商标所有人所实际使用的商标与其注册商标不完全吻合的情况下，行为人在同一类商品上使用商标所有人实际使用的商标的行为，是否构成假冒注册商标罪。二是单位与自然人共同犯罪中，追诉标准如何认定。

三、主要分歧意见与评析

对第一个争议焦点主要有以下两种分歧意见：

1. 此种行为不构成假冒注册商标罪。我国商标法明确规定，禁止商标所有人擅自改变商标标识，如果需改变必须重新进行登记。而本案中，江苏九鼎集团股份有限公司所日常生产使用中的商标与其注册商标本身不完全吻合，在细节处存在多处差异。因此，九鼎集团违法使用注册商标在先，其使用中的商标并不受法律保护。根据《中华人民共和国刑法》第213条规定，假冒注册商标罪的客观方面必须是未经注册商标所有人许可，在同一种商品上使用与其注册商标相同的商标，情节严重的行为。缺乏的是注册商标所有人对其注册商标的独占使用权。而本案中，曾某虽然使用的是九鼎集团正式使用的商标，但由于该商标与九鼎集团的注册商标不完全一致，曾某所使用的不是与九鼎集团注册商标相同的商标，因而应认定其不构成犯罪。

2. 此种行为构成假冒注册商标罪。该案中，尽管九鼎集团实际使用的商标与其注册的商标不完全一致，存在多处细微差别，但曾某在明知九鼎集团一直使用这种商标的情况下，为达到收回金路公司所欠设备款的目的，未经九鼎集团许可，隐瞒事实真相，向金路公司提供了九鼎集团正式使用的商标。金路公司在土工格栅商品上使用九鼎集团在生产中实际使用的"鼎"牌商标，足以使消费者认为其产品就是九鼎集团所生产的产品，实质上已经侵害了九鼎集团的商标专用权。而且非法经营数额达32万元之巨，根据最高人民法院、最高人民检察院《关于办理侵犯知识产权刑事案件具体应用法律若干问题的解释》第1条之规定，本案属于"情节特别严重"，符合《刑法》第213条规定，应对曾某和金路公司的行为定性为假冒注册商标罪。

笔者同意第二种意见，即曾某和金路公司的在其金路公司生产的土工格栅商品上使用九鼎公司"鼎"牌商标的行为构成假冒注册商标罪。

对第二个争议焦点主要有两种分歧意见。第一种意见认为：自然人系主犯，应认定为自然人犯罪。本案是以自然人犯罪为主，金路公司仅起了帮助作用。第二种意见认为：金路公司系主犯，曾某在整个犯罪中，仅起提供商标作用，但所销产品系金路公司所有，且商标由金路公司粘贴使用，应认定为金路公司起主要作用。在单位犯罪数额较小不能认定的情况下，主要责任人不构成犯罪的情况下，自然人也不构成犯罪。

笔者认为：第一个争议焦点，实质是在企业实际生产中使用的商标与注册商标不完全吻合的情况下，行为人盗用该商标用于同一类产品上，情节严重的行为是否构成犯罪的问题。该案中，曾某向金路公司提供的商标就是通过亲戚盗窃的九鼎集团长期使用并且仍正在使用的商标，尽管这一商标与其注册的商标有细微差别，但在商标局没有对该商标注销前，该商标依然受法律保护。根据最高人民法院《关于审理商标民事纠纷案件适用法律问题的解释》第9条规定："《商标法》第五十二条第（一）项规定的商标相同，是指被控侵权的商标与原告的注册商标相比较，两者在视觉上基本无差别。"该条规定的基本含义是指，凭视觉判断所对比的商标大体上不存在差别，就构成商标相同。国家工商行政管理局商标局《关于商标行政执法中若干问题的意见》第5条规定："相同商标是指两商标相比较，文字图形或者文字与图形的组合相同或者在视觉上无差别。"而根据最高人民法院、最高人民检察院《关于办理侵犯知识产权刑事案件具体应用法律若干问题的解释》第8条明确规定：《刑法》第213条规定的"相同的商标"，是指与被假冒的注册商标完全相同，或者与被假冒的注册商标在视觉上基本无差别、足以对公众产生误导的商标。根据上述司法解释和行政法规的规定，我们可以解读出对"相同的商标"的认定并不要求两个商标之间图形、文字的完全吻合，只要其相似程度足以使人认为两者一致即可。因此，九鼎集团实际生产当中使用的商标与其注册商标之间的细微差别并不足以使消费者将其区分开来，况且九鼎集团使用其正在使用而非注册商标已经持续很长时间，足以使人认为此商标就是其注册商标。这样，曾某提供给金路公司盗来的九鼎集团正在使用中的商标，并贴在金路公司产品上的行为在实际上已经足以让消费者误认为金路公司的所生产的那部分产品就是九鼎集团的产品，这实质上已经侵害了九鼎公司的商标专用权。

对第二个争议焦点，主要是在单位过错占主要地位的情况下，能否追究自然人刑事责任问题。我国法律规定单位犯罪与自然人犯罪的追诉标准不一致，该案中曾某起主要作用，追究其刑事责任没有多大争议。但是在单位作为主要责任人不构成犯罪的情况下，能否追究自然人的刑事责任，法律没有明文规定，应建议进行司法解释。

四、建议

综上所述,笔者建议由最高人民法院、最高人民检察院对其作出的《关于办理侵犯知识产权刑事案件具体应用法律若干问题的解释》(法释〔2004〕19号)进行补充,明确规定:未经商标所有人许可,在同一种商品上使用商标所有人正在使用的商标的,且该商标与注册商标相类似,足以使消费者认为其即为注册商标的,属于《刑法》第213条规定的"在同一种商品上使用与注册商标相同的商标",应当以假冒注册商标罪定罪处罚。

[作者:马浩(1985—),男,汉族,江苏如皋人,江苏省如皋市人民检察院书记员。]

《刑法》分则适用与立法司法解释建议

典型类案 42 以暴力、威胁手段强行收取高价工程款行为如何定性

在办案中,我们遇到行为人在骗取他人接受服务后,使用暴力强行收取高价费用,对此类行为如何定性,存在争议。现通过一起典型案例具体研究其法律适用问题。

一、类案简介

2006年年初,许某从老家安徽组织了老乡李某、王某、苏某等人来到江苏某市从事不锈钢装潢生意。后因生意难做,赚钱不多,为牟取不法经济利益,同年11月开始,许某等人以低价承揽不锈钢扶手、围墙、大门装潢为诱饵,流窜至该市部分乡村以欺骗方式主动上门与欲做不锈钢装潢农户签订书面协议或达成口头协议,以取得农户的信任。在签订合同时,故意利用农村妇女、老人文化水平低的弱点,将"工程款"写成"工资款"。在施工过程中,施工人员假装接到老板电话,称别处农户不肯给工钱。后一人便在户主家取刀扬言去他处索要工程款,另一同伙伴装阻止,使户主产生恐惧。工程结束后,许某等人便纠集一班老乡来到主家,对完工的不锈钢工程材料进行丈量并计价,以另收材料费为由,向农户索要高出合同价几倍甚至十几倍的高价工程款。在遭到农户拒绝时,便以"不给钱就叫你家破人亡"、"要了你们的命"等语言相威胁,并拿起菜刀恐吓逼迫农户给钱。在短短一个多月期间,许某等人采取此手段先后作案十余次,向十余家农户索要高价工程款达6万余元,非法获利2万余元,在当地造成了极坏的影响。同年12月13日,许某等人以700元低价承揽到该市某镇村民陈某家不锈钢楼梯扶手加工业务。当工程结束后,施工人员王某电话联系许某带领十余名同乡来到陈某家,向陈某索要工程款7500元,在遭到陈家拒绝时,便以"不给钱就死在你家"、"让你家破人亡"等语言相威胁,逼陈某付款,陈某不愿,双方发生争吵揪扭,在扭打中,陈某左手掌骨基底部骨折,经鉴定构成轻伤。后经物价部门鉴定,陈某家不锈钢楼梯扶手(包括人工费)价值人民币2072元。

二、主要分歧意见与评析

大家围绕典型案例,对以暴力、威胁手段强行收取高价工程款行为如何定性进行了较深层次思考。主要有以下分歧意见:

第一种意见认为,许某等人的行为构成抢劫罪,理由是许某等人在主观上表现为直接故意,具有将他人财物非法占为己有的目的,客观上有当场使用暴力、胁迫的方法,使农户当场交出财物的行为,应构成抢劫罪。

第二种意见认为,许某等人的行为构成敲诈勒索罪,理由是许某等人以低价骗取农户信任,承揽不锈钢装潢业务,工程结束后,以另收材料费为由向农户索要高价工程款,若农户不从,就以身体、自由等方面相威胁,且数额较大,同时鉴于暴力程度不严重,主要是言语威胁并伴以轻微的暴力行为,应构成敲诈勒索罪。

第三种意见认为,许某等人的行为构成强迫交易罪,理由是许某等人以低价骗取农户信任,承揽不锈钢装潢业务,工程结束后,以另收材料费为由使用暴力、威胁手段向农户强行索要高价工程款,违背了自愿、平等、公平、诚实信用的民事活动基本原则,侵犯了消费者合法权益,扰乱了正常的市场交易秩序,具有严重的社会危害性,因此,应构成强迫交易罪。

笔者同意第三种意见,许某等人的行为构成强迫交易罪。理由是:

1. 强迫交易罪与抢劫罪、敲诈勒索罪的区别:强迫交易罪是指以暴力、威胁手段,强买强卖商品、强迫他人提供服务或者强迫他人接受服务,情节严重的行为。强迫交易罪与抢劫罪、敲诈勒索罪的共同之处在于侵犯的均为复杂客体,客观方面行为人都使用暴力或威胁手段,且侵犯了他人财产的合法权益,同时对他人的人身、精神造成或有可能造成伤害,主观上均为直接故意实施犯罪行为。但其主要区别有如下几个方面:

(1)目的不同。强迫交易罪与抢劫罪、敲诈勒索罪虽然在主观上都是直接故意实施犯罪行为,但他们行为的目的却不相同。强迫交易罪中,多数情况下,行为人是以营利为目的的。而抢劫罪、敲诈勒索罪中行为人的目的就是要非法无偿地占有公私财物。

(2)主体不同。抢劫罪中行为人为年满14周岁并具有刑事责任能力的自然人,敲诈勒索罪中只有年满16周岁并具有刑事责任能力的自然人才能成为该罪主体。而强迫交易罪的犯罪主体除达到刑事责任年龄具有刑事责任能力的自然人外,单位也能成为该罪的主体,并且除对单位依法追究刑事责任外,还要对单位的直接负责的主管人员和其他直接责任人员依法追究刑事责任。

(3)侵犯的主要客体不同。强迫交易罪与抢劫罪、敲诈勒索罪侵犯的都是复杂客体，并且存在着交叉关系，即都侵犯了他人的人身权利及公私财产权利，但是由于它们侵犯的主要客体不同，所以刑法分则将其归于不同类罪中。强迫交易罪发生在商品的交易活动以及服务活动中，侵犯的主要是市场的经济秩序，故刑法分则将其归于破坏社会主义市场经济秩序类罪中，而抢劫罪、敲诈勒索罪侵犯的主要客体是公私财物的所有权，故刑法分则将其归于侵犯财产类罪中。

（4）客观方面特征不同。抢劫罪是一种严重的暴力犯罪，具有重大的社会危害性，行为人实施抢劫行为时，往往对公私财物的所有人、保管人、守护人的身体及精神造成伤害，且后果严重；敲诈勒索罪中行为人对受害人实施威胁、要挟等行为，从而对受害人的身体、精神造成危害，它们对公私财物都是一种直接的、无偿的、完全的非法占有；而强迫交易罪是一种扰乱市场经济秩序的犯罪，行为人实施强迫交易行为时，虽对交易活动当事人的身体、精神实施暴力、威胁手段，但其暴力程度不及抢劫罪，且一般不造成伤害后果，即使造成后果也较轻，同时对公私财物是一种间接的、有偿的、需要通过交易活动才能占有，需要一定的财产付出或提供服务。

（5）犯罪构成情节要求不同。强迫交易罪是情节犯，要求"情节严重"才构成该罪，而抢劫罪构成没有情节严重的要求，敲诈勒索罪是数额犯，要求敲诈勒索的"数额较大"才构成该罪。

2. 对许某等人行为的定性：从上述三种分歧意见可见，本案的焦点有两个方面：第一是如何理解本案中的交易行为；第二是如何理解本案中的暴力、胁迫行为。

首先，所谓交易是指平等的民事主体之间发生的经济关系，通常以商品和服务为中介。在商品和服务的交易中，应该贯穿自愿和公平原则，卖方基于自愿出卖商品、服务，买方也应该基于自愿以一定的对价获得商品、服务。就交易的形式来讲，双方必须有交易存在，即财产的交换关系；就交易的实质来讲，交易双方的对价物在价值、价格上应该不能过分悬殊，否则就破坏了交易关系，这在高价强卖、低价强买的交易形式中最为常见。本案行为人许某等人与被害人之间是一种交易"买卖关系"，二者之间有一定的金钱给付关系，是进行交易活动的双方当事人。行为人许某等人只是借交易之机，违背自愿、平等、公平、诚实信用的原则，侵害了被害人的经济利益。对于交易的时间问题，一般而言，行为人是先强迫再交易，而本案中行为人是先用诱骗手法，诱骗被害人交易，后再实施强迫行为，逼迫被害人付款，笔者认为事前的欺诈行为并不影响到强迫交易的性质。先前的欺诈行为只是为了进一步为强迫交易找借口和创造条件而已,其欺诈行为正是违背了交易的公开、公正的原则,这也是强迫交易罪的构成特征之一。

其次,在刑法中"暴力"、"威胁"的使用频率是很多的,抢劫罪、敲诈勒索罪、强迫交易罪中都包含有暴力、胁迫手段的行为,但暴力、胁迫行为可作各种区分,就暴力行为而言,暴力行为有程度之分,有现实暴力与潜在暴力之分等,就胁迫行为而言,有以暴力侵害相胁迫与非暴力侵害相胁迫之分;胁迫的内容有可以当场实施与可以将来实施之分等。因此,抢劫罪、敲诈勒索罪、强迫交易罪中暴力、胁迫的含义是不同的。在抢劫罪中暴力行为应该是比较严重的行为,使被害人不敢反抗或不能反抗,其胁迫行为是以暴力侵害为内容,实施精神强制,且表现为当场劫财。敲诈勒索罪的胁迫行为在内容上要广泛得多,既可以是人身的伤害,也可以是其他形式。且不包含当场的暴力行为,但在迫使被害人将来某个时间交付财物的犯罪中,行为人往往有暴力行为相随,且为轻微的伤害。对于强迫交易罪中的暴力则只能是轻微的伤害,威胁的内容没有限制,而且既可以是现实的威胁,也可以是将来的威胁,其程度不如抢劫罪所要求的高。暴力、威胁行为应发生在商品交易及服务活动进行之前或交易活动进行的过程中。行为人实施暴力、威胁手段的动机就是要让商品交易和服务活动的当事人进行并完成商品交易及服务活动,从而达到其目的。本案中,许某等人实施暴力或以暴力相威胁行为发生在双方交易过程中,许某等人以提供一定材料和劳务为代价,依靠实施暴力、威胁行为迫使被害人接受既成的事实,逼迫对方交付不愿支付的高价工程款,促成了这场不公平的交易。

三、建议

笔者建议上级有关司法部门对该罪"情节严重"作出具体司法解释,明确规定:"强迫交易行为情节严重指涉嫌强迫金额在3000元以上,或者非法获利在1000元以上,或者一年中强迫交易3次以上","实施暴力、威胁手段以其行为足以达到危害对方人身安全的程度,未达到这一程度,不认为犯罪,对实施暴力、胁迫手段,造成轻伤害以上后果的,应以抢劫罪定罪量刑"。

[作者:季国强(1956—),男,汉族,江苏通州人,江苏省通州市人民检察院党组副书记、副检察长;曹卫星(1970—),男,汉族,江苏通州人,江苏省通州市人民检察院政治处主任、法律硕士研究生;周文兵(1966—),男,汉族,江苏通州人,江苏省通州市人民检察院监所检察科科长。]

典型类案 43 对乡（镇）、村成立的拆迁小组人员利用职务之便骗取拆迁补偿款如何定罪量刑

当前，随着城市的不断发展，各地都在进行着大量的征地拆迁。为搞好拆迁工作，各地乡（镇）、村都专门成立了拆迁小组，但拆迁小组成员利用职务之便弄虚作假，大肆骗取拆迁补偿款的现象时有发生，给国家造成了重大经济损失。对这类案件的处理，各地司法机关目前还没有一个统一的定罪处罚标准。

一、类案简介

2006年年初，K区为修建C大道而需对A镇B村有关房屋进行拆迁，并与某私营房屋拆迁公司和私营评估公司签订协议，委托它们具体负责拆迁事项。A镇为此成立了拆迁小组，协助拆迁、评估单位搞好调查摸底，提供拆迁屋的房屋和土地权属资料、产权户的成员名单及户口情况等工作。犯罪嫌疑人刘某系A镇B村村主任、A镇C大道拆迁小组成员，其位于A镇B村的部分厂房在本次拆迁之列。2006年4月份，由于刘某知道住宅房屋的拆迁补偿标准要远高于工副业房屋拆迁补偿标准，因此刘某就找到犯罪嫌疑人王某（拆迁小组组长、A镇副镇长）、孙某（拆迁小组成员、评估公司人员）、齐某（拆迁小组成员、拆迁公司人员），将属于自家厂房的产权证提供给评估公司，要求他们将其厂房按照住房的标准进行评估并予以拆迁补偿。后王某、孙某、齐某同意了刘某的请求，四人经过合谋，由刘某与拆迁公司签订房屋拆迁补偿安置协议，使其厂房按照住房的标准进行拆迁补偿，从而让刘某骗取了拆迁补偿款29万元。后犯罪嫌疑人刘某送给王某3万元、孙某1.5万元、齐某1.5万元，刘某实际得到23万元。

案件最终处理结果：检察机关以王某涉嫌受贿罪，刘某涉嫌行贿罪、对公司、企业人员行贿罪，孙某、齐某涉嫌公司、企业人员受贿罪向法院提起公诉，法院也以行贿罪判处刘某管制2年，以受贿罪判处王某有期徒刑1年，以公司、企业人员受贿罪分别判处孙某、齐某有期徒刑1年，缓刑2年。

二、主要分歧意见与评析

第一种意见认为，王某等人的行为构成共同贪污罪。理由是：（1）王某身为副镇长兼拆迁小组组长，属于国家工作人员范畴。（2）王某利用其担任拆迁小组组长的职务之便，在刘某房屋拆迁补偿过程中，利用刘某提供的虚假证明文件、隐瞒事实真相，从而为刘某骗取拆迁补偿安置款 29 万元，数额巨大。（3）王某明知自己的行为会使刘某多获得补偿安置款，而积极追求这种结果的发生。其在共同贪污犯罪中属于主犯，其他三人属于从犯。

第二种意见认为，王某等人的行为构成共同诈骗罪。理由是：（1）王某虽为副镇长及拆迁小组组长、刘某虽为村主任及镇拆迁小组成员，但他们对拆迁补偿安置款并不具有直接经手、管理、经营、控制等职务上的便利，所以其行为不属于贪污罪中的骗取行为，而是诈骗罪中的骗取行为。（2）刘某与其他三人共谋，使用虚假的证明文件，隐瞒事实真相，从中多得到拆迁补偿费 29 万元，骗取的数额巨大。（3）刘某等人主观上有非法占有的目的，其知道使用虚假的证明文件，可从中多得到拆迁补偿款，对这种结果是明知故犯。（4）刘某是以虚假的证明文件骗取拆迁补偿款，而不是利用签订、履行经济合同骗取拆迁补偿款，骗取对方当事人财物，并且其签订的拆迁补偿安置协议不是经济合同而是行政合同。在共同诈骗犯罪中，刘某是主犯，其他三人是从犯。

第三种意见认为，刘某骗取拆迁补偿款的行为不构成犯罪，而是属于民事欺诈行为，但其给王某 3 万元的行为构成行贿罪；其送给孙某、齐某的各 1.5 万元构成对公司、企业人员行贿罪。理由是：（1）被拆迁房屋赔偿款属合法财产，不具备非法占有公私财物的目的；（2）刘某确有房屋被拆迁的事实存在；（3）刘某作为被拆迁人与拆迁公司签订拆迁补偿协议，双方是平等的民事主体，对赔偿问题可以讨价还价，刘某为多得到政府的拆迁补偿款，虽利用不合法的方法，但只是一种民事欺诈行为。王某、孙某、齐某分别构成受贿罪、公司、企业人员受贿罪。

第四种意见认为，王某等人的行为构成共同合同诈骗罪。理由是：

第一，本案中王某、刘某不具有管理、监督公款的职务之便。因为：（1）贪污罪中利用职务上的便利，是指行为人利用其直接经手、管理、经营、控制公款的职务上的便利。（2）刘某骗取的是政府拆迁补偿安置款，但其作为村主任，并不具有对拆迁工作进行监督、管理的职责，也没有经手、管理拆迁补偿款的权力。而作为拆迁小组组长的王某同样不具有对拆迁工作进行监督、管理的职责。（3）王某作为拆迁小组组长、刘某作为拆迁小组成员，由于拆迁小组只是协助拆迁、评估单位搞好调查摸底,提供拆迁屋的房屋和土地权属资料、产权户的成员名单及户口情况等工作。对拆迁补偿安置款并不具有直接经手、管理、经营、控制等权力,故犯罪嫌疑人刘某也就不具有直接经手、管理、经营、控制拆迁补偿款的职务上的便利了。(4)刘某请求王某、孙某、齐某同意其厂房按照住房标准进行赔偿所利用的是其与他们同为拆迁小组成员、一起共事的便利。所以刘某等人的行为不属于贪污罪中的骗取行为,而是诈骗罪中的骗取行为。

第二,合同诈骗罪与民事欺诈的区别。(1)主观目的。前者行为人主观上是以签订合同为名,以达到非法占有对方当事人财物的目的,而后者行为人虽然也有欺诈的故意,但不具有非法占有的目的。(2)客观表现。民事欺诈行为有民事内容的存在,而合同诈骗罪的行为人根本没有履行合同的能力和实际行动。(3)侵犯的客体和权利属性不同。前者侵犯的是财产所有权,而后者侵犯的是债权。关于上述三点,主观上有无非法占有的目的,是合同诈骗罪和民事欺诈行为区别的关键所在。本案中,刘某明显具有将多骗取的拆迁补偿款29万元非法占有的目的,故刘某的行为显然不属于民事纠纷的构成要件。

第三,诈骗罪与合同诈骗罪的关系。合同诈骗罪是诈骗罪的一种特殊形式,诈骗罪的特征在合同诈骗罪中应当具备。合同诈骗罪与诈骗罪属于法条竞合。按照特殊法优于普通法的原则,符合合同诈骗行为的诈骗罪,按照合同诈骗罪处理。合同诈骗罪和诈骗罪的区别:一是在客观行为上是否利用了合同的特定手段进行诈骗。二是在侵犯的客体上是否扰乱和侵害了市场经济秩序的客体。因为合同诈骗侵犯的是双重客体,这是区分两罪的客观标准。三是在作案手段上,采取虚构主体,冒用他人名义,使用伪造、变造、虚假的单据等证明文件等是合同诈骗罪的显著特征。本案中,刘某等人以非法占有为目的,在签订合同过程中,使用虚假的证明文件骗取国家公共财产,其行为完全符合合同诈骗罪的犯罪构成。

第四,关于拆迁公司与刘某签订的拆迁补偿安置协议的性质。根据我国刑法关于合同诈骗罪的规定以及高法有关司法解释可知,合同诈骗罪中的合同是指经济合同。我国合同法规定,所谓合同是指平等主体的自然人、法人、其他组织之间设立、变更、终止民事权利义务关系的协议。这里指的就是经济合同。而行政合同是指行政机关之间,行政机关与个人、组织之间,为实现国家行政管理的某些目标,而依法签订的协议。据此,我们知道K区委托拆迁公司、评估公司对被拆房屋进行拆迁、评估的委托协议系行政合同,而拆迁公司与拆迁户之间签订的协议不属于行政合同范畴,而是一般经济合同。

第五，关于刘某送给王某3万元、孙某、齐某各1.5万元的行为性质。王某身为拆迁小组组长，孙某、齐某身为拆迁小组成员，在明知刘某提供的是虚假的证明文件的情况下，仍然与刘某合谋，积极促成刘某多骗取政府拆迁补偿款，其行为已构成合同诈骗罪共犯，他们收受刘某所送的钱的行为，系他们帮助刘某实施合同诈骗行为所得的报酬，不应认定为受贿，故也不能认定犯罪嫌疑人刘某给王某3万元钱的行为系行贿犯罪，给孙某、齐某各1.5万元的行为是对公司、企业人员行贿犯罪。

综合上述分析，我们认为王某等人的行为应构成合同诈骗罪共犯。

三、建议

对于拆迁小组人员利用职务之便骗取拆迁补偿款的行为如何适用法律，我们建议在"两高"关于合同诈骗罪的司法解释中规定："在征地拆迁过程中，拆迁小组成员以非法占有为目的，采取虚构事实或隐瞒真相的手段，骗取拆迁补偿款，数额较大，符合刑法第二百二十四条规定的，应以合同诈骗罪追究其刑事责任。"

[作者：吴宗华（1976—），男，汉族，江苏南通人，江苏省南通市开发区人民检察院检察员。]

典型类案 44 如何理解认定偷税罪的"数额+比例"标准

我国《刑法》第 201 条规定,偷税数额占应纳税额的 10% 以上并且偷税数额在 1 万元以上的,构成偷税罪。与其他经济犯罪不同,刑法对偷税罪的认定采用了"数额+比例"的复合标准。但是我们在实践中发现,由于这种标准具有内在的逻辑矛盾,导致了偷税罪认定过程中的诸多困境,给认定犯罪带来一定的困难。本文拟通过对一则案例的分析和研究,指出偷税罪立法上存在的缺陷,并提出相应的修改建议。

一、类案简介

公安机关在查处一起职务侵占犯罪案件时,发现犯罪嫌疑人王某于 2005 年 1 月至 2006 年 8 月间,采取隐匿收入的手段,进行虚假的纳税申报,少缴应纳税款,遂一并立案侦查。经侦查查实,犯罪嫌疑人王某偷税数额约 9 万元,占应纳税额的 12%。公安机关于侦查终结后将该案以职务侵占罪和偷税罪移送审查起诉。在审查起诉过程中,发现该案偷税犯罪一节部分事实不清,遂退回公安机关补充侦查。经补充侦查,最终查实,犯罪嫌疑人王某的偷税数额共计 15 万元,占同期应纳税额近 20%。

案件处理结果:公安机关仅以犯罪嫌疑人王某构成职务侵占罪重新移送审查起诉。

二、主要分歧意见与评析

对此类案件的处理,在司法实践中产生了两种截然相反的意见:

第一种意见认为,犯罪嫌疑人王某不构成偷税罪。《刑法》第 201 条规定:"纳税人采取伪造、变造、隐匿、擅自销毁账簿、记账凭证,在账簿上多列支出或者不列、少列收入,经税务机关通知申报而拒不申报或者进行虚假的纳税申报的手段,不缴或者少缴应纳税款,偷税数额占应纳税额的百分之十以上不满百分之三十并且偷税数额在一万元以上不满十万元的,或者因偷税被税务机关给予二次行政处罚又偷税的,处三年以下有期徒刑或者拘役,并处偷税数额一倍以上五倍以下罚金；偷税数额占应纳税额的百分之三十以上并且偷税数额在十万元以上的，处三年以上七年以下有期徒刑，并处偷税数额一倍以上五倍以下罚金。"

该条文已经明确规定了偷税罪定罪量刑的法定要件，两个量刑幅度的偷税罪，没有一个可以适用于本案。第一个量刑幅度（即3年以下一档）适用的情形是：偷税数额占应纳税数额10%以上不满30%并且偷税数额在1万元以上不满10万元，本案偷税比重为20%符合刑法规定，但偷税数额达15万元，显然已超过了第一个量刑幅度规定的上限即10万元；而第二个量刑幅度（即3年至7年有期徒刑一档）适用的情形是：偷税数额占应纳税数额的比重为30%以上并且偷税数额在10万元以上，本案虽然数额为15万元符合刑法规定，但是却不符合另一个必要条件即比重只有近20%，未达到30%这一定罪下限。因此，犯罪嫌疑人王某的偷税行为不符合刑法规定，不构成偷税罪。

第二种意见认为，犯罪嫌疑人王某构成偷税罪。偷税数额占应纳税数额的比例10%以上不满30%并且偷税数额在10万元以上的偷税行为，危害程度肯定重于偷税数额不满10万元的偷税行为。按照罪刑相适应原则，轻者能定罪，重者岂能无法定罪？

笔者同意第二种意见，犯罪嫌疑人王某构成偷税罪。刑法关于偷税罪的数额加比例标准的规定，主要是照顾大额纳税人和小额纳税人的均衡：采用比例制，不至于大额纳税人一偷税就构成犯罪；采用数额制，不至于小额纳税人一偷税就构成犯罪。但是，"比例＋数额"制貌似合理，实质上却不科学。

首先，"比例＋数额"制违背了公平原则。我国宪法规定，公民在法律面前一律平等。《刑法》第4条也规定，"对任何人犯罪，在适用法律上一律平等"。也就是说，全体公民适用刑法不受民族、性别、职业、地位、财产状况、居住年限的影响，只要是同样的违法行为，都要受到法律同等标准的制裁，任何人都不得有超越法律的特权。偷税犯罪也是如此，将大额纳税人与小额纳税人区别对待是不公平的。法律面前人人平等，这包括违法处罚时的平等。同样的违法犯罪行为应受同样的处罚，就犯罪而言，处罚只能因行为的社会危害程度不同而不同。虽然大额纳税人上缴的税款多，对国家贡献大，但功是功，过是过，功过不能抵消，更不能因此而放宽对大额纳税人的定罪标准。根据现行刑法规定的定罪标准，一个年纳税1000万元的企业，偷税99万元可以无罪，而一个年纳税10万元的企业，偷税1万元就构成犯罪，这种现象的出现，对规范社会行为显然是一个极其错误的导向。任何人偷税同属主观故意，按偷税比例来定罪，事实上有利于"富人"，客观上违反了法律面前人人平等的原则。

其次,"比例+数额"制违背了定罪原则。犯罪的本质是对社会的危害,只有社会危害性大小才是区分罪与非罪的标准。只有影响社会危害性的东西,才能作为定罪的依据。偷税罪的社会危害性表现为纳税人的主观恶性和行为的客观危害,行为的客观危害主要表现为偷税数额的大小。当然,客观行为是主观心理的外在表现,偷税数额的大小也在极大程度上反映了行为人的主观恶性。可以说,偷税罪的社会危害性集中体现在偷税数额上。比例制反映不出行为人的主观恶性和行为的客观危害程度,即比例的大小与行为的社会危害大小不存在关系。若对凡有偷税行为的纳税人都按照偷税数额比例的规定去衡量其是否构成犯罪,就必然会出现偷税数额大的纳税人可能不构成犯罪,而偷税数额小的纳税人却可能构成犯罪等悖理现象。

最后,"比例+数额"制的计算方法在实践中不能统一,容易成为个别司法人员徇私枉法、擅断罪刑的"合法"借口。

针对司法实践中偷税罪在法律适用方面存在的问题,我们认为,既要严格依据刑法精神适用法律,又要结合税法和税收征管的实践灵活适用法律。

首先,要注意灵活适用法律,确保刑罚适用的公平和合理。对于偷税罪刑法规定"合法不合理"的现象,要能够灵活适用法律,在刑法的基本精神范围内进行适当的纠偏,对《刑法》第201条进行修改,对"数额+比例"的标准进行调整。取消第一档量刑比例的上限,这样可避免偷税额在1万元以上不满10万元,但却占应纳税额30%以上的,既不符合第一个量刑档次规定,又不符合第二个量刑档次规定,因而无法依照本款规定定罪量刑。同时,偷税数额虽然超过10万元,但占纳税额的比例却不到30%的,如何定罪量刑,也属于法无据的现象。

其次,应当以偷税数额作为评价偷税行为社会危害性的第一标准。偷税罪是经济犯罪,通常是通过对其犯罪结果的量化、数额化来衡量其犯罪的社会危害性。因此,偷税数额是衡量和判断偷税行为社会危害性的最重要标准之一。所以在刑法规定尚不完善的情况下,可以考虑以偷税数额作为考查其社会危害性的标准。对偷税数额较大,但比例未达10%以上的情况,应在第一档以绝对数额加以明确,不考虑偷税的比例,避免出现大额纳税人偷税不构罪的现象。

三、建议

偷税罪是一种常见犯罪,随着我国社会主义市场经济的迅猛发展,税收对国家政治和经济生活发挥的作用越来越重要。偷税罪立法虽然较以往有了很大进步，更加具体、完备，但面对日益复杂的社会经济状况，认定偷税罪的"数额+比例"标准，给司法实践带来了诸多难题，产生了诸多有悖于刑法一般理论的现象，造成对偷税犯罪分子的打击不力，在客观上纵容了偷税行为的存在和发生。因此，我们建议将《刑法》第201条第1款修改为："纳税人采取伪造、变造、隐匿或擅自销毁账簿、记账凭证，在账簿上多列支出或不列、少列收入的手段，或者经税务机关通知申报而拒不申报或进行虚假申报，不缴或少缴应纳税款，偷税数额在一万元以上并且占应纳税额的比例达到百分之十的，或者偷税数额虽未占应纳税额百分之十但偷税数额已达十万元以上的，或者因偷税被税务机关给予两次行政处罚又偷税的，处三年以下有期徒刑或者拘役，并处偷税数额一倍以上五倍以下罚金；偷税数额在十万元以上并且占应纳税额百分之三十以上的，处三年以上七年以下有期徒刑，并处偷税数额一倍以上五倍以下罚金。"

［作者：张杰（1978—），男，汉族，江苏南通人，江苏省南通市开发区人民检察院办公室副主任。］

三、侵犯公民人身权利、民主权利罪

典型类案 45 无奸淫故意而与智力残疾或者精神残疾妇女非法同居是否应以强奸罪论处

在司法实践中我们发现，与患有精神病或痴呆妇女发生性行为而依照现行司法解释以强奸罪论处的案件中，出现了部分犯罪嫌疑人并无强奸犯罪故意，而是由于家庭困难无条件娶妻而与痴呆妇女非法同居，在处理此类案件的过程中如何适用法律，存在较大的意见分歧。

一、类案简介

案例1：犯罪嫌疑人徐某，男，现年54岁，文盲，以务农和拾荒为业。

犯罪嫌疑人范某，男，现年56岁，文盲，以务农和拾荒为业。

犯罪嫌疑人徐某因涉嫌强奸、故意伤害罪于2005年11月18日被依法执行逮捕，范某因涉嫌强奸罪于2005年11月1日被监视居住。

某村村民常某（女，现年67岁）所生之女周某（现年39岁）精神发育呆滞（轻2中度），十多年前嫁给万某为妻，生有一男一女，因万某也患精神疾病，不再与周某一起生活。犯罪嫌疑人徐某娶妻生女后离异，于2002年在拾荒时与周某相识，即带回家中非法同居。2004年秋，周某之母常某获知周某在徐家生活不好并遭打骂，遂将周某带至拾荒期间相识的范某某（女）之兄范某家（未婚）相看，认为范某家生活状况较徐某家好，自己又无力抚养女儿，即从让女儿"跟着范某有碗饭吃就行了"的愿望出发，于次日由周某自行到范某家非法同居。2004年12月20日，犯罪嫌疑人徐某带人从范某家抢走周某并将范某的右眼打成重伤导致失明。

某县公安局根据群众报案，于2005年5月25日对犯罪嫌疑人徐某故意伤害致范某重伤一案立案侦查，侦查期间认为犯罪嫌疑人徐某、范某均明知周某系痴呆妇女而与之发生性行为,涉嫌强奸罪,分别于 2005 年 6 月 22 日和 9 月 20 日对犯罪嫌疑人徐某、范某立案侦查,后于 2006 年 1 月 18 日并案移送某县人民检察院审查起诉。

案例 2:被告人李某,男,1967 年 3 月生,初中文化,农民。2000 年 5 月 25 日因涉嫌强奸罪被刑事拘留,2001 年 10 月 18 日转取保候审。

1994 年 8 月的一天,被告人李某在上海打工期间,将刚相识的女青年张某带回老家并同居,邻居发现张女脑子有问题,李母子俩便带张女到村医生郭某处看病,郭某告知李母子:张女脑子有病。被告人李某仍与张女同居一年多时间。后被告人李某嫌张女不会做家务且未怀孕,于 1995 年年底将张女带至某乡给他人为妻。经法医鉴定:张女患精神发育迟滞(中度),无性防卫能力。

2002 年 1 月 30 日某人民法院判处被告人李某犯强奸罪,有期徒刑 3 年,缓刑 4 年。

二、本类案件的争议焦点

1984 年最高人民法院、最高人民检察院和公安部联合颁发的《关于当前办理强奸案件中具体应用法律的若干问题的解答》规定:"明知妇女是精神病患者或者痴呆者(程度严重的)而与其发生性行为的,不管犯罪分子采取什么手段,都应以强奸罪论处。"与《残疾人保障法》的相关规定(奸淫因智力残疾或者精神残疾不能辨认自己行为的残疾人的,以强奸论)相冲突,如何适用法律。

三、主要分歧意见与评析

第一种意见认为,审判机关和公安机关对上述案例中的被告人、犯罪嫌疑人的处理,适用法律准确。

理由:最高人民法院、最高人民检察院、公安部于 1984 年 4 月 26 日印发的《关于当前办理强奸案件中具体应用法律的若干问题的解答》(以下简称两高一部《解答》)中明确指出:"明知妇女是精神病患者或者痴呆者(程度严重的)而与其发生性行为的,不管犯罪分子采取什么手段,都应以强奸罪论处。"

第二种意见认为,对犯罪嫌疑人徐某犯故意伤害罪无异议,而对犯罪嫌疑人范某、被告人李某不宜以强奸罪追究刑事责任。

理由如下:

1. 从主观方面来看,与精神病患者或者痴呆者发生性行为而构成强奸罪的，必须具有"奸淫"的犯罪故意。根据《残疾人保障法》的规定，与精神病患者或者痴呆者发生性行为而构成强奸罪的，必须具有"奸淫"的犯罪故意，非以"奸淫"为目的，即使与精神病患者或痴呆者发生性行为，也不应认定为强奸罪。因为，除了法定的过失犯罪以外，凡是实施故意犯罪的行为人，都必须具有明确的犯罪故意。缺少了这一重要的必备要件，就不能构成犯罪。如上述案例1中的犯罪嫌疑人范某在被害人周某之母带着被害人到其家中相看并同意被害人与其一起生活的情况下，与被害人非法同居，虽属违法，但因其不具有"奸淫"故意，因此不能认定为强奸罪。案例2中被告人李某结识被害人张某时并不知道张女痴呆，而是以共同生活为目的带回成家，此后发现张女脑子有毛病仍与其同居一年多，后因嫌张女不会做家务及未有身孕而将张女抛弃。也不具有"奸淫"故意，因此也不能认定为强奸罪。

2. 从侵害对象来看，《残疾人保障法》规定，此类案件中的行为人所侵害的对象并非两高一部《解答》中所泛指的精神病患者或痴呆者，而是智力残疾或者精神残疾患者中不能辨认自己行为的那一部分残疾人，其范围的狭窄性显而易见。按照这一规定，只有奸淫不能辨认自己行为的智力或精神残疾者的，才应以强奸论。这一侵害对象范围的法定性，决定了司法实践中的不容随意性。如上述案例2中被告人李某明知张女系精神病患者仍与其发生性行为，按照两高一部《解答》以强奸定罪处罚是正确的。然而，张某虽系精神发育迟滞且伴有精神分裂症，但其尚能正常生活，外出做工，又主动要求李某与其发生性关系，且对李某与其他女性相好极其嫉妒，显然不属于不能辨认自己行为的智力残疾者或精神残疾者。因此，按照《残疾人保障法》的规定，对被告人李某就不应以强奸罪定罪处罚。

3. 从立法精神来看，两高一部《解答》对于精神病患者或者痴呆者的妇女，在存在法律婚姻或者事实婚姻的情况下，是否也构成强奸罪，没有明确规定，如果也"都应以强奸罪论处"的话，显然，这是不符合立法精神的，我国法律并不承认婚内强奸，事实婚姻虽然违法，但不应该用刑法来调整。两高一部《解答》规定"都应以强奸罪论处"的提法过于绝对，是扩张解释，有违立法精神。

4. 从法律效力来看，《残疾人保障法》是部门法，而两高一部《解答》暂且算是司法解释，且两高一部《解答》颁布在前，《残疾人保障法》颁布在后，其效力明显高于两高一部《解答》，当两者规定不一致时，应以《残疾人保障法》的规定为准。并且，《残疾人保障法》规定以强奸论的行为是，对因智力残疾或者精神残疾不能辨认自己行为的残疾人实施"奸淫"，而两高一部

《解答》的规定是，明知是精神病患者或者痴呆者而与其发生性行为；后者的内涵和外延显然要比前者大得多。相比之下，《残疾人保障法》关于打击以奸淫为目的，利用智力残疾或精神残疾妇女不能辨认自己行为，不能有效保护自己的性权利的客观条件，故意实施强奸的犯罪行为的规定表述，显然要客观得多，科学得多。因为，智力残疾或精神残疾明显存在程度上的轻重不同之分。只有那些对不能辨认自己行为，不能充分地意识到自己的性权利应当如何保护和是否受到侵害的智力或精神残疾妇女故意实施奸淫的行为，才应予以坚决的打击。对于那些并非出于奸淫故意而与尚能部分辨认自己的行为，具有一定生活自理能力的妇女同居或通奸的行为，则应区别情况，区别对待，而不能"不管犯罪分子采取什么手段，都应以强奸论处"。

我们同意第二种意见。

四、建议

1. 建议废止两高一部《解答》中关于"明知妇女是精神病患者或者痴呆者（程度严重的）而与其发生性行为的，不管犯罪分子采取什么手段，都应以强奸论处"的规定，再根据《残疾人保障法》的相关规定，结合刑法执行实践，作出新的司法解释。

2. 对如何认定《残疾人保障法》中所规定的"智力残疾或者精神残疾不能辨认自己行为"的情况，建议应与鉴定结论中的相关结果相对应。

［作者：张毅（1963—），男，汉族，江苏南通人，江苏省南通市人民检察院研究室主任；曹凯（1963—），男，汉族，江苏南通人，江苏省南通市人民检察院研究室副主任；张傲冬（1972—），女，汉族，河北唐山人，江苏省南通市人民检察院检察员、法律硕士。］

典型类案 46 对与之有长期通奸关系的女方未满 14 周岁前的奸淫（强奸）行为是否构成强奸罪

最高人民法院、最高人民检察院、公安部于 1984 年 4 月 26 日联合颁布的《关于当前办理强奸案件中具体应用法律的若干问题的解答》（以下简称《解答》）中对强奸和通奸作了区别，规定："第一次性行为违背妇女的意志，但事后并未告发，后来女方又多次自愿与该男子发生性行为的，一般不宜以强奸罪论处。"在司法实践中，对长期有通奸关系的女方未满 14 周岁之前被男方奸淫（强奸）的行为能否适用《解答》、是否构成强奸罪问题出现分歧。本文就从实际案例出发对这个问题试作分析与研究，并提出研究意见和司法建议。

一、类案简介

犯罪嫌疑人曹某，男，1963 年 8 月生，文盲，农民。因涉嫌强奸罪，于 2004 年 5 月 19 日被刑事拘留。某市公安局于 2004 年 6 月 18 日向某市人民检察院提请批准逮捕。后由于证据方面的原因该案经某市人民检察院检察委员会讨论作了不予批准逮捕的决定。被害人瞿某，女，1986 年 11 月生，文盲，种田。1996 年 6 月，瞿某的母亲顾某改嫁给曹某的哥哥曹某某，瞿某随母一起到曹家共同生活。1999 年 5 月的一天，犯罪嫌疑人曹某采用诱骗手段对时为 13 岁的幼女瞿某实施了奸淫，此后，曹某多次与瞿某发生性关系，同年 11 月，瞿某怀孕，并由曹某带到某医院行流产放环手术，后曹某一直与瞿某保持通奸关系。2004 年 4 月，瞿某经他人介绍嫁人，未婚夫带其婚前检查时，得知瞿某子宫内有节育环而案发。

二、本类案件的争议焦点

犯罪嫌疑人对与之有长期通奸关系的女方未满 14 周岁之前的奸淫（强奸）行为是否构成强奸罪。

三、主要分歧意见与评析

第一种意见认为，犯罪嫌疑人曹某的行为不构成强奸罪。

最高人民法院、最高人民检察院、公安部于 1984 年 4 月 26 日联合颁布的《关于当前办理强奸案件中具体应用法律的若干问题的解答》（以下简称《解答》）中关于强奸和通奸区别所作的规定："第一次性行为违背妇女的意志，但事后并未告发，后来女方又多次自愿与该男子发生性行为的，一般不宜以强奸罪论处。"而《刑法》第 236 条第 2 款明确规定："奸淫不满十四周岁的幼女的，以强奸论，从重处罚。"最高人民法院、最高人民检察院于 2002 年 3 月 26 日联合发布《关于执行〈中华人民共和国刑法〉确定罪名的补充规定》中已经取消"奸淫幼女罪"罪名，奸淫幼女的行为应构成强奸罪，因此当然也适用上述《解答》。综上，犯罪嫌疑人曹某对与之有通奸关系的瞿某之前的奸淫幼女行为不构成强奸罪。

第二种意见认为，犯罪嫌疑人曹某的行为构成强奸罪。

1. 《刑法》第 236 条第 2 款规定奸淫幼女的，以强奸论。这说明奸淫幼女行为并非典型的强奸罪。正因如此，奸淫幼女构成强奸罪的犯罪构成，与典型的强奸罪的犯罪构成也有所区别。其原因正是出自于对幼女的特殊保护。幼女是相对于成年妇女和少女而言的。不满 14 周岁的幼女，其生殖器官、智力水平、思维能力等均处于未成熟状态，对社会生活中的许多事物缺乏识别能力，不知道性行为的性质及其可能产生的后果，对犯罪分子的侵害行为缺乏识别和防卫反抗能力，容易受到侵害。因此，我国《刑法》第 236 条第 2 款把奸淫幼女单列一款，无论幼女是否懂得违背自己的意志，都以强奸论罪，而且从重处罚。

2. 这类案件不适用《解答》第 3 条第 2 项中关于先强奸后通奸的，对强奸行为认为"一般不宜以强奸罪论处"的规定。一方面该规定用"一般不宜"而不是用"一律"不以犯罪论，应当具体个案具体分析。"一般不宜"以强奸罪论处的情况，主要考虑发生第一次强奸行为后，女方又自愿多次与行为人发生性交，说明该行为对该妇女造成的危害不大，对社会影响较小。因而一般没有必要再追究行为人的强奸罪责。另一方面，该规定是指第一次违背"妇女"意志而后有与该"妇女"通奸的情况。强调的是违背"妇女"的意志，只适用《刑法》第 236 条第 1 款的典型强奸罪。第 2 款关于奸淫"幼女"均以强奸论的情况，不考虑其是否违背幼女的意志，不存在"违背妇女意志"的问题。

我们同意第二种意见。笔者认为：

1. 对《解答》的理解。我们知道，强奸是侵犯妇女不与他人性交的权利的行为，其危害程度的大小与妇女意志上的对抗程度的大小有着密切的联系。

通奸是双方或者一方有配偶的男女，自愿发生的不正当性交行为。第一次强奸行为后，女方自愿多次与行为人发生性交，说明该行为对该妇女造成的危害不大。无论从行为的社会危害性来考虑，还是从稳定现实社会关系考虑，一般都没有必要再追究行为人的强奸罪责。但是，这种情况不追究行为人的罪责，并不是绝对的，而要作具体分析。幼女是相对于成年妇女和少女而言的。不满14周岁的幼女，其生殖器官、智力水平、思维能力等均处于未成熟状态，对社会生活中的许多事物缺乏识别能力，一般也没有性欲要求，不知道性行为的性质及其可能产生的后果，对犯罪分子的侵害行为也缺乏识别和防卫反抗能力，容易上当受骗，幼女被奸淫后，往往会产生严重的后果，有的出现头晕腹痛、面黄肌瘦、智力减退、性格怪异等病态反应；有的造成生理上严重损伤，甚至终身残疾；有的会自暴自弃，误入歧途，甚至坠入犯罪深渊。因此，奸淫幼女是一种极为野蛮、残酷的犯罪，严重损害幼女身心健康，影响幼女的正常发育和成长，我国宪法规定："儿童受国家保护。"我国《刑法》第236条第2款把奸淫幼女单列一款，以强奸论，从重处罚，表明了国家对少年儿童的特殊保护。根据《解答》的精神，笔者认为，《解答》第3条第2项中关于先强奸后通奸"一般不宜以强奸罪论处"的规定，并不是规定这种情况"一律"不以犯罪论。对于先奸幼后通奸的情形，不宜适用"强奸后通奸"的条款处理。不论行为人是否使用暴力、胁迫或其他手段，也不论幼女是否表示同意或者有无反抗表示，只要明知是幼女而与幼女发生性行为，就应按强奸罪处罚。

2. 对行为人与同一女孩在其14周岁前后均进行奸淫行为的处理。这里可分为不同的情况：（1）行为人在女方不满14周岁时明知幼女但未以暴力、胁迫等手段奸淫幼女，在女方满14周岁后双方又自愿发生性关系的，应认定行为人构成强奸罪。（2）行为人在女方未满14周岁时强行与幼女发生性关系，在女方满14周岁后双方自愿发生性关系的，应认定行为人构成强奸罪。（3）行为人在女方未满14周岁时确实不知是幼女而在幼女同意下与之性交，在女方满14周岁后强行与之性交的，应认定行为人构成强奸罪，且先前与幼女性交的行为不作为强奸罪的从重情节。（4）对已满14周岁不满16周岁的男少年与14周岁左右的女少年，双方确系在恋爱中自愿发生性行为的，或者行为人确实不明知对方是幼女，在女方14周岁前后双方自愿发生性关系的，未造成严重后果，情节显著轻微的，则可不追究刑事责任。

3. 对曹某行为的认定。本案行为人曹某多次对不满14周岁幼女瞿某实施奸淫致其怀孕流产，并隐瞒被害人给其放环，继而一直对其实施奸淫。虽然被害人称第一次被奸淫后，便"自愿"与曹某发生性关系，但是这不是被害人真实意志的表现,作为一名不满14周岁的儿童来讲,其身心发育尚未成熟,缺乏识别事物、表达意志和反抗防卫能力,曹某的行为严重损害了幼女身心健康,影响幼女的正常发育和成长,为了保护少年儿童身心健康,切实维护未成年人合法权益,从严打击奸淫幼女犯罪,对曹某的行为应按强奸罪处罚。

四、建议

通过以上分析与研究,笔者认为,在司法解释已取消"奸淫幼女罪"罪名的情况下,为了不引起不必要的认识错误,建议最高人民法院、最高人民检察院对此种情况应进一步作出专门的司法解释,明确规定:奸淫幼女后通奸的,男方对女方未满14周岁之前的奸淫行为应承担奸淫幼女的刑事责任,适用《刑法》第236条第2款的规定,但可以视情况相对从轻处理。

[作者:张毅(1963—),男,汉族,江苏南通人,江苏省南通市人民检察院研究室主任;张傲冬(1972—),女,汉族,河北唐山人,江苏省南通市人民检察院检察员、法律硕士;孙维佳(1970—),男,汉族,江苏南通人,江苏省南通市港闸区人民检察院职侦局副局长。]

典型类案 47 被害人性防卫能力的精神病司法鉴定结论不宜作为强奸痴呆妇女案件的定案依据

最高人民法院、最高人民检察院1984年4月26日《关于当前办理强奸案件中具体应用法律的若干问题的解答》(以下简称《解答》)规定:"明知妇女是精神病患者或者痴呆者(程度严重的)而与其发生性行为的,不管犯罪分子采用什么手段,都应以强奸罪论处。"在办理此类案件的过程中,对被害人是否属于精神病患者或者程度严重的痴呆者进行司法鉴定,是一个十分重要的问题。通常情况下,司法机关在委托鉴定上述内容的同时,还要求对被害人是否具有性防卫能力的问题一并予以鉴定。然而,被害人是否具有性防卫能力,不仅受到精神病状况或者痴呆轻重程度的影响,而且受到被害人年龄等其他因素的影响,常常出现轻度痴呆者也被鉴定为无性防卫能力的情况,从而导致在适用《解答》办理具体案件时产生重大意见分歧。笔者试从一起典型案例谈起,对被害人性防卫能力的精神病司法鉴定结论是否适宜作为强奸痴呆妇女案件的定案依据问题,作一些探讨和研究。

一、类案简介

犯罪嫌疑人陆某,男,51岁,初中文化,建筑工程队施工员。2007年1月6日因涉嫌强奸罪被刑事拘留。被害人卢某,女,17岁(1990年7月27日生),初中二年级文化,在绣花厂从事绣花工作,与陆某系同组村民。自2006年夏天开始,陆某与卢某经常电话交往。据电信部门出具的卢某使用的小灵通电话通话记录,当年11月,卢某几乎每天都打电话给陆某,打得多的一天达10次左右。同时,卢某与同组男村民储某也有多次电话联系。同年12月5日,陆某打电话约卢某到家来玩。当晚7时许,卢某从自家出发,未去上夜班而来到陆家,当夜与陆某发生两性关系。12月6日,卢某在陆家吃过午饭,接到同组男村民储某电话后,又去了储家,与储某同宿并发生两性关系。12月7日,卢某父母见其两天未回家且得知其未去上班,即至电信局查找其小灵通通话记录,从而找到陆、储二人,将卢某找回家中,经劝说,使卢某说出了实情而案发。

本案侦查期间，精神病司法鉴定中心对卢某进行了精神病司法鉴定，认为卢某患精神发育迟滞（轻度），同时认为"由于被鉴定人存在智能障碍，加之年龄很小，对性的知识一无所知，毫无自我保护意识，在被人骗至家中奸宿时也毫无反抗，也无讨要钱物等其他目的，故认定其无性防卫能力"。

案件最终处理结果：2007年1月12日，公安机关以陆某涉嫌强奸罪提请批准逮捕，检察机关在对本案进行主要犯罪事实和证据进行复核时发现，卢某在与陆、储二人电话联系，以及有无接受陆某钱物等关键情节上，有明显隐瞒实情的情况。由于被害人一方面仅属于轻度痴呆，一方面又被鉴定为无性防卫能力，所以，在决定是否对陆某批准逮捕时产生重大意见分歧，最终决定以"事实不清、证据不足"为由，不予批准逮捕。

二、本类案件的争议焦点

对本案犯罪嫌疑人陆某的行为，应当因为被害人的痴呆程度不严重而不以强奸论处，还是应当因被害人被鉴定为无性防卫能力而以强奸罪定罪处罚，产生了分歧意见，其焦点在于：在强奸案件的被害人被鉴定为轻度或中度精神发育迟滞（痴呆），同时又被鉴定为无性防卫能力的情况下，如何适用《解答》规定对案件作出处理。

三、主要分歧意见与评析

第一种意见认为，既然精神病司法鉴定明确认为被害人卢某系精神发育迟滞且无性防卫能力，就应依照《解答》的规定，认定陆某与痴呆妇女发生性行为而构成强奸罪。理由是，强奸罪的本质特征在于违背妇女意志并强行与其发生性行为，而本案被害人经精神病司法鉴定，并无性防卫能力，犯罪嫌疑人利用了这一点而与之发生性行为，就是违背了女方意志，符合构成强奸罪的主客观方面要件。

第二种意见认为，依照《解答》规定，陆某的行为不构成强奸罪。理由是：（1）经精神病司法鉴定，卢某患轻度精神发育迟滞，而《解答》规定，与痴呆妇女发生性行为构成强奸罪的，被害人的痴呆状况必须达到程度严重的要求。（2）《解答》关于与痴呆妇女发生性行为而构成强奸罪的解释中，并没有将被害人有无性防卫能力作为必备条件予以明确规定。所以，在执行《解答》的过程中，只能将被害人有无性防卫能力的鉴定作为参考，而影响到案件定性问题的决定性条件，只能是被害妇女的痴呆状况是否已经达到了严重的程度。

四、建议

笔者认为，《解答》关于行为人与达到严重痴呆程度的妇女发生性行为的，不管犯罪分子采取什么手段，都应以强奸罪论处的规定，既符合刑法的立法精神，也符合实际情况，除需在"痴呆者"的概念与"精神发育迟滞"的医用术语上尽可能统一外，仍应继续执行。但是，司法实践中通常就此既要求鉴定部门对痴呆妇女的痴呆程度作出鉴定，又对该妇女有无性防卫能力的问题作出鉴定的习惯做法利少弊多，建议采取司法解释的形式予以废止。理由如下：

1. 司法实践中不应扩大《解答》所规定的适用范围。《解答》规定，与痴呆（程度严重的）妇女发生性行为，不管采取何种手段，都应以强奸罪论处，是对痴呆妇女合法权益的有效保护。因为，严重痴呆的妇女，本身就不具备性防卫能力。但是，实践中对此不能再作扩张性解释，也就是说，这一规定仅仅适用于被害人是严重痴呆妇女的情况，而不应以"无性防卫能力"为由，将这一规定扩大适用到被害人系轻度或中度痴呆的案件。因为，根据《解答》的精神，只有对严重痴呆的妇女实施性行为的，才能适用不管采取何种手段，都应以强奸罪论处的规定。如果扩大了适用范围，势必违反法律规定造成打击面过宽的不良现象。

2. 被害人有无性防卫能力，并不是认定构成强奸罪的法定条件。一般情况下，构成强奸罪的客观方面要件是使用暴力、胁迫或者麻醉等其他手段。特殊情况有两种，一是被害人为幼女，二是被害人为严重痴呆者。这两种被害人都没有性防卫能力，所以必须予以特殊保护。但是，法律也好，司法解释也罢，都没有也无必要将被害人有无性防卫能力作为认定构成强奸罪的必备要件。所以，在对被害痴呆妇女作出痴呆程度是否严重的司法鉴定的同时，再去作出有无性防卫能力的鉴定，实属多此一举。

3. 对强奸轻度或中度痴呆妇女的行为应予打击，关键是要审查行为人是否采用了非法手段，而不应以被害人有无性防卫能力作为依据和标准。司法实践中要求对被害妇女作出痴呆程度鉴定的同时，又要求作出有无性防卫能力的鉴定，其目的在于，只要被害妇女被鉴定为痴呆者且无性防卫能力，就不管其痴呆程度是否严重，以及犯罪行为人采取了什么手段，都以强奸论处，从而避免或减少了许多麻烦。这种做法显然与严格执法的要求不符。

4. 事实上，关于对痴呆妇女有无性防卫能力的鉴定工作，是一项看似科学而在实际操作中颇难掌握和进行的任务，其鉴定结论往往会因为被鉴定人的故意欺瞒行为和鉴定人对保护痴呆妇女性权利的特殊情感而左右，导致鉴定结论与实际情况不相一致的情况。一般情况下，程度严重的痴呆者，对何谓性权利以及自己的性权利是否受到不法侵害等，往往一无所知，在接受鉴定的过程中表现麻木，鉴定人也就容易得出其没有性防卫能力的正确结论。但是，在被鉴定人痴呆程度并不严重的情况下，其对于事物的感知和问题的处理尚受一定的理智支配，甚至在自己受性要求的影响而主动或在某种外界诱惑下积极与异性发生性行为之后，迫于外界（如父母责备、舆论影响）压力的情况下，为使自己获得解脱，也常常在接受鉴定时指东说西，作出没有性防卫能力的表现，使鉴定人受到不应有的误导而作出错误的鉴定结论。此外，从鉴定人方面来看，也存在同情痴呆妇女而在进行鉴定时有所倾向的现象，非特殊情况，往往都可能对送往鉴定的痴呆妇女作出无性防卫能力的结论。这种结论常常使办案人员陷入难以处断的尴尬境地，采信难，不采信也难。

[作者：秦建军（1968—），男，汉族，江苏海安人，江苏省海安县人民检察院办公室主任。]

典型类案 48 为泄私愤故意伤害他人致人重伤构成故意伤害罪还是寻衅滋事罪，是一罪还是数罪

司法实践中，我们发现，对于为泄私愤故意伤害他人身体，致人重伤的行为是构成故意伤害罪还是寻衅滋事罪，究竟是一罪还是数罪并罚，很有争议，这主要是因为相关的法律规定不明确及规定的效力不确定所致。

一、类案简介

案例1：2005年3月，黄某某乘坐面包车途经某某市一条水泥路时，因遇前方卡车装货而不能通过，遂与装货人发生口角，被害人李某、赵某闻讯后赶至现场对黄某某解释，黄某某仍不满意遂下车拳击李某，赵某见状拦在二人中间劝架并推开李某，被告人黄某某不听劝阻上前继续拳击并击中赵某头部数拳。经鉴定，赵某损伤程度为重伤，李某损伤程度为轻微伤。

案例2：1995年8月3日晚，李某某与陈某某、张某某在某某市电影院西侧打游戏机时，看到陆某某三兄弟与他人发生争执，李某某等人即对陆某某三兄弟殴打，致陆某某双眼视网膜脱离后致右眼盲目，经鉴定陆某某右眼的损伤程度为重伤。

二、本类案件的争议焦点

对于为泄私愤故意伤害他人身体，致人重伤的行为，有人从故意伤害罪的构成要件主客观分析认为应构成故意伤害罪，有人从寻衅滋事罪的构成要件分析认为应构成寻衅滋事罪，也有人依照江苏省高级人民法院、江苏省人民检察院、江苏省公安厅《关于办理聚众斗殴等几种犯罪案件适用法律若干问题的讨论纪要》的规定，认为应两个罪名数罪并罚。关键是如何正确把握以下两个方面：（1）寻衅滋事造成他人重伤、死亡时，究竟该如何处理，怎样正确看待苏公厅〔2000〕399文件的效力。（2）如何正确把握寻衅滋事罪的客体，以准确区分随意殴打他人的寻衅滋事与故意伤害。

三、主要分歧意见与评析

第一种观点认为，行为人在公共场所无事生非，随意殴打他人，情节严

重,其行为破坏了社会秩序,是对社会秩序的一种公然挑衅,因而构成寻衅滋事罪。由于现行法律中并未明确规定寻衅滋事造成重伤、死亡时应如何处理,根据罪刑法定原则,只能认定他们的行为构成寻衅滋事罪,处5年以下有期徒刑、拘役或管制。

第二种观点认为,行为人的行为构成寻衅滋事罪与故意伤害罪,应数罪并罚。理由是:首先,行为人在公共场所随意殴打他人的行为构成寻衅滋事罪。根据江苏省高级人民法院、江苏省人民检察院、江苏省公安厅《关于办理聚众斗殴等几种犯罪案件适用法律若干问题的讨论纪要》(即苏公厅〔2000〕399号)的规定:寻衅滋事中直接致人重伤、死亡,构成犯罪的,分别按照寻衅滋事罪和故意伤害罪或故意杀人罪定罪,实行数罪并罚,因此本案中黄某某等人的行为构成寻衅滋事罪和故意伤害罪。

第三种观点认为,行为人的行为构成故意伤害罪。行为人为泄私愤而拳击被害人,是无视国法,故意伤害他人身体的内心指导下而进行的,最终造成他人受伤害,因而构成故意伤害罪。

笔者同意第三种观点,理由是:寻衅滋事罪与聚众斗殴罪均是1997年刑法新增设的罪名,是从1979年刑法流氓罪中分离出来的。刑法第292条规定聚众斗殴罪的罪状及相关的量刑幅度,同时第2款明确规定:"聚众斗殴,致人重伤、死亡的,依照本法第二百三十四条、第二百三十六条的规定处罚",即按故意伤害罪、故意杀人罪处罚,而《刑法》第293条只规定了寻衅滋事罪的罪状及量刑幅度,却未对寻衅滋事时致人重伤、死亡应如何处理作出规定,两院的司法解释也没有规定,导致在司法实践中一旦出现致人重伤、死亡的情况便无所适从。事实上,在司法实践中,寻衅滋事致人重伤、死亡的情况同样存在,刑法对此未明确规定,可以说是一大缺憾。

那么,我们究竟该如何看待苏公厅〔2000〕399号文件的效力呢?

首先,从解释的主体而言,该文件不具有法律效力。刑法司法解释是指最高司法机关对刑法含义所作的解释。根据全国人大常委会《关于加强法律解释工作的决议》及《人民法院组织法》、《人民检察院组织法》的规定,只有最高人民法院和最高人民检察院才是刑法司法解释权的主体,其他任何机关都无权制定刑法司法解释。因此苏公厅〔2000〕399号文件既不是法律,也不是司法解释,甚至不是有权解释,因而不具有法律效力。

其次,从法理而言,该解释违背相关的法学理论。如案例中的情况,黄某某随意殴打他人造成重伤,这个后果的发生已经明显超出寻衅滋事罪所保护的客体——公共秩序的正常运转,如果仅仅以寻衅滋事罪追究其刑事责任显然违背罪刑相适应原则。事实上,寻衅滋事致人重伤或死亡的情况完全符合想象竞合犯的特征,即行为人出于破坏公共秩序而寻求个人精神满足的目的,实施了《刑法》第293条4种罪状之一的行为,触犯了两个罪名(寻衅滋事罪和故意伤害罪或故意杀人罪)。对于想象竞合犯,属处断的一罪,应择一重罪处罚。从量刑而言,寻衅滋事罪处5年以下有期徒刑、拘役或管制,而故意伤害罪、故意杀人罪最高可判处死刑,显然应以故意伤害罪、故意杀人罪定罪处罚。

第三,不符合刑法规范的前后一致性。如前所述,聚众斗殴罪与寻衅滋事罪均由流氓罪分离而来,两罪的主体、客体、主观方面都完全相同,只是各自的罪状不同而已,因而从某种方面而言,两个罪具有共同的特性,正是考虑到致人重伤或死亡的情形属想象竞合犯这一点,《刑法》第292条第2款才规定:聚众斗殴致人重伤、死亡时依照故意伤害罪、故意杀人罪处罚。而苏公厅〔2000〕399号文件恰恰又规定"寻衅滋事中直接致人重伤、死亡,构成犯罪的,分别按照寻衅滋事罪和故意伤害罪或故意杀人罪定罪,实行数罪并罚",显然违背了刑法条文的统一性。

我们不难看出,上述第一、二种分歧意见的焦点也正是在此。

如何准确区分随意殴打他人的寻衅滋事与故意伤害呢?

在司法实践中,故意伤害和随意殴打他人寻衅滋事的外部表现往往有重合,即均表现为对他人大打出手,因而集中到某一点时,即是对某一特定对象的故意伤害。从主观故意而言,故意伤害罪的行为人具有无视国法、非法损害他人身体的故意,而随意殴打他人的寻衅滋事罪行为人的主观故意既包括通过破坏公共秩序来寻求个人精神上满足的故意,还包括非法损害被打对象身体的故意。因而两者之间在主观故意方面具有重合,如果我们忽略了这一点,则往往会陷入寻衅滋事罪与故意伤害罪的分歧而不能正确把握,上面案例中的第一、二种观点和第三种观点争论的焦点正是在此。

产生这种争议的根本是目前理论界对两罪的客体把握不准。目前通说认为:寻衅滋事罪侵犯的客体是公共秩序,故意伤害罪所侵犯的客体是他人的身体健康,因而从理论上看,两者很容易区分,可在司法实践中,一旦出现随意殴打他人的寻衅滋事行为,如何定性分歧很大。

我们认为:《刑法》第293条列举了四个方面的表现形式,根据罪刑法定的原则,应该理解为寻衅滋事行为已被法律确定了外延,因而寻衅滋事罪的形式已经具体化,不论是哪种表现形式,行为人在实施过程中所侵害的客体总是包括两个方面:一是公共秩序;二是他人的人身、财产、名誉等权利。目前理论界只是笼统的认为寻衅滋事罪侵犯的客体是公共秩序,人为的将部分客体割裂，导致司法实践中不能准确把握两罪的差异，引起司法的困惑。

如果我们把随意殴打他人的寻衅滋事罪客体确定为两个：一是公共秩序；二是他人的人身权利，便很容易解决随意殴打他人的寻衅滋事罪与故意伤害罪的区别：行为人一旦出现无视社会秩序，随意殴打他人，情节严重的情况，便同时触犯寻衅滋事罪与故意伤害罪，属想象竞合，应从一重罪处罚。此时如果造成的后果是被害人轻伤，寻衅滋事罪应处5年以下有期徒刑，而故意伤害罪应处3年以下有期徒刑，显然应以寻衅滋事罪追究其刑事责任，如果造成重伤或死亡的后果，故意伤害罪要比寻衅滋事罪重，应以故意伤害罪追究其刑事责任。至此，案例中的争议也迎刃而解。

四、建议

《中华人民共和国刑法》

第二百九十三条　有下列寻衅滋事行为之一，破坏社会秩序的，处5年以下有期徒刑、拘役或者管制：

（一）随意殴打他人，情节恶劣的；

（二）追逐、拦截、辱骂他人，情节恶劣的；

（三）强拿硬要或者任意损毁、占用公私财物、情节严重的；

（四）在公共场所起哄闹事，造成公共场所秩序严重混乱的。

笔者建议，在该条文后再增加一款："寻衅滋事，致人重伤、死亡或重大财产损失的，依照本法第二百三十四条、第二百三十二条、第二百四十六条、第二百七十五条规定处罚"。

[作者：陆健（1980—），男，汉族，江苏启东人，江苏省启东市人民检察院办公室副主任、检察员。]

典型类案 49 绑架罪的行为手段如何认定

1997年《刑法》第239条增设了绑架罪,其规定:以勒索财物为目的绑架他人的,或者绑架他人作为人质的,处10年以上有期徒刑或者无期徒刑,并处罚金或者没收财产;致使被绑架人死亡或者杀害被绑架人的,处死刑,并处没收财产。由于法律以及司法解释都没有对本罪的客观方面即绑架的手段行为作出规定,司法实践中对该罪在客观方面的认定上一直存在争议。笔者试就以下典型案例看绑架手段行为的认定。

一、类案简介

2005年7月,某甲携带塑料绳等作案工具至村中某乙家中,乘某乙一人在家做暑假作业之机,用绳子捆绑住其手脚,用胶带纸封住其嘴巴,并将其绑至二楼衣橱内。而后,某甲在外面用公用电话通知某乙的父亲回家看看,并将事先写好的"你的儿子在我的手里,现在你到银行存10万元钱"等内容的一封信置于某乙家门口。之后,某甲离开某乙家。同日14时左右,某乙挣扎着从衣橱出来,被邻居发现解救并报警。

二、本类案件的争议焦点

笔者认为,本类案件的焦点在于犯罪嫌疑人的行为是否称得上"绑架",即犯罪嫌疑人的行为是否符合绑架罪的客观要件。

三、主要分歧意见与评析

一种意见认为,某甲以勒索财物为目的,采用暴力方法限制他人人身自由,其行为应定绑架罪。

另一种意见认为,某甲以非法占有为目的,使用了要挟的手段强行索要财物,数额较大,其行为应定敲诈勒索罪,但由于意志以外的原因未得逞,属于敲诈勒索罪未遂形态。

该案中某甲的行为是否能构成绑架罪,引起了笔者的思考。诚然,自1997年新刑法典确立绑架罪时起,刑法学界、实务界对绑架罪诸多内容的纷争就从未得到定止,如该罪客观要件的内容、责任主体的年龄、法定刑等问题。理论上的认识不一和司法人员面临的这类艰难的选择，以及行为人行为同样面临着天堂地狱般悬殊的结果，都使我们不得不重视绑架罪构成要件的合理统一的理解。笔者立足于现行立法，拟从法理上对绑架罪是单一抑或复合行为，"绑架"的实质两个角度，探讨如何定性该案的某甲行为。

犯罪本质特征在于犯罪行为的社会危害性，犯罪客体是对犯罪行为本质特征的抽象概括，表明对犯罪行为否定的政治与法律评价。既然条文是在保护某种法益的目的下制定的，既然犯罪构成要件是在保护特定法益的目的下设计的，那么，对构成要件的解释理所当然地必须以法益内容为指导，否则，立法者的意图不仅会落空，反而会使意欲保护的法益受到侵害。经过几年的论战，刑法学界对本罪的客体已基本达成了共识。绑架罪行为人的行为不仅侵犯了被害人的人身自由权利，而且侵犯了他人的人身权利及公私财产所有权利，其实准确言之，后者应是第三人的自决权。也应该是缘于此，绑架罪的社会危害性较其他普通犯罪要严重得多。

因此，笔者认为绑架罪是"复合行为"。所谓复合行为，是指一个独立的构成要件中包含数个实行行为的犯罪。其特征是：（1）复合行为存在于一个具体的基本犯罪构成中；（2）一个具体犯罪构成中，必须含有数个行为，即行为的复数性；（3）数个行为须为实行行为，非实行行为不能成立复合行为。绑架罪的客观行为是绑架行为与勒索财物或提出其他不法要求的行为两方面组成的，即在获取财物或其他不法要求的目的的支配下的手段行为和目的行为的统一。对于前者而言，行为人实施绑架他人的手段行为，即以暴力、胁迫或其他手段将人质置于自己的直接控制之下，直接侵害了被害人的人身自由权；对于后者而言，行为人向与人质有关的第三人提出不法要求，直接威胁着第三人的自决权。

过去，诸多学者对"欺诈能否作为绑架的手段之一"、"被害人是否须被劫离原地"等问题的探讨，应该说，都是对该题的有益探索。而且司法实践中也时常出现相关案例，不同认识的法官会作出不同的判决结果，引起司法适用上的混乱，有必要从法理上剖析该题，努力探求与立法旨意相吻合的法律解释。

绑架的本质在于绑架他人为人质，即通过直接实力控制被害人，利用第三人对人质安危的忧虑来达到控制第三人自决能力的目的。刑法对本罪之所以规定如此重的法定刑，主要考虑到不论行为人是否勒索到财物或实现其他要求，其绑架行为已经给被害人的人身自由造成严重的侵害，而且该被绑架人的近亲属或其他人造成了痛苦和忧伤。从绑架罪客体要件考虑，行为人的行为必须侵犯了被害人的人身自由权和第三人的自决权，而且复合客体中二者不能缺其一，其中，基础客体的侵犯必须体现在行为人直接实力控制被害人，致其不能反抗、不敢反抗或不知反抗，被害人的人身自由被严格控制。"绑架"的虚象，也就是行为人未侵犯绑架罪基础客体上的他人人身自由权，但向第三人勒索财物或提出其他不法要求。一个行为未满足犯罪构成中的客体要件，却被认定为该罪，何能体现追求正义的法律价值取向，实属荒诞之谈。

犯罪的本质是社会危害性与人身危险性的统一。其中，社会危害性表现为主观恶性同客观危害的统一。典型的绑架罪，是使第三人处于法律与道德的两难选择之中：不是蒙受巨大损失、作出重大让步，就是令人质遭受巨大的痛苦甚至牺牲。而"绑架"的虚象，首先是未实施绑架行为，从而未使人质的人身自由受限（这里的"限"，具有特定的限度），没有基础行为的存在，重大不法目的的实现至多只是虚无缥缈的"空中楼阁"，其行为的客观危害的"巨大"值得商榷。至于此种情况，行为人的主观恶性更是远远未达到绑架罪的要求，很难将一个以企图控制他人的"恶"同赤裸裸的绑架恐怖行为的"恶"相比较，这也是为什么诈骗罪的法定刑远远低于抢劫罪的一个重要缘故。

刑罚的适用必须重视罪刑均衡原则已成为学者们的共识。我国刑法对此原则也有明确规定，"刑罚的轻重，应当与犯罪分子所犯罪行和承担刑事责任相适应"，换而言之，在确定刑罚时，一要考虑行为人所犯罪的轻重，而罪行的轻重取决于客观危害与主观恶性的大小；二要考虑行为人刑事责任的大小，以求得最大限度的刑罚公正性。我国《刑法》第239条对绑架罪规定了最为严厉的法定刑（该罪最低刑为10年以上有期徒刑，唯一的结果加重犯和结合犯的法定刑为死刑的罪名），在认定过程中，此罪与其他罪的界限并不十分明晰时，有必要凭借社会一般观念，掂量一下行为人刑罚处罚的轻重，以此逆推行为性质的轻重。正如阮齐林先生所言，"鉴于我国刑法中对绑架罪规定了极为严厉的法定刑，这意味着必须严格解释绑架罪的犯罪构成要件，以体现罪刑相适应的原则"，"力求把绑架罪限定在与立法者评价相称的范围内"。笔者认为，在具体案件中应抓住绑架罪的最本质特征——侵犯他人人身自由权，而是否侵犯他人人身自由权就是看是否违背了被害人行动自由的意志以及被害人是否处于行为人的直接实力控制之下。至于欺骗手段，如果是未违背被害人行动自由的意愿，行为人也未实施任何暴力、胁迫等行为，笔者认为不构成绑架罪。

追究犯罪嫌疑人的刑事责任，必须坚持主客观相统一原则，保证行为人的主观恶意和行为危害性（危险性）的高度一致。案中某甲主观上有绑架人质、索取财物的目的（这也只是从其后续的"恐吓信"推论而来），但其客观上实施的行为是否达到绑架罪所要求的绑架程度，值得商榷。关于"绑架程度"、"受害人人身限制程度"，学界存在不同的见解。有学者认为绑架罪的"绑架行为"等同于非法拘禁罪中的"拘禁行为"，也还有一些学者认为"非法拘禁"加上"敲诈勒索"等于绑架罪，但笔者实在难以苟同这类观点。刑法对非法拘禁罪仅仅规定3年以下有期徒刑，对敲诈勒索罪规定的法定刑与盗窃、诈骗基本相同，也很普遍。为什么非法拘禁和敲诈勒索结合到一起使其不法程度猛然上升以至于值得立法者对绑架罪规定如此严峻的刑罚呢？显然，在立法者心目中考虑的并非两种犯罪或两种行为的简单相加，而是存在于社会生活中的某种特殊犯罪类型。其绑架行为，并非仅仅致使被害人的人身自由一般程度上的受限，必须达到行为人直接实力控制被害人进而要挟第三人。案中行为人某甲"用绳子捆绑住其（某乙的）手脚，用胶带纸封住其嘴巴，并将其从（某乙自家的）一楼绑至二楼衣橱内"，"之后，某甲离开某乙家"。从中可以看出，某甲的离开，并未直接实力控制某乙，某乙的人身安危根本就未达到人质的生命安危度。故笔者认为：因某甲行为未造成绑架罪的基础客体——被害人人身自由严重侵害，从而不能将其行为定性为绑架罪。

笔者同意第二种意见，某甲的行为已构成敲诈勒索罪。某甲以非法占有钱财（"恐吓信"中索要10万元人民币）为目的，以诈（以某乙去向不明而谎称"你的儿子在我的手里"，此时，某甲早已离开某乙家）使某乙父信其子某乙的生命安全遭受威胁，企图造成某乙父心理上的恐惧并被迫交付财物。某甲行为过程的主观心态和客观行为完全符合敲诈勒索罪的构成要件，应依据《刑法》第274条定性为敲诈勒索罪，以体现刑法的主客观相统一和罪刑均衡等原则。

四、建议

笔者建议应将《刑法》第239条中"绑架"作出司法解释，规定为："违背被害人或其法定监护人的意志，使用强制手段或者其他手段将被害人掳离其原处所，置于行为人控制之下，并剥夺或者限制其人身自由的行为。"

［作者：黄飞（1978—），男，汉族，江苏南通人，江苏省南通市港闸区人民检察院公诉科助理检察员。］

四、侵犯财产罪

典型类案 50 故意毁坏财物罪与寻衅滋事罪如何区分

一、类案简介

我们在司法实践中遇到这样一个案例：2005年8月23日上午9时，张某驾驶机动车通过收费站收费时，在交纳了5元过路费后，张某即以收费员徐某曾经多收了自己5元过路费为由辱骂徐某，当班班长即上前制止张某的不礼貌行为，并让徐某降落栏杆，对张进行说服教育，张某不仅不接受教育，反而以已经交纳了过路费为由，强行通过拦道器，致栏杆和拦道器损坏。经鉴定，被撞坏的栏杆和拦道器价值人民币6300元。另外，张某在很长的时间内经常性地在经过此收费站时辱骂收费站的工作人员，屡教不改。

对本案是否以寻衅滋事诉讼至法院，我们的办案人员产生了一定的分歧，有寻衅滋事说、故意毁坏财物说。笔者想通过对以下案例基本事实进行科学分析的基础上，对两罪进行了深入细致的比较，并提出了相关的司法建议。

二、本类案件的争议焦点

此案涉及的是故意毁坏财物罪与寻衅滋事罪的区别，本文特指任意损毁公私财物，情节严重的行为。

三、评析意见

《刑法》第275条规定，故意毁坏或者损坏公私财物数额较大或者有其他严重情节的行为，为故意毁坏财物罪，应处3年以下有期徒刑、拘役或者单处罚金，数额巨大或有其他特别严重情节的，处3年以上7年以下有期徒刑。《刑法》第293条第3项规定的寻衅滋事罪是强拿硬要或者任意损毁、占用公私财物,情节严重的行为,应处5年以下有期徒刑、拘役或者管制。从法理上看,前者属《刑法》第五章侵犯财产罪的一个罪名,后者属于《刑法》第六章妨害社会管理秩序罪中扰乱公共秩序罪的一个罪名;前者侵犯的客体是公私财物的所有权,而后者侵犯的客体是公共秩序。虽然表面上两者的区别是明显的,但由于两罪都是一般主体,都具有侵犯他人财产权利的特征,所以在实践中有时会混淆两罪的界限,甚至会因理解不一,造成误判。为此,笔者就故意毁坏公私财物犯罪与任意损毁公私财物型的寻衅滋事犯罪之间的界限从以下几点区分:

第一,犯罪客体是区分故意毁坏财物罪与寻衅滋事罪的首要标准。这一点从刑法分则的编排就能看出来。刑法分则章节划分的基本依据就是犯罪客体。刑法分则把故意毁坏财物罪放在第五章侵犯财产罪中,而把寻衅滋事罪放在第六章妨害社会管理秩序罪的第一节扰乱公共秩序罪中,其编排依据显然就是犯罪客体的不同。

寻衅滋事罪的犯罪客体是复杂客体,即本罪既侵犯了公共秩序,同时也侵犯了公私财物所有权。从刑法分则的编排来看,其主要客体乃是公共秩序。从刑法分则对寻衅滋事罪的表述来看,立法也明确将破坏社会秩序作为该罪的构成要件。《刑法》第293条规定:"有下列寻衅滋事行为之一,破坏社会秩序的……"而故意毁坏财物罪的客体只能是公私财物所有权。虽然我们认识到犯罪客体是区分故意毁坏财物罪与寻衅滋事罪的首要标准,但在某些情况下,要判断某一行为究竟侵犯的是何种犯罪客体,或者说主要侵犯的是哪一种犯罪客体,也不是一件很容易的事情。比如上述案例中的,发生在公共场所的故意毁坏财物的行为,究竟主要侵犯的是他人财物所有权还是公共秩序?既然故意毁坏财物罪与寻衅滋事罪都侵犯了公私财物所有权,那么如何区分在什么情况下犯罪行为同时又主要是侵犯了公共秩序呢?我们认为可以把犯罪对象是否特定作为一个判断依据。当犯罪对象特定时,该行为侵犯的主要是公私财物所有权;当犯罪对象不特定时,该行为侵犯的主要是公共秩序。

从犯罪对象的选择来看,寻衅滋事犯罪的对象一般是不特定的,而故意毁损财物的犯罪对象一般是特定的。这里所讲的犯罪对象的不特定的,是指犯罪人在实施犯罪之前,对犯罪对象并没有明确的选择,其行为最终指向谁,带有很大的偶然性和随意性。而犯罪对象的特定性,是指犯罪人在实施犯罪之前,对犯罪对象就有明确的选择,其行为针对的目标是一定的。但我们讲犯罪对象的特定性和不特定性,必须把犯罪人的主观认识和犯罪行为联系在一起,而不能脱离后者单纯地谈论前者。本案中,张某在经过收费站时多次辱骂工作人员，虽然针对的是不同收费人员，但其主观上是出于报复、泄愤的动机，选择收费站的不同工作人员作为目标是必然的，此种情形下张某的犯罪对象其实是特定的，其行为应认定为故意毁坏财物。

其次，从行为人的主观方面来看，故意毁坏公私财物犯罪在主观方面表现为故意，犯罪目的是将财物毁坏，犯罪动机一般方面是出于个人报复或妒忌等心理。而寻衅滋事犯罪，行为人在主观方面虽也表现为故意，但其动机是通过寻衅滋事活动，填补精神上的空虚，满足其耍威风、寻求刺激等个人不正当的要求，损毁财物不是其最直接、最主要的动机。本案中张某绝非无端寻衅，而是由于先前收费员徐某多收其5块钱一事心生怨恨，为发泄不满情绪而将财物毁坏。其主观目的就是要毁坏财物。因此，对于张某的行为应当认定其已构成故意毁坏财物罪。

第三，从犯罪的起因来看，故意毁坏财物犯罪一般均事出有因，而寻衅滋事犯罪一般均事出无因，但这里的无因并非是无缘无故，没有任何联系，但它与故意毁坏财物故意犯罪的原因无论是在原因力还是在原因的性质等方面还是有区别的。在原因力方面，寻衅滋事原因力弱些，而故意毁坏财物等故意犯罪的原因力相对较强。在原因的性质方面，前者不具有正当性和合理性，后者则带有一定的"正当性"或"合理性"（一般冲突之间存在某种利害关系）。例如在公共场合，因被人碰了一下或因为一句无关痛痒的话就大打出手，大逞个人威风，毁损他人财物，这就属于寻衅滋事，因为这种原因不具有正当性和合理性，其原因力很弱。相反，如果公民之间因个人纠纷在公共场所损毁他人财物等，虽然在行为方式上与寻衅滋事相似，但由于有一定的原因，只能认定毁坏他人财物。

本案中，张某作为本镇一名以运输砖瓦为生的普通居民，长期交纳的过路费对其而言是一笔不小的支出，心中本已积怨，因而经常性地在经过此收费站时辱骂收费站的工作人员。此次经过收费站，收费员又多收其5元过路费，张某遂将栏杆和拦道器撞坏。据此，笔者认为张某的行为是有因的，而且具有"正当性"和"合理性"。

第四，从犯罪的客观行为方面来看，故意毁坏财物是指由于泄愤报复或者其他个人目的，故意毁灭或者损坏公私财物的行为。寻衅滋事的行为包括：随意殴打他人；追逐、拦截、辱骂他人；强拿硬要或者任意损毁、占用公私财物；在公共场所起哄闹事，造成公共场所秩序严重混乱。两罪在客观方面均都表现为毁损公私财物。以满足耍威风等不正常的精神刺激或其他不健康的心理需要为动因，以破坏社会秩序为目的的毁坏财物只是寻衅滋事客观行为表现之一。

本案中，张某是出于报复或者泄愤的目的故意毁坏财物，应认定为故意毁坏财物罪。

第五，从构成犯罪的客观方面必须具有的情节来看，任意损毁公私财物型寻衅滋事犯罪，必须损毁公私财物达到"情节严重"。所谓"情节严重"，目前尚无相关的司法解释，就江苏省而言，是指损毁公私财物价值1000元左右；多次任意损毁财物或任意损毁公私财物，致使停工、停产，造成直接经济损失达人民币1万元左右等情形之一。故意毁坏财物犯罪必须达到数额较大或者有其他严重情节。所谓"数额较大"，目前也无相关的司法解释，江苏省的规定为："数额较大"，是指损毁的财物价值人民币3000元以上；"严重情节"，通常是指毁坏重要物品损失严重的、毁坏手段特别恶劣的、毁坏急需物品引起严重后果的、动机险恶企图嫁祸于人的等情形之一。

综上，笔者认为，在司法实践中，应主要从被告人的主观心态、犯罪的起因、犯罪对象的选择、犯罪所处的环境等方面来区分故意毁坏财物犯罪与任意损毁公私财物型的寻衅滋事犯罪，以保证对犯罪人罚当其罪。本案应以故意毁坏财物罪向法院提起公诉。

四、建议

鉴于故意毁坏财物罪和寻衅滋事罪具有一定程度上的法条竞合关系，寻衅滋事罪中的"情节严重"涵盖了"数额较大"的内容，因此，建议立法上应当将"数额较大"的标准予以明确化，尤其是在两罪的区分界限上应当划定一个明确的数额。

[作者：朱少华（1959—），男，汉族，江苏南通人，江苏省南通市人民检察院检察员；许琳琳（1981—），女，汉族，江苏南通人，江苏省如东县人民检察院书记员；陈志斌（1968—），男，汉族，江苏如东人，江苏省如东县人民检察院检察员。]

典型类案 51 行为人非法侵入他人证券账户买卖证券如何定性,犯罪数额如何认定

随着市场经济的发展和证券市场的繁荣,在司法实践中,也时常会发生非法侵入他人证券账户进行证券买卖的案件,对此类案件如何适用法律存在较大争议。现将某案例简述如下,并进行分析,以研究时作为参考。

一、类案简介

2006年10月中旬的一天,犯罪嫌疑人周某路经华泰证券有限责任公司南通人民路证券营业部(以下简称华泰证券南通营业部)交易大厅,看到关于证券资金账户号码变更的公告后,通过推测和连续性登录的方法破获了王某在该营业部开户的"98008×××"资金账号及交易密码。当月下旬,犯罪嫌疑人周某在上海市区购买了号码尾号为2019的移动电话卡;回到广州家中后,犯罪嫌疑人周某告诉其父亲(即犯罪嫌疑人周某某)欲利用"98008×××"证券账户上的资金拉高"山鹰转债"价格,并要求周某某在同一时间高价卖出自己和舅舅黎某持有的"山鹰转债"。同年11月2日上午,犯罪嫌疑人周某在证券交易集合竞价期持尾号为2019移动电话通过电话委托交易的方式在"98008×××"证券账户以高价共买入"山鹰转债"24000张(成交价120元/张),同时犯罪嫌疑人周某某根据事先合谋约定,通过开设在长城证券有限责任公司广州天河北路证券营业部的周某账户和开设在新疆证券有限责任公司广州营业部的黎某账户高价卖出持有的"山鹰转债",共成交7680张(成交价120元/张),获取非法利润人民币11.9万余元,同时造成被害人经济损失人民币36.9万余元。

同日上午,犯罪嫌疑人周某还通过电话委托交易对"98008×××"证券账户进行恶意操作,将该账户中持有的9249453股"江苏阳光"股票低价卖出(成交均价1.78元/股),同时高价买入"G凯诺"股票3489000股(成交均价4.55元/股)及"西钢转债"24080张(成交价115元/张),成交金额共计人民币3513.9万余元,至案发时造成该资金账户亏损人民币232.2万余元。

后犯罪嫌疑人周某、周某某因盗窃罪被依法逮捕。

二、本类案件的争议焦点

本类案件的争议焦点是:行为人非法侵入他人证券账户中买卖证券的行为应如何定性?犯罪数额如何认定?行为人在盗窃后为了掩盖罪行、转移目标,在他人证券账户恶意高吸低抛证券,造成他人财产损失,其行为构成何罪?

三、评析意见

司法实践中争议颇多,笔者认为:

首先,行为人非法控制他人证券账户,与自己的证券账户进行相对委托证券买卖,从而获取非法利益的行为已构成犯罪。

社会危害性是犯罪的本质特征,刑事违法性是犯罪的法律特征。从本案看,行为人周某、周某某利用被害人的账户操作证券的行为不但使自己获利10多万元,至案发时使得被害人证券账户遭受36万余元的经济损失,具有严重的社会危害性。对照刑法条文,有操纵证券交易价格罪、诈骗罪、盗窃罪、故意毁坏财物罪等多条罪名与该行为相联系(在司法实践中也出现过处以不同的罪名),只是在此罪与彼罪的选择上需要一个明确的认定。因此不应将该行为作为一般民事侵权行为,而仅让行为人承担民事侵权责任。

其次,行为人非法控制他人证券账户,与自己的证券账户进行相对委托证券买卖,从而获取非法利益的行为,不构成操纵证券交易价格罪。

对照《刑法》第182条的规定的操纵证券交易价格罪的四种情形,本案中行为人周某、周某某不构成操纵证券交易价格罪。(1)从行为人主观故意看,其目的是通过自己账户的某证券得以高价卖出使自己获利,并无操纵该证券价格、扰乱证券市场秩序的目的。(2)对照该罪"利用资金优势、持股或持仓优势或者利用信息优势联合或连续买卖"的情形,犯罪嫌疑人自己所持"山鹰转债"数量仅为768手,也无所谓的内幕信息,从资金上看,犯罪嫌疑人在被害人账户买入"山鹰转债"动用资金280余万元,与该证券流通股股本及当天成交量相比,所占比例也不大,尚未达到"操纵"该证券价格的程度。(3)行为人非法进入被害人证券账户进行证券买卖,是不可能与被害人串通,更谈不上以事先确定的时间、价格和方式进行相互买卖;而且所进行的交易也是真实的,不属于"以自己为交易对象,进行不转移证券所有权的自买自卖"的情形。综上,行为人周某、周某某的行为不构成操纵证券交易价格罪。

第三,对非法侵入他人证券账户与自己的证券账户进行同一证券买卖从中获利的行为,应当以盗窃罪定罪处罚。

盗窃罪在客观上表现为行为人窃取公私财物数额较大，或者多次窃取公私财物的行为。在本案中，行为人作案手段是在被害人账户中大量买入其持有的"山鹰转债"，从形式上使被害人的财产发生了转换，即由资金变为股票，行为实施时并未失去或减少财物，也没有损失存在；同时，行为人在相同的时间（集合竞价期）抛出了"山鹰转债"，由于在集合竞价期内的证券买入、卖出价是不透明的，以及行为人利用了证券交易"时间优先、价格优先"的交易规则，使得行为人持有的"山鹰转债"顺利卖出并获利10多万元，此时行为人的财产也发生了转换，由证券变为资金。而行为人与被害人各自账户进行的同种证券买卖是对应的。但由于行为人是故意以高于市场的价格买入该证券的，根据价值规律和股票市场交易规律，该价格是"虚涨"的价格，事实上开盘后很快回落到了前日收盘价位。当该证券价格回落时，被害人账户就出现了亏损。通过以上分析可以看出，该交易的实质是行为人通过买、卖证券的形式非法占有了其中的差价款。这种作案手段虽与传统的盗窃手段不同，但仍符合盗窃罪的构成特征，换言之，行为人在被害人不知情的情况下，非法占有了被害人的财产。其行为应当以盗窃罪定罪处罚。

关于此种情形下犯罪嫌疑人盗窃犯罪数额的认定问题。尽管最高人民法院《关于审理盗窃案件具体应用法律若干问题的解释》（以下简称《解释》）第5条第2款第1项中规定：股票按被盗当日证券交易所公布的该种股票成交的平均价格计算。但笔者认为，盗买盗卖证券案件的盗窃数额以行为人的获利数额认定更为合适。因为"平均价格"非正常价格，不应作为依据。由于行为人是通过证券交易场所在被害人证券账户上进行盗买盗卖证券操作，因而被盗买盗卖当日证券交易所公布的该种证券成交的平均价格，是行为人故意抬高或者降低的结果，犯罪行为参与下导致的此种"平均价格"非股市正常的平均价格，不应作为计算盗窃数额的依据。当然，由于证券市场的集合竞价方式，交易成功与否有多种因素决定，行为人意图使被害人账户与自己账户进行相对买卖的委托不可能均成功，而事实上被害人账户低抛（或高吸）的委托与市场其他客户也同样会成交，这样的交易也会使被害人遭受损失，但行为人却没有获利。此种情形下，窃得财物与被害人损失之间有一定差额，根据《解释》第5条第13款之规定，此时的损失数额可作为量刑的情节。如果存在给被害人带来损失很大，而行为人获利数很小达不到盗窃罪定罪标准的情形，根据《解释》第12条第5项的规定，实施盗窃犯罪，造成公私财物损毁的，以盗窃罪从重处罚；又构成其他犯罪的，择一重罪从重处罚；盗窃公私财物未构成盗窃罪，但因采用破坏性手段造成公私财物损毁数额较大的，以故意毁坏财物罪定罪处罚。则以故意毁坏财物罪定罪处罚。

最后，行为人周某在盗窃后为了掩盖罪行、转移目标，对被害人的证券账户进行恶意高吸低抛证券的行为构成故意毁坏财物罪。

故意毁坏财物罪表现为故意毁灭或者损坏公私财物，数额较大或者情节严重的行为。根据《刑法》第92条的规定，私人财产是指公民私人所有的合法财产，其中，包括依法归个人所有的股份、证券、债券和其他财产。本案中，行为人周某有着多年证券投资经验，明知自己非法操作他人证券账户买卖证券可能会给他人带来经济损失的后果，在对被害人账户买入其持有的证券操作完成后，为了掩盖其行为不被追查，再次对被害人账户进行恶意操作，与前日收盘价比较，以接近跌停价的低价卖出账户中的部分证券、以接近涨停价的高价买入其他证券，到案发时造成被害人232万余元的经济损失，其行为符合故意毁坏财物罪的构成要件。

综上，根据《解释》第11条第5项"盗窃后，为掩盖盗窃罪行或者报复等，故意破坏公私财物构成犯罪的，应当以盗窃罪和构成的其他罪行实行数罪并罚"的规定，对本案行为人周某的行为应以盗窃罪和故意毁坏财物罪予以数罪并罚。

四、建议

笔者建议，最高人民法院《关于审理盗窃案件具体应用法律若干问题的解释》第5条第2款第1项中增加规定："非法侵入他人证券账户买卖证券，犯罪数额按行为人的获利数额认定。"

[作者：张毅（1963—），男，汉族，江苏南通人，江苏省南通市人民检察院研究室主任；秦继培（1961—），男，汉族，江苏南通人，江苏省南通市人民检察院民行处处长；李鸣（1968—），女，汉族，江苏如东人，江苏省南通市人民检察院侦监处副处长。]

典型类案 52 未成年人使用轻微暴力强索少量钱财的行为如何定性

司法实践中,我们会经常遇到一些未成年人使用语言威胁或者轻微暴力,当场抢走少量钱财的案件。对此类案件如何定性,出现争议。现以如下类案为例,对未成年人使用轻微暴力强索少量钱财的行为作一粗浅的研究和探讨。

一、类案简介

案例1: 被告人邱某、胡某、邱某某、季某四人作案时均系未成年人。2003年2月25日下午14时许,邱某等四被告人碰到一起后,邱某提议出去弄点钱,其他三人均表示同意。当天下午17:30许,四名被告人窜至某中学校外车棚内,当有学生到车棚取车时,四人便上前围住,以借钱为名,由邱某露出左手背文身进行恐吓,当被害人不肯出钱,四人即采取殴打、搜身、拿木柄铁榔头威胁等手段抢走被害人财物。四人以此手段共抢得学生人民币174元。次日下午13时许,四名被告人又窜至某镇敬老院附近,将受害人张某(男,17岁,无业)拦下,强行将张某的衣服拉链拉开,从张某内衣口袋中拿出现金和201电话卡,共计人民币154.50元。起诉后,某市人民法院以犯抢劫罪分别对被告人邱某等4人判处5至12年有期徒刑。

案例2: 被告人殷某、陈某、周某、戴某、冯某五人作案时均系未成年人。2003年9月5日20时许,被告人殷某、陈某、周某、戴某、冯某在某网吧玩,并商议如何向在网吧上网的缪某要钱,后由陈某将缪某喊出至网吧后操场,在被告人殷某等五人对缪某拳打脚踢。后,陈某等人又先后将与缪某一起的许某、孙某、姜某三人带至操场东南角的厕所内,五人即对缪某、许某、孙某、姜某进行殴打、搜身,分别向许某要到人民币20.5元,并从许某的身上搜得一只皮夹(内有人民币96元、储蓄卡、电话卡等物),向缪某要到人民币5元、向孙某要到人民币10元、向姜某要到人民币110元,被告人殷某还强行叫孙某将身上的黑色T恤衫(价值人民币48元)换给其穿。所得赃款被共同用于坐车、住宿等。起诉后,某市人民法院以犯寻衅滋事罪分别判处被告人殷某等5人1年至1年6个月有期徒刑。

案例3：犯罪嫌疑人马某、秦某、蒋某三人作案时均系未成年人。2004年12月5日13时许，犯罪嫌疑人秦某在某镇小商品市场内游戏机房内玩，看见受害人陈某身上有钱，遂产生把钱占为己有的歹念，于是伙同犯罪嫌疑人蒋某、马某将陈骗至该游戏机房西边弄堂口，并向陈索要钱，陈不同意，犯罪嫌疑人秦某、马某、蒋某即采用拳打脚踢的手段，最终迫使陈某把身上的95元人民币拿出来，三名犯罪嫌疑人各分得人民币30元，另5元用于买香烟挥霍掉。该案公安机关以犯罪嫌疑人马某等3人涉嫌抢劫罪向某市检察院提请批捕，经该院检察委员会讨论认为该案犯罪情节较轻，以犯罪嫌疑人马某等3人的行为不构成抢劫罪为由，对犯罪嫌疑人马某等3人作出不批准逮捕的决定。

二、本类案件的争议焦点

此类案件的争议焦点在于，对未成年人使用语言威胁或者轻微暴力，当场抢走少量钱财的行为如何定性。

三、主要分歧意见与评析

第一种观点认为，我国刑法并未对抢劫罪的暴力行为的程度作任何限制，只要行为属于暴力的范畴，又是当场针对被害人人身实施，并取得了财物，就应当认定为抢劫。从抢劫罪的构成要件来看，以上案例被告人的行为，主观方面具有故意非法占有他人财物的目的，客观方面均实施了威胁、暴力的手段，当场强行抢走被害人的钱财，符合抢劫罪的构成要件，其行为均已构成抢劫罪。以上三案例均应以被告人的行为构成抢劫罪定罪量刑。

第二种观点认为，对此类型的案件，因为被告人自身是未成年人，侵害的对象也是未成年人，实施威胁或暴力的程度轻微，在被告人对行为性质的认识、行为的社会危害程度等方面，与刑法规定一般意义上的抢劫罪有着明显的区别，我们应结合犯罪嫌疑人的主观状态及客观暴力行为进行综合判断，认定罪名。对案例1，被告人邱某等人的行为不宜定抢劫罪。由于立法上没有对抢劫的数额和情节作限制性规定，我国《刑法》第13条规定，情节显著轻微、危害不大的，不认为是犯罪。本案被告人邱某等人虽然作案时已满16周岁，但仍系未成年人，其实施的是语言威胁，暴力情节也只是打几拳，抢走少量钱财，也可以认定属于情节显著轻微、危害不大，可不认为构成抢劫罪。鉴于其多次实施强索钱财的行为，有一定的社会危害性，其行为符合寻衅滋事罪犯罪构成要件，该案宜定为寻衅滋事罪。对案例2，其性质与案例1基本相似，因被告人殷某等人实施对多人强索少量钱财的行为，其行为符合寻衅滋事罪构成要件，该案定寻衅滋事罪是正确的。对于案例3，因犯罪嫌疑人马某等人强索钱财的行为未达到多人多次，因此，一般可不作为犯罪处理。

笔者同意后一种观点。理由是：未成年人犯罪已经成为国际社会普遍关注的严重社会问题，在我国刑事犯罪案件和犯罪人数量上占有较大比例。由于未成年人犯罪与成年人犯罪在犯罪形成的原因、刑事责任的认定及刑罚的适用上有着明显区别，预防、减少未成年人犯罪和制裁、改造未成年犯罪人就成为刑事立法、司法和刑法理论研究共同面对的特殊刑事法律问题。最高人民法院法释〔2006〕1号《关于审理未成年人刑事案件具体应用法律若干问题的解释》（以下简称《解释》）第7条规定"已满十四周岁不满十六周岁的人使用轻微暴力或者威胁，强行索要其他未成年人随身携带的生活、学习用品或者钱财数量不大，且未造成被害人轻微伤以上或者不敢正常到校学习、生活等危害后果的，不认为是犯罪。已满十六周岁不满十八周岁的人具有前款规定情形的，一般也不认为是犯罪"。我们认为，"轻微暴力"一般可理解为推搡、一记耳光、对非要害部位踢一脚等通常不足以危害人体健康的徒手暴力行为。"一般不认为是犯罪"可理解为只有主观上明显出于称王称霸、好逸恶劳等流氓动机，多次实施此类行为的予以认定为寻衅滋事罪，否则不予治罪。再如，最高人民检察院《关于相对刑事责任年龄的人承担刑事责任范围有关问题的答复》规定：相对刑事责任年龄的人实施了《刑法》第269条规定的行为的，一律依照《刑法》第263条的规定，以抢劫罪追究刑事责任。但对情节显著轻微，危害不大的，可根据《刑法》第13条的规定，不予追究刑事责任。我们认为，"情节显著轻微，危害不大"一般可理解为：采用不足以对他人造成实际伤害的轻微暴力或以轻微暴力为内容进行威胁的。总之，我们在司法实践中应当严格依法区分成年人与未成年人的行为性质，尽量收缩对未成年人的打击面。在司法实践中，对未成年人轻微涉暴以及向未成年人获取少量财物的案件，公安机关刑侦部门即使将此类案件以抢劫罪提请逮捕、移送起诉，而检察机关普遍将犯罪主体的刑事责任年龄作为划分罪与非罪的标准，已满16周岁的一般作出有罪不捕不诉；不满16周岁的一律认定不构成犯罪，作出无罪不诉。

四、建议

从上述三案例特别是前两个案例的处理结果，我们可以看出：虽然案件类型相同，性质基本相似，犯罪情节相差不大，但由于定性不同，案件最后处理结果也完全不同，且差异较大。对案例1如果定寻衅滋事罪，被告人胡某因未满16周岁将不构成犯罪，从有期徒刑5年到无罪，这对同一人的同一行为差距太大，显失公平。对案例3，如果定抢劫罪，嫌疑人将面临重刑，而定寻衅滋事罪又没有达到"多次"或"多人"的立案标准，因而只能作无罪处理。同一案件，同一类型，同样是在被告人采取言语威胁或轻微暴力的情况下受害人即被迫交出钱财，金额大多在几十元到三四百元之间，有的因定抢劫罪被处以十年以上重刑，有的则因定寻衅滋事罪被处以缓刑，或者因未达到多次作案、未满16周岁而不构成犯罪，不追究刑事责任，这明显导致罪刑不均衡。对未成年人犯罪普遍实行"轻缓"政策，从宽处罚已成为世界各国少年司法的一项通则，但是目前对此类案件的认定审理，法律规定还欠明确，因而出现了不同的处理结果。最高人民法院法释〔2006〕1号《解释》第7条规定"已满十四周岁不满十六周岁的人使用轻微暴力或者威胁，强行索要其他未成年人随身携带的生活、学习用品或者钱财数量不大，且未造成被害人轻微伤以上或者不敢正常到校学习、生活等危害后果的，不认为是犯罪。已满十六周岁不满十八周岁的人具有前款规定情形的，一般也不认为是犯罪"。而该《解释》第8条又规定，"已满十六周岁不满十八周岁的人出于以大欺小、以强凌弱或者寻求精神刺激，随意殴打其他未成年人，多次对其他未成年人强拿硬要或者任意损毁公私财物，扰乱学校及其他公共秩序，情节严重的，以寻衅滋事罪定罪处罚"。这两条规定中的"使用轻微暴力"与"随意殴打"在客观表现上基本相同，"强行索要"与"强拿硬要"虽然表述不同，但都是一个意思，而前者不认为是犯罪，后者却要定罪处罚，实践中很难把握。由于各地公安机关、检察机关、审判机关的不同经办人员存在着不同的见解，往往对同一类型的案件作出不同的处理结果，从而影响法律的严肃性和公正性。为此，建议由最高人民法院、最高人民检察院对该《解释》第八条作出修改为："已满十六周岁不满十八周岁的人出于以大欺小、以强凌弱或者寻求精神刺激，随意殴打其他未成年人，情节较轻的，一般也不认为犯罪。对多次对其他未成年人强拿硬要或者任意损毁公私财物，扰乱学校及其他公共秩序，情节严重的，以寻衅滋事罪定罪处罚。"

[作者：陈齐（1954—），男，汉族，江苏通州人，江苏省通州市人民检察院副检察长、江苏省首批检察专门人才；陆斌（1964—），男，汉族，江苏通州人，江苏省通州市人民检察院办公室主任；丁金澄（1965—），男，汉族，江苏通州人，江苏省通州市人民检察院研究室副主任。]

典型类案 53 盗窃罪既遂的标准

盗窃罪的既遂问题一直为司法实践中争议比较多的问题。正确把握盗窃罪既遂的标准，有利于我们在司法实践中正确区分罪与非罪的界限，准确打击盗窃犯罪。笔者试就一例企业内盗窃案，谈谈此种类型盗窃罪的既遂标准。

一、类案简介

2006年12月初的一天夜里，犯罪嫌疑人陈某同李某身穿某市港机厂厂服混入该厂，用随身携带的刀片割断厂内工地上的电缆线，窃得 $3\times50mm^2$ 的铜芯电缆线一根（长18米，经南通市价格认证中心鉴定价值人民币1464元）。在现场将电缆线的外皮剥掉后缠绕在身上，用衣服遮掩带至陈某在该厂内借用的宿舍里。赶来该宿舍的谭某、单某伙同陈某、李某一起将电缆线皮全部剥掉，并将电缆线铜丝分成3段，由陈某、单某、李某三人分别缠绕一段在身上带出该厂。次日四人将上述赃物销赃给流动收旧人员，得赃款人民币510元。

二、主要分歧意见与评析

本案的关键在于犯罪嫌疑人谭某、单某的行为是否能与犯罪嫌疑人陈某及李某构成共同盗窃犯罪。

第一种意见认为：本案不构成犯罪。理由是犯罪嫌疑人陈某及李某将电缆线盗窃至陈某借住在该厂内的宿舍里，犯罪嫌疑人陈某及李某已控制盗窃物品，且作为工厂内的宿舍是相对独立的个人私密生活空间，作为厂方无法定事由不经当事人同意，不能随便进入。所以作为厂方而言已对被窃物品失去控制，对于犯罪嫌疑人而言也已将盗窃物品控制在自己所控制的范围内，根据盗窃既遂理论的通说，已构成盗窃犯罪既遂。犯罪嫌疑人单某及谭某其主观上事前并未与犯罪嫌疑人陈某及李某有过预谋，其帮助他人将已经盗窃既遂的物品从宿舍带出工厂的行为是一种帮助他人转移赃物的行为，不能构成盗窃共犯。

第二种意见认为：本案构成共同盗窃罪。理由是陈某及李某将电缆线盗窃至陈某借住的厂内宿舍里，由于宿舍是不完全的个人空间，还在该厂控制范围之内，犯罪嫌疑人还没有达到对赃物有效的、实际的控制，工厂也没有对赃物失去控制，还没有达到盗窃罪的既遂。犯罪嫌疑人单某及谭某帮助犯罪嫌疑人陈某及李某将盗窃物品从宿舍带离厂区的行为，是盗窃行为的延续，正是他们的行为才使犯罪嫌疑人陈某及李某最终完成了非法占有电缆线的目的，所以犯罪嫌疑人单某及谭某的行为构成了共同盗窃犯罪。

笔者同意第二种意见。理由是：

认定单某、谭某是否构成共同犯罪，关键是要确定犯罪嫌疑人陈某及李某将电缆线盗窃至陈某借住在该厂内的宿舍里，是否构成盗窃犯罪的既遂。若既遂，单某及谭某的行为是盗窃后的帮助销赃行为；若未遂，单某及谭某的行为为共同盗窃。这就涉及盗窃罪的既遂、未遂的区分标准问题。

关于认定盗窃罪的既遂与未遂的标准，国内外刑法学理论和司法判例有接触说、转移说、藏匿说、损失说、失控说、控制说、失控加控制说等诸多学说。在我国刑法学界比较流行的关于盗窃既遂与未遂的标准，是"失控加控制说"。此说认为应当以行为人是否使作为盗窃对象的公私财物脱离了所有人的控制，而置于其本人实际控制之下来划分盗窃罪既遂与未遂。凡是已经使公私财物脱离所有人或占有人的控制，并且也已经置于行为人实际控制之下的，为盗窃罪既遂；尚未使公私财物脱离所有人或占有人控制，或者所有人或占有人虽然脱离控制，但因行为人意志以外的原因，行为人也未能取得对公私财物的实际控制的，为盗窃未遂。

"失控加控制说"将排除物主控制和建立行为人自己的非法控制作为区分盗窃罪未遂与既遂的标准，因此正确确定合法控制范围就成为运用这一标准必须解决的问题。正如我国刑法学家赵秉志教授在论述盗窃罪的既遂与未遂时指出的，财物的合法控制范围对盗窃罪既遂与未遂的认定，具有重要意义。然而，因财物的具体形态千差万别，合法控制的实际形态也千变万化，很难划定一个绝对的界限。因此，研究"合法控制范围"，应当以具体案件为基础，以社会一般观念为依据。合法控制范围是对财物行使控制权所涉及的有效空间。根据控制的有效程度，所有人或占有人对财物的控制包括"事实控制"和"可能控制"两种情况。凡是有特定范围的场所，物主的控制能力及于该所内任何地方，里面的任何财物都有处于其实际控制之下，物主对这些财物享有事实控制，如围有院墙内的财物者应视为在主人的控制之下。一般而言，特定场所与外界的界限是区分社会利益与个人利益的界限，财物只要还在该场所之内，物主要使人们相信其财物为他所有十分容易；但一旦脱离该场所，社会利益与个人利益相互混淆，物主让人们相信某财物为他所有就比较困难。所以在特定场所内盗窃，应以是否把财物带出该场所作为认定犯罪既遂与未遂的界限，带出者可以认为排除了物主的控制并建立了自己的控制。否则，只能是未遂。划定特定控制范围的标志必须是能真正起到控制作用的物体，如院墙、铁丝网、栅栏等。如果只有象征性的界限，实际谁都可以自由出入，如只有"禁止入内"的招牌，没有任何隔离装置，个人利益和社会利益的界限仍不明显，应认为没有特定控制范围。控制界限有多个层次的情况下，则应以最外层作为控制界限。因为只有超出这个界限，个人利益和社会利益才变得模糊。例如，某办公楼内有台电视机，晚上行为人打开楼门将其抱出，走到大门口被抓获。此外，电视机有办公楼和大院两个控制层，搬出办公楼但未出大院，仍在保卫人员的有效控制范围之内，认定为盗窃未遂正确无疑。在同一物品存在多个人同时控制的情况下，应根据具体情况，判定谁为最有效控制人，然后以他的有效控制范围作为认定盗窃既遂未遂的界限。比如说，厂矿门卫对厂矿内财物负控制义务，仓库保管员对仓内货物负控制义务，一般情形下，仓库保管员是货物最有效的控制人，合法控制范围为仓库；但对体积庞大或极其贵重的物品，必须出示出厂证才能运出厂外，则最有效控制人为厂矿门卫而非仓库保管员，合法控制范围为厂矿围墙。

另外，"合法控制范围"还受盗窃的对象、环境和条件等诸多因素影响。撇开环境和条件的因素，盗窃对象的性质、重量、体积现状等因素也可能影响到财物合法控制范围。易识别之物容易被发现，只要在物主的视野内，很容易被识别出来，恢复合法控制，其合法控制范围相对较大。物体的体积和重量往往也对控制范围产生影响。量重体大之物，人们难以移动，而且移动后极易被发觉，控制范围就大些；量轻体小之物，往往一经脱手就不易找回，控制范围就小些。财物的物主属性的强弱也是影响控制范围的重要因素。流通的钱币因是普遍流通物，一般无法识别其物主，因此其可控制范围最小；非流通物，如金银首饰等，因其本身的特征及物主使用的痕迹等较易识别其物主，因此其可控制范围相对要大许多。可能控制指财物不在特定控制场所内，物主表面上没有控制财物，只有控制的充分可能的情形，如在野外、公共场所、马路上等处，只有使控制人丧失恢复控制的显然可能性才可谓使物主失去控制。因此，应以失主能够无困难地恢复控制财物所允许的最大范围作为其控制范围。一般情况下，以失主站在放置财物的位置即能及时发现失窃财物为判断标准。移出这个范围，找回不比较困难，构成既遂；反之。能轻而易举地追回财物，便只能是未遂。比如说，一盗窃犯在路边大排档吃饭时趁另一顾客不注意，将其随身所携旅行包拎走了，转身进入一公厕，清点赃物时被抓获。此案中，顾客在大排档不可能发现盗窃犯去向，应认为旅行包脱离控制范围，盗窃构成既遂。

就本案而言，犯罪嫌疑人陈某及李某将电缆线盗窃至陈某借住在该厂内的宿舍里。这里的宿舍和家及单人寝室不同，是集体宿舍，属于公共场所，还是由工厂进行管理和维护，还在工厂的控制范围之内。另外，赃物电缆线是工厂的生产资料，非一般厂里的职工所应持有，属于特殊物品。对于这些特殊物品的合法控制范围应为工厂的围墙，犯罪嫌疑人只有把这些特殊物品带出工厂的围墙，才能达到对赃物的有效控制，工厂这时才失去了赃物的控制。因此犯罪嫌疑人在宿舍里还不能形成对赃物的有效控制，工厂也没有失去对赃物的控制，该盗窃还处于未遂状态。但随后在单某及谭某的帮助和配合下，共同把赃物带出厂区，完成了整个盗窃过程，符合共同犯罪的构成要件，达到盗窃罪的既遂，构成了盗窃罪（共同犯罪）。

三、建议

这种情形在司法实践中有一定的普遍性。建议司法解释对盗窃罪的既遂标准作出比较具体的规定。笔者建议，关于盗窃罪的司法解释中应明确："盗窃罪的既遂应根据盗窃物品的特性及作案的地域特点有所区别，对于在有一定地域控制范围的单位组织（包括所有企事业单位、机关、团体等）内盗窃特定物（相对于流通的人民币等一般物而言）的，犯罪嫌疑人将特定物带离单位组织的控制范围为既遂。"

[作者：张军（1967—），男，汉族，山东泰安人，江苏省南通市港闸区人民检察院公诉科副科长；陈建峰（1976—），男，汉族，湖北孝感人，江苏省南通市港闸区人民检察院公诉科书记员。]

典型类案 54 对情节严重的寻衅滋事行为采取防卫手段造成侵害人伤亡是否应当追究刑事责任

《刑法》第20条第3款规定："对正在进行行凶、杀人、抢劫、强奸、绑架以及其他严重危及人身安全的暴力犯罪分子，采取防卫行为，造成不法侵害人伤亡的，不属于防卫过当，不负刑事责任。"那么，对情节严重的寻衅滋事行为采取防卫手段造成侵害人伤亡，是否应当追究刑事责任？司法实践对此争议较大，涉及对《刑法》第20条第3款如何理解和适用的问题。笔者拟通过司法实践案例来具体分析这一问题，提出自己的研究意见。

一、类案简介

梅某，男，21岁，无业。钟某，男，17岁，初中文化，无业。薛某，男，17岁，无业。张某，男，17岁，在私营企业打工。2005年9月20日凌晨1时许，张某携女友丁某及另一女孩在某县城内闲逛时，遭遇与其素不相识的钟某、薛某、钱某等3名男青年（均接近成年）受他人唆使，将张某强行推至附近楼巷内围攻殴打并欲抢其手链。张某两次被打倒在地，钱某乘隙将其被打后掉在地上的手机占为己有。张某遭强烈殴打被按倒在地而无法脱身，遂掏出口袋内的小型水果刀乱戳，企图制止不法侵害，一刀刺中钱某的胸部，致其肺部主动脉破裂后经抢救无效死亡。案件最终处理结果：法院以故意伤害罪，判处被告人张某免予刑事处分；以寻衅滋事罪，对梅某、钟某、薛某判处有期徒刑1年，缓刑2年。

二、主要分歧意见与评析

由于对钟某、薛某、钱某行为的定性涉及对张某的行为定性，首先笔者简要分析一下钟某、薛某、钱某行为的定性，主要有两种分歧观点：

第一种观点认为，梅某、钟某、薛某的行为构成抢劫罪。理由是：（1）钟某、薛某及已经死亡的钱某虽有帮助梅某实现淫乱目的的意图，但更主要的是具有抢劫犯罪的直接故意，梅某以言语挑拨方式促成了钟某等人抢劫决意的产生并实施犯罪，符合抢劫罪的主观方面构成要件；（2）钟某等人实施了暴力抢劫的行为并获得手机一部且抢劫手链未果；（3）钟某、薛某、钱某虽为不满18周岁的未成年人，被害人张某也属不满18周岁的未成年人，但钟某等三人深夜围攻并强烈殴打被害人而抢劫财物，情节严重，不属于最高人民法院法释〔2006〕1号《关于审理未成年人刑事案件具体应用法律若干问题的解释》（以下简称《解释》）第7条规定"不认为是犯罪"的情形。

第二种观点认为，梅某、钟某、薛某的行为构成寻衅滋事罪。理由是：（1）梅某唆使钟某等人殴打被害人张某的目的是为了淫乱，钟某等人虽有非法占有他人钱财的行为，但主要是为了帮助梅某实现淫乱目的，主观方面是寻衅滋事；（2）钟某等人向张某索要钱财并已将其手机占为己有，属于寻衅滋事共犯中的实行过限行为。

钱某均为不满18周岁的未成年人，徒手殴打未成年人张某属于"使用轻微暴力"的第三种观点认为，梅某、钟某、薛某的行为不构成犯罪。理由是：（1）钟某、薛某、为强行索要他人钱财仅获得手机一部，属于"钱财数量不大"，"且未造成被害人轻微伤以上"危害后果；梅某虽已成年，但在殴打张某并强行索要财物的过程中未实施具体行为。因此，依照《解释》第7条的规定，即"已满十四周岁不满十六周岁的人使用轻微暴力或者威胁，强行索要其他未成年人随身携带的生活、学习用品或者钱财数量不大，且未造成被害人轻微伤以上或者不敢正常到校学习、生活等危害后果的，不认为是犯罪。已满十六周岁不满十八周岁的人具有前款规定情形的，一般也不认为是犯罪"，应当不认为是犯罪；（2）钟某等人随意殴打其他未成年人且强行索要财物，但根据公安机关移送的材料，不属多次行为，因此也不符合该《解释》第8条规定"以寻衅滋事罪定罪处罚"的情形，即"已满十六周岁不满十八周岁的人出于以大欺小、以强凌弱或者寻求精神刺激，随意殴打其他未成年人、多次对其他未成年人强拿硬要或者任意损毁公私财物，扰乱学校及其他公共场所秩序，情节严重的，以寻衅滋事罪定罪处罚"。

笔者同意第二种观点。《解释》第7条规定如何理解，尤其是已满16周岁不满18周岁的未成年人在社会上实施上述行为，虽未造成被害人轻微伤以上的危害后果，但由于实施了暴力殴打他人行为，致使被害人正当防卫并造成严重损害时，是否仍然不认为是犯罪？梅某唆使钟某等人殴打被害人张某的目的是为了淫乱，钟某等人虽有非法占有他人钱财的行为，但主要是为了帮助梅某实现淫乱目的，主观方面仍然是寻衅滋事；钟某等人向张某索要钱财并已将其手机占为己有，属于寻衅滋事共犯中的实行过限行为。

关于张某行为的定性，主要有两种分歧意见：

第一种观点认为，张某的行为系防卫过当，应以故意伤害罪定罪处罚。其理由有：一是刑法及相关司法解释没有将"寻衅滋事随意殴打他人"的行为规定为"严重危及人身安全的暴力犯罪"，面对正在实施的此类犯罪活动而采取防卫行为的，不应当明显超过必要限度，否则就必须对造成的重大损害承担刑事责任。二是张某用水果刀实施防卫且造成不法侵害人重伤或死亡的重大损害，明显超过了必要限度，属于防卫过当，构成故意伤害罪，应当被追究刑事责任。

第二种观点认为，张某在特殊时段、特殊地点和特殊环境下，遭受"寻衅滋事随意殴打他人"的暴力侵害而采取防卫行为，虽已造成不法侵害人伤亡的损害结果，但不属于防卫过当，符合《刑法》第20条第3款的规定，不应承担刑事责任。

笔者同意第二种观点。理由有：

第一，《刑法》第20条第3款虽然没有将寻衅滋事随意殴打他人情节严重的行为，明确地列举为允许实施无过当防卫的情形之一，但应属于"其他严重危及人身安全的暴力犯罪"。面对正在进行的此类犯罪而采取防卫行为，造成不法侵害人伤亡的，也应依法"不属于防卫过当，不负刑事责任"。因为，寻衅滋事随意殴打他人情节严重的属于暴力犯罪，虽不如故意杀人等犯罪行为直接威胁被害人的生命安全那样严重，但同样可能产生殴打致人重伤、死亡等严重危及人身安全的后果。

第二，认定面对寻衅滋事随意殴打他人情节严重的犯罪行为正当防卫而不负刑事责任，必须具体情况具体分析，只有在不法侵害人实施的侵害行为确已严重威胁被害人人身安全的情况下，被害人采取防卫行为而造成不法侵害人伤亡的，才应认定属于无过当防卫。司法实践证明，此类情节可以具体分为以下几种：（1）不法侵害人持械殴打他人且殴打凶猛的；（2）两名以上不法侵害人在僻静时段、僻静地点共同寻衅滋事随意殴打他人而被害人孤立无援无法脱身的；（3）不法侵害人与被害人身体条件对比悬殊，被害人明显处于弱势地位且孤立无援的；（4）不法侵害的暴力程度较强且得不到或者不听制止，被害人得不到有力援助的。张某深夜面对三名不法侵害人的围攻及强烈殴打，人身安全确已受到严重威胁，非采取较为激烈的防卫行为而难以制止不法侵害。张某面对的虽然只是属于寻衅滋事性质的不法侵害，但这种不法侵害发生在夜深人静的特定地点和时段，发生在实施正当防卫的行为人孤立无援的特殊情况之下，而且属于程度颇为严重的，非采取较强力度的暴力对抗手段而难以制止的暴力侵害，都应当属于《刑法》第20条第3款规定的允许实施无过当防卫的"其他严重危及人身安全的暴力犯罪"。所以,尽管其正当防卫造成了不法侵害人重伤或死亡的结果,仍应依法不负刑事责任。

第三,对寻衅滋事随意殴打他人情节严重,危及被害人人身安全的暴力犯罪采取防卫的限度掌握过于严格,既不符合法律规定鼓励人民群众实施正当防卫,与犯罪行为作斗争的立法意图,也违背了正当防卫权行使过程中的情况颇为复杂的客观实际,不利于对公民正当防卫权的有效保护。

三、建议

笔者认为,刑法的立法本意,显然是要保护那些正在遭受严重不法侵害而实施正当防卫人的人身安全和合法权益,鼓励人民群众与犯罪行为作斗争,维护社会稳定。基于以上分析,建议"两高"对行为人面对正在进行的寻衅滋事随意殴打他人情节严重而采取防卫行为,造成不法侵害人伤亡,是否能够认定"不属于防卫过当,不负刑事责任"的问题予以明确。同时,建议将寻衅滋事随意殴打他人情节严重的几种情形,规定为"其他严重危及人身安全的暴力犯罪",允许实施无过当防卫,通过司法解释形式进行明确,以保障法律的统一和正确实施。

[作者:王骅(1967—),女,汉族,江苏海安人,江苏省海安县人民检察院反贪污贿赂局副局长;何海晏(1978—),男,汉族,江苏海安人,江苏省海安县人民检察院干部。]

典型类案 55 对转化型抢劫中盗窃、诈骗、抢夺行为是否要求构成犯罪及"当场"如何理解

《刑法》第 269 条规定：犯盗窃、诈骗、抢夺罪，为窝藏赃物、抗拒抓捕或者毁灭罪证而当场使用暴力或者以暴力相威胁的，依照本法第 263 条规定定罪处罚。司法实践中对盗窃、诈骗、抢夺行为是否要求构成犯罪及"当场"如何理解，有不同认识。本文结合实际案例，对此问题作粗浅分析，并建议司法解释对此作出明确规定。

一、类案简介

犯罪嫌疑人肖某于 2006 年 4 月 17 日 17 时许，在某某市开发区步行街某游戏厅门前，趁人不备，将李某停放在该处的一辆捷达 125 型摩托车推至某某路向北一路上发动该车。李发现摩托车被盗后，根据他人提供的线索赶至该小路，犯罪嫌疑人肖某与失主李某发生争执与纠扭，在纠扭过程中，犯罪嫌疑人肖某用右手击打李某的左眼。后在群众的协助下，李某抓住了肖某并将其扭送至派出所。经鉴定，李的损伤程度为轻微伤。所盗摩托车的价值约为 300 元。

本案中肖某的行为是否属于《刑法》第 269 条规定的犯盗窃、诈骗、抢夺罪，为窝藏赃物、抗拒抓捕或者毁灭罪证而当场使用暴力或者以暴力相威胁的"当场"，而构成转化型抢劫罪？司法实践中存在争议。

二、本类案件的争议焦点

本案认定中有两个要点需要把握，一是作为转化型抢劫罪前提的"犯盗窃、诈骗、抢夺罪"是否要求嫌疑人的行为必须达到定罪的程度；二是如何理解"当场使用暴力或暴力相威胁"中的"当场"。

三、主要分歧意见与评析

第一种意见认为，肖某的行为构成抢劫罪。理由是：肖某是在盗窃后为抗拒抓捕对被害人李某当场使用了暴力，造成李某眼部受伤（轻微伤），其行为符合《刑法》第 269 条的规定，构成转化型抢劫罪。

第二种意见认为，肖某的行为不应以犯罪论处。理由是：肖某先实施了盗

窃行为，而后又对追踪而来的被害人李某实施了暴力抗拒抓捕。实施暴力是在盗窃行为已经完成后，在另一个地点实施的，不符合抢劫罪"当场使用暴力"的特点，不构成抢劫罪。同时肖某盗窃的摩托车价值为300元，财物数额不大，既不构成盗窃罪，也不符合转化型抢劫罪中必须"犯盗窃、诈骗、抢夺罪"的前提条件，因为既然没有构成盗窃罪，就不存在转化的前提。

笔者倾向于第一种意见，认为肖某的行为系"当场"实施，符合转化型抢劫罪的构成，构成抢劫罪。

其一，对该规定的前提条件如何理解，主要体现在是否其盗窃等行为必须达到"数额较大"的定罪程度？对此，有不同的观点。第一种观点认为，必须达到定上述三罪的标准，即非法占有财物"数额较大"。因为，刑法规定的是"犯盗窃、诈骗、抢夺罪"，数额如果不是较大，属于一般的违法行为，当然不具备转化的前提条件。第二种观点认为，虽然财物的数额不是较大，但是暴力行为严重，甚至造成严重后果的，应认为具备了转化的条件。当然如果先实施的是小偷小摸行为，则不能转化为抢劫罪，其暴力行为致人伤害或死亡的应定故意伤害罪，杀人的定故意杀人罪。第三种观点认为，只要先实施盗窃、诈骗、抢夺行为，综合全案不属于"情节显著轻微危害不大的"，无论财物数额大小，既遂或未遂，都可以转化为抢劫罪。

笔者认为，以上观点都有各自的理由，但是怎样理解适当，则应当正确把握抢劫罪的危害本质，以及立法者作上述规定的意图和出发点。第一种观点强调刑法规定的是"犯盗窃、诈骗、抢夺罪"，根据刑法规定，不能说是毫无根据的。但是由此得出结论，行为人没有取得数额较大财物就不可能转化，是值得商榷的。首先，盗窃、诈骗、抢夺公私财物的行为，是否构成犯罪并不是以行为人实际占有数额较大的财物为绝对标准的。其次，按刑法规定，抢劫罪的构成并不以抢劫的数额较大为标准，同样由盗窃、诈骗、抢夺向抢劫转化，也不应以实际占有的财物数额较大为标准。最后，如果说未达数额较大就不能转化，只能根据其当场实施暴力的结果分别定其他罪，有可能使刑法内部罪刑不协调，有可能造成罪重轻刑或宽纵罪犯。第二、三种观点，说法不尽一致，实际上没有根本分歧。因为二者都认为，"犯盗窃、诈骗、抢夺罪"，不要求必须达到"数额较大"，同时也都认为，并非只要先实施了盗窃、诈骗、抢夺行为，就不加区别地一概构成转化的前提条件，只是前者说要排除"数额很小的小偷小摸"，后者说要排除"情节显著轻微、危害不大的"，即使说二种观点有些区别，但在实质上也是区别不大的。2005年最高人民法院《关于审理抢劫、抢夺刑事案件适用法律若干问题的意见》对转化抢劫的认定作了司法解释，提出：未达到数额较大的，一般不以犯罪论处，但具有接近数额较大的标准、入户、致人轻微伤等其他严重情节的，以抢劫罪定罪处罚。这其实是对第一、二种观点的折中处理。

笔者认为，对于"犯盗窃、诈骗、抢夺罪"，既不能理解为是指必须实际占有的财物达到数额较大的标准，也不能根本不考虑行为人主观上意图和可能非法占有的财物数额较大，而认为只要其有上述三种情形之一，就具备了向抢劫转化的前提条件。结合本案，犯罪嫌疑人肖某盗窃他人摩托车，尽管车辆实际价值只有300余元，但从作案动机分析，可以推断嫌疑人因通常情况下摩托车具有较高的经济价值而产生犯罪意图，主观上意图和可能非法占有的财物数额较大，实际上车辆不具备通常价值属于意外，不影响犯罪嫌疑人的作案动机和主观犯意的形成，而这种情形也符合转化型抢劫对"犯盗窃、诈骗、抢夺罪"的前提要求。

其二，如何理解"当场"？对此有不同的观点，有的认为"当场"是指实施盗窃、诈骗、抢夺的现场；有的认为"当场"是指窝藏赃物、抗拒抓捕、毁灭罪证的当场；有的认为，"当场"一是指实施盗窃、诈骗、抢夺的现场；二是指以犯罪现场为中心与犯罪嫌疑人活动有关的一定空间范围，此外，只要犯罪嫌疑人尚未摆脱监视者力所能及的范围（包括各种仪器、工具的监视范围），都应属于"当场"；大多数学者主张，"当场"是指实施盗窃、诈骗、抢夺行为的现场，以及行为人刚一离开现场就被人及时发现而立即被追捕中的场所。以上几种观点中，第一种观点拘泥于对"现场"一般的字面理解，范围过于狭窄，既不符合犯罪构成的要求，也不利于打击该类犯罪；第二种观点违背了立法规定转化型抢劫犯的立法原意，割裂了盗窃、诈骗、抢夺行为与窝藏赃物、抗拒抓捕、毁灭罪证行为在时空上的客观联系；第三种观点则过于宽泛，有可能使行为完全脱离了先行的盗窃等行为的场所，扩大了打击面。大多数学者的主张是目前的通说，是符合立法原意的。需要明确的是，这里所说的"被追捕中"是指行为人刚离开现场，立即被被害人、民警或其他人追捕，行为人基本上始终处于追捕人耳目所及的注视之下的场合，无论追逐多长距离之后，行为人为抗拒抓捕当场实施暴力或暴力相威胁，都应以抢劫罪论处。即使行为人在被追捕过程中乘机藏匿于一隐蔽处或者混入人群，暂时脱离了追捕人的视线，但是，追捕人立即进行搜索，并发现行为人，行为人为抗拒抓捕而当场实施暴力或暴力威胁的，仍应以抢劫罪论处。因为整个抓捕过程没有中断。如果行为人逃跑，追捕人无法发现行为人，不得不停止抓捕行动，在事后被其他人发现并进行抓捕，或者因又涉嫌其他违法犯罪事实而被抓捕，其当场实施暴力或者暴力相威胁，对原来所犯盗窃、诈骗、抢夺罪，不能以抢劫罪论处。

本案中，犯罪嫌疑人肖某将摩托车推离停车处之后沿步行街向北行至某某路向北的一条小路，离案发现场已经有了一段距离。被害人李某先是从游戏机房出来后发觉车子被偷，但没有在周围发现窃贼，后一个朋友告诉他说看到一个人推着一辆摩托车向北走，并指明了嫌疑人的逃跑方向。根据朋友提供的线索，李某追至某某路北一条小路上，追上了正在发动车子准备离开的犯罪嫌疑人肖某。为逃避抓捕，犯罪嫌疑人肖某将被害人李某打成轻微伤。尽管肖某使用暴力的地点并非案发的原始地点，但却符合转化型抢劫罪中的"当场"。第一，肖某在窃得摩托车后推行至一小路准备发动离开，虽离车辆原始停放地有一定距离，但仍可判断其盗窃行为并未完全实施完毕，那么，在此处应是犯罪地点的有效延伸，可以用认定为"当场"。第二，肖某窃车行为为人所察见，目击者且对其逃跑方向和路线有较为明晰的认识并告诉了受害者，可以认为，肖某从行窃到被抓获始终处于受害人和目击者的观察和监视范围以内，即使中间有短时间中断，也不影响监视和追捕的连续性，符合上述对"当场"的分析结论，所以，对其当场使用暴力应是可以确认的。综上，本案中肖某的行为构成抢劫罪。

四、建议

综上所述，笔者建议：司法解释对"当场"的定义予以明确，防止适用中出现不一致的情况。"当场"明确定义应为实施盗窃、诈骗、抢夺行为的现场，以及行为人刚一离开现场就被人及时发现而立即被追捕中的场所。

[作者：李鸣（1968—），女，汉族，江苏如东人，江苏省南通市人民检察院侦监处副处长；朱砺（1962—），男，汉族，江苏南通人，江苏省南通市法学会刑法刑诉法研究会副会长、南通瑞慈律师事务所主任；程玮（1967—），男，汉族，江苏南通人，江苏省南通市崇川区人民检察院副检察长。]

典型类案 56 入户盗窃以威胁手段抗拒抓捕是否构成入户抢劫

司法实践中,对于入户盗窃后被发现,遂以威胁的手段抗拒抓捕的行为是否构成入户抢劫罪,往往比较有争议,究其主要原因是刑法没有对抢劫、转化型抢劫、入户抢劫三者之间作出明确的界限,导致司法实践中对在户内盗窃后以威胁方式抗拒抓捕的情况是否构成入户抢劫存在很大的争议。下面的一起典型案例就涉及此种情况。

一、类案简介

2006年某日,犯罪嫌疑人李某窜至江苏某地,采用破门入户的手段盗窃,窃得现金15元,刚准备离开时,户主正好回家。李某遂退到厨房拿菜刀,后用刀威胁户主从室内后退至楼梯休息平台处,李某随即逃离现场,后被抓获。

二、本类案件的争议焦点

本类案件争议的焦点就是在入户盗窃的情况下,以威胁的手段抗拒抓捕的行为能否直接以入户抢劫定罪处罚,即:在户内盗窃的情况下,以威胁的手段抗拒抓捕,转化成抢劫后,是否还要一并认定为入户抢劫,处10年以上有期徒刑、无期徒刑或者死刑,并处罚金或者没收财产。

三、主要分歧意见与评析

第一种意见:此种情况下犯罪嫌疑人的行为应构成抢劫罪,且应认定为入户抢劫。理由:根据最高人民法院《关于审理抢劫案件具体应用法律若干问题的解释》第1条第2款之规定:对于入户盗窃,因被发现而当场使用暴力或者以暴力相威胁的行为,应当认定为入户抢劫。因而,此种情况下犯罪嫌疑人的行为应构成抢劫罪。

第二种意见:此种情况下犯罪嫌疑人的行为构成抢劫罪,但不能认定为入户抢劫。理由如下:首先,根据《中华人民共和国刑法》第269条的规定,犯盗窃、诈骗、抢夺罪,为窝藏赃物、抗拒抓捕或者毁灭罪证而当场使用暴力或者以暴力相威胁的,依照刑法第263条即抢劫罪的规定处理,因而犯罪嫌疑人的行为构成抢劫罪无争议。其次，犯罪嫌疑人的行为不应构成入户抢劫罪。尽管该行为是发生在户内，但犯罪嫌疑人入户的目的仅仅是盗窃而非抢劫，其在被发现的情况下抗拒抓捕，根据相关的法律规定，此时其行为转化为抢劫，但不能据此就认定其同时构成入户抢劫。因为从盗窃转化为抢劫罪，已经是从重处理了，不能因为其实施了一个抗拒抓捕的行为，就一下子从重两级处理（盗窃—抢劫—入户抢劫），将其定为入户抢劫。

笔者支持第二种意见：对于入户盗窃以威胁手段抗拒抓捕的行为不应认定为入户抢劫。

根据最高人民法院《关于审理抢劫、抢夺刑事案件适用法律若干问题的意见》中关于"转化型抢劫"的解释，行为人实施盗窃、诈骗、抢夺行为（将《刑法》第269条的"罪"改为"行为"），未达到"数额较大"，为窝藏赃物、抗拒抓捕或毁灭罪证当场使用暴力或暴力相威胁，具有下列情节之一的，以抢劫罪定罪处罚：（1）接近"数额较大"标准的；（2）入户或在公共交通工具上盗窃、抢夺、诈骗后在户外或交通工具外实施上述行为的；（3）使用暴力致人轻微伤以上后果的；（4）使用凶器或以凶器相威胁的；（5）具有其他严重情节的。在该司法解释之前，理论上存在着盗窃、诈骗、抢夺行为未达到"数额较大"（或尚未构成犯罪）时，能否转化为抢劫罪的争论。该司法解释认可了在未达"数额较大"的情况下可以转化成抢劫罪，但必须符合五种情形之一。笔者认为，司法解释之所以这样规定是因为，抢劫罪侵犯的客体是财产权和人身权。当作为单一侵犯财产型犯罪的"盗窃"等行为尚未构成犯罪时，但为了窝藏赃物、抗拒抓捕或毁灭罪证当场使用了暴力或进行了暴力相威胁，该行为在某种条件下实施或达到一定程度时（该程度或条件实际为本罪的构成要件）具有较大的社会危害性和刑事惩罚的必要性。对于"接近数额较大"的情形，是在"数额"比较接近追诉标准的同时又有一般的暴力或暴力威胁行为，是综合两者而作出的犯罪评价。

结合本案，犯罪嫌疑人李某的行为符合第二、三种情形的转化型抢劫。本案要讨论的是李某能否被认定为"入户抢劫"。解释中的第二种情节表述为，入户或在公共交通工具上盗窃后在户外或交通工具外实施上述行为的。显然该解释没有规定在户内实施上述行为该如何处理。关于在该种情形下该如何处理的争论早已有之，我们可以从最高人民法院2004年11月在苏州市召开的全国部分法院"经济犯罪案件审判工作座谈会"内容中看到。一种意见认为，行为人"入户"盗窃，尚未构成犯罪，为窝藏赃物、抗拒抓捕或毁灭罪证当场使用了暴力或进行了暴力相威胁的（情节一般），已经构成"入户抢劫"。另一种意见认为，该情形下只要按基本犯罪构成的基准型抢劫罪处理即可，不应认定为抢劫罪的情节加重犯。主要有三个方面的理由：一是有悖"罪刑相适应原则"；二是违反"禁止重复评价"原则。行为人的前期行为尚未构成犯罪，其为窝藏赃物、抗拒抓捕或毁灭罪证当场使用了暴力或进行了暴力相威胁的（情节一般），其实施的整体行为原本不必进行犯罪评价，但由于行为发生的地点的特殊性增加了其行为的社会危害性程度，所有最终导致刑法的适用，可见"户"地点要素是作为定罪情节使用的。如果认定为"入户抢劫"，则"户"这个地点要素不适当地同时充当了定罪情节和加重构成情节的角色，违反了"禁止重复评价"原则，不适当地加重了犯罪嫌疑人的刑罚负担；三是不符合情节加重犯的理论构成。情节加重犯一般是指某罪的罪行达到情节严重或在基准程度罪的基础上具备某些严重情节，从而使造成的客观损失和表现出的主观恶性超出基准程度罪，并因此依法加重刑罚的犯罪形态。据此，某具体行为危害事实如果只具备情节严重的规定，而不具有该罪的基准构成，该具体危害事实不能成立情节加重犯，跨越基准量刑单位而直接适用加重程度量刑单位是不适当的。

四、建议

本案犯罪嫌疑人的暴力威胁行为发生在"户内"，但司法解释却只规定了暴力威胁行为发生在"户外"的情形。笔者认为，最高人民法院的本意在于，当行为人实施盗窃等行为，未达到"数额较大"，为窝藏赃物、抗拒抓捕或毁灭罪证当场使用了暴力或进行了暴力相威胁，如果暴力行为或暴力威胁行为一般，没有其他严重情节，"入户"作为犯罪的基准构成，不能作为处罚的加重情节。最高人民法院将行为限定在"户外"实施是为了防止将"户"这一地点要素进行重复评价。最高人民法院在制定司法解释时，不可能将行为人可能在"户内"实施暴力或暴力威胁行为给遗漏了。同时最高人民法院可能考虑到，如果暴力或胁迫行为发生在"户内"，该情形下统一不能构成情节加重犯也是不妥当的，否则该种情形下的转化型抢劫将没有情节加重犯。

若正如本案，犯罪嫌疑人的暴力或暴力威胁行为发生在了"户内"该如何处理。本案中，犯罪嫌疑人入户盗窃、持刀威胁，符合第二、三两种情形，能否将使用凶器相威胁作为本案转化为抢劫罪的基准构成，将"入户"作为处罚加重情节？鉴于目前我国没有这样的司法实践和法律依据，所以是行不通的。由于我国目前的法律及司法解释没有对在"户内"实施暴力行为如何处罚给出明确的结论，但笔者从上面的一个假设中得到一点启发，"两高"在今后的司法实践过程中积累了经验以后,是否将会作出这样的解释:行为人入户或在"公共交通工具上"实施盗窃、诈骗、抢夺行为,未达到"数额较大",为窝藏赃物、抗拒抓捕或毁灭罪证当场使用了较为严重的暴力或进行了手段恶劣的暴力威胁或有其他严重情节(当然这些情节、手段应采用列举式解释,以便于司法实践的操作),该"入户"或在"公共交通工具上"的情节作为加重处罚情节。笔者认为,最高人民法院解释时将暴力或暴力胁迫行为限定在"户外"实施是为了防止将"户"这一地点要素进行重复评价,同时也为将来的司法解释预留了口子。

为此,建议将最高人民法院《关于审理抢劫案件具体应用法律若干问题的解释》第 1 条第 2 款之规定"对于入户盗窃,因被发现而当场使用暴力或者以暴力相威胁的行为,应当认定为入户抢劫"修改为"对于入户盗窃,因被发现而当场使用暴力的行为,应当认定为入户抢劫;仅以暴力相威胁的,转化成抢劫罪,但不认定为入户抢劫"。

[作者:宋飞(1979—),男,汉族,江苏如皋人,江苏省启东市人民检察院助理检察员。]

典型类案 57 对成年人、未成年人勾结共同对成年人、未成年人实施抢劫如何处理

司法实践中,我们发现成年人、未成年人勾结,共同对成年人、未成年人实施抢劫的案件时有发生。但司法机关对于此类案件中未成年人的处理结果具有相当大的差异,有的对未成年人不作犯罪处理,有的则按照抢劫罪定罪处罚。究其主要原因是现行司法解释的规定有不完善的地方。最高人民法院《关于审理未成年人刑事案件具体应用法律若干问题的解释》对于未成年人抢劫的认定标准作了实质的提高,关于成年人、未成年人勾结共同对成年人、未成年人实施抢劫的行为应如何适用法律成为了一个颇具争议的问题。笔者拟通过典型案例的比较与研究,指出原有司法解释的不足之处,并提出改进的建议。

一、类案简介

案例1:2006年5月16日晚11时许,犯罪嫌疑人朱某某(1989年3月14日出生,初中肄业,无业)伙同犯罪嫌疑人黄某某(已成年)、顾某某(已取保)、"光头"(未到案)在某溜冰馆至日全食的弄子里,先后拦住受害人杨某某(未成年人)和孙某某(成年人),以言语威吓及打耳光的手段对两人进行敲诈,分别敲诈得现金80元和60元。后犯罪嫌疑人朱某某又与犯罪嫌疑人黄某某、顾某某、"光头"采取言语威吓、打耳光及搜身的手段对受害人蔡某(未成年人)实施抢劫,共抢得现金625元。朱某某分得赃款240元,黄某某分得赃款230元,顾某某分得赃款185元。公安机关未对犯罪嫌疑人朱某某移送审查起诉。

案例2:2005年7月9日,犯罪嫌疑人刘某某(1990年5月17日出生)伙同犯罪嫌疑人唐某某(已成年)到某网吧,采用打耳光的方式逼迫受害人魏某某(未成年人)交钱,魏某某被逼无奈,便向一同上网的陆某某借得人民币20元交出。犯罪嫌疑人刘某某嫌劫得的钱少,便与唐某某拦住受害人魏某某、陆某某(未成年人)和徐某(未成年人),并叫上张某某、袁某某(均另处),一同将3名受害人带到旁边的巷子里,勒令他们交出身上所有财物。

受害人魏某某交出小灵通一部（价值210元），陆某某交出小灵通一部（价值200元），徐某交出人民币50元和手机一部（价值900元）。法院一审以抢劫罪判处被告人刘某某有期徒刑1年6个月，并处罚金人民币3000元。

案例3：2005年8月15日凌晨，犯罪嫌疑人苏某某（1989年3月8日出生）、马某某（1988年1月2日出生）、柳某某（1990年3月12日出生）伙同犯罪嫌疑人毛某某（在逃）经事先预谋，在某路口，对受害人舒某某（成年人）用拳脚、铁棍进行殴打。舒某某实在吃痛不过，将身上仅有的一部小灵通交出。犯罪嫌疑人苏某某、马某某、柳某某、毛某某劫得小灵通一部（价值340元）。法院一审以抢劫罪分别判处被告人苏某某、马某某、柳某某有期徒刑1年至3年不等的刑罚。

二、主要分歧意见与评析

本类案件主要有如下争议意见及理由：

其一是不构成犯罪说。理由：最高人民法院《关于审理未成年人刑事案件具体应用法律若干问题的解释》（以下简称《解释》）第7条规定："已满十四周岁不满十六周岁的人使用轻微暴力或者威胁，强行索要其他未成年人随身携带的生活、学习用品或者钱财数量不大，且未造成被害人轻微伤以上或者不敢正常到校学习、生活等危害后果的，不认为是犯罪。已满十六周岁不满十八周岁的人具有前款规定情形的，一般也不认为是犯罪。"三案中，犯罪嫌疑人朱某某等人属于已满16周岁不满18周岁的未成年人，使用轻微暴力和威胁，强行索要其他财物数量不大，根据《解释》的规定，出于对未成年犯罪嫌疑人的教育与保护的考虑，应不认为是犯罪。

其二是不具备适用《解释》第7条之规定的条件，应认定其构成抢劫罪说。理由：（1）三案不属于纯粹的未成年人之间的犯罪，有成年人参与其中；（2）三案发生的场所不是在校园等特定的范围之内，而是在社会公共场所，严重影响人民群众的社会安全感，社会危害性较大；（3）犯罪嫌疑人朱某某等人在抢劫中表现积极，说明其主观恶性大，不属于犯罪情节轻微，不能适用《解释》第7条之规定，应以抢劫罪定罪处罚。

其三是由于《解释》本身规定不明，导致对犯罪嫌疑人朱某某等人的行为能否认定构成抢劫罪产生争议。根据疑点利益归于被告人的原则，应对未成年犯罪嫌疑人朱某某等人的行为不作犯罪处理说。理由：抢劫罪是最严重的侵犯财产犯罪。我国刑法没有对抢劫的数额和其他情节作出限定，因此，即使是轻微的抢劫行为也构成抢劫罪。但是，犯罪的本质特征在于严重的社会危害性，所以，根据《刑法》第13条之规定，对于犯罪情节显著轻微，危害不大的抢劫行为不能认定为抢劫罪。由于法律规定具有概括性，就需要司法解释来对"犯罪情节显著轻微，危害不大"提供具体明确的判断方法和认定标准。

但是，《解释》第7条本身的规定却存有缺陷。

一是失之于简。有未成年人参与的抢劫案件可以具体分为四类：（1）未成年人对未成年人实施抢劫；（2）未成年人对成年人实施抢劫；（3）未成年人、成年人勾结共同对未成年人实施抢劫；（4）未成年人、成年人勾结共同对成年人实施抢劫。在第一种情况下，可以适用《解释》的规定；在第2种情况下，不具有适用《解释》的条件；但在第3、4两种情况下，能否适用《解释》却没有明确，从而给司法实践带来困惑。而现实生活中，这些犯罪现象是广泛存在的，如案例3中抢劫就是由未成年的苏某某一手策划的，其心智、体质的发展已与成年人无异，如果对其同案犯的成年人以抢劫罪处罚，而对其免予刑事处罚，是否与罪责刑相适应的基本原则相左？其合理性值得商榷。

二是失之于宽。实践中，未成年人实施的抢劫案件中数量较多、较常见的一类，是发生在校园周边或者校内，年龄较大未成年人欺负年龄小的未成年人、高年级学生欺负低年级学生的"强拿硬要"、"强索"案件。这类案件未成年行为人的主观恶性较小，比如出于欺负弱小、称王称霸或者戏弄其他未成年人而向低年级同学强行索要随身携带的用品或者少量钱物的；有的案件使用暴力或者威胁情节比较轻微，比如仅是推搡、打一拳、踢一脚的；这类"强索"案件的社会危害性一般小于成年人实施的抢劫犯罪。如果对成年人与未成年人不加区别，不根据这类案件中未成年人使用暴力等情节区别对待，则势必导致打击面过宽、对未成年人犯罪处刑过重的结果。《解释》第7条正是基于上述实践情况，从"犯罪情节显著轻微，危害不大"角度作出规定。《解释》的本意是为了维护学校周边以及校园内的正常学习、生活环境，以及尽量保护在校学生合法权益。因此，《解释》将"轻微暴力"、"数量不大"和"未造成被害人轻微伤以上或者不敢正常到校学习、生活等危害后果"三个事实规定为可以不认定为犯罪的条件。但是，《解释》却忽视了抢劫发生的场所、时间，是否有成年人参与，行为人是否累犯，主观动机以及在犯罪中所起的作用等对犯罪情节和社会危害性有重大影响的情况。如果我们在司法实践中具体执行该条规定时，无视具体案件、具体情况，机械地对号入座，难免会造成放纵犯罪的后果，有悖"犯罪情节显著轻微，危害不大"的立法精神，也有违司法公平的原则。

笔者同意第三种意见。

三、建议

综上,笔者提出如下建议:

1. 最高人民法院、最高人民检察院应对《解释》第7条"已满十四周岁不满十六周岁的人使用轻微暴力或者威胁,强行索要其他未成年人随身携带的生活、学习用品或者钱财数量不大,且未造成被害人轻微伤以上或者不敢正常到校学习、生活等危害后果的,不认为是犯罪"进行进一步的修改完善为:

"已满十四周岁不满十六周岁的人出于欺负弱小、称王称霸或者戏弄目的,在校园周边或者校内,使用轻微暴力或者威胁,强行索要其他未成年人随身携带的生活、学习用品或者钱财数量不大,且未造成被害人轻微伤以上或者不敢正常到校学习、生活等危害后果的,不认为是犯罪。已满十六周岁不满十八周岁的人具有前款规定情形的,一般也不认为是犯罪。

已满十六周岁不满十八周岁的人与成年人相勾结,使用轻微暴力或者威胁,强行索要他人钱财数量不大,且未造成被害人轻微伤以上危害后果的,如其主观恶性较小,在犯罪中所起作用一般,可以不认为是犯罪。累犯不适用上述规定。"

2. 或者直接将《解释》第7条删除,让未成年人抢劫的定罪标准与成年人抢劫的定罪标准一样。因为罪与非罪的标准应当对应负刑事责任的人是一样的,不能因年龄问题就提高或降低定罪标准。对未成年人只是从轻或减轻处罚,不能提高定罪标准来达到减轻处罚的目的,否则将造成定罪标准的混乱。

[作者:王志良(1967—),男,汉族,江苏南通人,江苏省南通市崇川区人民检察院办公室主任;薛全领(1966—),男,汉族,江苏南通人,江苏省南通市崇川区人民检察院检察员。]

典型类案 58 对携带凶器实施抢夺但未向被害人出示的行为是否应认定为抢劫

司法实践中把携带凶器进行抢夺但未向被害人出示的行为一概认定为抢劫,我们认为这有违罪责刑相适应原则。通过对抢夺罪与抢劫罪的行为特征进行比较,得出携带凶器进行抢夺但未向被害人出示的行为定抢夺罪更为合理一些。

一、类案简介

案例1:2005年1月7日,被告人王某在某超市购得单刃尖刀(属管制刀具)一把准备用于作案。当晚23时许,被告人王某看见被害人陆某在打电话,乘其不备从她手中夺得小灵通一只(经鉴定价值人民币408元)。经查,被告人王某在整个抢夺过程中,未出示随身携带的刀具,被害人亦不知其随身携带凶器。

2005年10月21日,某人民法院判处被告人王某有期徒刑1年,并处罚金人民币1000元。

案例2:被告人岳某,男,1982年6月出生于新疆某县,汉族,农民。

被告人岳某于2004年12月28日上午,携带弹簧刀(后经鉴定,是管制刀具),至某银行营业部,见女青年陈某单独在该处提取大额人民币,即骑自行车尾随至某小区楼下,乘陈某锁车之机,强行抢陈挎在身上的皮包一只,内有人民币3.5万余元,随即逃离现场,在被害人陈某及他人的追赶下,被告人岳某被迫将包扔掉继续逃跑,后在小区以外被抓获。

2005年4月12日,某人民法院判处被告人岳某有期徒刑10年,并处罚金人民币1万元。

二、本类案件的争议焦点

对于行为人虽携带凶器但未向被害人出示实施抢夺的情形,是否仍应当以抢劫罪论处。

三、主要分歧意见与评析

第一种意见：两被告人的行为构成抢劫罪。

根据最高人民法院《关于审理抢劫案件具体应用法律若干问题的解释》第6条的规定，行为人随身携带管制刀具进行抢夺应当以抢劫罪论处，两被告人行为已经构成抢劫罪。最高人民法院《关于审理抢劫、抢夺刑事案件适用法律若干问题的意见》第4条亦明确规定携带凶器抢夺按抢劫罪处罚。并对"携带凶器抢夺"的情形作出了细致的规定：一种是指行为人随身携带枪支、爆炸物、管制刀具等国家禁止个人携带的器械进行抢夺；另一种是为了实施犯罪而携带其他器械进行抢夺的行为。唯一一种携带器械抢夺不定为抢劫的情况是："行为人随身携带国家禁止个人携带的器械以外的其他器械抢夺，但有证据证明该器械确实不是为了实施犯罪准备的，不以抢劫罪定罪。"携带凶器抢夺原本并不符合《刑法》第263条规定的抢劫罪的构成要件，如果没有《刑法》第267条第2款的规定，司法机关对携带凶器抢夺的行为，只能认定为抢夺罪。在这种情况下，刑法仍然规定对携带凶器抢夺的行为以抢劫罪论处，就说明本款属于法律拟制。之所以设立该规定，是因为抢夺行为虽然是乘人不备夺取他人财物，但被害人会立即发现被抢夺的事实，而且在通常情况下会要求行为人返还自己的财物；而行为人携带凶器抢夺的行为，客观上为自己抗拒抓捕、窝藏赃物创造了便利条件，再加上主观上具有使用凶器的意识，使用凶器的盖然性非常高，从而导致其行为的危害程度与抢劫罪没有实质区别。携带凶器不要求行为人显示凶器（将凶器暴露在身体外部），也不要求行为人向被害人暗示自己携带着凶器。因为从用语来看，携带（物品）一词并不具有显示、暗示物品的含义；从实质上看，这种行为比当场扬言以暴力威胁的抢劫行为，在危害程度上有过之而无不及。如果将携带凶器抢夺限定为必须显示或者暗示自己携带着凶器而抢夺，《刑法》第267条第2款就丧失了法律拟制的意义，而成为了单纯的注意规定。另外，抢夺行为表现为乘人不备而夺取财物，既然是"乘人不备"，通常也就没有显示或者暗示凶器的现象。基于同样的理由，"携带凶器抢夺"不要求行为人使用或明示其所携带的凶器。

第二种意见：两被告人的行为属于抢夺行为，被告人王某不构成犯罪，被告人岳某构成抢夺罪。案例1中被告人王某虽然购买了凶器，但当时具体犯罪手段并不明确，其之后实施抢夺过程中始终未出示凶器，未对被害人造成人身伤害和人身威胁，其行为不应认定为抢劫罪，而只能认定为抢夺，由于数额尚未达到立案标准，不构成抢夺罪。案例2中被告人岳某出生于新疆有带刀的风俗习惯，在整个抢夺过程中他既没有向被害人陈某显露（明示的或暗示的）

其携带的凶器，而且在后来逃跑有可以使用凶器来抗拒抓捕或者窝藏赃物的情况下也未使用凶器，其主观恶性相对于抢劫罪较小，因此，被告人岳某应当构成抢夺罪而非抢劫罪。虽然根据前述司法解释的规定，只要行为人携带凶器进行抢夺即可成立抢劫罪。不论行为人是否事先准备抢劫、有无向被害人出示。但这一规定并不合理。将携带凶器进行抢夺一概认定为抢劫，忽视了刑事个案的特殊性，容易造成社会危害性不同的犯罪行为同等处罚。

理由如下：

1. 违背了刑法的罪刑相适应的原则。

罪刑相适应原则的基本含义是根据罪行危害的大小来决定刑罚的轻重，重罪重判，轻罪轻判，罪刑相当，罚当其罪。罪刑相适应原则贯穿于刑法的始终，对刑事立法、司法及定罪量刑具有重要的指导作用。行为人携带凶器抢夺，但凶器未加以显示，不会对被害人产生胁迫等精神强制效果，不会令被害人心生恐惧。而按照司法实践中抢劫案件的办理情况，构成抢劫罪必须有被害人受到暴力侵害或明显感受到被胁迫的事实存在，否则不应构成抢劫罪。如果在抢夺过程中未显示凶器，那就不存在当场使用暴力、胁迫等情形。其与典型的抢劫罪的社会危害性相差甚远。按一般逻辑，社会危害性越大，其罪越重，其刑亦越重。而现行司法解释却将社会危害性比抢劫罪小的未将凶器加以显示的抢夺行为以抢劫罪定罪处罚，这显然是加重了行为人的刑事责任，有违罪责刑相适应原则，是一种立法不公。

2. 规定行为人对所携带的凶器藏而不露并未加以显示转化为抢劫罪没有法理基础。

携带凶器抢夺的行为人在抢夺中对所携带的凶器加以显示时，其行为与抢劫罪的犯罪构成要件相类似，其社会危害性与抢劫罪的社会危害性亦相类似，这种抢夺行为转化为抢劫罪具有法理基础；而行为人对所携带的凶器藏而不露并未加以显示时，其行为并没有侵犯被害人的人身权利，故与抢劫罪的构成要件及社会危害性相差甚远，此行为没有转化为抢劫罪的法理依据。而《刑法》第267条第2款及相关司法解释不加区分地规定，只要携带凶器抢夺，不管行为人是否加以显示，一律以转化型抢劫罪定罪，这一规定显然是忽略了携带凶器的抢夺行为转化为抢劫罪的法理依据。

3. 混淆了抢夺罪与抢劫罪的实质界限。

现行刑法关于对未将凶器加以显示的携带凶器抢夺行为转化为抢劫罪的规定混淆了抢夺罪与抢劫罪的实质界限。抢夺罪与抢劫罪的实质区别在于，抢夺罪是行为人乘人不备、公然夺取数额较大的公私财物，其行为特征是乘人不备夺了财物就跑，而不使用暴力或者以暴力相威胁，因而仅仅侵犯公私财物所有权，并不侵犯被害人的人身权利；而抢劫罪则不同，行为人是当场使用暴力或者当场以暴力相威胁劫取公私财物，因而侵犯了公私财物所有权和被害人的人身权利。而携带凶器抢夺的行为，由于行为人未将携带的凶器加以显示，更谈不上使用，被害人并不感知凶器的存在，更未受到暴力威胁，因而未侵犯到被害人的人身权利。而将此行为也规定转化为抢劫罪，显然是混淆了抢夺罪和抢劫罪之间的实质区别。

4. 将携带凶器进行抢夺一概认定为抢劫，忽视了刑事个案的特殊性，容易造成社会危害性不同的犯罪行为同等处罚。

案例2中，被告人岳某连《刑法》第269条规定的转化型抢劫的情况也未发生，却仅因携带了凶器而被判处有期徒刑10年，明显过重。

在司法实践中，携带凶器抢夺有多种表现形式，归纳起来大致有以下几种类型：

第一种情况，犯罪嫌疑人身上携带凶器，但在实施抢夺过程中没有向被害人出示凶器，被害人心理未受到凶器的威胁。

第二种情况，犯罪嫌疑人身上携带凶器，在抢夺过程中非暴力地使用了凶器，如以刀具割断被害人包袋等抢夺辅助行为。或在实施抢夺过程中，被害人看见其有凶器或犯罪嫌疑人故意向被害人显露其有凶器，在上述几种情形下被害人心理均受到威胁。

第三种情况，犯罪嫌疑人身上携带凶器，在实施抢夺过程中采用的是乘人不备公然夺取的手段。但在抢夺后，为窝藏赃物、抗拒抓捕或者毁灭罪证而当场使用凶器施暴或者以凶器相威胁。

根据最高人民法院对于抢劫、抢夺有关司法解释的规定，我们不难看出第二、三两种情形下行为人的行为应当认定为抢劫罪无疑，但在第一种情况下，犯罪嫌疑人虽然身上携带了凶器，但在实施抢夺过程中始终没有显露，这种行为完全符合抢夺罪的构成要件，认定为抢劫罪显然与犯罪行为的主客观均不吻合。综上所述我们不难看出，不同类别的"携带凶器进行抢夺"存在较大的差异，其社会危害性的本质也不尽相同，一概认定为抢劫罪不符罪责相适应的刑法原则。

我们同意第二种观点。

四、建议

对携带的凶器未加以显示的抢夺行为以抢劫罪定罪处罚与罪责刑相适应原

则相违背,现行《刑法》第267条第2款及相关司法解释关于携带凶器抢夺,即使携带的凶器未加以显示也一律适用《刑法》第263条以转化型抢劫罪定罪处罚的规定并不科学。因此我们建议,应将相关司法解释"携带凶器抢夺的",限制解释为"携带并显示凶器进行抢夺的"或为了抗拒抓捕、窝藏赃物而显示凶器的,从而做到根据犯罪行为的社会危害性对犯罪行为进行准确定罪量刑。

[作者:张毅(1963—),男,汉族,江苏南通人,江苏省南通市人民检察院研究室主任;钱国泉(1965—),男,汉族,江苏南通人,江苏省南通市人民检察院反贪局副局长、法律硕士;张傲冬(1972—),女,汉族,河北唐山人,江苏省南通市人民检察院检察员、法律硕士。]

典型类案 59 对侵占罪中的"埋藏物"如何理解

盗窃罪和侵占罪都属于侵犯财产类型犯罪。对盗窃罪与侵占罪如何区分一直是司法实践中的难点，侵占罪中"代为保管的他人财物"、"遗忘物"、"埋藏物"如何理解和认定，是区分两罪的关键，现以如下案例为例，作一简要分析。

一、类案简介

2006年2月3日，犯罪嫌疑人范甲、范乙、仲某等人帮王某家藕塘挖藕，并经王某同意暂住在王某家藕塘旁的房子。该房子原是王某婆婆居住，现因王某婆婆去了北京而暂时空着。王某婆婆在居住期间曾将现金3700元藏在床单下被褥里，王某在将房子交给范甲等人居住时对3700元钱并不知情。次日上午，范甲在其暂住处发现散落在地上的现金3700元（可能是他人在晾晒被子时钱从被褥里掉下），即将钱拾起，并与范乙、仲某商量后意图占有该笔钱。第三天，犯罪嫌疑人范甲、范乙、仲某等人因故未能在王某家继续挖藕，遂离开王某家。在离开时，范甲将该3700元带走，并与范乙、仲某共同分了这笔钱。王某婆婆从北京回来发现钱不见后即向公安机关报案，公安机关在对犯罪嫌疑人范甲、范乙、仲某审查时，三犯罪嫌疑人即承认了其共同拿走钱的事实并将该3700元钱全部退出。

二、本类案件的争议焦点

本类案件争议的焦点在于侵占罪中的"埋藏物"如何理解？"隐藏物"是否属于"埋藏物"？

三、主要分歧意见与评析

在本案的审查过程中，对犯罪嫌疑人范甲、范乙、仲某非法占有3700元的行为应如何定性存在不同意见：一种意见认为，犯罪嫌疑人范甲、范乙、仲某主观上有非法占有的故意，客观上实施了不为王某知道的秘密窃取行为，侵犯的客体既不是代为保管的他人财物，也不是他人的遗忘物。所以，犯罪嫌疑人范甲、范乙、仲某的行为应定性为盗窃。另一种意见认为，本案侵犯的客体虽然不是代为保管的他人财物，也不是他人的遗忘物，但属于他人的隐藏物，等同于刑法规定的埋藏物，所以，犯罪嫌疑人范甲、范乙、仲某的行为应定性为侵占。导致以上分歧的关键在于对盗窃罪与侵占罪的区分标准有不同的理解，这也是我们以下将要加以研讨的问题。

所谓盗窃罪是指以非法占有为目的，采取秘密手段窃取他人财物，数额较大或者多次盗窃的行为，客观方面表现为行为人用秘密窃取的方法，将数额较大的公私财物占为己有或者多次秘密窃取公私财物的行为，主观方面表现为直接故意，且具有非法占有公私财物的目的。

侵占罪则是指以非法占有为目的，将代为保管的他人财物或者将他人的遗忘物、埋藏物非法占为己有，数额较大，拒不退还或者拒不交出的行为，客观方面表现为行为人将他人财物非法占为己有，且数额较大拒不退还或拒不交出的行为，主观方面只能是故意，且具有将他人财物非法占为己有的目的，即明知自己占有的财物为他人合法所有，自己依法应有义务将财物交还他人，但故意拒不交还。

盗窃罪和侵占罪都属于侵犯财产类型犯罪。侵犯财产犯罪作为一种传统的犯罪，历来在整个刑事犯罪中占据主要部分。随着经济生活的不断丰富和各种社会矛盾的出现，侵犯财产犯罪的形式也在增加，出现了大量的新的犯罪形式。为此，在认定侵犯财产犯罪时既要注意罪与非罪的界限，还要根据侵犯财产犯罪中不同的主体特征、行为特征和客体特征，正确区分侵犯财产犯罪中此罪与彼罪的界限。在侵犯财产犯罪中，如果行为人以他人实际控制或持有的财物为侵犯的对象，企图将他人控制或持有的财物转移至自己的非法控制之下，则必须以积极的作为方式实施刑法所明文禁止的行为，如盗窃、诈骗、抢夺、抢劫等犯罪行为。如果行为人以已经被行为人合法控制或持有的他人财物为侵犯对象，企图变合法控制或持有为非法所有的，则一般通过消极的不作为方式实现其非法剥夺他人对财物的所有权的犯罪目的，变合法持有为非法占有，如侵占罪。

以此观念分析盗窃罪和侵占罪，二者的区别主要表现在：

第一，侵犯的对象不同。前者侵犯的是他人实际控制或持有的财物，包括国家、集体、公民个人所有的财物。一般是动产，也可以是不动产上可与之分离的附属物，既包括有形财产，也包括如电力、煤气、天然气等具有经济价值的无形财产，还包括存单、债券、提单等有价证券；后者侵犯的是暂时脱离财物所有人或持有人控制、已经被行为人合法控制或持有的他人财物，如代为保管的他人财物、他人的遗忘物以及他人的埋藏物。所谓他人，是指其他个人，不包括国家或单位。因为如果是国家或者单位委托行为人保管财物，而行为人非法占为己有，则可能构成贪污罪。遗忘物是物主忘记带走的物主比较明确的财物，埋藏物的物主可能是明确的，也可能是不明确的，物主明确的埋藏物的所有权属于物主，物主不明确的埋藏物，其所有权属于国家。

第二，行为的方式不同。前者只能以作为方式实施，表现为采取自认为不会使他人发觉的方法，暗中窃取他人财物。"窃取"一词的原意即指非法将他人支配下之物秘密移置于自己支配下。只有通过积极的秘密窃取行为才能实现非法占有的目的。这既包括乘在场的财物所有人或保管人未发觉而窃取，如在公共场所掏袋割包；也包括乘所有人或保管人不在场时把财物拿走，如乘人不在时或熟睡时，扭门撬锁，窜入他人室内窃取财物。而后者则只能由不作为方式实施。其基本表现形态为行为人基于合法控制或持有他人财物的前提，违反法律规定，对其控制或持有的他人财物，应退还而拒不退还、应交出而拒不交出，从而变合法持有为非法占有。

第三，犯意的内容和产生的时间不同。前者行为人认识到自己是以不为财物所有人或持有人知道的秘密方法非法获取他人财物，且犯罪故意只能产生于非法获取他人财物之前；而后者行为人主观上明知自己占有的财物为他人合法所有，自己有义务将该财物交还给他人，但故意拒不退还或者拒不交出，且犯罪故意只能产生于持有他人财物之后。

在本案中，三犯罪嫌疑人非法占有的王某婆婆现金 3700 元，由于王某将房子交给范甲等人在一段时间内使用，王某婆婆已暂时失去了对该笔钱的控制。那么，该笔钱在性质上应当如何理解呢？首先，这钱是王某婆婆放在自己居住的房屋中，王某对此并不知情，而房屋是由王某提供给范甲等人使用的，王某婆婆对房屋给他人使用也不知情，所以无论对王某还是其婆婆来说都不存在将钱遗忘了的情况，这 3700 元也就不属于遗忘物；其次，王某将房子及床单、被褥等生活用品一起交给犯罪嫌疑人范甲、范乙、仲某等人使用，范甲、范乙、仲某等人对此负有代为保管的义务，到期应如数完好地归还，但对于 3700 元现金，由于王某不知情，所以其根本谈不上将钱交给范甲、范乙、仲某等人使用或保管，所以，这 3700 元也不存在代为保管。笔者认为，三犯罪嫌疑人非法占有的这 3700 元在性质上应是所有人明确的隐藏物。所谓隐藏物，是指放置于隐蔽的场所，不易被发现的物。如天花板上搁置的物、屏风中夹带的物以及本案中王某婆婆藏在床单下被褥里的物，都是隐藏物。侵占罪中只规定了埋藏物，而没有谈及隐藏物。但《民法通则》在第 79 条中除了规定埋藏物所有权的归属外，还涉及隐藏物，并视其与埋藏物有同一法律地位。故对刑法中侵占罪所规定的埋藏物应作广义理解，即包含隐藏物在内所有藏于他物之中，不容易从外部发现的物，而不是仅指埋藏于土地的物。

　　在搞清了该3700元的性质后，我们再分析一下犯罪嫌疑人范甲、范乙、仲某是如何取得这笔钱的以及其非法占有故意产生的时间。在本案中，犯罪嫌疑人范甲、范乙、仲某等人是合法居住在王某家藕塘旁房子的房客，在合法居住期间，在其暂住处的地上或者被褥里，范甲发现了3700元现金而持有，其没有采取任何违反法律规定的手段如窃取、骗取等行为，是一种合法持有。范甲等人合法持有这笔钱时，在明知该钱所有者是谁的情况下，有义务将钱归还给原所有者。但范甲等人没有将钱交出，而是在离开王某家时将钱带走非法占为己有。范甲等人在发现3700元现金前根本未想到也不可能想到占有这笔钱，其非法占有他人财物的故意完全产生于其合法持有他人财物之后。

　　综上所述，犯罪嫌疑人范甲、范乙、仲某以非法占有为目的，将发现并合法持有的他人的隐藏物非法占为己有，拒不交出，其行为应当定性为侵占。

四、建议

　　笔者认为，隐藏物，是指放置于隐蔽的场所，不易被发现的物。如天花板上搁置的物、屏风中夹带的物以及本案中王某婆婆藏在床单下被褥里的物，都是隐藏物。侵占罪中只规定了埋藏物，而没有谈及隐藏物。建议对刑法中侵占罪所规定的埋藏物应作出司法理解，规定："埋藏物不仅指埋藏于土地的物，而且还包括隐藏物在内所有藏于他物之中，不容易从外部发现的物。"

[作者：吴文斌（1970—），男，汉族，江苏宝应人，江苏省宝应县人民检察院公诉科副科长；吴斌（1971—），男，汉族，江苏宝应人，江苏省宝应县人民检察院副检察长。]

典型类案 60 案发后归案前退还所骗款项应如何处理，行为人主观上是否具有非法占有的故意

近年来的司法实践中，我们碰到了这样的案例，犯罪嫌疑人骗取被害人的钱财后表示愿意退还所骗款项，并已实际退还了部分款项。此种情况是否可以认定为行为人主观上具有"非法占有"的故意，所退还的款项应如何认定，在司法实践中产生了较大的认识分歧。

一、类案简介

2002年年初至2002年12月，刘××以帮助代办去韩国的旅游护照、签证为名骗取张××、刘××、田××、冯××四人人民币共计133000元。2002年12月23日，犯罪嫌疑人刘××逃到深圳，并断绝了自己与家人及受害人的联系，并用骗来的钱为自己办理了去韩国的签证，于2003年1月携款逃至韩国。在韩国期间，犯罪嫌疑人刘××得知自己被上网追逃，遂打电话回家表示自己会还受害人被骗的钱，另外刘××也在2003年左右的时间归还了受害人共6万余元（其中包括受害人刘××追到韩国向刘××讨要的9000元）。犯罪嫌疑人刘××发现自己患病后回国治疗。

犯罪嫌疑人刘××于2003年1月21日因诈骗逃至韩国，2006年5月份从韩国回国时在广州机场被抓获归案。

二、主要分歧意见与评析

对本案犯罪嫌疑人刘××的行为是否构成诈骗罪、应当如何处理以及如何适用法律有以下四种不同意见：

第一种意见认为：犯罪嫌疑人刘××的行为不构成诈骗罪，因为刘××不具有非法占有他人财物的主观故意，只是一种暂时借用行为，本案的实质只属于民事经济纠纷，不宜以刑事犯罪来处理，理由如下：（1）犯罪嫌疑人刘××不具有非法占有他人钱财的主观故意，在收取被害人钱财时都写了收条或借条，而且在收条或借条上都写明"如果办不成签证，全额退还"，表示了犯罪嫌疑人刘××在骗取被害人钱财时，有归还被害人钱财的意思表示。（2）犯

罪嫌疑人刘××在韩国打工期间也汇钱回来,委托其父亲帮助归还被害人的钱,刘××的这种行为也印证了他之前所作出的"全额退还"的承诺。(3) 犯罪嫌疑人刘××的家属帮助刘××还钱的行为也没有超出犯罪嫌疑人刘××的主观意思表示,所以我们不能排除如果犯罪嫌疑人刘××未被抓获归案,他可能会将所骗取的钱还给被害人。

第二种意见认为:犯罪嫌疑人刘××的行为涉嫌诈骗罪,无逮捕必要,理由是:(1) 犯罪嫌疑人刘××虚构事实、隐瞒真相,骗取他人钱财后携款逃至韩国,非法占有他人钱财的故意是明显的,事实也比较清楚。但根据法律规定诈骗罪认定犯罪数额是以实得额,而且诈骗罪是一种事后可以转化的犯罪,如果刘××在归案前将受害人的损失全部归还到位,那么,刘在归国后我们也不宜以犯罪论处。刘在归案之前在韩国还给受害人6万多元,我们只能认定还未归还的9万元,对于此9万元来讲属于犯罪嫌疑人刘××的罪后退赃行为,而且,犯罪嫌疑人刘××已将此9万元全部退给受害人,社会危害已经消弭,社会影响也已消失。(2) 本案与其他诈骗罪有不同之处,一般诈骗案都是犯罪嫌疑人"主动出击",而本案中都是被害人有求于犯罪嫌疑人,所以从此点上讲,犯罪嫌疑人刘××的主观恶性较其他诈骗犯来讲要小,同时被害人在本案中也应有一定的过错。

第三种意见认为:犯罪嫌疑人刘××的行为涉嫌诈骗罪,事实不清、证据不足。首先,刘××以前是否为他人办成功过签证不清楚。其次,刘××在收取被害人钱财后,是否有为被害人办理签证的行为也没有经过查证。最后,刘××所骗取的被害人的钱物的用处、去向不明。以上这些不明确的事项都足以影响对犯罪嫌疑人刘××是否有非法占有故意的认定。

第四种意见认为:犯罪嫌疑人刘××的行为具有明确的非法占有他人财物的故意,其行为已经涉嫌诈骗罪,且有逮捕必要。理由如下:(1) 犯罪嫌疑人刘××是否从一开始就产生了诈骗他人财物并据为己有的主观故意,根据现有的证据材料不是很明确,但犯罪嫌疑人刘××在收取了第一个被害人的办证费用后,就明确知道办理去韩国的签证根本是不可能,就算办成也需要8万元至9万元的费用,在此情况下,刘××仍然虚构事实、制造种种假象,来骗取被害人的信任,而且刘××在明知不能办成签证的情况下仍收取他人钱财时,非法占有他人钱财的故意已经产生,并且非常明确。(2) 对于犯罪嫌疑人刘××写收条并作出承诺的行为,只是认为是刘××实施诈骗行为的一种手段,刘××自己在供述中也交代,如果不写收条,别人是不会将钱给他的。

笔者同意最后一种意见,认为犯罪嫌疑人刘××虚构事实、隐瞒事实真相，非法占有他人财物的行为涉嫌诈骗罪，有逮捕必要。所谓诈骗罪，是指以非法占有为目的，用虚构事实或者隐瞒真相的方法，骗取数额较大的公私财物的行为。行为人使用骗术，即以虚构事实或者隐瞒真相的欺骗方法，使财物所有人、管理人产生昏沉，信以为真，从而似乎"自愿地"交出财物。"虚构事实"，是指捏造不存在的事实，骗取被害人信任。"隐瞒真相"，是指对被害人掩盖客观存在的某种事实。结合本案：

1. 犯罪嫌疑人刘××主观上具有非法占有的目的。姑且不论嫌疑人收取第一位受害人的钱时的主观状态，我们从刘××明知当时办不成去韩国的签证，或者说刘××明知办理去韩国的签证需要八九万元时，还照样按3万多元的标准，分批收取被害人的订金、手续费时说起，犯罪嫌疑人刘××就已经产生了非法占有被害人钱财的主观故意，当他携款到深圳直到他办理出国签证逃到韩国时，他的犯罪故意则更加明确了。写借条、作承诺只是犯罪嫌疑人的诈骗手段，不能成为他实施诈骗的合法理由。至于犯罪嫌疑人是不是主动出击，被害人对自己的受骗上当是否有过错，不能成为犯罪嫌疑人脱罪的借口，不影响对犯罪嫌疑人刘××主观故意的认定。

2. 犯罪嫌疑人刘××采用虚构事实、隐瞒真相的手段骗取他人财物，其行为完全符合诈骗罪的客观要件。刘××在明知办不成签证时，为了非法占有被害人的定金，而不向被害人说明情况，属于隐瞒真相；刘××在自己已经有携款潜逃的想法时，仍编造出国日期已经定下来的谎言，还陪被害人购买出国物品，这属于虚构事实。

3. 犯罪嫌疑人刘××的诈骗行为已经既遂，不可逆转。犯罪嫌疑人刘××归案前所有的还款行为都只能认定为犯罪以后的退赃行为，因为刘××涉嫌诈骗罪在其携款逃到深圳的时候就已经既遂，不可逆转，刘××的犯罪既遂后的退赃行为不能影响对他的诈骗行为及诈骗数额的认定。所以，在认定刘××犯罪数额时，本案应以犯罪既遂时刘××所骗取的被害人的所有数额来认定，不能减去归案前所还的6万元。

4. 社会危害、社会影响在2002年的时候就已经造成，不能因为犯罪嫌疑人刘××归案后消除受害人的损失就消弭其社会危害性，因为对犯罪行为所造成的社会危害、社会影响的法律评价不仅限于本案中被害人所受到的经济损失，也包括对社会秩序所受的侵害，群众的安全心理受到的影响也应包含在内。当然，就算我们可以认为社会危害已经不存在了，犯罪嫌疑人刘××还钱的行为只能作为酌定从轻处罚的一个情节，而不涉及罪与非罪的认定问题，这一点我们完全可以比照盗窃犯罪来处理。

犯罪过程中的形态，是指在故意犯罪中出现的几种停顿的犯罪行为状态，即犯罪的既遂、预备、未遂和中止。既遂是指故意犯罪过程中业已停止的行为状态，属于静态现象。几种行为状态之间没有先后的连续性，不存在发展前进的关系。所以本案中，有人提出的刘××归案前退还赃款的行为不应认定为诈骗罪的转化，在法律规定十分明确的情况下，我们只能将刘××的此种行为认为是犯罪既遂后，积极退赃的表现，不能认为刘××退赃后，其原先的犯罪行为就不存在了，只能作为对刘××酌定从轻量刑的一个情节。

三、建议

通过上述分析，我们建议：（1）对实施诈骗犯罪的犯罪嫌疑人案发前主动退还被害人损失的情况，目前司法实践中一般不以犯罪论处，建议在立法中明确："对于非法侵财犯罪，行为人在案发后、归案前主动退还被害人财物的，在量刑时应当作为考虑情节。"（2）建议立法中明确："案发前主动退还受害人财物的，一般可不按犯罪处理；确有处罚必要的，也应当区别于在案发后、归案前退还受害人财物的行为。"

[作者：邓国均（1954—），男，汉族，江苏如东人，江苏省如东县人民检察院干部；王晶晶（1981—），女，汉族，江苏如东人，江苏省如东县人民检察院干部。]

典型类案 61　盗窃被他人抛弃的盗赃物应如何定性

根据我国《刑法》第264条的规定，盗窃罪是指以非法占有为目的，秘密窃取公私财物，数额较大或者多次盗窃公私财物的行为，需符合以下几个要件：（1）非法占有的目的；（2）秘密窃取行为；（3）犯罪对象是公私财物；（4）数额须达到"较大"的程度。在司法实践中，我们碰到了盗窃被他人抛弃的盗赃物的案例，对于"赃物"是否属于盗窃罪范畴中的"公私财物"，产生了不同的认识。

一、类案简介

犯罪嫌疑人张甲，男；张乙，男，张甲是张乙的哥哥。两人因涉嫌盗窃于2005年10月16日被刑事拘留。某县公安局于2005年11月22日对二人执行逮捕，并于2006年1月20日向该县检察院移送审查起诉。该县检察院于2006年2月16日以盗窃罪向法院提起公诉。法院于2006年3月8日以盗窃罪判处张甲有期徒刑2年缓刑2年6个月，并处罚金10000元；以盗窃罪判处张乙有期徒刑1年缓刑1年6个月，并处罚金10000元。

2005年七八月份的某一天，张甲打电话给其弟张乙说，在某镇A市场B大门花园北边有一辆摩托车，它是几天前几个小孩偷过来准备卖给他的"赃物"，因其嫌车子太新没敢要，那车放在那里有几天了都没有人去取，你去把它弄回来卖掉换几个钱花一花吧！晚上，两人就将该车开回。后张乙将该车请人代为销售，获利1600元。经查，该车价值7920元。

二、主要分歧意见与评析

第一种意见认为，张甲和张乙的行为构成盗窃罪，并且二人的行为构成共同犯罪。他们具有共同非法占有该摩托车的故意，即共同谋划取得该车，并且还有共同的盗窃行为，即二人于晚间将该车"开回"。而且认为，尽管两行为人明知该摩托车是"赃物"，但是这并不影响盗窃罪的犯罪构成，因为"赃物"也可以成为盗窃罪的犯罪对象。该县人民检察院和法院就是持此种意见。

第二种意见认为，张甲和张乙的行为不构成盗窃罪。理由是该摩托车是两小孩的抛弃物,张甲和张乙只是去将摩托车"捡回来"而已。这样来看的话,第一,行为人主观上并不具有秘密窃取他人财物的故意;第二,在客观方面,行为人实施的是拾得行为,而不是"秘密窃取行为";第三,"犯罪对象"是抛弃物,不是盗窃罪的犯罪对象即公私财物;第四,如果硬要说行为人有违法行为、需要追究法律责任的话,充其量也只能说行为人违反了"拾得他人财物要交公"的规定,即该摩托车对张甲和张乙而言是"不当得利",行为人对该摩托车的占有和处分行为是对"不当得利"的处分行为,最多也就算做是民事违法行为,怎能算做是犯罪行为呢?

通说认为,犯罪行为的成立与否以及成立此罪还是成立彼罪的依据是犯罪构成。犯罪构成是指我国刑法规定的,决定某一行为的社会危害性及其程度,而为该行为构成犯罪所必需的一切主观要件和客观要件的总和。它是我国刑法规定的构成犯罪的各种条件或者因素的概括和说明,是依照刑法的规定,进一步说明什么样的行为是危害社会的行为,从而应当受到刑法的惩罚。

就盗窃罪而言,首先,行为人主观方面需得具备非法占有他人财物的目的。这种占有应该是自主占有,即以认为是自己所有的意思控制、支配。通俗地讲就是说,行为人拿到他人的财物之后就认为这个财物就是他自己的,他就是这个财物的所有权人。其次,行为人客观方面有秘密窃取行为,或者是以秘密窃取的方法控制、支配他人的财物。"秘密窃取"即是指行为人采用自认为不使他人(即财物的所有人、保管人)发觉的方法占有他人财物。这种方法只要行为人自己有这种"认为"即可,而并不要求财物的所有人、保管人或其他人有这种"认为"。所以,即使是在公众公开的场合,仍有可能构成盗窃罪。第三,客观方面的另一个重要的要件是犯罪对象,即公私财物。很显然,这里的"公私财物"是非行为人所有的公共财物或者是他人所有的财物。第四,盗窃的财物须达到"数额较大"的标准,也就是盗窃数额的问题。盗窃数额是指行为人窃取的公私财物的数额。更明确地说就是被害人所受到的具体损失数额,而不是盗窃行为人实际上获得的非法利益的数额。

结合具体的案件事实来看,我们发现,问题的实质就是应该如何回答如下几个问题:

1. "赃物"或者说在案件中的"赃车"属于公私财物吗?这里面所谓的"赃"应该由行为人来认定还是应当由有关国家机关来认定呢?

我们知道,一辆摩托车,从其自然属性(即不涉及任何的价值判断)上来讲,是一定量的财物。只要这个财物不是行为人自己所有的,我们就可以说这个财物是"他人的财物"。如果从规范评价的角度(即有法律评价因素或者是有价值评判因素）来看，该摩托车是"赃"车，是犯罪分子违法所得的财物，根据我国《刑法》第64条的规定应当予以追缴或者责令退赔。所以，对该摩托车仍然可以定性为"非行为人所有的公共财物或者是他人所有的财物"。而且，我们认为，这里的"赃"应该由有关国家机关来予以认定，但不论是谁来判定，均不影响"赃物"或者"赃车"属于"公私财物"范畴。由此看来，赃物是可以成为盗窃罪的犯罪对象的。

2. 该摩托车放在那儿有几天了没有人去取走，此时该物是什么性质的物呢？

是抛弃物吗？从侦查得出的事实中可以看出，张甲觉得该摩托车太新了，故没敢要。后来侦查部门也发现，该车是"嘉陵本田摩托车"，并经鉴定其价值7920元。这可能是被抛弃的东西吗？即使是再傻的人也晓得那摩托车的价值。所以，这不能认定为抛弃物。

那么，它是遗忘（失）物吗？有一点可以确信的是，绝对不是摩托车的原所有人遗忘（失）的东西。那么，是那两个小偷"遗忘（失）"的东西吗？退一步来讲，如果该摩托车是那两个小偷遗忘（失）下来的，该摩托车的法定所有人也应该是原所有人，只不过因为其他原因而暂时丧失了对该摩托车的占有而已，他的所有权人的地位并不会因此而受到影响。一种相对来说较为合理的解释就是，两小偷发现该摩托车并不好"出手"之后，就将该车放置于某一个不容易被发现的地方，即某镇A市场B大门花园北边，他们等待时机，继续寻找其他的买主。如果万一找不到其他的买主，摩托车放在那里也并不容易丢掉。退一万步来讲，就是该摩托车被其他人发现了并且开走了，对自己也并不会产生什么损害。但我们要知道，两小偷的这种处理方式并不会割断被害人（即原所有权人）对该摩托车的所有关系，该摩托车仍然处于"他人财物"的地位。

3. 该摩托车是什么样的一种"数额较大"呢？是非法获利的1600元，还是经鉴定后得出的价值7920元呢？

很明显，这里的盗窃数额应是7920元。但值得一提的是，该摩托车在被两个小偷窃得时肯定是被毁坏过的。后张乙请人代为销售的摩托车也一定是经过修复并且改装了的，其价值较之被盗之前还有所增加也说不定。此时的摩托车如果拿去鉴定的话，以哪一个为准呢？我们认为，以原所有人的购进价格减去使用折旧价值后的价值为准是合理的。

4. 张甲和张乙的行为是否是秘密窃取行为呢？

我们注意到，张甲和张乙是选择在"晚上"去将该摩托车开回来的。其次，如果说张甲和张乙撞上大运了，果真捡到一辆摩托车，他们何必要躲躲藏藏的呢？他们大可以把那辆摩托车拿出来炫耀说，这是我捡来的。等到有人提出返还的要求之后再给人家也不迟。所以，这也排除了"拾得行为"的可能性。

5. 如何理解这里的"非法占有的故意"呢？

根据后来张乙的交代，张乙在把该车弄回来卖掉之前已经因打牌输掉了不少钱，急需要"本钱"去"赶本"，甚至说不定还有可能赢它一大笔回来。正在发愁如何去弄这么一笔本钱呢！而其哥哥张甲恰好就提供了这么一个好机会。这对张乙来讲，岂不是天上掉下一个大馅饼呢？这对张甲来说也不是没有好处的。所以说，张甲和张乙二人非法占有的故意是很明显的。

通过上述分析，笔者认同该县检察院和法院的处理意见：盗窃经抛弃的盗赃物是构成犯罪的，即盗窃罪。（1）"赃物"从其本质上来讲是财物。而且，不是自己的财物即可认为是"他人财物"。至于财物的公私属性，不必要在立法上特作强调。我们建议立法上规定："秘密窃取他人财物，数额较大的是盗窃罪。"（2）"赃物"属于财物，应当纳入"公私财物"的范畴。这里面就隐含着一个大前提，即公私财物是"非行为人本人"的公私财物。

［作者：任乃林（1960—），男，汉族，江苏如东人，江苏省如东县人民检察院办公室主任；陈晓莉（1972—），女，汉族，江苏如东人，江苏省如东县人民检察院人民监督员办公室主任；商银涛（1981—），男，汉族，湖北武汉人，江苏省如东县人民检察院干部。］

典型类案 62 如何理解盗窃罪"次数标准"与"数额标准"的关系

最高人民法院于1997年11月颁布《关于审理盗窃案件具体应用法律若干问题的解释》(以下简称《解释》)第4条规定:"对于一年内入户盗窃或者在公共场所扒窃三次以上的,应当认定为'多次盗窃',以盗窃罪定罪处罚。"《解释》第5条第1款第12项规定:"多次盗窃构成犯罪,依法应当追诉的,或者最后一次盗窃构成犯罪,前次盗窃行为在一年以内的,应当累计其盗窃数额。"司法实践中,对"多次盗窃"和"多次盗窃构成犯罪"及盗窃数额计算如何理解存在争议,现以如下案例为例,作一简要分析。

一、类案简介

案例1:2004年9月27日凌晨,被告人班某窜至某色织有限公司住宅楼501室王某家,推门入室,窃得人民币350元;随后窜至该楼105室任某家,推门入室,窃得皮夹一只(价值人民币15元);后又窜至某住宅楼,剪破403室张某家防盗门纱,打开防盗门入室,正在实施盗窃时,被张某发现,随即将被告人班某抓获。被告人班某犯盗窃罪被判处有期徒刑10个月;并处罚金人民币1000元。

案例2:2004年3月,被告人顾某、仇某两人因租用作合伙厂的场地不平,共同计议从附近高速公路建设工地上盗窃水泥板用于铺地。3月25日至4月7日期间,两被告人遂多次用小拖车到某高速公路工地盗窃水泥板,运至合伙厂内,先后窃得水泥板290块(价值人民币1614元)。被告人顾某、仇某因犯盗窃罪各被单处罚金人民币3200元。

案例3:2005年10月31日22时左右,被告人许某窜至某皮业有限公司,翻窗进入成品车间,用钢锯锯断电缆线,窃得电缆线16.1米(价值人民币1067元)。11月2日21时左右,被告人许某再次窜至该皮业有限公司成品车间,采用相同手段,窃得电缆线12.3米(价值人民币815元)。被告人许某因犯盗窃罪被单处罚金人民币3660元。

案例4:2005年10月11日晚,被告人冯某伙同周某窜至某新村6号楼

101室,窃得受害人张某家一只仿欧米茄手表、一只JIEBAO手表及一只奥林巴斯望远镜,共计价值人民币810元。次日晚,被告人冯某、周某又窜至某宿舍2号楼106室,窃得受害人凌某家一只松下牌MP4,价值人民币640元。被告人冯某因犯盗窃罪被判处拘役4个月,并处罚金1300元;被告人周某因犯盗窃罪被判处拘役3个月,并处罚金1300元。

二、本类案件的争议焦点

本类案件争议的焦点在于如何理解盗窃罪"次数标准"和"数额标准"的关系?在司法实践中,对以上四起盗窃犯罪案件的认定都存在一定争议。

三、主要分歧意见与评析

对于案例1,对班某一年内入户盗窃三次的事实不存在异议,但对其中有一次盗窃未遂,其未遂情节是否影响本案盗窃罪的认定。一种意见认为:班某的行为不构成盗窃罪。班某虽一年内入户盗窃3次,但有一次在实施过程中即被抓获,系未遂,且班某又非以数额巨大的财物或国家珍贵文物为窃取目标,故未达到情节严重的标准,因此班某的行为不构成盗窃罪。另一种意见认为:班某的行为构成盗窃罪。班某一年内入户盗窃3次,其主观有非法占有的故意,客观实施了多次盗窃的行为,虽然有一次未遂,但那只是对班某量刑时考虑的情节,不影响对班某盗窃罪的认定。

对于案例2,顾某、仇某虽为多次盗窃,但均非入户盗窃,也非扒窃,每次盗窃犯罪数额能否累计。一种意见认为:顾某、仇某实施多次盗窃,但此行为既非扒窃也非入户盗窃,不能认定多次盗窃,其多次盗窃的数额不好累计,不能对这类行为追究刑事责任,顾某、仇某的行为不构成盗窃罪。另一种意见认为:对多次盗窃未经处理,数额应当累计,达到数额较大标准的,应当依法追究行为人的刑事责任。顾某、仇某的行为构成盗窃罪。

对于案例3,许某第二次的盗窃数额未达到犯罪数额,那么两次盗窃数额能否累计计算。一种意见认为:许某两次的盗窃数额应累计,其盗窃犯罪数额为1882元,许某的行为构成盗窃罪。另一种意见认为:许某第一次的盗窃数额为1067元,构成盗窃罪,第二次盗窃数额为815元,不满1000元,不应累计,许某的行为构成盗窃罪,其盗窃犯罪数额为1067元。

对于案例4,冯某、周某两次盗窃数额均未达到犯罪数额,两数额是否可以累计。一种意见认为:冯某、周某的盗窃犯罪数额为1450元,冯某、周某的行为构成盗窃罪。另一种意见认为:冯某、周某的盗窃犯罪数额不可以累计,冯某、周某的行为不构成盗窃罪。

多次盗窃与盗窃未遂之间在定罪上无关联关系。我们知道，"多次盗窃"是修订后刑法新增加的盗窃罪的构成要件，该项要件的出台，是对盗窃罪客观要件的必要补充，解决了修订前刑法只凭借数额作为认定盗窃罪罪与非罪的标准所带来的打击不力等问题。从《解释》第4条的规定来看，认定多次盗窃必须符合以下三个条件：一是时间限制在1周年以内；二是地点限制在入户或公共场所；三是3次以上方为"多"。可见，时间、地点和次数才是多次盗窃定罪的三要素，三者缺一不可，而盗窃数额的多少并不影响多次盗窃的认定。数额较大和多次盗窃是盗窃罪在客观方面的两种表现形式，二者是选择性要件：即行为人盗窃数额较大和多次盗窃居其一，均构成盗窃罪。《解释》第1条第2项和第4条解决的都是什么情形下认定盗窃罪的问题。其中第1条第2项规定，盗窃未遂，情节严重，如以数额巨大的财物或者国家珍贵文物等为盗窃目标的情形之下，应当定罪处罚。也就是说，一般情形下，对盗窃未遂是不定罪的，只有在情节严重的情形下方可定罪。但盗窃未遂不是定罪情节。《解释》第4条解决的是多次盗窃的定罪问题。《解释》既然将"一年内入户盗窃或者在公共场所扒窃三次以上"规定为应当认定为盗窃罪的情形，那么就表明对于多次盗窃是以时间、地点和次数作为认定标准，数额不是多次盗窃的定罪要素。所以说，多次盗窃与盗窃未遂之间在定罪上无关联关系，未遂在多次盗窃情形下只是量刑上予以考虑的情节而已。《解释》是从两个方面解决盗窃罪的定性问题，《刑法》第264条本身也是将"数额较大或多次盗窃"作为构成盗窃罪的两种客观表现，盗窃数额和盗窃次数本来就可以分开来认定。因此，案例1中，班某的行为构成盗窃罪。

盗窃罪的认定不是对数额的简单累加，重要的是对盗窃行为的社会危害性的综合评价。对多次盗窃未经处理，数额应当累计，达到数额较大标准的，应当依法追究行为人的刑事责任。首先，累计盗窃数额符合立法原意。盗窃罪包括以下两种不同情形：一种是盗窃数额达到较大标准，这里既应包括一次盗窃达到数额较大，也应包括多次累计达到数额较大；另一种是数额虽未达到较大标准但多次实施盗窃行为的。前者强调的是要达到一定的盗窃数额，属结果犯；后者强调的是要达到一定的盗窃次数，属行为犯。其次，从语义上看，《解释》中"多次盗窃构成犯罪"，并非仅指该《解释》第4条规定的入户盗窃或在公共场所扒窃的情形的"多次盗窃"，应当包括普通意义上的多次盗窃的数额相加达到数额较大标准而构成犯罪的情况。因为从《解释》第4条规定的多次盗窃行为看，所规定的"多次盗窃"即使不计算数额或者盗窃数额未达到较大的数额标准的，同样可以追究行为人的刑事责任。所以，不能把这里的"多次盗窃构成犯罪"理解为"多次盗窃犯罪"。多次盗窃的数额应当相加,并以罪与非罪的标准来衡量。案例 2 中顾某、仇某多次盗窃,其盗窃犯罪数额应予累计。

对于多次盗窃累计数额的问题,《解释》中第 5 条第 1 款第 12 项规定:多次盗窃构成犯罪,依法应当追诉的,或者最后一次盗窃构成犯罪,前次盗窃行为在一年以内的,应当累计其盗窃数额。从这里我们可以看出,累计盗窃数额只有以下两种情况:

1. 多次盗窃构成犯罪,依法应当追诉的。

这里所说的多次盗窃构成犯罪,并非仅指《解释》第 4 条规定的多次入户盗窃或在公共场所扒窃的特定情形,也包括普通意义上的多次盗窃构成盗窃罪的情况。需要注意的是其中的"依法应当追诉",依法不应当追诉的盗窃次数是不能累计的。结合盗窃犯罪的具体情况,主要包括三种情况:(1)已经过追诉时效的;(2)已经过司法机关处理的;(3)行为人在 16 周岁以前的盗窃行为。

2. 最后一次盗窃构成犯罪,前次盗窃行为在 1 年以内的,应当累计其盗窃数额。

这里强调了最后一次盗窃构成犯罪,且其他的盗窃行为是在 1 年以内。案例 3 中,许某一年内盗窃了两次,第一次盗窃的数额为 1067 元,第二次盗窃数额为 815 元,此时只能认定许某的盗窃犯罪数额为 1067 元,而不应将后次盗窃数额加以累计。案例 4 中,冯某、周某第一次盗窃数额为 810 元,第二次盗窃数额为 640 元,两次盗窃均不构成犯罪,因此,不应当累计其盗窃数额,冯某、周某的行为不构成盗窃罪。

因此,对于盗窃数额累计问题是有明确规定的,不能想当然地认为只要是行为人实施的盗窃行为,其盗窃数额就累加起来。试想,如果可以这样简单地相加,该《解释》又为何如此特意规定呢?因此,从该《解释》的立法本意来看,不能想当然地累计盗窃数额。当然,对于达不到刑事处罚的,可以依据《治安管理处罚法》进行处罚。但在司法实践中,有的地方对于盗窃行为,只要是不属于前面规定的不应当追诉的情况,就累加计算数额,而没有严格依照《解释》中的有关规定执行。对此,公、检、法三家在实践操作中也达成了共识,如上述案例 4,法院对冯某、周某都作了有罪判决,有违法律的严肃性。《解释》之所以如此严格规定,是其立法的价值取向决定的,其本意是不想打击面过宽,对小偷小摸的行为用《治安管理处罚法》加以处罚就足已。但《解释》第 4 条规定:对于 1 年内入户盗窃 3 次以上或者在公共场所扒窃 3 次以上，应当认定为"多次盗窃"，以盗窃罪定罪处罚。此条规定给人们带来两个方面的理解：

1. 对多次盗窃的外延作特别规定。也就是多次盗窃仅仅指1年内入户盗窃3次以上或者在公共场所扒窃3次以上，非该两种情形不能按盗窃罪定罪处罚，既排除入户盗窃和在公共场所扒窃累加达到3次以上的情形，又排除非入户盗窃3次以上和非公共场所扒窃3次以上的情形。这显然是对刑法条文进行的限制性的解释，违背了立法本意和司法解释应当遵循的原则。

2. 如果不是对刑法"多次盗窃"的限制性解释，那么，1年内入户盗窃3次以上或者在公共场所扒窃3次以上本身就属于"多次盗窃"应当以盗窃罪定罪处罚的情形，没有必要在解释中作特别规定。作为司法实务指南的司法解释应当最大限度地体现法律的初衷和内涵，力求准确、严谨，以避免司法实务中引发歧义。

四、建议

由于盗窃犯罪有其特殊性，特别在广大的农村为了有效地打击犯罪，避免行为人规避法律，建议尽快出台司法解释重新进行规定，明确"多次盗窃"的内涵和外延，应当在删除《解释》第4条的同时，重新作出"多次盗窃是指一年内三次以上的盗窃行为"的解释，这样文字简单明了，同时避免了执行法律出现的偏差。当前，在没有新的解释出台之前，司法机关应该严格依照该《解释》的规定执行，这也是依法办案的内在要求。

[作者：李建国（1970—），男，汉族，江苏如皋人，江苏省通州市人民检察院党组书记、检察长。]

典型类案 63 如何理解"多次盗窃"

最高人民法院《关于审理盗窃案件具体应用法律若干问题的解释》(以下简称《解释》)第4条对"多次盗窃"进行了规定,即对于1年内入户盗窃或者在公共场所扒窃3次以上的,应当认定为"多次盗窃",以盗窃罪定罪处罚。虽然该规定对入户盗窃的次数作了规定,即必须是3次以上,而且有时间上的要求,即必须是1年以内。但在司法实践中,对如何理解"多次盗窃"仍存在一定的分歧。本文试图通过四个案例反映认定"多次盗窃"的三个困惑:一次连续盗窃3户是否构成"多次盗窃";3次盗窃同一户是否构成"多次盗窃";认定"多次盗窃"是否要求每次入户盗窃都必须窃得财物。为了使司法解释进一步提高可操作性,促进和维护法律统一实施,为进一步修改司法解释提供典型案例及依据,我们在实践部门收集了几起典型案例及实践应用中存在的法律适用问题。

一、类案简介

案例1:被告人庄某于2006年3月18日凌晨,在南通开发区金桥公寓1幢411室,采用翻窗入室等方法,窃得宇科MP3一部(经鉴定价值人民币150元);被告人庄某于2006年3月18日凌晨,在南通开发区金桥公寓1幢308室,采用翻窗入室等方法,窃得东信788手机一部(经鉴定价值人民币50元);被告人庄某于2006年3月18日凌晨,在南通开发区金桥公寓4幢206室,采用翻窗入室等方法,窃得天时达T36+手机一部(经鉴定价值人民币600元)。

案件最终处理结果:公安机关撤销了该案。

案例2:被告人刘某于2005年4月29日上午,在南通开发区三谷镇村17组丁某家窃得电话本1本和人民币4元,后将电话本丢弃;被告人刘某于2005年4月29日上午,在南通开发区三谷镇村14组周某家中窃得人民币3元和价值人民币2元的一字型起子1把;被告人刘某于2005年4月29日上午,在南通开发区三谷镇村14组董某家中窃得中国银行存折1本、中国建设银行存折1本及银行卡1张。后将上述存折及银行卡丢弃。

案件最终处理结果：公安机关撤销了该案，对刘某给予了行政治安处罚。

案例3：被告人韩某于2006年4月23日，在南通开发区明珠花园20-7号楼窃得安踏运动服2套（经鉴定价值人民币120元）；被告人韩某于2006年5月2日，在南通开发区明珠花园20-7号楼窃得皮鞋三双，新焦点牌老花镜一副（经鉴定价值人民币330元）；被告人韩某于2006年8月15日，在南通开发区明珠花园20-7号楼窃得苏烟3包、张裕干红5瓶（经鉴定价值人民币450元）。

案件最终处理结果：一审法院以盗窃罪判处被告人韩某罚金人民币3000元。

案例4：被告人缪某于2004年10月的一天晚上至南通市新开镇花园港新村3幢105室，窃得杨某现金人民币150元；被告人缪某于2005年4月25日至南通市新开镇花园港村3幢205室，窃得桑某利名牌便携式CD机一台（经鉴定价值人民币240元）；被告人缪某于2005年7月9日至南通市新开镇近山村10组席某暂住地，因屋内仅有杂物，缪某没有盗窃任何物品而离开。

案件最终处理结果：一审法院以盗窃罪判处被告人缪某罚金人民币2000元。

二、本类案件的争议焦点

上述四个案例反映了认定"多次盗窃"的三个困惑，即一次连续盗窃三户是否构成"多次盗窃"；三次盗窃同一户是否构成"多次盗窃"；认定"多次盗窃"是否要求每次入户盗窃都必须窃得财物。

三、主要分歧意见与评析

（一）一次连续盗窃3户是否构成"多次盗窃"

对于此种情形，有人认为，行为人一次连续盗窃3户，既符合《解释》中关于"多次盗窃"时间的规定，又符合"多次盗窃"次数的要求，是典型的"多次盗窃"，应认定其行为构成盗窃罪。

在案例1中，对照《解释》1年内入户盗窃3次以上构成盗窃罪，庄某的行为似乎符合《解释》的相关规定。但是我们应当看到，《解释》规定的"多次盗窃"与刑法上的"重复侵害行为"是有所区别的。"重复侵害行为"是指在一个特定的时间、空间，行为人基于一个概括的故意，连续反复实施了多个相同行为的犯罪或者违法形态，它一般属于包括的一罪的范畴，且是一次犯罪。对此，最高人民法院法发〔2005〕8号《关于审理抢劫、抢夺刑事案件适用法律若干问题的意见》（以下简称《意见》）第3条关于"多次抢劫"的认定中也明确规定：对于行为人基于一个犯意实施犯罪的，如在同一地点同时对在场的多人实施抢劫的，或基于同一犯意，在同一地点实施连续抢劫犯罪的，如在同一地点连续地对途经此地的多人进行抢劫的，或在一次犯罪中对一幢居民楼房中的几户居民连续实施入户抢劫的，一般应认定为一次犯罪。上例中，我们看到庄某是在基于数个同一的盗窃犯罪故意下连续实施了3次相同的盗窃行为，3次盗窃行为是一个整体，这是一种"重复侵害行为"，而非"多次盗窃"，再参照《意见》的相关规定，庄某的行为不应认定为"多次盗窃"，对其不能以盗窃罪定罪处罚。

（二）3次盗窃同一户是否构成"多次盗窃"

有人认为，3次盗窃同一户的，虽然符合《解释》中"多次盗窃"关于时间、次数的要求，但因为侵害的是同一被害人，因此不应认定"多次盗窃"。

首先，分析《解释》中"多次盗窃"规定的立法意图，我们可以看到立法者之所以将一年内3次入户盗窃规定为"多次盗窃"，并作为盗窃罪处罚，是因为行为人的行为具有相当的社会危害性：（1）行为人产生了数次故意犯罪，实施了数个危害社会的行为；（2）被害人的财产权数次受到侵害。对照上例，虽然韩某入户盗窃的是20-7号这一户人家，但从数量上看，韩某共实施了3次盗窃行为，3次侵害了被害人的财产所有权，这与韩某对3户人家各入户盗窃一次并无本质上的区别。其次，《解释》中规定了1年内入户盗窃3次以上的，构成多次盗窃，并未注明这里的"户"是3个不同居住的场所。因此，韩某的行为完全符合"多次盗窃"的构成要件，其行为应认定为盗窃罪。

（三）每次入户盗窃是否要求必须窃得财物

1年内3次入户盗窃构成盗窃罪，是否要求行为人的每次入户盗窃行为必须窃取到财物？有人认为，《解释》第1条第2项明确规定了只有以数额巨大的财物或国家珍贵文物等作为盗窃目标且情节严重的盗窃未遂行为，才构成盗窃罪。参照此规定，案例3中缪某的第三次行为因未窃得财物显然不符合盗窃罪的构成要件。所以缪某的入户盗窃行为应当只认定为两次，未达到"多次盗窃"的条件，其行为不构成盗窃罪。

《刑法》第264条分为普通盗窃罪和特殊盗窃罪，普通盗窃罪是指符合盗窃罪的四个构成要件，盗窃数额较大公、私财物的行为；特殊盗窃罪即是指1年内3次以上入户盗窃或在公共场所扒窃3次以上的行为。《解释》第1条第2项是对普通盗窃罪所作的规定，对特殊盗窃罪，既没有数额上的限制，也没有未遂的限制，而只要行为人实施了盗窃行为即可。缪某第三次入户盗窃时，有盗窃的犯意，也实施了侵入他人住宅翻找财物的盗窃实行行为，其行为完全符合《解释》关于入户盗窃的规定，构成盗窃罪。其次，如果不认定缪某的行为构成犯罪，则有可能造成量刑上的不平衡。如甲在3次入户盗窃过程中每次盗窃财物价值人民币200元，共计600元，对甲这样的情形予以定罪而对缪某不定罪，就会产生盗窃数额累计较大的行为人未受到刑罚，而盗窃累计数额较小的行为人却获得刑罚的失衡情况，这也不利于打击盗窃犯罪。

四、建议

综合以上论述，笔者认为，最高人民法院《关于审理盗窃案件具体应用法律若干问题的解释》第4条的规定过于笼统，建议修改为："对于一年内入户盗窃或者在公共场所扒窃三次以上的，应当认定为'多次盗窃'，以盗窃罪定罪处罚。对于'多次盗窃'，不要求行为人每次均窃得财物。对于'三次'的认定，如果行为人基于一个犯意实施犯罪的，如在一次犯罪中对一幢居民楼房中的几户居民连续实施入户盗窃的，一般应认定为一次犯罪；如果不是基于一个连续的犯意实施犯罪，即使三次盗窃的是同一被害人，也应认定为'三次'盗窃。"

[作者：张达伟（1975—），男，汉族，江苏南通人，江苏省南通市开发区人民检察院办公室主任。]

典型类案 64　捆绑他人后诱骗其亲属汇钱是否具有"当场性"

2005年6月8日，最高人民法院颁布了《关于审理抢劫、抢夺刑事案件适用法律若干问题的意见》，该意见第9条第3项对抢劫罪与绑架罪的区别进行了详细的规定。但是我们在实践中发现，由于该条款规定得较为模糊，特别是对抢劫罪"当场性"的论述过于狭窄，从而给认定犯罪带来一定的困难。笔者试从以下案例作一具体分析。

一、类案简介

赵某曾在洪某所在的建筑公司工作过，对洪某较为熟悉。2006年11月初，赵某因生活窘迫，遂产生了从洪某处"搞一笔钱"的想法。11月23日，赵某以为洪某介绍工程为借口将其骗到租住地后随即将其捆绑，并从洪某身上搜得手机、银行卡、身份证等物。之后，赵某使用洪某的手机、以洪某的口吻给洪某的妻子发了一条内容为"我在外面发生了交通事故，开车撞死了人，被人扣住，迅速将20万元汇至银行卡上"的短信，随后将洪某的手机关机。次日上午10时，赵某开机后收到了洪妻发来的"钱已汇出，注意安全"的短信。赵某随即使用洪某的银行卡、身份证及其自己伪造的身份证至银行兑付了20万元。后洪某被释放。2007年1月15日，赵某被抓获。公安机关以抢劫罪对赵某执行逮捕。

二、主要分歧意见与评析

第一种意见认为，赵某构成诈骗罪。理由：赵某非法占有洪某财物的主要方式是向洪妻虚构了洪某发生交通事故人被扣留，急需汇钱的事实，洪妻基于对此事实的错误认识，主动自愿的将20万元汇入洪某的银行卡内，而当时该银行卡正处于赵某的控制之下。

第二种意见认为，赵某构成绑架罪。理由：赵某违背洪某的意志，采用捆绑等方式，致使洪某不能反抗，而后向第三方——洪某的家属提出了"人被扣留、迅速汇钱"的要求，这是一种以人质为要挟，强索财物的行为，虽然其是以洪某的名义发出的短信，但这只不过是赵某掩盖其犯罪行为的手段而已。此外，赵某是在捆绑洪某后向洪某的家属索要的钱款，不具有"当场性"。因此，赵某的行为符合以勒索财物为目的，使用暴力的方法，劫持他人的行为符合绑架罪的构成要件。

第三种意见认为，赵某构成抢劫罪。理由：赵某对20万元财物的所有者洪某实施了捆绑的强制方法并当场劫取了此笔款项，符合《刑法》第263条的规定，构成抢劫罪。最高人民法院《关于审理抢劫、抢夺刑事案件适用法律若干问题的意见》第9条第3项规定了抢劫罪与绑架罪在主观方面和行为手段方面的区别，同时规定了绑架过程中又当场劫取被害人随身携带财物的，同时触犯绑架罪和抢劫罪两罪名，应择一重罪定罪处罚。我们认为，该条款规定得不够全面，且将"当场性"限定在"同一时间、同一地点"也存在一定的局限。结合案例，我们的理由是：

1. 赵某的行为不构成诈骗罪。诈骗罪是指行为人采用虚构事实、隐瞒真相的欺骗方法，使财物所有人、保管人产生错觉，信以为真，从而"自愿"交出财物的行为。这里的"财物"可能全部是财产，但也可能是财产性利益。在这种情形下，如果财产性利益能够即时实现，那么仍然可以认定为诈骗罪，但如果这种财产性利益需要行为人实施其他行为才能真正实现，那么就要以行为人取得财产的直接手段来确定整个案件的性质，因为作为一种财产犯罪，财物最终取得的方式才是区分各罪最重要的要素。上述案例中，赵某向洪妻虚构了洪某发生交通事故急需汇钱的事实，洪妻基于错误认识而向洪某银行卡中汇款20万元，此时赵某虽有银行卡在手，但其并未真正占有这20万元，持有银行卡并不意味着赵某已经取得了他人钱款，单纯的银行卡本身并无价值，这只能说是一种财产性的利益，只是进一步取得他人钱款的手段行为，赵某只有持银行卡到银行兑付，才能最终实现非法占有这20万元的目的。所以说，赵某虽然采用虚构事实的方式让洪妻在银行卡上汇入了20万元，但当时赵某并未真正占有该笔款项，诈骗的客观行为并非赵某取得财产的直接手段，因此赵某的行为不构成诈骗罪。

2. 本案不构成绑架罪。《刑法》第239条规定了勒索绑架和人质绑架两种绑架罪的行为方式。人质绑架是指以他人为人质，劫持他人的行为。勒索绑架是指以勒索他人财物为目的，采用暴力、胁迫、麻醉或者其他方法强行劫持他人为人质，以杀害、伤害或限制人质自由相要挟，勒令人质亲属或其他相关第三人在一定期限内交出财物的行为。构成勒索绑架，必须符合以下几个基本特征：（1）勒索绑架需由绑架——劫持他人为人质和勒索——向第三人强索财物两个行为构成,且两行为一前一后,具有时间上的递延关系;(2)行为人强索财物的行为必须向被绑架人以外的第三人提出;(3)人质以外的第三人系基于行为人杀害、伤害或限制人质自由的要挟而被迫交出财物;(4)勒索财物与人质通常存在直接的交换关系,即所谓以钱赎人。本案中,赵某在绑架洪某后,虽然向洪某的妻子发出了"人被扣留、迅速汇钱"的短信,但洪妻从该条短信中只能推断出洪某因交通事故可能被车祸被害人或公安机关扣留的信息,并未感受到任何的威胁,其也不是因为受到洪某可能被杀害、伤害或失去自由的要挟而被迫交出钱款,且洪妻将20万元汇入的是洪某的银行卡,而非直接交到了赵某的手中,也即不存在以钱赎人的行为。因此,赵某的行为并不符合勒索绑架犯罪的基本特征,不构成绑架罪。

3. 赵某构成抢劫罪。抢劫罪与绑架罪在犯罪手段、犯罪客体方面均有相似之处,但两者之间又有一定的区别:(1)主观方面前者以非法占有他人财物为目的,而后者则可能以勒索财物为目的,也可能以扣押人质为目的。(2)犯罪客观方面,构成抢劫罪必须满足两个"当场"的基本要件:一是行为人须当场采用暴力、胁迫或者其他侵犯人身的强制方法;二是行为人须当场夺取他人财物或者迫使他人当场交出财物,而绑架罪则是以暴力、胁迫或者其他方法劫持他人、再以伤害、杀害人质或者限制人质自由相威胁向被绑架人的亲属勒索财物或者向有关方面提出非法要求,须具备向被绑架人以外第三方表达绑架目的的传递过程。(3)从犯罪客体上看,虽然两罪都有可能同时侵犯被害人的人身权利和财产权利,但抢劫罪是以非法占有他人财物为其首要目的,而绑架罪所侵犯的则主要是被害人的人身权利。本案中,赵某是否构成抢劫罪,关键是看其行为是否满足抢劫罪两个"当场"的基本要件。首先,洪某被骗至赵某租住地后即被捆绑,而且该捆绑一直持续到赵某占有20万元为止,可见,洪某始终处于赵某的持续暴力胁迫之下,符合当场使用暴力、胁迫的抢劫罪的手段要件。其次,赵某劫取的20万元虽然最初并不在洪某身上,但我们应当看到,赵某基于劫取被害人财物之目的,实施了一系列行为,其中欺骗洪妻汇入巨款是其非法占有财物的前提,冒用洪某身份证取钱是其非法占有财物的直接手段,这一系列行为应视为一个整体,完全符合抢劫罪当场取得被害人财物的要求。第三,暴力威胁与取得财物之间有因果关系。正是由于赵某对洪某的捆绑,使得洪某不能反抗,赵某才能实施欺骗洪妻汇款、冒用身份证取钱等一系列行为,从而最终非法占有他人20万元财物。可见,赵某的暴力手段对洪某形成了强制,洪某迫于这种强制失去了对自己财物的控制,两者之间具有客观上的因果关系。

通过上述分析，我们同意第三种意见，对赵某应以抢劫罪定罪处罚。

三、建议

笔者建议将《刑法》第239条修改为"以勒索财物为目的绑架他人的，或者绑架他人作为人质，向被绑架人的亲属或其他人或单位发出威胁，索取赎金或提出其他非法要求，处……"同时将最高人民法院《关于审理抢劫、抢夺刑事案件适用法律若干问题的意见》第9条第3项修改为：绑架罪是侵害他人人身自由权利的犯罪，其与抢劫罪的区别在于：第一，主观方面不尽相同。抢劫罪中，行为人一般出于非法占有他人财物的故意实施抢劫行为，绑架罪中，行为人既可能为勒索他人财物而实施绑架行为，也可能出于其他非经济目的实施绑架行为；第二，行为手段不尽相同。抢劫罪表现为行为人劫取财物一般应在同一时间、同一地点，具有"当场性"，行为人在劫取财物过程中伴随着暴力、威胁等行为，即使时间延续较长、空间发生转变，也可认定具有"当场性"；绑架罪表现为行为人以杀害、伤害等方式向被绑架人的亲属或其他人或单位发出威胁，索取赎金或提出其他非法要求，劫取财物一般不具有"当场性"……

[作者：张达伟（1975—），男，汉族，江苏南通人，江苏省南通市开发区人民检察院办公室主任。]

五、妨害社会管理秩序罪

典型类案 65 "殴打他人情节恶劣的寻衅滋事罪"是否属于允许实施无过当防卫的"其他严重危及人身安全的暴力犯罪"

司法实践中,经常遇到面对寻衅滋事随意殴打他人情节严重等犯罪行为,实施正当防卫造成不法侵害人重伤或死亡的严重损害后,防卫人被认定为防卫过当并追究刑事责任,而实施防卫的行为人及其辩护人以《刑法》第20条第3款有关无过当防卫的规定为依据进行辩解、辩护,认为不应被追究刑事责任的情形。目前,关于《刑法》第20条第3款的具体适用尚无明确的司法解释,致使司法实践中分歧意见较大。现举例提出我们的研究意见及建议。

一、类案简介

案例1:被告人沈某,男,1952年10月出生,身高1.5米左右,农民,其妻因病常年卧床,无子嗣。2004年7月7日因涉嫌故意伤害罪被刑事拘留,同年7月21日被执行逮捕。2004年1月6日下午,被告人沈某与邻居柳某发生口角,柳某女儿将此事电话告知其姑父周某(30多岁,身高1.8米左右,体壮)。当日18时30分许,周某骑摩托车来到沈某住地,非法进入被告人沈某的家中寻衅滋事并挥拳殴打沈某。沈某退至房间并拿起房间内的斧头吓唬周某,周某仍继续施暴,沈某便举起斧头朝周某的面部划下去,致其左面部纵形创口长约12厘米,经法医鉴定为重伤,10级伤残。案件最终处理结果:本案庭审期间,沈某的辩护人曾发表辩护意见,认为被害人周某的行为属于行凶,被告人沈某的行为系正当防卫,不负刑事责任。法院审理后认定被告人沈某防卫过当,犯故意伤害罪,因不愿赔偿损害,酌情从重处罚,判处有期徒刑

2年。

案例2：被告人杨某，男，1980年3月出生，以打工为生，2005年10月11日因涉嫌故意伤害罪被刑事拘留，同月21日被逮捕。2005年7月24日晚10时许，青年人张某、余某等六人在一起玩耍时，合谋找一个人打架。行走过程中，该六人发现素不相识的杨某在一棵梨树下摘梨子吃。张某等人责问其为什么摘梨，并围上去拳打脚踢。杨某见寡不敌众，便急忙道歉以争取脱身，张某、余某等人仍然紧追并揪住杨某，杨某遂掏出随身携带的厨用水果刀，先后将追赶中的张某、余某二人捅伤并乘机乘出租车逃跑，张某和余某自己乘出租车去医院治疗。经法医鉴定，张某、余某的伤情构成重伤。案件最终处理结果：本案侦查和庭审期间，杨某始终辩解其将人捅伤是被打后出于无奈，属于正当防卫，不应承担刑事责任。法院审理后认为杨某系防卫过当，犯故意伤害罪，判处其有期徒刑2年6个月。

案例3：被告人张某，男，1988年9月出生，在私营企业打工，2005年9月20日被刑事拘留，后改为取保候审。2005年9月20日凌晨1时许，张某携女友丁某及另一女孩在某县城内闲逛，行至某菜场大门附近时，与其素不相识的钟某、薛某、钱某3名男青年（均接近成年）受他人唆使，将张某强行推至附近楼巷内围攻殴打并欲抢其手链。张某两次被打倒在地，钱某乘隙将其被打后掉在地上的手机占为己有。张某遭强烈殴打被按倒在地而无法脱身，遂掏出口袋内的小型水果刀乱戳，企图制止不法侵害，一刀刺中钱某的胸部，致其肺部主动脉破裂后经抢救无效死亡。案件最终处理结果：法院以故意伤害罪，判处被告人张某免予刑事处分。

二、本类案件的争议焦点

上述案件中均已依法处理完毕，但其间曾经产生较大争议，焦点在于：随意殴打他人情节严重的寻衅滋事行为，是否属于《刑法》第20条第3款规定为允许实施无过当防卫的"其他严重危及人身安全的暴力犯罪"。

三、主要分歧意见与评析

第一种意见：审判机关对上述案例中的被告人以防卫过当，犯故意伤害罪定罪处罚适用法律准确，判决和处理得当。理由如下：

1. 刑法及相关司法解释没有将寻衅滋事随意殴打他人的行为规定为严重危及人身安全的暴力犯罪，面对正在实施的此类犯罪活动而采取防卫行为的，不应当明显超过必要限度，否则就必须对造成的重大损害承担相应的刑事责任。

2. 上述案例中的不法侵害人实施的都是徒手殴打他人行为，不可能严重危及被侵害人的人身安全，被害人却用斧头、水果刀等器械实施防卫且均已造成不法侵害人重伤或死亡的重大损害，已经明显超过了必要限度，故应依照《刑法》第 20 条第 2 款之规定，以防卫过当追究刑事责任。

第二种意见：上述案例中的被告人均在特殊时段、特殊地点和特殊环境下，遭受寻衅滋事随意殴打他人的暴力侵害而采取防卫行为，虽已造成不法侵害人伤亡的损害结果，但不属于防卫过当，应当依照《刑法》第 20 条第 3 款之规定，不负刑事责任。理由如下：

1. 《刑法》第 20 条第 3 款虽然没有将寻衅滋事随意殴打他人情节严重的行为，明确地列举为允许实施无过当防卫的情形之一，但应属于"其他严重危及人身安全的暴力犯罪"，面对正在进行的此类犯罪而采取防卫行为，造成不法侵害人伤亡的，也应依法"不属于防卫过当，不负刑事责任"。其原因在于：（1）寻衅滋事随意殴打他人情节严重的属于暴力犯罪；（2）寻衅滋事随意殴打他人情节严重的，虽不如故意杀人等犯罪行为直接威胁被害人的生命安全那样严重，但同样可能产生殴打致人重伤、死亡等严重危及人身安全的后果。

2. 认定面对寻衅滋事随意殴打他人情节严重的犯罪行为正当防卫而不负刑事责任，必须具体情况具体分析，只有在不法侵害人实施的侵害行为确已严重威胁被害人人身安全的情况下，被害人采取防卫行为而造成不法侵害人伤亡的，才应认定属于无过当防卫。司法实践证明，此类情节可以具体分为以下几种：（1）不法侵害人持械殴打他人且殴打凶猛的；（2）2 名以上不法侵害人在僻静时段、僻静地点共同寻衅滋事随意殴打他人而被害人孤立无援无法脱身的；（3）不法侵害人与被害人身体条件对比悬殊，被害人明显处于弱势地位且孤立无援的；（4）不法侵害的暴力程度较强且得不到或者不听制止，被害人得不到有力援助的。

案例 1 中的被告人沈某身材矮小，年龄较大，时值晚间，其妻又瘫痪在床，无人援助，而不法侵害人周某年轻体壮，身材高大，又兼怀恨非法侵入他人住宅而使用暴力，已对被害人的人身安全构成严重威胁。案例 2 中的被告人杨某虽然年轻，但在夜深人静之时被多人借故围攻殴打，虽打招呼却未能制止不法侵害，企图逃脱又遭追打，才不得已面对暴力而实施较强力度的防卫。案例 3 中的被告人张某深夜面对三名不法侵害人的围攻及强烈殴打，人身安全确已受到严重威胁，非采取较为激烈的防卫行为而难以制止不法侵害。这些被告人面对的虽然只是属于寻衅滋事性质的不法侵害，但这种不法侵害发生在夜深人静的特定地点和时段,发生在实施正当防卫的行为人孤立无援的特殊情况之下,而且属于程度颇为严重的,非采取较强力度的暴力对抗手段而难以制止的暴力侵害,都应当属于《刑法》第20条第3款规定的允许实施无过当防卫的"其他严重危及人身安全的暴力犯罪"。所以,尽管其正当防卫造成了不法侵害人重伤或死亡的结果,仍应依法不负刑事责任。

3. 对寻衅滋事随意殴打他人情节严重,危及被害人人身安全的暴力犯罪采取防卫的限度掌握过于严格的做法,不符合法律规定鼓励人民群众实施正当防卫,与犯罪行为作斗争的立法意图,不利于对公民正当防卫权的有效保护。

笔者认为,上述分歧意见中的第二种意见,对于运用刑法武器,保护处于弱势地位并且正在遭受寻衅滋事随意殴打他人情节严重的不法侵害而实施正当防卫的行为人的人身安全等合法权益,鼓励人民群众与犯罪行为作斗争,维护社会稳定,具有极为重要的意义。惟其如此,也才能极为有效地威慑寻衅滋事、恣意横行的犯罪活动,达到预防犯罪的目的。

四、建议

笔者建议由最高人民法院、最高人民检察院对"对行为人面对正在进行的寻衅滋事随意殴打他人情节严重而采取防卫行为,造成不法侵害人伤亡,是否能够认定不属于防卫过当,不负刑事责任"的问题予以批复,并以司法解释的形式对"其他严重危及人身安全的暴力犯罪"的范围作如下界定:(1)持械殴打他人,且殴打凶猛的;(2)两人以上在僻静时段、偏僻地点,共同寻衅滋事随意殴打他人而被害人孤立无援的;(3)不法侵害人与被害人身体条件对比悬殊,被害人明显处于弱势地位且孤立无援的;(4)不法侵害的暴力程度较强且得不到或者不听制止,被害人得不到援助的;(5)其他严重危及人身安全的暴力犯罪行为。

[作者:张海青(1974—),男,汉族,江苏海安人,江苏省海安县人民检察院副检察长。]

典型类案 66 因故殴斗未成的聚众斗殴行为应属犯罪预备或犯罪预备阶段的中止

近年来，在办案实践中常常遇到这类案件，行为人纠集多人预谋大规模持械聚众斗殴，后因故殴斗未成。在处理此类聚众斗殴案件的过程中如何适用法律，存在较大的意见分歧。以某市基层检察院为例，2003年至2005年间，此类案件经公安机关与检察院侦监部门共同协商，后未提请检察机关批准逮捕，而由公安机关直接作出行政拘留或劳动教养等行政治安处罚的就有9件23人；而类似案件在其他地区却又作了批准逮捕的决定。本文选择了三个典型案例，其中案例1、案例2未作犯罪处理，案例3作了犯罪处理。

一、类案简介

案例1：行为人邱某，男，30岁，无业。2004年10月29日晚，邱某因怀疑自己置放在某茶座赌博机内的钱被顾某某偷走，即纠集张某、邵某某等六人殴打顾某某，后因有人报警而散开。分手时邱某约顾某某在某广场见面。后邱某以为顾某某要喊人来斗殴，便纠集张某某、邵某某等二十余人，准备砍刀十余把到广场集合欲斗殴。因顾某某请来数人中的瞿某某等人与张某某等人认识，后由瞿某某出面调解而斗殴未成。

对于本案，由某市劳动教养管理委员会于2005年3月24日作出决定对行为人邱某收容劳动教养1年3个月。

案例2：行为人陆某，男，30岁，无业。2003年6月28日夜23时许，行为人陆某等人在某饭店门口与曹某某发生口角并斗殴，后被围观人员劝开。曹某某被殴打后欲请人报复，其朋友丁某答应帮其请人出面调解。曹某某即与陆某联系约好在某转盘处见面，陆某以为曹某某要请人来报复，即纠集易某某、成某某等十余人携带菜刀、自来水管等工具前往约定地点准备斗殴。在得知曹某某纠集数人已到现场时，即带领十余人持刀、钢管等冲向对方，陆某揪住曹某某欲殴被丁某劝阻而松手，后由丁某出面调解，双方斗殴未成。

对于本案，由某市劳动教养管理委员会于2005年3月24日作出决定对行为人陆某收容劳动教养1年3个月。

案例3：5月10日夜，犯罪嫌疑人卞某某和黄某、孙某某、黄某某在一菜馆隔壁的大排档吃后，孙某某和黄某某先离开。黄某发动摩托车准备离开，这时，从菜馆出来一人（人称"勇敢"），问黄某"你干吗？"黄某未予理睬，这人就上来踢了黄某两脚。为此，卞某某想报复此人，于是打电话叫孙某某、黄某某，还准备了钢筋、水果刀、菜刀等赶到菜馆。当四人闯进菜馆时，丁某某和"勇敢"等人在喝酒。孙某某问卞某某"谁打人的？"，卞某某指着"勇敢"说"就是他！"并抽出菜刀砍在桌子上。丁某某就站起来说"打你又怎么样！"并拿一只啤酒瓶砸碎在卞的头上。见此情景，"勇敢"跑进菜馆厨房拿出两把菜刀，准备斗殴，双方形成对峙。随即，对方有人将孙某某的水果刀抢去，孙又将刀抢回。对峙中，孙某某发现和丁某某是认识的。于是，孙某某叫丁某某放下刀，丁某某叫卞某某放下刀，双方都将刀、钢筋放下。龚某某（与在场人都不认识）当时在隔壁吃饭，听到这里吵架，也赶了过来，挤进了人群。当他看到卞某某手中拿着菜刀时，顺手就从桌子上拿了酒瓶砸在卞某某的身上，卞某某也未还手。随即接报的警察赶到现场，将有关人员抓获。

二、本类案件的争议焦点

江苏省高级人民法院、江苏省人民检察院、江苏省公安厅（简称"两院一厅"）曾于2000年10月11日颁发的《关于办理聚众斗殴等几类犯罪案件适用法律若干问题的讨论纪要》（苏公厅〔2000〕399号文印发）（以下简称《纪要》）中规定"斗殴一方或者双方人员已纠集，在途中或者斗殴现场，因公安机关查获、制止等原因而斗殴未逞的，可以聚众斗殴罪（未遂）处罚"。此后，"两院一厅"又于2002年10月25日联合出台了《关于办理涉枪涉爆、聚众斗殴案件具体应用法律若干问题的意见》（苏高法〔2002〕331号）（以下简称《意见》）中规定："聚众斗殴不仅要有聚众的行为，而且要有斗殴的行为。斗殴是指行为人主观上有与另一方互殴的故意，客观上实施了殴斗的行为。"该《意见》虽未明确对前《纪要》的有关规定给予否定，但该《意见》似乎强调构成聚众斗殴罪必须既"要有聚众的行为"又"要有斗殴的行为"。因此，对构成聚众斗殴罪是否必须"要有斗殴行为"存在争议，对聚众斗殴因故殴斗未成应如何适用法律？

三、主要分歧意见与评析

第一种意见认为，该类案件构成聚众斗殴罪，属犯罪未遂。理由是：聚众斗殴罪在客观方面是双重的实行行为，即由手段行为（聚众）和目的行为（斗殴）构成，本罪的"着手"应以实施聚众行为为认定标准。且根据《纪要》中的规定,"斗殴一方或者双方人员已纠集,在途中或者斗殴现场,因公安机关查获、制止等原因而斗殴未逞的,可以聚众斗殴罪(未遂)处罚"。上述案例中,虽然邱某、陆某、卞某某等所组织的人员没有发生聚众斗殴,但从他们聚众准备与对方殴斗的行为来看,主观上具有犯罪故意,客观上准备了刀、棍等作案工具,并实施了聚众的行为,后由于意志以外的原因,致使其被迫放弃斗殴意图,符合《纪要》规定,其行为应认定为涉嫌聚众斗殴罪未遂。

第二种意见认为,该类案件不构成聚众斗殴罪。理由是:根据《意见》中的规定:"聚众斗殴不仅要有聚众的行为,而且要有斗殴的行为。斗殴是指行为人主观上有与另一方互殴的故意,客观上实施了殴斗的行为。"上述两案例虽有聚众行为,但没有斗殴行为,其聚众行为尚不构成对社会管理秩序的严重侵害,故属于情节显著轻微,危害不大,不应认定为犯罪。

第三种意见认为,该类案件构成聚众斗殴罪,属犯罪中止。理由是:行为人已完成人员聚集、器械准备的行为,进入了着手实施犯罪的阶段,后因对方有人认识或有人出面调解而听从劝阻,放弃殴斗。属于已"着手"实施犯罪,但在当时情况下,应认为行为人仍有条件进行犯罪,但是自愿的、自动放弃了殴斗,因此,属于犯罪中止。

第四种意见认为,该类案件构成聚众斗殴罪,属犯罪预备或犯罪预备阶段的中止。理由是:

1. 聚众斗殴罪属于举动犯,没有犯罪未遂形态。根据刑法条文要义,聚众斗殴罪不以发生实际的危害后果作为构成犯罪要件。聚众斗殴实际是指以"聚众"的刑事殴斗。"聚众"和"斗殴"应是不可分离的。行为人只要实行了聚众斗殴的行为,即构成犯罪。没有殴斗行为,聚众斗殴犯罪就还未开始实施。因此,聚众斗殴罪不存在未遂状态。《纪要》规定的"斗殴一方或者双方人员已纠集,在途中或者斗殴现场,因公安机关查获、制止等原因而斗殴未逞的,可以聚众斗殴罪(未遂)处罚"。观点是不当的。此外还有观点认为,"聚众斗殴罪的首要分子和具有协助聚众行为的积极参加者是可能存在犯罪未完成形态的,而纯粹被纠集积极参加聚众斗殴的,则不可能存在犯罪未完成形态,该罪的未完成形态存在与否因不同的犯罪主体而异。"该观点认为,首要分子在聚众斗殴罪中的组织、策划、指挥行为就是聚众行为的具体表现,应将首要分子开始聚众的行为界定为着手实施犯罪;而其他积极参加聚众斗殴人员,他们在聚众斗殴中是被聚集、被纠集的,他们不具备聚众的行为,实行斗殴行为则是他们实行犯罪的开始,一经殴斗犯罪即告既遂。其实这种观点是错误的,如前所述,"聚众"和"斗殴"不可分离。不可以说被聚集、被纠集的其他积极参加聚众斗殴人员不具备聚众的行为。不能简单地认为，聚众斗殴罪的"聚"是一个动词，只有首要分子才能施行。首要分子具有组织聚众"聚"的行为；其实其他积极参加殴斗人员也存在"聚"，而"聚"在此是形容词。整个聚众斗殴是指"聚众"形式的殴斗，是包括首要分子、其他积极参加者等众一起"聚"众殴斗（包括指挥和具体殴斗）。首要分子"聚众"是聚众斗殴的预备，首要分子应当是组织、策划、指挥了"聚众殴斗"而不仅是组织、策划、指挥了"聚众"，一经众人殴斗犯罪即告既遂。另外，因为聚众斗殴罪是必要的共同犯罪，只有整个共同犯罪能构成其犯罪个体才构成犯罪，将聚众斗殴主体作为区分犯罪形态构成要件显属不妥。

2. 聚众斗殴因故殴斗未成的，应构成聚众斗殴罪预备或预备阶段中止。聚众殴斗行为是本罪的目的行为。只有双方开始实施聚众殴斗，才能被认为"已经着手"实行聚众斗殴犯罪，也即犯罪既遂成立。而在聚众殴斗前的所有行为均为预备行为。如聚众、购买、分配械具；参与斗殴的人员纠集至斗殴地点直至双方两阵对峙准备斗殴等。如果未能开始聚众殴斗是因为他们意志以外的原因，如因报警而害怕未敢将聚众殴斗继续实行下去，未敢实行实质性的殴斗即构成聚众斗殴罪预备，如果是他们主动放弃犯罪，如因其他朋友出面调解或因双方有相识的人碍于情面而放弃聚众殴斗，即构成犯罪预备阶段的中止。

3. 聚众斗殴的首要分子为斗殴实行聚众等预备行为扰乱了公共秩序，且聚集人数多，规模大并持械，属情节严重行为，具有社会危害性，构成犯罪，应追究他们的刑事责任。

《意见》中规定"聚众斗殴不仅要有聚众的行为，而且要有斗殴的行为"。虽然强调聚众斗殴"要有斗殴的行为"但并没有规定，殴斗未成不应作犯罪处理。我们认为，对聚众斗殴的犯罪预备情节严重的也应作犯罪处理。根据我国的罪责刑相适应原则，如果行为人的犯罪预备行为社会危害性不大，其主观恶性不深，犯罪情节显著轻微，可以作为治安案件处理。聚众斗殴罪的法定最低刑仅为3年以下有期徒刑、拘役或者管制，也只是对首要分子和积极参加者追究刑事责任，在一定条件下应当属于一个轻罪。因此，对于聚众斗殴罪中的犯罪预备行为，一般可以不予刑事处罚。但是，对于实施具有社会影响大、有相当社会危害性（如准备了刀枪，聚众了多人，预谋大规模持械聚众斗殴的）的聚众斗殴犯罪预备行为的行为人，属于《刑法》第292条的情节加重犯的四种情况的，还是应当认定为预备犯予以刑罚处罚的。行为人邱某、陆某、卞某某等出于报复、争强好胜，纠集多人，并持械（刀、棍）相约在公共场所进行斗殴，反映其蔑视法纪和社会公德，主观恶性较深；从客观上讲，其行为已经引起群众的恐慌，扰乱了公共秩序，并可能引起人员伤亡或者公私财产损失，具有严重的社会危害性。行为人邱某、陆某、卞某某系聚众斗殴组织者、策划者、纠集者，是首要分子，纠集的人数多、规模大，并持有刀棍等斗殴器械，社会影响恶劣，他们的行为扰乱了公共秩序，对社会秩序造成严重损害，具有社会危害性，应以聚众斗殴罪追究刑事责任。

我们同意第四种意见。

四、建议

1. 建议最高人民法院、最高人民检察院、公安部对聚众斗殴案件具体应用法律问题联合出台相关司法解释。

2. 在目前《纪要》和《意见》存在矛盾，且未出台新的司法解释前，建议"两院一厅"对已经出台的《纪要》和《意见》及时作出修改，以便于实际操作。明确规定聚众斗殴因故殴斗未成，情节严重的（如准备了刀枪，预谋大规模持械聚众斗殴的或多次聚众斗殴未成的），以聚众斗殴罪（预备）或中止追究首要分子的刑事责任。

[作者：张毅（1963—），男，汉族，江苏南通人，江苏省南通市人民检察院研究室主任；张傲冬（1972—），女，汉族，河北唐山人，江苏省南通市人民检察院检察员、法律硕士；张日元（1955—），男，汉族，江苏宝应人，江苏省宝应县人民检察院研究室主任。]

典型类案 67 临时性合意斗殴引起他人死亡无法查清直接致害人时应如何定性

司法实践中，对于临时性合意聚众斗殴引起他人死亡但无法查清直接致害人的情况究竟是认定为聚众斗殴罪，还是基于致人死亡结果直接认定为故意杀人罪，存在很大的争议。如果认定为聚众斗殴罪，则不免有放纵犯罪的嫌疑，而将殴斗方整体认定为故意杀人罪则显然科刑过重，不符合罪责刑相适应原则。这个问题不仅为刑事实体法所关注，同时也涉及证据法中司法证明的相关要求，很有研究和讨论的必要。下面结合具体案件对此问题作一论述。

一、类案简介

2003年某晚20时30分许，浙江某渔船出海捕鱼，在码头上，被停在该处的陈某等人的船用缆绳相连阻塞航道，浙江船雇工李某等便去解其中一艘船的缆绳，推开两边船只以便通过。当时陈某及雇工十几人正在另一艘船上吃饭，见此情节，便跳上浙江船并质问"为何解其缆绳"，接着与该船渔民争吵，继而互相推搡。浙江船见过不去了，便欲倒船。此时船老大陈某喊"打"，其雇工十几人便扑上去打浙江船船员，浙江船员也拿起棍棒、铁锹出来斗殴，双方先后多人被打落水或跳水逃跑。后公安人员赶到，双方才停手。事后，经清点人数，发现浙江船李某溺水身亡（注：李某不会游泳），同时造成双方各有两人轻微伤。

二、本类案件的争议焦点

笔者认为，此类案件争议的焦点，一是本案是属临时性起意的斗殴，是由民事纠纷引起的，没有很明显的聚众过程，是否符合刑法上的"聚众斗殴"的特征；二是本案由于斗殴造成李某溺水死亡，但无法确定是谁造成的，对此是否适用《刑法》第292条第2款"聚众斗殴，致人重伤、死亡的，依照《刑法》第234条、第232条即故意伤害、故意杀人罪定罪处罚"。

三、主要分歧意见与评析

第一种观点认为：既然无法查清具体事实，连究竟是谁直接致害被害人都无法查清，应认定为事实不清，证据不足。

第二种观点认为：由于无法查清谁是直接致害人，根据《刑法》第292条第2款的规定，聚众斗殴，致人重伤、死亡的，依据《刑法》第234条、第232条即故意伤害、故意杀人罪定罪处罚。只要在聚众斗殴中发生致人重伤、死亡的后果，都适用该条款。由于无法查清直接致害人，也即受害方的斗殴对方中的任何一人都不能排除是直接致害人的可能，因而根据江苏省"两院一厅"讨论纪要的观点，应把他们看做一个致害整体，对他们都应适用该条款即故意伤害、故意杀人罪定罪量刑。

第三种观点认为：作为致害一方的首要分子，是聚众斗殴的核心，当然可以认定为主犯，对于主犯，应当按照其所参与的或者组织、指挥的全部犯罪处罚，因而应对对方发生的重伤或死亡承担全部责任。所以，对致害一方的首要分子，应适用《刑法》第292条第2款来定罪量刑。对于其他积极参与者，既然无法查清谁是直接致害人，甚至谁是共同致害人都无法查清，那么依据罪刑法定原则，在现有的法律中，只能适用《刑法》第292条第1款的规定，处3年以下有期徒刑、拘役或者管制。

根据法律规定，聚众斗殴通常是不法团伙之间大规模地打群架，往往有一定的准备，带有匕首、棍棒等凶器，极易造成一方或双方人身伤亡，但也不排除特定情况即临时性的合意斗殴情形。聚众斗殴的前提不仅仅是聚众，而是以斗殴为目的的聚众，从该罪主观要件成立要求来看，不管是事前的聚众故意还是临时的合意，只要在斗殴之前形成斗殴的合意就可以了。在本案中，事情的发生确属偶然，起初也仅仅是由于琐事纠纷引起的，但在事态的发展过程中，却发生了质的变化，本来浙江方解缆绳是为了借道通航而非滋扰或破坏，仅是事先未打招呼而已，可是陈某方却倚仗自己人多势众，数人先是跳上对方船只，船老大陈某大喊"打"，接着又有数人冲上去便打，此时他们在争强好斗及小集团观念的支配下自发地形成为一个事实上的"斗殴团体"，而陈某由于其"老大"的身份及言语鼓动，应当是聚众的表意行为，其他人的参与也印证了他们的合意，虽然表面上聚众的行为不明显，但客观上，他们也已经由事实上的"聚众"转变为一个法律意义上的"聚众"，也正是由于这个转变，符合了聚众斗殴的基本特征。在主观方面，是故意，客观上实施了聚众斗殴的行为，而且是在港口这个公共场所实施的，严重地危害了公共管理秩序，且造成了1人死亡、4人轻微伤的严重后果，符合聚众斗殴罪的构成要件，理应以聚众斗殴罪追究首要分子及积极参加者的刑事责任。

•本案中导致无法查清聚众斗殴直接责任人的原因往往有如下几点：一是斗

殴人数多，规模大，场面混乱，致使现场斗殴人员无暇顾及周围的情况，且一旦发生打死人等严重后果，很多人选择逃跑，即使归案的犯罪嫌疑人，知道已经发生严重后果，交代时也往往避重就轻，致使案件一时之间无法查清。二是同案人往往出于所谓的哥们义气，不愿交代他人在斗殴中的行为，而当时斗殴的具体状况，因缺乏目击证人，只能靠现场斗殴人员的证言相互佐证，使得彻底查清事实带来难度。三是直接责任人拒不交代自己的罪行，顽抗到底。

我们认为：对于在聚众斗殴中受害人重伤或死亡的后果在证据上和法律上应作整体把握。不管是被人打死，还是自己摔死或淹死，不管是个人还是几个人共同致害受害人，我们都可以看做是整个斗殴造成的严重后果，也就是说受害人的重伤或死亡与本起斗殴具有刑法上的因果关系，司法实践中对斗殴中出现严重后果时，以犯罪处理，既符合法理又符合情理。因而首先应由首要分子承担受害人重伤或死亡的全部责任，依《刑法》第292条第2款定罪量刑。所不同的是其他积极参与者应如何处理。事实上，受害人重伤或死亡无外乎有两种可能：一是斗殴中被人打死；二是因斗殴而自己摔死或淹死。假设是第一种情况，如果可以明确查清是谁致害的，当然也可以根据该条款追究直接责任人的刑事责任。然而，面对根本无法查清竟是谁造成这个危害结果的情形，此时便无法对其他积极参加者适用《刑法》第292条第2款的规定。这样只能适用《刑法》第292条第1款，在3年以下量刑处罚。

因而第一种观点认为查不清谁是直接致害者，即是事实不清，证据不足，无法定罪量刑的观点是欠妥的。虽然无法查清谁是直接致害者，但聚众斗殴的其他情况都已查清，根据已有的证据，足以证明首要分子和其他积极参与者都已触犯刑律，仅仅因为无法查清谁是直接致害者，即认为整案事实不清，证据不足，显然不妥。

第二种观点把受害方的对方看做一个致害整体加以定罪量刑，在谁是直接致害人事实不清的基础上推定全部有罪，并全部从重罪处罚，显然是违背刑法理念，打击过大。

由此可见，《刑法》第292条忽略了司法实践的复杂多变性，对于聚众斗殴，最主要的证据往往是各参加人的供述，从证据学的角度来讲，属言词证据，由于记忆的可能错误及其他各种因素，往往带有很大的不确定性，也就必然导致聚众斗殴的某些细节可能无法查清。此时，如果实在无法查清直接的加害人，只能将危害结果看成聚众斗殴导致的危害后果，这样，该条第2款便不能适用，而第1款由于没有规定将"造成严重后果"作为加重的量刑情节，因此，只能在3年以下进行量刑。这样，情节严重的可以处3年以上10年以下，而造成严重后果的却只能处3年以下的处罚，与罪刑相适应原则不协调，立法者在立法的时候，仅注意把情节严重作为加重情节来量罪处罚，却忽略了严重后果对量刑的影响，实为立法的缺憾。

为此，笔者同意第三种观点。

四、建议

笔者建议立法机关、司法机关及时作出相关法律修改意见或法律解释意见。

将《中华人民共和国刑法》第292条第2款规定："聚众斗殴，致人重伤、死亡的，依照本法第二百三十四条、第二百三十二条的规定定罪处罚。"修改为："聚众斗殴，致人重伤或死亡的，对首要分子和加害人，依照本法第二百三十四条、第二百三十二条的规定定罪处罚，对其他积极参加者，处三年以上十年以下有期徒刑。"

[作者：曹伯荣（1959—），男，汉族，江苏启东人，江苏省启东市人民检察院党组副书记、副检察长。]

典型类案 68 对持械聚众斗殴中未持械罪犯是否适用升格刑罚

持械情节是聚众斗殴犯罪中的加重情节，一旦认定犯罪嫌疑人具有这一加重情节，其量刑刑格即由3年以下有期徒刑升至3年以上10年以下有期徒刑。司法实践中对于持械聚众斗殴中未持械罪犯如何适用法律有不同意见。笔者通过对一件典型的持械斗殴案件作法条和法学理论上的分析和研究，以期对此类问题有清晰的认识。

一、类案简介

2006年10月，在马某某所开拉面店门口，徐某因嫌拉面店的凳子放在路上拦路，一脚将凳子踢倒向东走去，当徐某再次从东向西往回走时，马某某手持菜刀（据其讲正在切菜）与在其店内工作的哥哥马某等人上前责问徐某为什么踢其凳子，并踢了徐某的电瓶车几脚，但双方无要打斗的语言表示，也没有动手打架。徐某见对方人多势众，手上拿着刀，想想不服气，就到一边打电话约人准备报复马某某等人。过了一会儿，徐某的朋友杨某、刘某、万某三人打的到了面店门口。当徐某等人用砖块砸在店内的马某某等人时，马某某手持菜刀，马某端着油锅，帮工胡某手持木棍冲向徐某等人，徐某一方除刘某和杨某两人外均转身逃走，徐某在离殴斗现场不远处大声叫骂并指挥刘某和杨某殴斗。刘某先用临时打折的高脚木凳的凳子脚，杨某用砸了底的啤酒瓶打、戳冲向其的马某某，马某某左手大拇指被刘某打致骨裂，同时，马某某用手中的刀将刘某后枕部划伤；马某用热油泼对方没有泼到，被杨某用砸了底的啤酒瓶将右耳划伤；马某某见杨某用砸了底的啤酒瓶准备再次捅向马某时，冲过去用刀将杨某的左额部划伤，经法医鉴定马某某为轻伤，马某为轻伤，杨某为轻伤，刘某为轻微伤。

二、主要分歧意见与评析

有人认为，只要存在持械斗殴的行为，对于首要分子和持械斗殴行为人应一律适用持械斗殴的规定定罪处罚，对于其他未持械参与斗殴的行为人，则应根据其主观方面和客观行为，决定是否适用聚众斗殴罪的加重规定，定罪处罚。

但是，要认定聚众斗殴中未持械者是否适用升格刑罚，首先应当区分聚众斗殴的主犯与从犯，这是由于共同犯罪中主犯和从犯的处罚原则并不相同。在此基础上区分不同情形加以认定：

1. 行为人共同预谋"持械聚众斗殴"的，对未持械者应当以"持械斗殴"论，适用加重刑罚。由于存在"持械斗殴"的预谋，行为人虽然没有持械参加斗殴，但这只是由于条件所限或分工不同，按照共同犯罪理论，他人的持械行为应当认定为未持械者的行为，因此对未持械者也应当以"持械斗殴"论。

2. 行为人事前没有"持械聚众斗殴"预谋的，此时应当注意区分主、从犯。(1)如果行为人事先明确约定斗殴时不得使用器械的，持械斗殴者的行为应当属于实行过限，对未持械者原则上都不得认定为"持械斗殴"。但是如果主犯知道他人临时持械参加斗殴而未加制止和劝阻的，放任持械斗殴行为的发生，说明其主观故意已经发生了转变，应当认定为"持械聚众斗殴"，本案中徐某即属于此种情形；如果从犯中有人鼓励、配合持械者斗殴，说明该鼓励、配合者与持械斗殴者之间事先的犯罪故意内容由原来的不使用器械转变为了持械斗殴，对鼓励、配合者应当认定为"持械斗殴"，适用加重刑罚。(2)如果行为人对是否持械斗殴约定不明的。对于主犯，原则上应当以"持械斗殴"论，但是如果主犯发现他人持械斗殴后积极加以阻止和劝说的，说明主犯主观上没有持械参加斗殴的故意，因此不应当认定为"持械斗殴"。对于从犯，原则上不得认定为"持械聚众斗殴"，但是如果行为人积极鼓励、配合持械者的，则对该从犯也应当适用"持械斗殴"的加重刑罚。

本案中认定首要分子和积极参加者是否承担持械斗殴责任的关键，即结合共犯理论加以区分。首先，聚众斗殴罪为聚合性犯罪。所谓聚合性犯罪是指以多数人实施向着同一目标的共同行为为成立条件的犯罪，属必要的共同犯罪，因而聚众斗殴罪中的客观要件行为必是以共同犯罪行为形式来进行评价的。聚众斗殴中的积极参加者均明知是持械聚众斗殴仍积极参与，其个体表面上虽不具有持械的形式，但实质上具有持械的故意，其具体行为融入了持械聚众斗殴的整体行为之中，应当认定为持械聚众斗殴。如，在预约、联络时，明知是持械聚众斗殴，仍参与聚众斗殴的；在有预谋持械聚众斗殴中，积极纠集人员，实施互殴行为的；事先为己方斗殴的人员准备斗殴器具的等。

另外，作为必要的共同犯罪，聚众斗殴罪主观要件有其特殊性，即行为人须具备聚众斗殴的共同犯罪故意。也就是说，对他人持械，是要有认识的；从意志上来说，是希望他人持械或者放任他人持械，这里的放任就是一种默许和认可。因此，在主观上达到共同的犯罪故意。共同犯罪人则认识到自己在与他人配合持械聚众斗殴。如果系预谋"持械"，聚众斗殴的各参加人对"持械"当然具有共同的认识，并形成持械聚众斗殴的共同犯意，因此，在聚众斗殴过程中，无论个别参加者是否实际使用械具，"持械"行为已因共同犯意而结合成为共同犯罪人的共同犯罪行为，故对首要分子和其他积极参加者均应认定为"持械"聚众斗殴。如果聚众斗殴者虽是临时持械，但在斗殴前或斗殴时聚众斗殴参加者均认识到自己系与他人配合实施持械聚众斗殴的行为，即形成持械聚众斗殴的共同犯罪故意，则对之应认定为持械聚众斗殴。如果聚众斗殴者在斗殴过程中，而单独在犯罪现场找到器械，其他人根本没有认识，也没有认识的条件，则对他人可不以持械作为加重情节。即使对首要分子与其他积极参加者亦不能以持械聚众斗殴论。

在实施斗殴前，首要分子对己方及相对方使用械具斗殴问题约定不明，或未明确要求不得使用械具，就应认定其对持械有概括性的故意，只要有人持械斗殴，首要分子都应当承担该行为的刑事责任。对持械问题没有约定，对其他积极参加者而言，一般应认为其主观上没有持械斗殴的故意。但斗殴中未持械人如果知道他人持械斗殴，而不加制止，"他人持械行为"就成为共同犯罪行为的一个部分，未持械者也就具有了持械的故意，也应认定为持械；如不知道他人持械，持械超出了其主观故意，或认定其主观上没有持械的故意，则不应认定其持械。

如首要分子明确要求不持械或共同预谋约定不持械的，斗殴中有人突发持械参与斗殴的，一般只认定该人持械聚众斗殴。同样，其他在现场参与斗殴的人员，知道他人持械而不加制止，就应认定为有持械聚众斗殴的共同故意，认定持械。

所以，那种对在未有预谋的情况下有人持械参加斗殴的，对持械者以持械聚众斗殴处罚，对未持械者则以聚众斗殴基本罪处罚的做法，有违聚众斗殴罪为必要共同犯罪理论。笔者认为，在聚众斗殴中只有一个或部分参加人临时持械时，对首要分子或其他积极参加者如何认定，应在主客观相一致的基础上进行分析，即不能主观认定，亦应避免客观归罪。在研析个案时，既要判定是否存在"持械"聚众斗殴的行为，又应从案件实际出发分析行为人之间是否存在"持械"聚众斗殴的意思联络和共同犯罪的故意。

三、建议

持械聚众斗殴是为了报复他人或争霸一方等目的，纠集多人成帮结伙地互相用随身携带的凶器殴斗的，或利用殴斗现场原有器物进行殴斗的行为。聚众斗殴往往具有参与人数多、关系错综复杂、社会影响大等特点，刑法的规定又过于笼统，导致在司法实践中，对如何认定"持械"情节存在不少争议，这给此类犯罪的认定带来不少困难，各地的做法和看法因此不能统一。

笔者建议：最高人民检察院、最高人民法院就持械聚众斗殴中的加重情节"持械"作出专门的司法解释："在持械聚众斗殴中，持械参加殴斗的、作为主犯的首要分子、其他积极参加并且对于持械斗殴不加制止的参加人，均应认定为具有刑法第292条规定的持械加重情节，处三年以上十年以下有期徒刑。"

"本解释所称持械，是指将足以致人伤残的器具、物品等，预谋并携带至斗殴现场加以使用的，预谋并携带至斗殴现场但未及加以使用的，在现场临时起意持有并使用的行为。"

[作者：王良福（1963—），男，汉族，安徽铜陵人，江苏省南通市崇川区人民检察院公诉科科长；张威武（1958—），男，汉族，江苏南通人，江苏省南通市崇川区人民检察院人民监督员办公室主任。]

典型类案 69 对于因民事纠纷引起的多人斗殴案件如何理解把握聚众斗殴罪的构成要件

江苏省高级人民法院、江苏省人民检察院、江苏省公安厅《关于办理涉枪涉暴、聚众斗殴案件具体应用法律若干问题的意见》规定,对于群众中因民事纠纷引发的互相斗殴甚至结伙械斗,后果不严重的以及其他情节显著轻微的斗殴行为,不应以犯罪处理。近年来,在办理聚众斗殴案件的司法实践中我们发现,对于因民事纠纷引起的多人斗殴案件如何理解把握聚众斗殴罪的犯罪构成要件存在较大分歧。实践中对于该条中的"民事纠纷"理解不一,导致类似案件的处理结果迥异。作者试图从聚众斗殴罪的主观要件出发,对民事纠纷作出全面的分析,以期对这个问题有个清晰的认识。

一、类案简介

案例1:2006年10月13日,犯罪嫌疑人韩某某的妻子朱某在某幼儿园接小孩时与同接小孩的顾某、许某因小孩打架的事发生争执,许某当场踢了朱某。10月16日上午,犯罪嫌疑人韩某某等数人到幼儿园与顾某等人再次发生争执并追打顾某等人,并将顾某的摩托车推走。当日下午,顾某也纠集了赵某、张某(另处)等十余人来到该幼儿园,下午16时,犯罪嫌疑人韩某某的妻子朱某发现顾某等人后告诉韩某某,犯罪嫌疑人韩某某遂与老乡多人持木棍、铁锹等物与顾某等人实施斗殴,造成张某、赵某等人受伤(不构成轻伤)。后因群众劝阻,犯罪嫌疑人韩某某等人散去。2006年10月24日,经某市人民检察院批准逮捕。2007年1月24日,公安机关以犯罪嫌疑人韩某某涉嫌聚众斗殴罪移送审查起诉。2007年3月8日,经检委会讨论,对犯罪嫌疑人韩某某以寻衅滋事罪作相对不起诉。

案例2:2006年6月17日下午,被告人杨某某在某纺织品有限公司二楼车间与同事朱某某发生口角并首先动手殴打对方,朱某某的哥哥朱某某同在该公司工作,闻讯与老乡彭某赶来帮忙,将被告人杨某某面部、颈部打伤,杨某某认为自己吃了亏,随即跑到五楼办公室告诉其兄杨某某和同乡庄某,三人从仓库内各拿一根钢管冲进二楼缝纫车间对朱某某兄弟、彭某等人进行殴打,造成朱兄右手臂骨折（经鉴定构成轻伤），朱弟头部、肢体皮肤裂伤（经鉴定构成轻微伤）。2006年10月23日，某检察院以被告人杨某某、杨某某、庄某犯聚众斗殴罪向法院提起公诉。2007年2月5日，法院以故意伤害罪判处有期徒刑10个月缓刑1年，被告人杨某某、庄某犯故意伤害罪，免于刑事处分。

案例3：2006年7月20日晚，犯罪嫌疑人万某等四人因琐事殴打被告人杨某、杨某、李某，后杨等人一直伺机报复。2006年7月24日晚，被告人许某、杨某在三华时装厂门口看到万某等四人，随后告知被告人杨某，被告人杨某遂纠集被告人张某、张某等人持木棍、钢管等物追打万某等四人，在殴打过程中造成万某等二人轻微伤。2006年11月29日，某检察院以被告人杨某等8人构成聚众斗殴罪向法院提起公诉。2007年1月30日，法院以聚众斗殴罪判决八被告3年6个月至1年不等有期徒刑。

二、主要分歧意见与评析

如何把握"因民事纠纷引发的互相斗殴"，实践中对于司法解释中的"民事纠纷"理解不一，导致类似案件的处理结果迥异。

第一种意见认为，案例1和案例2不构成聚众斗殴罪，案例3构成聚众斗殴罪。我国现行刑法中的聚众斗殴罪源于1979年《刑法》第160条的规定，是从原流氓罪中分解出来的罪名之一，它是指为了私仇宿怨、争霸一方或者其他不正当目的，纠集多人成帮结伙互相进行殴斗的行为，该罪的动机一般或是为了争霸一方或是循环报复，或是为了显示威名。聚众斗殴罪作为扰乱社会公共秩序犯罪的一种，侵害的对象是社会公共秩序。司法实践中，群众之间因为民事纠纷矛盾激化而结伙打架的行为不应作为聚众斗殴罪处理。案例2中，被告人杨某某等人去殴打被害人的目的非常明确，并非无事生非，也不存在显威争霸的思想，其目的就是要报复伤害被害人，因此只能根据犯罪结果以故意伤害罪论处。案例1中，犯罪嫌疑人韩某某因琐事与被害人顾某发生纠纷后扣押顾某的摩托车，后因顾某索要摩托车发生群殴，其行为属于"群众中因民事纠纷引发的互相斗殴甚至结伙械斗，后果不严重的"情形，按照相关规定不应以犯罪论处。

第二种意见认为，案例1、案例2、案例3中的被告人均构成聚众斗殴罪。理由如下：

1."流氓动机"并非聚众斗殴罪的主观要件

由于1979年刑法将聚众斗殴罪与寻衅滋事罪、侮辱妇女罪等行为一起纳入到流氓罪这一口袋罪中，导致其后乃至1997年刑法修订后在认定这一罪名时，不少实务部门仍将流氓动机作为判断聚众斗殴与一般群众斗殴行为的唯一区别。客观地说，这一认识是不妥当的。根据现行刑法的有关规定，聚众斗殴罪属于扰乱社会公共秩序犯罪，在判断多人斗殴行为究竟属于多人实施的故意伤害还是聚众斗殴时，客观方面的关键在于判断其行为是否扰乱社会公共秩序。而在主观方面，只要求行为人有聚众并与他人斗殴的故意即可，并不要求行为人具有扰乱社会公共秩序的直接故意。这是因为现行刑法并未将聚众斗殴的主观方面限定为直接故意，出于其他动机聚众斗殴放任扰乱社会公共秩序的行为与出于流氓动机聚众斗殴扰乱社会公共秩序的行为在社会危害性上是相当的，故聚众斗殴罪的罪过形式应表述为："明知聚众斗殴的行为会扰乱社会公共秩序，而希望或放任危害结果的发生的。"至于行为人是否出于所谓的"流氓动机"则在所不问。从犯罪构成的原理来分析，犯罪动机并不属于犯罪构成的主观要件，将犯罪动机作为判断犯罪是否成立的标准显然不能成立。江苏省高级人民法院、江苏省人民检察院、江苏省公安厅《关于办理涉枪涉暴、聚众斗殴案件具体应用法律若干问题的意见》（以下简称《意见》）规定，聚众斗殴通常表现为出于私仇、争霸或其他动机而成帮结伙地斗殴。不难看出，这一司法文件对于聚众斗殴罪犯罪动机的把握也并不局限于单一的"流氓动机"。综合以上分析，案例1、案例2、案例3中的众被告尽管实施多人斗殴行为的犯罪动机不同，但其行为均已扰乱公共秩序，应以聚众斗殴罪论处。

2. "因民事纠纷引发的互相斗殴，后果不严重的以及其他情节显著轻微的"应准确把握

由于《意见》规定，对于群众中因民事纠纷引发的互相斗殴甚至结伙械斗，后果不严重的以及其他情节显著轻微的斗殴行为，不应以犯罪处理。实践中对于部分因琐事引发的但未造成轻伤以上后果的聚众斗殴案件往往简单地不以犯罪处理，这显然是对有关司法文件的误解。

在我们看来，对于"因民事纠纷引发的互相斗殴"中的民事纠纷应从严把握，一般应以经济纠纷、邻里纠纷为主，没有明显的聚集、预谋，且行为不发生在公共场合。只有对这些处理纠纷方式不当，采用多人斗殴当场但未造成严重后果，才可适用该规定作降格或从轻处理。对于实践中部分行为人仅仅因为一些琐事纠纷便随意聚集多人实施暴力的行为，即使事出有因，但解决纠纷有正当渠道，行为人置国家法律于不顾，采用斗殴的方式解决纠纷，其主观上就有对社会公序良俗的挑战，客观上实施了多人斗殴的行为，极易引发不特定多人的伤害后果，扰乱了社会公共秩序，故仍应认定为聚众斗殴罪。在案例1、案例2、案例3中，犯罪嫌疑人韩某某、杨某某、杨某等人面对琐事纷争，

不是采用合理手段妥善处理，而是不惜聚集多人以武力在公共场合进行报复斗殴，其行为显然不能适用"因民事纠纷引发的互相斗殴甚至结伙械斗，后果不严重的以及其他情节显著轻微的斗殴行为"，而应以聚众斗殴罪论处。

我们同意第二种意见。

三、建议

对江苏省高级人民法院、江苏省人民检察院、江苏省公安厅《关于办理涉枪涉暴、聚众斗殴案件具体应用法律若干问题的意见》规定的"对于群众中因民事纠纷引发的互相斗殴甚至结伙械斗，后果不严重的以及其他情节显著轻微的斗殴行为，不应以犯罪处理"中的"民事纠纷"作进一步的明确解释，以便于实践执法的统一。

[作者：刘志华（1978—），男，汉族，江西高安人，江苏省南通市港闸区人民检察院人民监督员办公室科员；陈建峰（1976—），男，汉族，湖北孝感人，江苏省南通市港闸区人民检察院公诉科书记员。]

典型类案 70 多次受雇为赌博活动服务的行为是否属于刑法解释的"直接帮助"

司法实践中，我们发现：对于多次受雇为赌博活动服务的行为是否属于为赌博犯罪"直接帮助"的行为，也即此类行为是否构成赌博罪的共犯，往往很有争议。对于多次受雇为赌博活动服务的人员是否构成赌博罪的共犯很有争议，这主要根源于对该行为是否属于"直接帮助"的不同理解。究其原因，是相关的司法解释中对"直接帮助"的内容用了列举式，并在列举的内容后用了"等"字，导致这种情况究竟是否属于"直接帮助"的范围不明确。对此，笔者从赌博罪立法本意、调整对象等方面入手，对该行为进行研究，进而对相关司法解释提出补充建议，希冀对司法实践有所启发。

一、类案简介

案例1：犯罪嫌疑人李某、郭某于2006年10月至2007年5月间，先后纠集沈某、陈某、秦某、张某、倪某、马某等十多人，为其配备对讲机等工具，由李某、郭某等人联系并确定赌博地点后通知参赌人员，沈某、陈某驾车接送参赌人员至赌博地点，秦某、张某、倪某、马某等人负责赌场上操牌及赌场周围望风，以麻将牌"筒子杠"的赌博形式先后开设赌场100多场次，每次参赌人员数十人至上百人不等，赌资每次数万元至数十万元不等。秦某、张某、倪某等人每次获200、300元不等，后案发。

案例2：犯罪嫌疑人张某于2006年11月份先后开设三次赌场，张某负责联系参赌人员，顾某负责开车接送参赌人员，每次参赌人员十多人，每次赌资达几万元，张某抽头获利几百元，后案发。

案例3：2006年年初，王某、黄某等人分别在某市农村开设赌场二十余次，雇佣陈某、樊某等人负责接送赌徒多人并为其开设的赌场服务，开设赌场期间，场均参赌人员超过30人，王某、黄某等人从中获利，后案发。

二、本类案件的争议焦点

此类案件中对于组织者构成赌博罪没有异议，关键是对于多次被组织者雇佣的人员,其是否符合最高人民法院、最高人民检察院《关于办理赌博刑事案件具体应用法律若干问题的解释》第4条"明知他人实施赌博犯罪活动而为其提供资金、计算机网络、通讯、费用结算等直接帮助的以赌博罪的共犯论处"中的"直接帮助"的范围,司法实践中争议颇大。

三、主要分歧意见与评析

第一种意见:他们的行为构成赌博罪。理由:他们明知组织者的目的是为了组织赌场犯罪活动,但仍多次积极为该组织活动提供帮助,负责望风、接送、维持秩序等,符合《刑法》第25条关于共同犯罪的规定,因而应认定他们与设赌人员是共同犯罪。

第二种意见:他们的行为不构成赌博罪。理由:(1)《刑法》第303条规定:以营利为目的,聚众赌博、开设赌场或者以赌博为业的,处3年以下有期徒刑、拘役或者管制,并处罚金。在实践中,我国法律主要惩处的是那些赌头、赌棍。"赌头"是指为赌博活动提供场所、赌具、组织、招引他人参加赌博,本人从中抽头渔利的人。"赌棍"是指以赌博为常业,嗜赌成性,赌博所得为生活或挥霍的重要来源的人。因而多次受雇为赌博活动服务的人员不属于赌博罪调整的对象。(2)最高人民法院、最高人民检察院《关于办理赌博刑事案件具体应用法律若干问题的解释》第4条规定:明知他人实施赌博犯罪活动而为其提供资金、计算机网络、通讯、费用结算等直接帮助的,以赌博罪的共犯论处。从行为而言,为赌博活动提供资金、计算机网络、通讯、费用结算等帮助行为,对于赌博活动有着直接的推动作用,甚至可以说,没有这些行为,赌博活动可能就无法进行下去,因而应认定为赌博罪的共犯。而仅仅受雇为赌博活动提供接送、望风等服务,虽然也是一种帮助行为,但与提供资金等直接帮助相比,有着本质的差别,如果没有这些帮助活动,赌博活动还是可以进行,只是被抓获的风险加大,与赌博活动的能否开展还是有一定的差距。因而他们的行为不应该视为提供"直接帮助"。(3)受雇用提供服务的人员通过帮助活动,仅仅获得的是固定的200、300元报酬,与赌头抽头获利有本质区别,因而不宜以赌博罪认定。

我们同意第一种观点,认为多次受雇为赌博活动提供服务的人员应属于"提供直接帮助"的人员,符合赌博罪共同犯罪的特征,应以赌博罪追究刑事责任。理由如下:

首先,赌博犯罪的组织者与多次受雇为赌博活动提供服务的人员之间存在着共同的犯罪故意,也即都希望通过自己的努力促使赌博活动的顺利实现,最终实现自己的营利目的。他们在认识因素上，与组织者均为明知，在共同的犯罪故意支配下，组织者是聚集多人进行赌博，帮助者是通过自己的行为为参赌者提供方便；在意志因素上，受雇为赌博犯罪提供服务的人员与组织者之间有共同的意志，即均通过赌博活动实现营利之目的，从而使自己也瓜分利益，有所不同的是组织者是以抽头的方式获得利益，而提供受雇提供服务者是以固定的工资形式获得利益，但都离不开获利的前提。

其次，组织者与提供服务人员之间具有共同行为，即组织者组织、策划、指挥聚众赌博，多次受雇为赌博活动提供服务的人员按分工接送赌徒，为赌场望风、维持秩序。从赌博罪必须具有以营利为目的的构成要件上看，受雇为赌场服务的人员之所以积极实施协助组织者组织聚众赌博，其目的也是为了追求非法利益的获取，其名义上是以"报酬"的形式从组织者处获得利益，但同样反映的是经赌博渔利而瓜分的性质，其所获的利益来源于组织赌博所抽取的费用。

再次，从共同犯罪的形式上看，提供服务的人员中，有的多次受雇为组织者接送赌徒，有的为避免被查处而设人在赌场外望风，有的为防止他人骚扰或赌徒间发生争执，派人专门维持赌博秩序，由此构成了一个组织完善、设置齐全、分工明确的共同犯罪。试想，仅有组织者而缺少受雇为赌博活动提供服务的人员，怎会连续组织那么多场次而不被抓获？受雇为赌博活动提供服务的人员不同于在赌场仅提供打杂服务而对聚众赌博活动能否进行不起作用的人员，在整个赌博犯罪活动中他们起着不可或缺的作用，这也正是"直接帮助"作用的关键。

最后，从提供服务行为的社会危害性来看。立法本意而言，刑法之所以将以营利为目的，聚众赌博、开设赌场或者以赌博为业的行为认定为犯罪，是因为此种行为侵犯的客体是社会主义的社会风尚，不仅腐蚀了人们的思想，败坏社会风尚，而且可能会诱发各种犯罪，扰乱社会治安，因而必须予以坚决打击。如果仅仅因为受雇并且得到的是"报酬"，就不以共同犯罪论处，实与立法本意相悖。我国刑法将行为的社会危害性的大小，作为衡量行为是否构成犯罪的客观标准之一，事实上，多次受雇为赌博活动提供服务行为，其在赌博犯罪活动中已起着不可或缺的作用，其社会危害性足以致社会公共秩序和善良的社会道德风尚遭受破坏，对此不予以刑罚惩罚，人们将会失去对刑法的认同感，赌博犯罪也将难以有效遏制。因此，对以受雇从事赌博活动管理和服务为业的人员以赌博罪定罪处罚，是符合刑法立法本意的。

当然，只有在多次受雇为赌博犯罪活动提供服务的情况下，此类人员方构成赌博罪的共犯。如果仅仅只有一两次偶然的情况,这视做情节显著轻微,不宜以犯罪论处,只能批评教育,必要时按《治安管理处罚法》的规定处罚。

四、建议

最高人民法院、最高人民检察院《关于办理赌博刑事案件具体应用法律若干问题的解释》第4条对构成赌博罪共犯的情况予以规定:明知他人实施赌博犯罪活动而为其提供资金、计算机网络、通信、费用结算等直接帮助的,以赌博罪的共犯论处。但对多次受雇为赌博活动提供服务的行为是否属于该条款中的"直接帮助"行为,是否仅提供一次服务行为也构成赌博犯罪?究竟几次以上方属"多次"均未作明确规定,导致司法实践中操作的混乱。

为此,我们建议:《刑法》第303条应增加规定:"以营利为目的,五次以上受雇为赌博活动提供接送、望风、维护秩序服务的,属直接帮助行为,构成赌博犯罪的共犯。"

[作者:张毅(1963—),男,汉族,江苏南通人,江苏省南通市人民检察院研究室主任;李鸣(1968—),女,汉族,江苏如东人,江苏省南通市人民检察院侦监处副处长;陆健(1980—),男,汉族,江苏启东人,江苏省启东市人民检察院办公室副主任、检察员。]

典型类案 71 对刑法规定的"其他毒品"怎样理解，对毒品犯罪如何定性定量

近年来，贩卖氯胺酮的行为较为严重。办案中，对于具体个案虽然大多数办理结案，但对于贩卖氯胺酮多少数量才能定罪等问题在适用法律上仍然存在较明显的分歧意见，各地对类似问题的请示也比较多，上级法院、检察院的有关答复、批复等一直没有明确的解释或解释内容值得商榷。为此，我们开展了类案专题研究活动，现从三起典型类案分析如下：

一、类案简介

案例1：被告人陈某，女，无业。2004年10月25日，陈某的朋友顾某（在逃）携带其在深圳购买的大量毒品K粉回到南通。当晚，顾、陈二人便邀约了部分朋友吸食K粉取乐。之后，顾某便托陈某为其寻找剩余K粉的买主。2004年10月26日上午，另一犯罪嫌疑人冒某（另案处理）得知陈某手里有K粉后，便打电话给陈某，称其有一福建朋友"阿飞"（在逃）欲购买K粉。后经双方商议，决定以每盎司K粉9500元人民币的价格成交。同日下午，陈某一人携带11盎司K粉至本市某酒吧。在店内与冒某、"阿飞"碰头后，将11盎司（折合286克）K粉贩卖给"阿飞"。2005年6月13日，被告人陈某因贩卖毒品罪，被某人民法院判处有期徒刑6个月，缓刑1年。

案例2：被告人冒某，男，无业。2004年10月25日晚，被告人冒某在某歌厅遇到陈某（另案处理），陈某称其有毒品K粉（氯胺酮），如有人需要就向其介绍，冒某表示答应，当晚冒某在该歌厅内遇到朋友福建人阿飞，阿飞问冒某哪里有K粉卖，冒某当场联系陈某。后经双方商议，决定以每盎司K粉9500元人民币的价格成交。同日下午，陈某一人携带11盎司K粉至本市某酒吧。在店内与冒某、"阿飞"碰头后，将11盎司（折合286克）K粉贩卖给"阿飞"。2005年6月8日因聚众斗殴罪、贩卖毒品罪被某人民法院判处有期徒刑3年。

案例3：王某，男，无业。赵某，男，个体驾驶汽车。陈某，男，无业。2004年12月17日下午，王某、陈某乘车与赵某会合后，王某与赵某商量去

深圳购买毒品 K 粉回南通贩卖。当晚三人驾乘赵某借用的轿车去深圳，由王某联系毒贩。21 日中午 12 时许，王某、赵某将毒贩"阿祥"带来的毒品 K 粉验好质量后，谈定以 21 万元的价格向"阿祥"购买 500 克 K 粉。后王某、赵某、陈某筹资，购得毒品 K 粉 498 克。"阿祥"另配送了一些摇头丸和大麻。交易成功后，将上述毒品藏于轿车的后备箱内。当晚，由王某、赵某驾驶，后被查获，毒品被当场扣押。经鉴定为 K 粉 490 克（从中检出氯胺酮成分）、摇头丸 150 粒 40 克（从中检出亚甲基双氧甲基苯丙胺成分）、四氢大麻酚 50 克。2005 年 6 月 13 日，上述三被告人均因毒品犯罪被某人民法院判刑。

二、主要分歧意见与评析

1. 第一种意见认为：犯罪嫌疑人陈某、冒某居间介绍他人贩卖的 K 粉数量仅为 286 克，犯罪嫌疑人王某、陈某、赵某贩卖的 K 粉数量仅为 490 克，均未达到江苏省规定的"数量较大"的标准，所以不应当追究其刑事责任，陈某、王某、陈某、赵某、冒某的行为不构成犯罪。

理由：K 粉的主要成分是氯胺酮。根据最高人民法院研究室于 2002 年 6 月 28 日印发的《关于氯胺酮能否认定为毒品问题的答复》（以下简称《答复》），氯胺酮是列入《精神药品管制目录》的国家进行管制的精神药品，具有一定的精神依赖性潜力，可以认定为《刑法》第 357 条第 1 款规定的"国家规定管制的其他能够使人形成瘾癖的"精神药品。鉴于氯胺酮被列在第二类精神药品管制品种目录中，且实践中临床使用较多，因此，对于明知他人是吸毒人员而多次向其出售，或者贩卖氯胺酮数量较大的行为人，才能依法追究刑事责任。而由江苏省高级人民法院、江苏省人民检察院、江苏省公安厅联合制定的《关于办理毒品、制毒物品犯罪案件若干问题的暂行规定》（以下简称 375 号文）第 3 条规定："走私、贩卖、运输、制造、非法持有下列毒品，可认定为《刑法》第三百四十七条第三款、第三百四十八条规定的'其他毒品数量较大'：氯胺酮二千克以上不满十千克。"《答复》虽明确认定 K 粉为毒品，但同时也规定必须达到"数量较大"才能依法追究刑事责任。而江苏省对贩卖氯胺酮的"数量较大"标准为 2000 克。

2. 第二种意见认为：《答复》既然明确 K 粉是毒品，那么，根据《刑法》第 347 条第 1 款的规定，无论数量多少，都应当追究刑事责任，予以刑事处罚。所以，对犯罪嫌疑人陈某、王某、陈某、赵某、冒某贩卖氯胺酮的行为应以贩卖毒品罪论处。

理由：

(1)《答复》之所以规定"贩卖氯胺酮数量较大的行为人，才能依法追究刑事责任"，是因为在 2002 年时，吸食 K 粉的人员还较少，氯胺酮又是第二类精神管制药品，为了避免对涉及 K 粉的毒品犯罪出现错误追究的情况，便谨慎地要求"数量较大"。而如今吸贩 K 粉大有超过海洛因等传统毒品的势头，且 2004 年 7 月 15 日，国家药品监督管理局已经将氯胺酮"提升"到一类精神管制药品目录中。

(2)《答复》中"数量较大"的含义与 375 号文中的"数量较大"的含义截然不同。前者是定罪标准，主要是为了避免对情节显著轻微的行为人追究刑事责任；后者是量刑标准，是针对《刑法》第 347 条第 3 款而言的，目的是阐明达到多少数量才可处以 7 年以上有期徒刑的刑罚。第一种意见混同了贩卖氯胺酮行为定罪与量刑的标准，若按照第一种意见，贩卖 K 粉只要构成贩卖毒品罪，就要处以 7 年以上有期徒刑的刑罚，起点刑期就是 7 年，结论显然不正确。

3. 第三种意见认为：《答复》既然明确了贩卖氯胺酮构成犯罪的标准必须是明知他人是吸毒人员而多次向其出售，或者贩卖氯胺酮数量较大。在司法实践中，具有指导意义，应当参照执行。因此，认定犯罪嫌疑人陈某、王某、陈某、赵某、冒某的行为是否构成贩卖毒品罪，关键在于进一步明确《答复》中"数量较大"的标准。

理由：

(1) 根据《刑法》第 357 条的规定，"国家规定管制"和"能够使人形成瘾癖"是认定"其他毒品"的两个重要标准。那么，哪些麻醉药品和精神药品是属于国家规定管制和能够使人形成瘾癖的范围？应当由有刑法解释权的机关作出明确解释，而不能当然的认为，国务院《精神药品品种目录》中列举的第一类精神药品和第二类精神药品和《麻醉药品品种目录》中列举的麻醉药品就是或就不是刑法所规定的"其他毒品"。

(2) 2002 年以来，各地就某种精神药品或麻醉药品是否认定为刑法所规定的毒品已作过很多请示。如高检院研究室《关于对涉及"美沙酮"等麻醉药品和精神药品案件的定罪量刑标准作出统一规定的建议》、江苏省院《关于办理贩卖"美沙酮"等毒品案件定罪标准的司法解释建议》、浙江省院《关于贩卖氯胺酮的行为能否构成贩卖毒品罪的请示》等，充分说明这确实是司法实践中一个争议很大的问题。

(3) 最高人民法院研究室的《答复》是对何种情况下贩卖氯胺酮的行为

才构成犯罪的界定，但由于《答复》没有对"数量较大"的具体标准予以明确，这就给司法实践中认定贩卖氯胺酮的行为是否构成犯罪带来困惑。

（4）第二种观点虽然正确区分了《答复》中"数量较大"与375号文中"数量较大"的不同含义，但其认为，2002年《答复》作出时所依据的客观条件已发生变化，就主张不受到该《答复》的约束，直接适用《刑法》第347条第1款的规定，贩卖氯胺酮无论数量多少，都应当追究刑事责任，予以刑事处罚。我们认为，这一观点也有待商榷的。2002年最高人民法院的《答复》除非被新的法律或司法解释所取代，否则仍然具备效力。

我们同意第三种观点。

三、建议

现今，新型毒品犯罪呈现愈演愈烈的趋势，一些犯罪分子抓住法律规定的空白，大肆作案，对人民的生命和健康造成了极大的危害，也严重践踏了国家有关精神药物的监管规定，具有明显的社会危害性。对于新型毒品犯罪，采取概括性规定的方式是不现实的。对于指导基层司法实践而言，最高人民法院和最高人民检察院适时地作出像最高人民法院《关于审理毒品案件定罪量刑标准有关问题的解释》中对于苯丙胺类毒品常见毒品犯罪数额的规定是亟待解决的问题。

1. 建议尽快对最高人民法院研究室《答复》中贩卖氯胺酮"数量较大"的标准作出明确解释。

2. 建议最高人民检察院、最高人民法院对确定氯胺酮等精神药品为毒品在定罪标准上是否要有数量限制作进一步研究，作一个统一、明确的解释。

3. 建议统一对刑法规定的"其他毒品"作出明确的司法解释。

[作者：李宁（1966—），男，汉族，江苏南通人，江苏省南通市人民检察院副检察长、法律硕士；张毅（1963—），男，汉族，江苏南通人，江苏省南通市人民检察院研究室主任；张傲冬（1972—），女，汉族，河北唐山人，江苏省南通市人民检察院检察员、法律硕士。]

典型类案 72 以暴力、威胁方法阻碍国有事业单位的非编制内行政执法人员依法执行职务是否可对侵害人以妨害公务罪论处

在办理行为人殴打收费站非事业编制人员执行行政收费职务案件中，对以暴力、威胁方法阻碍国有事业单位非编制人员依法执行职务如何定性问题上出现争议，现以一典型类案加以分析研究。

一、类案简介

被告人王某某，男，1961年9月出生，汉族，初中文化，农民；被告人沈某，男，1973年11月出生，汉族，小学文化，农民；被告人王某某，女，1973年6月出生，汉族，初中文化，农民。2006年5月12日下午，被告人王某某、沈某乘坐王某某儿子王某驾驶的河南省牌照变形拖拉机途经328国道海安县老坝港收费站时，收费站工作人员依规定征收应缴费用5元。被告人王某某拒不缴纳。时因收费站工作人员崔某对被告人沈某有些印象，知其系附近村民，即竖起通行杆示意通行。然被告人王某某不肯离去，从口袋里抓出一把人民币并且扬言："我今天就不交钱，今天就不走，要在这里耍耍。"被告人王某某（女）得知后，亦来到收费站辱骂收费人员，促使争执愈烈。其间，被告人王某某、王某某（女）共同殴打了收费人员崔某。被告人沈某、王某某（女）还任意损毁收费站通行信号灯、消防箱等设备，总计造成损失3000余元。收费站其他四名工作人员前来劝阻，均遭上列三被告人随意殴打，致不同程度受伤。派出所民警前来处理，亦遭被告人抓伤。由于上列三被告人无理取闹，致使阻碍收费站车辆通行达半小时之久。

需要说明的是，328国道海安县老坝港收费站系海安县交通局所属国有事业单位，该站站长系事业编制人员，其他工作人员均由县交通局从海安县人才资源开发公司租赁后委派至该收费站工作而非事业编制人员。

处理结果：某县检察院于2006年8月20日以寻衅滋事罪，对上列三被告人向某县人民法院提起公诉。某县人民法院刑事审判庭对本案定性产生意见分

歧，后经该县检察院依法据理力争，方使公诉意见被法院采纳，于2006年9月以寻衅滋事罪判处被告人王某某有期徒刑2年，被告人沈某、王某某（女）各有期徒刑1年6个月，缓刑2年。

二、本类案件的争议焦点

以上案件虽然作了处理，但实践中引起的争议值得关注与研究，争议焦点主要是：以暴力、威胁方法阻碍国有事业单位非编制人员依法执行职务的，是否可对侵害人以妨害公务罪论处。

三、主要分歧意见与评析

第一种意见：对行为人应当以妨害公务罪论处。理由：

1. 根据最高人民检察院高检发释字〔2000〕2号《关于以暴力威胁方法阻碍事业编制人员依法执行行政执法职务是否可对侵害人以妨害公务罪论处的批复》（以下简称《批复》），"对于以暴力、威胁方法阻碍国有事业单位人员依照法律、行政法规的规定执行行政执法职务的"，"可以对侵害人以妨害公务罪追究刑事责任"。本案三名被告人侵害的对象属于交通局下属的国有事业单位人员，符合高检院批复"可以妨害公务罪追究刑事责任"的规定。

2. 根据我国刑法的规定，妨害公务罪的客体是公共秩序。具体地说是国家机关工作人员从事其职务权限范围的公务活动。我国《刑法》第93条规定："本法所称的国家机关工作人员，是指国家机关从事公务的人员。"这一条是国家机关工作人员的法律定义。可见，立法确认国家机关工作人员的本质在于"从事公务"，外延是在"国家机关中"，并没有明确国家机关工作人员必须具有干部身份。因此，认定是不是国家机关工作人员，关键要看其是不是在国家机关中从事一定的公务，行使一定的公务权力，而不在于其是不是具有国家干部的身份。当然，从事公务仍以具有一定的身份为前提，但这种身份以"能使其具有从事公务必需的权力"即可，而不必非得是国家干部。《批复》已经把妨害公务罪的外延进行有限制的扩大为国家事业单位人员依法执行公务活动，因而，这里所指的事业单位人员，应该包括国有事业单位依法通过录用、聘用、委派甚至借用的途径给予一定的工作岗位并赋予一定的公务职责的人员。此类案件的受害人虽属于被聘任的非事业编制人员但其在事业单位收费站工作，受害人值班收缴有关车辆税费是属正在执行行政执法活动公务。行为人拒不交纳税费且采取暴力殴打受害人并损毁公共财产，阻碍收费站过往车辆正常通行，符合构成妨害公务罪的客观方面特征。

3. 根据国务院法制部门的规定，行政执法人员必须经培训、考试取得执法证之后，方可上岗执法。因此，笔者认为，妨害公务罪所侵害的对象应当首先看其是否取得有关行政执法证件，其次才应当看其是否行政机关或行政事业单位人员，因为行政机关或行政事业单位中并不是每个工作人员均具有行政执法资格。此类典型案件中，被侵害人不仅在行政事业单位工作，而且已经取得了交通行政执法证，具有行政执法职务。

第二种意见：本类案件行为人不构成妨害公务罪，而应根据其行为的主、客观方面情况作出相应处理。理由：

1.《批复》的题目明确指出是"事业编制人员"，应该没有歧义。而此类案件被告人侵害的对象是国有事业单位中不具有事业编制内正式身份的临时工作人员。将这些人员作为妨害公务罪的侵害对象，扩大了最高人民检察院司法解释规定的范围，与法不符。

2. 我国《刑法》第277条第1款规定："以暴力、威胁方法阻碍国家机关工作人员依法执行职务的，处三年以下有期徒刑、拘役、管制或者罚金。"该条是对妨害公务罪的规定，而《批复》根据司法实践中的实际情况，已经将妨害公务罪主体作了一定程度的扩大，将妨害公务罪扩大到事业单位工作人员。如果我们在实践中再将事业单位不具有事业编制的人员纳入妨害公务罪主体范围，则更有违罪刑法定原则。

我们同意第二种意见。

四、建议

笔者虽然支持第二种意见，但此类案件带来的法律适用问题亟待重视。为了便于分析，《批复》原文抄录如下：

题目："最高人民检察院《关于以暴力威胁方法阻碍事业编制人员依法执行行政执法职务是否可对侵害人以妨害公务罪论处的批复》。"

内容："对于以暴力、威胁方法阻碍国有事业单位人员依照法律、行政法规的规定执行行政执法职务的，或者以暴力、威胁方法阻碍国家机关中受委托从事行政执法活动的事业编制人员执行行政执法职务的，可以对侵害人以妨害公务罪追究刑事责任。"

我们明显可以看出，《批复》不太严谨，这也是学界和实践中引起争议的原因之一。

首先，该《批复》内容中规定，"妨害对象"包括"国有事业单位人员"和"国家机关中受委托从事行政执法活动的事业编制人员"两类。从第一类看，一是该《批复》的内容，规定为"国有事业单位人员"；而该《批复》

的题目，仅规定为"事业编制人员"，未强调"国有"。二是该《批复》的题目，规定"事业编制人员"，而该《批复》的内容中规定为"国有事业单位人员"，未强调"编制"，容易让人误解为只要是该事业单位人员，就可以成为妨害对象。

其次，鉴于随着体制改革的深入，国有事业单位从人才资源开发部门租赁工作人员但不列入事业编制的情况越来越多，以暴力、威胁方法阻碍这些人员依法执行职务的，究竟应作何处理，建议最高人民法院、最高人民检察院及时对此作出进一步明确的解释，以便司法实践的可操作性更强。

建议解释修改为"对于以暴力、威胁方法阻碍国家机关及国有事业单位人员依法持证执行行政执法职务的，可以对侵害人以妨害公务罪追究刑事责任"。

[作者：张毅（1963—），男，汉族，江苏南通人，江苏省南通市人民检察院研究室主任；高传果（1963—），男，汉族，江苏南通人，江苏省南通市人民检察院研究室干部；花克明（1948—），男，汉族，江苏海安人，海安县人民检察院检察委员会委员、四级高级检察官。]

典型类案 73 妨害有瑕疵的公务行为如何定性

《刑法》第 277 条规定：以暴力、威胁方法阻碍国家机关工作人员依法执行职务的，构成妨害公务罪。司法实践中，我们发现，对于以暴力、威胁方法阻碍国家机关工作人员依法执行职务的行为，如果行为人侵害的公务行为本身就存在瑕疵，或者说公务人员在执行公务的过程中存在程序或实体上的瑕疵，在此情况下的违反行为是否构成妨害公务罪，在司法实践中很有争议。我们结合有关案例对这一问题作一阐述。

一、类案简介

案例 1：2006 年 9 月 20 日 10 时许，某某市某某交通巡警中队民警黄某某等人在辖区路面上查纠道路交通安全违法行为。当巡逻至某某镇电信局门口前公路时，发现犯罪嫌疑人李某某正驾驶一辆号牌为××××××的二轮摩托车，黄某某上前让李某某出示驾驶证，李称无驾驶证，车是妻子的表哥的，并电话通知其表哥送来了行驶证、驾驶证。黄某某认为该证不是李某某的，即对李某某驾驶的摩托车进行暂扣，李某某随即对黄某某进行威胁并进行殴打，用手卡黄某某的颈部两次，致使黄某某受伤。经法医鉴定，黄某某的损伤程度构成轻微伤。

案例 2：2006 年 7 月 17 日，犯罪嫌疑人张某某乘坐其父亲张大某（张某某未戴头盔）驾驶的摩托车准备到超市购物，被在超市路口值勤的协警发现，要求出示驾驶证，张某某未带驾驶证，交警陈某某对摩托车暂扣，张某某要求驾驶摩托车回家拿驾驶证，交警不同意，张某某准备推车，交警陈某某抓住摩托车车头，犯罪嫌疑人张某某上去抓住陈的手，陈某某叫他放手，犯罪嫌疑人张某某扣住其胸并用左手勾住陈的脖子，用膝盖顶了陈某某的下腹部两下，后在周围群众的指责下张某某才停手离开。

二、本类案件的争议焦点

我们认为处理上述案件的关键是如何理解妨害公务罪中"公务"的性质，即如果是有瑕疵的公务行为，是否属于妨害公务罪侵犯的对象，如果不是，则一旦行为人妨害该公务行为，就应构成妨害公务罪，如果是，则即使妨害了该公务的行使，也不宜以妨害公务罪定罪处罚。

三、主要分歧意见与评析

第一种意见认为，行为人的行为应构成妨害公务罪。理由：行为人在违章行车的情况下，交警依法对其进行检查，当要求其出示相关证件时，其未能及时提供，在此情况下，交警对其依法处理予以扣押，交警的行为是一种依法行使职权行为，对于此行为，行政相对人予以拒绝，并对交警直接采取殴打、威胁等行为，应属妨害公务罪。

第二种意见认为，行为人的行为不构成妨害公务罪。妨害公务罪是指以暴力、威胁方法阻碍国家机关工作人员依法执行职务的行为。该罪侵犯的客体是国家机关正常的公务活动，侵害的对象是特定的，即只能是正在依法执行职务的国家机关工作人员。"依法执行职务"，是指在法律规定的范围内，运用其合法职权从事公务活动。"依法"不仅指实体合法，而且要求程序也合法。结合上述两起案件，在李某某、张某某拿不出驾驶证，交警便对李某某、张某某的摩托车进行暂扣，李某某、张某某的执法活动是否合法？是该案是否构罪的关键。根据《中华人民共和国道路交通安全法》第88条的规定，对道路交通违法行为的处罚种类包括：警告、罚款、暂扣或者吊销机动车驾驶证、拘留。因而不包括暂扣车辆的处罚。因而，交警根本无权对李某某的车辆进行暂扣，因此，李某某、张某某的行为不构成妨害公务罪。

根据《中华人民共和国刑法》第277条的规定：妨害公务罪的行为是以暴力、威胁方法，阻碍国家机关工作人员、人大代表、红十字会工作人员执行职务、履行职责，或者故意阻碍国家安全机关、公安机关依法执行国家安全工作任务，未使用暴力、威胁方法，造成严重后果。由此可见，妨害公务罪的手段既可以是使用暴力、威胁方法构成，也可以是未使用暴力、威胁方法。这里的暴力，是指对正在依法执行职务、履行职责的国家机关工作人员、人大代表、红十字会工作人员的身体实行打击或者强制，例如捆绑、殴打、伤害等。威胁，是指以杀害、伤害、毁坏财产、损害名誉等进行精神上的恫吓。根据妨害公务的客体不同，妨害公务行为可以分为以下四种情形：（1）以暴力、威胁方法阻碍国家机关工作人员依法执行职务。（2）以暴力、威胁方法阻碍人民代表大会代表依法执行代表职务。（3）在自然灾害和突发性事件中，以暴力、威胁方法阻碍红十字会工作人员依法履行职责。（4）故意阻碍国家安全机关、公安机关的工作人员依法执行国家安全工作任务。在这种情况下，未使用暴力、威胁方法也可以构成本罪，但必须造成严重后果。这里的严重后果，是指国家安全机关、公安机关执行国家安全工作任务受到严重妨害，例如犯罪嫌疑人逃跑，侦查线索中断，犯罪证据灭失，赃款赃物转移，严重妨害对危害国家安全犯罪案件的侦破，或者造成严重的政治影响等。

妨害公务罪侵犯了国家的正常管理活动。任何一个国家欲求得稳定有序的存在与发展，都必须享有一系列的管理职能，进行一系列的管理活动，而这些管理活动通常是通过国家机关等组织机构中的工作人员依法执行职务、履行职责来实现的。因此，妨害国家机关工作人员的犯罪行为，必然是对国家正常管理活动的干扰和破坏。这是本罪社会危害性的重心所在，也是本罪区别于单纯侵害公务人员人身、财产的犯罪行为的关键所在。本罪侵害的对象，是依法正在执行职务的国家机关工作人员。阻碍非国家机关工作人员从事某种活动的，或者虽是国家机关工作人员，但其执行的不是职务活动，或者其活动不是依法正在进行的职务范围的活动，均不构成本罪。这就是说，成为本罪侵害对象的，第一，必须是在国家机关工作人员已经着手执行职务、尚未结束之前；第二，必须是依法进行的而不是超越职权范围的活动。"执行职务"，既包括在国家机关工作时间和场所内的公务活动，也包括根据特定的命令在其他场所的公务活动。

公务行为的内容合法，主要表现在：（1）该项公务活动的作出是否正当，即作出公务活动的目的是为了国家和社会的需要，而不是个别机关或个人滥用职权、假公济私的违法活动；（2）执行公务不能无根据地造成他人合法权益的损害，如果在执行中必须要对有关单位或个人的利益造成损害，那这种损害必须是出于履行法律职责的需要；（3）公务行为的履行应当符合实际考虑，不能强制性地命令或者强制性地规定他人从事事实上不可能完成的任务。[①]

我们认为，执行公务必须依据一定的程序行为，对于有的公务的执行，法律本身就规定了必须严格履行的程序，一旦违反了这个程序，公务活动就是违法的。如果仅仅是内容合法，而执行形式不合法，那就很难说是"依法"执行职务。如果将妨害公务罪中的"依法执行职务"只理解为内容合法，而不要求程序合法，就会使国家为保护公民权利而规定的各项程序流于形式，最后是虽然已经确定了依法作出的执行依据，但由于没有程序法作为保障而成为一纸空文。因而，这里被妨害的公务，应该首先是完全按照法律规定、符合法定

[①] 刘方、单民、沈宏伟编著：《刑法适用疑难问题及定罪量刑标准通解》，法律出版社2004年版。

程序的公务,只有在这种情况下,妨害行为才有可能构成犯罪。如果该公务行为本身就违反了相关的法律程序,或者说该行为本身就是有瑕疵的公务行为,那么,对于该行为如果在一定程度之内的予以拒绝服从,可视做行政相对人的"自救"行为,在合理的范围之内应予以谅解,而不能直接上升到刑事责任的范畴,用刑法予以惩处。

在上述两起案件中,根据《中华人民共和国道路交通安全法》第88条的规定,对道路交通违法行为的处罚种类包括:警告、罚款、暂扣或者吊销机动车驾驶证、拘留。从该条款中我们发现:交警的执法行为不包括暂扣车辆的处罚,因而,交警对车辆的暂扣行为本身就违反了《交通安全法》的规定,对于这种本身就有瑕疵的公务行为,行政相对人阻止其扣车行为,应视做不恰当的"自救"行为,不宜追究其刑事责任,当然,如果该行为造成其他后果,构成其他犯罪的,则相应地以该罪名处理。

四、建议

我国刑法虽然对妨害公务罪的相关内容予以了明确规定,但对妨害有瑕疵的公务行为是否构成妨害公务罪,相关的司法解释并未明确,导致在司法实践中往往产生争议。

《刑法》第277条规定:"以暴力、威胁方法阻碍国家机关工作人员依法执行职务的,处3年以下有期徒刑、拘役、管制或者罚金。

以暴力、威胁方法阻碍全国人民代表大会和地方各级人民代表大会代表依法执行代表职务的,依照前款的规定处罚。

在自然灾害和突发事件中,以暴力、威胁方法阻止红十字会人员依法履行职责的,依照第一款的规定处罚。故意阻碍国家安全机关、公安机关依法执行国家安全工作任务,未使用暴力、威胁方法,造成严重后果的,依照第一款的规定处罚。"

建议在该条款之后再增加一款:"妨害内容或程序上有瑕疵的公务行为,不构成妨害公务罪,如构成其他罪的,按其他相应罪名处理。"

[作者:陆正明(1971—),男,汉族,江苏启东人,江苏省启东市人民检察院党组成员、政治处主任。]

典型类案 74 以自杀相威胁是否构成妨害公务罪

我国《刑法》第277条将妨害公务罪的罪状规定为"以暴力、威胁方法阻碍国家机关工作人员依法履行职务",在司法实践中,存在以自杀要挟国家机关工作人员放弃执行公务的情况。对于以自杀相威胁是否属于妨害公务罪中"用威胁方法阻碍国家机关工作人员依法履行职务",办案人员之间意见分歧较大,有必要加以分析研究。

一、类案简介

2006年7月26日下午,某某市交通局运政稽查大队接到群众举报后,由某某市公安局某某查报站民警配合,在苏336线某某查报站地段拦截了一辆涉嫌非法营运的牌号为苏FSU426的客车。并对车主王某某及乘客进行询问,当运政稽查人员要扣押该车辆时,王某某跑到查报站二楼阳台扶手外侧,以跳楼自杀相要挟,要求销毁材料、返还证件后才同意下来,否则就跳楼。在公安及消防民警到达现场后,王某某又不让施救,经过2个小时,公安人员经与运政工作人员商量后复制了两份证人笔录,连同王某某的一份材料,在王某某视线范围内销毁。王某某才回到阳台内接受处理。在这期间,许多群众围观,苏336线交通一度堵塞,某某查报站工作受到影响不能正常进行。

二、本类案件的争议焦点

上述案例的争议焦点是:以自杀相威胁是否构成妨害公务罪中以暴力、威胁方法阻碍国家机关工作人员依法执行职务的威胁行为。

三、主要分歧意见与评析

第一种意见认为,王某某的行为构成妨害公务罪。其理由是,根据最高人民检察院《关于以暴力、威胁方法阻碍事业编制人员依法执行行政执法职务是否可对侵害人以妨害公务罪论处的批复》,对于以暴力、威胁方法阻碍国有事业单位人员依照法律、行政法规的规定执行行政执法职务的,或者以暴力、威胁方法阻碍国家机关中受委托从事行政执法活动的事业编制人员执行行政执法职务的,可以对侵害人以妨害公务罪追究刑事责任。本案中,王某某以自杀威胁运政稽查人员，阻碍了其执法工作的顺利开展，迫使有关部门销毁了证据材料。王某某的行为符合妨害公务罪的构成特征。

第二种意见认为，本案中王某某的前述行为不构成犯罪。理由是，王某某的行为虽然阻碍了国有事业单位人员依法执行行政职务，但其行为不属于威胁，没有对执法人员形成精神强制，不具备妨害公务罪的客观要件。

我们支持第二种意见，王某某的行为不符合妨害公务罪的构成，不构成犯罪。

对于本案，关键要从王某某的行为是否对行政执法人员实施了"威胁"的行为来辨析。

妨害公务罪，是指以暴力、威胁的方法，阻碍国家机关工作人员依法执行职务的行为。《刑法》第277条第1款规定："以暴力、威胁的方法阻碍国家机关工作人员依法执行职务的，处三年以下有期徒刑、拘役、管制或者罚金。"对于该条中"威胁"一词如何理解，尚未出台一锤定音的有权解释。我们认为本案中，王某某以跳楼自杀要挟运政稽查人员的行为，不属于《刑法》第277条规定的"威胁"方法。

这里涉及的是对法律如何解释的问题。通常的解释方法有文理解释和论理解释两种，前者是对法律条文的字义，包括单词、概念、术语，从文理上所作的解释。后者是按照立法精神、联系有关规定，从逻辑上所作的论证解释。

首先，我们按照文理解释的方法，对"威胁"进行语义分析。根据商务印书馆2001年修订版的《新华词典》，威胁的词义是"利用武力或者权势逼迫恫吓"。本案中王某某以自杀要挟，不是利用武力或者权势。

其次，我们按照论理解释的方法，探究立法者的原意。

1. 对比直接采用"威胁"一词的其他刑法条文。通过翻查全部刑法条文，我们可以发现：除了《刑法》第277条以外，另外还有第157条（关于以暴力、威胁方法抗拒缉私）、第202条（抗税）、第226条（强迫交易）、第242条（关于以暴力、威胁方法阻碍解救被收买的妇女儿童）、第256条（破坏选举）、第269条（转化型抢劫罪）、第291条（依据《刑法修正案（三）》，关于编造爆炸威胁、生化威胁、放射威胁等恐怖信息）、第294条（组织领导参加黑社会组织）、第306条（辩护人、诉讼代理人毁灭证据、伪造证据、妨害作证）、第307条（妨害作证）、第318条（组织他人偷越国边境中以暴力、威胁方法抗拒检查）、第321条（运送他人偷越国边境中以暴力、威胁方法抗拒检查）、第333条（强迫卖血）、第368条（阻碍军人执行职务）、第426条（阻碍执行军事职务）中采用了"威胁"一词。除了个别条款明确指出了威胁的内容为暴力或者爆炸等恐怖信息，其余的都没有明示威胁的内容应该是什么。在各类司法解释中，也没有找到相关的明确指出威胁内容的规定。

2. 观照采用"胁迫"一词的刑法规范。与"威胁"相似的还有"胁迫"一词。而胁迫（威胁逼迫）的词义又比威胁宽广。在刑法中，使用胁迫一词的有10个条文。第28条（胁从犯）、第104条（武装叛乱、暴乱罪中胁迫国家机关工作人员武装叛乱、暴乱）、第121条（劫持航空器）、第122条（劫持船只汽车）、第219条（侵犯商业秘密）、第236条（强奸）、第237条（强制猥亵侮辱妇女）、第240条（拐卖妇女、儿童罪中使用暴力、胁迫或者麻醉方法绑架妇女、儿童的）、第259条（破坏军婚）、第263条（抢劫）。然而关于胁迫的内容究竟应该是什么，绝大多数没有明确指出，也没有明确司法解释。比较详细的是1984年4月26日最高人民法院、最高人民检察院、公安部《关于当前办理强奸案件中具体应用法律的若干问题的解答》（以下简称《解答》），该《解答》就怎样认定强奸罪指出：强奸罪是指以暴力、胁迫或者其他手段，违背妇女的意志，强行与其发生性交的行为。其中"胁迫手段"，是指犯罪分子对被害妇女威胁、恫吓，达到精神上的强制的手段。如扬言行凶报复、揭发隐私、加害亲属等相威胁，利用迷信进行恐吓、欺骗，利用教养关系、从属关系、职权以及孤立无援的环境条件，进行挟制、迫害等，迫使妇女忍辱屈从，不敢抗拒。从司法解释列举的胁迫手段可以看出，胁迫的内容是直接对被胁迫对象的人身、财产、名誉或者对被胁迫对象关心的人、社会关系加以损害。

强奸犯罪的"胁迫"手段，和妨害公务罪的"威胁"，两者之间存在什么样的关系？从语义上讲，"胁迫"概念的外延比"威胁"大，是包含和被包含的关系。从本质上讲，两者都是对他人实行精神上的强制，亦即使得他人只能按照行为人的要求行事。这并不意味着受到"威胁"、"胁迫"的人没有其他选择，而是其他的选择事项从一般人的视角看来，将会比行为人要求的事项更不利于受害人。例如被劫机犯劫持的飞机机长，如果不驾驶飞机飞向指定的目的地，可能其自身就会殒命，甚至还会机毁人亡。

四、建议

《解答》中对于"胁迫"的解释非常详细，从最严重的对生命、健康的残害，到相对较轻的对名誉的损毁，再到更轻的对正常"从属关系"的破坏，无所不包。综观前面提到的所有罪名和司法解释，推究立法原意，妨害公务罪的"威胁"内容应不会超出《解答》所解释的"胁迫"的范围。对于本案而言,更为重要的是,无论"威胁"还是"胁迫",都应是直接指向受害人的各种权益,即加害被威胁人或者其亲朋好友的生命、健康、自由、名誉、财产等利益。比较少见的情形下,也可能存在以损害公共利益相威胁的情形(比如前面提及的劫机)。但不论如何,这种用于胁迫的加害应该指的是害别人,而不是害自己。在司法实践中,我们也没有看到过行为人以自杀相要挟,可以构成强迫交易罪或者强奸罪的犯罪手段。对自己的加害,不能成为刑法上威胁或者胁迫的内容,其重要原因在于刑法的标准是"中人"的标准。按照通常人的思想觉悟标准,一种加害行为,只有当它与受威胁方存在直接的利害关系,这种加害的预期才会产生威胁的作用,而自伤、自残、自杀等加害本人的行为,是不会产生这种作用的。以自杀相要挟可能会间接地令国家机关及其工作人员的名誉受到损害(令社会各界对国家机关及其工作人员的工作方法、工作能力产生质疑),但这不是必然的。我们更倾向于认为以自杀相要挟是利用人人皆有的恻隐之心,是为了博取别人的同情,它引发的是行政执法人员道德上的负担,而非利益上的忧虑。

《解答》中规定"胁迫手段",是指犯罪分子对被害妇女威胁、恫吓,达到精神上的强制的手段。如扬言行凶报复、揭发隐私、加害亲属等相威胁,利用迷信进行恐吓、欺骗,利用教养关系、从属关系、职权以及孤立无援的环境条件,进行挟制、迫害等,迫使妇女忍辱屈从,不敢抗拒。建议司法解释参照"胁迫"对"威胁"的定义作出更为具体明确的规定,把以损害自己人身和财产权益相威胁的行为排除在"威胁"的范围之外,减少法律适用的困惑。

[作者:张斌(1975—),男,汉族,江苏海门人,江苏省海门市人民检察院侦查监督科科长。]

典型类案 75 对盗窃具有行政执法职能的国有事业单位公文的行为能否以盗窃国家机关公文罪定罪处理

《刑法》第280条规定:"伪造、变造、买卖或者盗窃、抢夺、毁灭国家机关的公文、证件、印章的,处三年以下有期徒刑、拘役、管制或者剥夺政治权利;情节严重的,处三年以上十年以下有期徒刑。"司法实践中,我们发现,对于盗窃具有行政执法职能的国有事业单位公文的行为能否以盗窃国家机关公文罪定罪处理,即能否把具有行政执法职能的国有事业单位认定为伪造、变造、买卖国家机关公文、证件、印章罪和盗窃、抢夺、毁灭国家机关公文、证件、印章罪中的国家机关,有很大的争议,主要原因是目前相关法律规定中对于此类情况未作明确规定,导致法律适用混乱。我们结合下面的案例展开研究。

一、类案简介

2007年3月某日,黄某某驾驶轿车在未取得道路运输经营许可证情况下擅自从事客运经营,后被某某市交通局运政稽查大队依法查处,为逃避惩罚,黄某某于次日晚翻围墙进入市交通局院内,撬窗进入运政稽查大队的违章处理中心办公室,窃走包括黄某某本人在内的交通行政处罚案件卷宗7册并销毁,后案发。

二、本类案件的争议焦点

此类案件的争议焦点是:具有行政执法职能的国有事业单位究竟能否比照国家机关来处理,也即盗窃此类国有事业单位作出的公文能否构成盗窃国家机关公文罪?能否追究行为人的刑事责任?

三、主要分歧意见与评析

第一种意见认为:行为人的行为构成盗窃国家机关公文罪。根据该市政府的规定:运政稽查大队系交通局直属事业单位,依法行使交通道路运政稽查职能。因而其人员性质符合《刑法》第93条"国有公司、企业、事业单位、人民团体中从事公务的人员"范围，应属国家工作人员，那么其在行政执法活动中代表国家所制作的处罚决定当然属国家机关公文。行为人主观方面是故意，客观方面实施了盗窃含有国家机关公文的卷宗的行为，侵犯了国家机关的正常管理活动和信誉，因而符合盗窃国家机关公文罪的构成要件，行为人的行为构成盗窃国家机关公文罪。

第二种意见认为：行为人的行为不构成犯罪。虽然国有事业单位中从事公务的人员性质属国家工作人员，但不能就此推定其所作出的法律文书为国家机关公文，事实上，国家机关与国有事业单位是有严格区别的。国家机关是指行使国家职能的各种机关的总称，包括国家各级权力机关、各级国家行政机关以及各级国家审判机关和国家检察机关。而国有事业单位是指受国家机关领导，不实行经济核算，所需经费由国家划拨的部门或单位。从两者的比较中我们不难发现：运政稽查大队虽然行使行政执法职能，但由于其机构编制为国有事业单位，因而其所作出的公文只能是国有事业单位公文，由于刑法并未将盗窃国有事业单位公文的行为规定为犯罪，依据罪刑法定原则，行为人盗窃运政稽查大队公文的行为不构成盗窃国家机关公文罪。

《刑法》第280条规定：盗窃、抢夺、毁灭国家机关公文、证件、印章的，构成盗窃、抢夺、毁灭国家机关公文、证件、印章罪。这类犯罪侵犯的客体是国家机关的正常管理活动和信誉。侵犯的对象是公文、证件、印章，且仅限于国家机关的公文、证件和印章。所谓公文，一般是指国家机关制作的，用以联系事务、指导工作、处理问题的书面文件，如指示、决议、通知、命令、决定。所谓证件，是指国家机关制作、颁发的，用以证明身份、职务、权利义务关系或者有关事实的凭证。所谓印章，是指国家机关刻制的以文字与图记表明主体同一性的公章或专用章，它们是国家机关行使职权的符号和标记，公文在加盖公章后始能生效，如财务章、外调户口迁移章等专用章。在客观方面具有盗窃、抢夺、毁灭国家机关公文、证件、印章的行为。所谓盗窃，是指乘公文、证件、印章的保管人、经手人之不备，将公文、证件、印章秘密地非法占有的行为。

从上面的规定中我们不难发现：目前刑法所规定的盗窃、抢夺、毁灭国家机关公文罪所特指的对象必须是国家机关的公文、证件、印章，而国有事业单位按照法律法规授权也具有管理国家正常事务的职能，其作出的公文也是为了管理公务的需要，甚至可以说在某种程度上代表国家机关作出的职能。如在上述案例中，交通运政稽查大队作出的行政处罚文书本身也具有行政机关的效力，其相关的卷宗材料也具有了公文的性质，但是由于其在机构编制上属国有事业单位，相应的，其所作出的文书也只能是属于国有事业单位作出的公文，不能直接将其拔高认定为国家机关的公文，因而盗窃其所作出的公文只能是盗窃国有事业单位的公文，而不能直接认定为盗窃国家机关公文，根据《刑法》第280条的规定，盗窃国家机关公文的构成犯罪，而对盗窃国家事业单位作出的公文行为应如何处理法律未作明确，因而无法追究其行为人的刑事责任。

我们认为，从立法本意而言，刑法将盗窃国家机关公文的行为认定为犯罪，是为了更好地维护国家机关的正常管理活动和信誉。国家机关作出的公文材料，是代表国家行使职权的一部分，体现了国家的权威，因而如果盗窃其公文，妨害了国家正常的管理活动，因而应予严肃打击。刑法将其规定为犯罪，也正是为了更好地维护国家机关的威信。而具有行政执法职能的国有事业单位，在执法活动中所作出的法律文书，同样是以国家行政执法机关的名义制作的，同样是代表国家进行执法，具有与国家机关相同的公信力和强制力，因而盗窃其公文的行为也严重侵害了执法部门的正常管理活动和信誉，具有极大的社会危害性。从本案中涉及的交通局而言，辖区内交通道路运政稽查职能便是通过运政稽查大队行使的，因而它所代表的正是交通局的职能。运政稽查大队之所以在编制上属国有事业单位，是机构改革过程中产生的一个特例，其与纯粹的国有事业单位有着本质的区别，即以国家的名义进行行政处罚的权力，也正是这个权力，使其所作出的文书具有公文的性质。然而由于法律未将具有行政执法职能的国有事业单位区别于普通的国有事业单位，导致刑法无法调整国有事业单位行政处罚文书被盗窃的情形，这是极其不合理的。

近年来，随着机构改革的不断推进，很多国家机关的某些行政执法职能已由新成立的国有事业单位编制的机制担任，这就必然导致这些执法机构相应作出大量的公文材料，对于这些公文材料，我们刑法应当然的应予与国家机关公文材料同等保护，试想，如果仍按照目前的法律规定，这些公文材料就不可能得到刑法上最严密的保护，导致这些机构在执法过程中的效力大打折扣，为此，我们认为应对这些公文应予同等保护。

事实上，对于国有事业单位的公务行为，相关司法解释也逐渐将之等同于国家机关的行为予以同等保护，如最高人民检察院《关于以暴力威胁方法阻碍事业编制人员依法执行行政执法职务是否可对侵害人以妨害公务罪论的批复》（2000年4月24日，高检发释字〔2000〕2号）中指出对于以暴力、威胁方法阻碍国有事业单位人员依照法律、行政法规的规定执行行政执法职务的，或者以暴力、威胁方法阻碍国家机关中受委托从事行政执法活动的事业编制人员执行行政执法职务的，可以对侵害人以妨害公务罪追究刑事责任。该答复属于司法解释的范畴，对于各级检察机关办理同类案件具有一定的指导意义。从高检院的答复中，我们不难看出其意图：即国有事业单位依法执行行政执法活动时应等同于国家机关的行为，因而我们认为法律应明确其所作出的具有行政执法性质的文书也应作为国家机关公文处理。因而如果发生盗窃、抢夺、毁坏该公文的情况，也应构成犯罪。

为此，笔者倾向于第二种意见。

四、建议

笔者提出立法修改建议如下：在《中华人民共和国刑法》第280条规定"伪造、变造、买卖或者盗窃、抢夺、毁灭国家机关的公文、证件、印章的，处三年以下有期徒刑、拘役、管制或者剥夺政治权利；情节严重的，处三年以上十年以下有期徒刑"的基础上，增加一款"伪造、变造、买卖或者盗窃、抢夺、毁灭依照法律、行政法规的规定具有行政执法职能的事业单位的公文、证件、印章的，依照第一款的规定处罚"。

[作者：吴晓飞（1962—），男，汉族，江苏启东人，江苏省启东市人民检察院党组成员、副检察长。]

典型类案 76 如何界定非法种植毒品原植物罪的主观故意

我国刑法规定非法种植罂粟或者其他毒品原植物数量大的或者有其他情节的就构成非法种植毒品原植物罪,对该罪构成的主观方面没有明确界定,笔者认为这是不甚妥当的,因为很多情况下,种植者并非基于制毒故意而去种植,对他们的行为该如何定性就比较困难。笔者在办理一犯罪嫌疑人涉嫌非法种植毒品原植物案件过程中发现,我国刑法对非法种植毒品原植物罪构成要件的规定不甚明晰,尤其是对该罪的主观方面的认定至今仍无相关司法解释,造成了在办案实践中的很多困惑。笔者拟结合以下典型案例提出自己的研究意见。

一、类案简介

犯罪嫌疑人周某(女,72岁,农民,文盲)于2006年下半年开始,在自家责任田内种植毒品原植物罂粟。2007年4月28日,如皋市公安局民警发现周某种植的罂粟后,即向其指出罂粟乃毒品原植物,是国家明令禁止种植的。周某称其并不知道种植的罂粟是毒品原植物,当初种植罂粟的目的是为了在胃痛时用来止痛以及给家禽家畜治病。随后,周某与公安人员一起将尚未收获的罂粟全部铲除,经统计周某种植罂粟共计4496株。该案最终处理结果:如皋市公安局以周某涉嫌非法种植毒品原植物罪于2007年4月30日向如皋市人民检察院移送审查起诉。经如皋市人民检察院检委会讨论,该院最终对周某作出相对不起诉的处理决定。

二、本类案件的争议焦点

笔者认为,界定非法种植毒品原植物罪主观故意的争议焦点有两个:一是在没有以制毒贩毒为犯罪目的的情况下,行为人非法种植罂粟且数量较大的行为是否构成犯罪;二是对《刑法》第351条第3款"非法种植罂粟或者其他毒品原植物,在收获前自动铲除的,可以免除处罚"中的"自动铲除"该如何理解。

三、主要分歧意见与评析

第一种意见认为：行为人的行为构成犯罪但因具有收获前自动铲除的情节，可以免除处罚。依我国《刑法》第351条的规定，行为人主观上明知国家禁止种植罂粟而为之，且达到犯罪的标准，就构成非法种植毒品原植物罪。我国禁毒法规将非法种植毒品原植物行为规定为违法犯罪行为，是出于对毒品原植物种植严格管理的客观要求。种植此类物品数量较大的，即构成犯罪，而不要求有特定的犯罪目的，只要行为人明知是毒品原植物而仍然故意非法种植即可构成，至于行为人是出于观赏目的，还是出于出售牟利目的，抑或制取毒品的目的等，都在所不问。该罪主要是一行为犯，犯罪的动机不影响犯罪的成立。"自动铲除"的立法本意应当包括除抗拒铲除之外的经教育后自觉配合的铲除行为，加之行为人的行为没有产生任何危害后果，故依法可免除处罚。

第二种意见认为：行为人的行为构成犯罪且应当在5年以上有期徒刑幅度内量刑。其理由为：一是行为人主观上明知所种植的系国家所禁止种植的罂粟，达到非法种植毒品原植物罪主观方面的要求；二是"自动铲除"就是行为人主动、自觉的行为，而行为人在公安人员发现后被动铲除，不属自动铲除的情形。因此她的种植行为已构成非法种植毒品原植物罪，且行为人种植罂粟达4496株，其行为已触犯《刑法》第351条之规定，属于该条第2款"非法种植罂粟三千株以上或者其他毒品原植物数量大的"的情形，按照此款法条规定应当对周某在5年以上有期徒刑幅度内量刑。

第三种意见认为：行为人的行为不构成犯罪。其理由为：行为人虽然主观上明知所种植的系罂粟，且国家也禁止种植，但并不清楚罂粟与毒品有关，只清楚罂粟是一种可以治病的药草，而非法种植毒品原植物罪要求行为人主观上具有明知是毒品原植物而种植的故意，因不能认定行为人明知罂粟是毒品原植物，故亦不能认定其构成犯罪。

笔者支持第三种意见，即行为人主观上不存在制毒故意的情况下，种植毒品原植物的行为不构成非法种植毒品原植物罪。回顾这些不同意见，归根结底还是法律对此罪的主观方面规定不甚明确。对此，笔者试对非法种植毒品原植物罪进行分析：

1. 对毒品原植物认识错误，能否构成犯罪？首先，非法种植毒品原植物已成为全球性的问题，世界上许多国家和地区都规定有非法种植毒品原植物罪，如孟加拉国法律规定："非法种植罂粟或可卡因的，判处2年以上10年以下监禁"；朝鲜法律规定："没有得到相当的许可栽种鸦片的，处1年以下的劳动改造并没收栽种的鸦片。"我国台湾地区的刑法中也规定："意图供制造鸦片吗啡之用，而栽种罂粟者，处5年以下有期徒刑，处罚3000元以下罚金。"我国在1979年的刑法中并未规定制裁这种行为的单独罪种。直到1986年颁布实施的《中华人民共和国治安管理处罚条例》第31条才规定，非法种植毒品原植物构成犯罪的，依法追究刑事责任。而刑事法律规范是全国人大《关于禁毒的决定》中规定了非法种植毒品原植物罪。后来在1997年刑法中对该罪给予了确立。从我国关于非法种植毒品原植物罪的规定及罪名归类来分析，就是要打击为毒品麻醉品制造提供原料，也就是说其最终目的是打击制造毒品，因此，该罪的主观故意中应有毒品制造或提供毒品原材料之意，即明知是毒品原植物、亦欲有供制造毒品之用而种植的才构成犯罪，因为毒品原植物并非毒品，它本身并不会造成严重的社会危害性。其次，虽然现在较为主流的理论认为种植此类物品数量较大的即构成犯罪，而不要求有特定的犯罪目的，但是事实上一些种植人，特别是文化程度低的农民，他们对罂粟是毒品原材料并不十分清楚，他们仅仅知道这些东西可以给鸡、猪治病，人胃痛了可以止痛，而对它的社会危害性并不知晓，以此目的支配的种植罂粟并不会造成太大的社会危害性，正如本案中，周某就是怀着给自己胃痛时止痛以及为家禽家畜治病的目的种植的，因为没有任何证据表明，周某有为制造毒品提供原料或持有毒品的事实，她本人是文盲，对罂粟的社会危害和可能产生的后果并不十分清楚，如果仅以其行为就定罪处罚，似乎有客观归罪之嫌。而立法者拟定本罪的目的，是为了打击制造毒品、持有毒品和铲除毒源，没有提供毒品原材料，持有毒品之目的，就不应当构成本罪。第三，我国《刑法》第351条第3款规定收获前自动铲除的，可以免除处罚，这说明种植本身不会造成大的社会危害，也说明我国刑法制定本罪的目的就是要打击制毒、持毒，而非种植原植物本身。

2. 如对"收获前自动铲除"的情形该如何理解呢？我国《刑法》第351条第3款规定："非法种植罂粟或者其他毒品原植物，在收获前自动铲除的，可以免除处罚。"从上述规定可以看出，我国刑法制定本罪的目的就是要打击制毒、持毒，而非种植原植物本身。从该条规定本身来看，凡是非法种植罂粟或其他毒品原植物的，无论数量多少，无论何种情形。只要在收获前自动铲除的，都可以免除处罚。但是从《刑法》第351条综合来看，自动铲除免除处罚是有前提的，这个前提就是：（1）种植数量较少。没有达到"较大"，即罂粟不满500株。（2）不属于公安机关处理后又种植的。（3）没有抗拒铲除。如没有上述三种情形的存在，行为人的种植行为就构成犯罪。

另外，"自动铲除"是否包含在公安机关发现后，与公安机关一起铲除的情形呢？从本案看，周某种植的罂粟被公安机关发现后，在公安机关的督促下，她和公安人员一起进行了铲除，也就是"被发现后主动铲除"是否包含在"自动铲除"中呢？从"自动铲除"的字面理解，"自动铲除"应是行为人主动、自觉的行为，但在司法实践中很少有这样的行为人，如果有这种认识也大都不会发生种植行为，大多数行为人是在公安机关的教育下、政策感召下或法律的威慑下才铲除的，可能以前还抗拒过，但只要铲除了，其结果和自动铲除并无二样。因此，我们认为，"自动铲除"应包括除抗拒铲除之外的一切铲除行为，这样才能真正体现立法原意。

四、建议

笔者建议立法机关将我国《刑法》第351条第1款修改为："以提供制造毒品原材料或持有毒品为目的，非法种植毒品原植物的，一律强制铲除。有下列情形之一的，处五年以下有期徒刑、拘役或者管制，并处罚金"，从而使得非法种植毒品原植物罪的条款能更加准确地规定犯罪的形态，体现立法目的，依法严厉打击毒品犯罪，维护社会稳定大局。

[作者：高丽（1977— ），女，汉族，江苏如皋人，如皋市人民检察院公诉科副科长。]

典型类案 77 非法种植毒品原植物罪是否应以"明知是毒品原植物"为主观构成要件

非法种植毒品原植物罪是指违反国家毒品原植物种植管制法规，私自种植罂粟、大麻等毒品原植物，情节严重的行为。非法种植毒品原植物罪是否应以"明知是毒品原植物"为主观构成要件，主观上对所种植的"毒品原植物"不明知，此种行为是否构成犯罪。在司法实践中，我们在审查非法种植毒品原植物罪的案件时发现，行为人对毒品原植物认识错误，不明知所种植的为"毒品原植物"，对其种植行为能否认定为非法种植毒品原植物罪，争议较大。现以如下案例为例，作一浅显的研究。

一、类案简介

被告人张某某，男，86岁，文盲，农民。2004年3月，被告人张某某在他人处治疗关节痛病，获得一颗罂粟果。当年年底，张某某将罂粟籽播种在自家堆放杂物的房后。2005年5月初，张某某的女儿、女婿发现后劝其将罂粟铲除。张某某以治病需要为由未将其铲除。同月20日某派出所民警将张某某种植的罂粟强行铲除，当场清点共计630株。经某市公安局鉴定，张某某所种植的罂粟检出罂粟碱成分。本案某市检察院以被告人张某某犯非法种植毒品原植物罪于2005年5月31日向某市人民法院提起公诉。庭审中，被告人张某某对所指控的犯罪事实不持异议，辩称自己原先不知道是罂粟，只以为是一种中草药。2005年6月6日某市人民法院以被告人张某某犯非法种植毒品原植物罪，判处有期徒刑一年，缓刑一年，并处罚金500元。

二、本类案件的争议焦点

本案在审查起诉讨论时有人提出，对张某某辩称原先不知道是罂粟，而只认为是一种中草药，可以治病，这种主观上对毒品原植物认识上的错误（误解）是否有影响本罪的构成呢？此类法律适用问题争议的焦点在于非法种植毒品原植物罪是否应以"明知是毒品原植物"为主观构成要件，行为人对毒品原植物认识错误，能否构成犯罪？

三、主要分歧意见与评析

第一种意见认为，张某某的行为不构成非法种植毒品原植物罪。理由是：无论是从我国关于非法种植毒品原植物罪的规定来看还是对我国关于毒品犯罪的规定来分析，都有一个共同的目的，就是要打击为毒品、麻醉品制造提供原料，也就是说其最终目的是打击制造毒品，因此，犯罪的主观故意中应有毒品制造或提供毒品原材料之意，即明知是毒品原植物，亦欲有供制造毒品之用，因为毒品原植物并非毒品，它本身并不会造成严重的社会危害性。如果没有制造毒品之目的，就不构成本罪。

第二种意见认为，张某某的行为构成非法种植毒品原植物罪。理由是：毒品原植物是制造毒品的源泉，非法种植毒品原植物是导致其他毒品犯罪的主要物质基础。要从根本上惩罚犯罪。首先就必须惩治非法种植毒品原植物的犯罪。法律规定非法种植毒品原植物罪，其目的是铲除毒源，防止毒品危害人们的健康，并不要求有特定的犯罪目的。只要行为人非法种植即可构成，至于行为人是出于观赏目的，还是出于出售牟利目的，抑或制取毒品的目的等，都在所不问。

第三种意见认为，张某某的行为不宜以非法种植毒品原植物罪定罪处罚。理由是：非法种植毒品原植物罪是故意犯罪，主观上必须"明知是毒品原植物"。也就是说应当明知其所种植的"植物"是可用来提炼、加工成鸦片、海洛因、甲基苯丙胺、吗啡、可卡因等麻醉药品和精神药品的毒品原植物。不明知的，不宜以非法种植毒品原植物罪定罪处罚。

笔者倾向于第三种意见，张某某的行为不宜以非法种植毒品原植物罪定罪处罚。理由是：

1. 所谓非法种植毒品原植物罪，就是指违反国家麻醉药品管理法规，私自种植罂粟、大麻等毒品原植物，情节严重的行为。本罪的客体是国家毒品原植物种植管制制度。本罪的客观方面表现为行为人实施了非法种植毒品原植物的行为并符合法定情形。本罪的主体为一般主体，本罪的主观方面为故意。1972年3月25日在日内瓦举行的联合国审议的1961年麻醉品公约修正案会议通过的议定书修正后的《单一公约》中第22条规定："禁止种植鸦片、罂粟或大麻植物的缔约国应采取适当措施缉获非法和种植的任何植物并予以销毁。"世界上许多国家和地区都规定有非法种植毒品原植物罪。如孟加拉国法律规定："非法种植罂粟或可卡因的，判处2年以上10年以下监禁"；朝鲜法律规定："没有得到相当的许可栽种鸦片的，处1年以下的劳动改造并没收栽种的鸦片。"我国台湾地区"刑法"也规定："意图供制造鸦片吗啡之用，而栽种罂粟者，处 5 年以下有期徒刑，处罚 3000 元以下罚金。"我国在 1979 年的刑法中并未规定制裁这种行为的单独罪种。直到 1986 年颁布实施的《中华人民共和国治安管理处罚条例》第 31 条才规定，非法种植毒品原植物构成犯罪的，依法追究刑事责任。而刑事法律规范是全国人大《关于禁毒的决定》中规定了非法种植毒品原植物罪。后来在 1997 年刑法中对该罪给予了确立。我国禁毒法规将非法种植毒品原植物行为规定为违法犯罪行为，是出于对毒品原植物种植严格管理的客观要求。其最终目的是打击制造毒品，杜绝"毒源"。

2. 非法种植毒品原植物罪是故意犯罪，也就是说，主观上必须"明知是毒品原植物"。我们认为，这里的"明知是毒品原植物"，应该是指行为人应当明知其所种植的"植物"是可用来提炼、加工成鸦片、海洛因、甲基苯丙胺、吗啡、可卡因等麻醉药品和精神药品的毒品原植物。至于行为人是出于观赏目的，还是出于出售牟利目的，抑或制取毒品的目的等，都不影响本罪的构成。对不明知是毒品原植物而种植的，且社会危害性不大的，不应以刑法调整定罪处罚，而可通过行政治安处罚等手段给予教育处理。《刑法》第 351 条中规定对"经公安机关处理后又种植的"、"抗拒铲除的"应以非法种植毒品原植物罪定罪处罚，也说明对行为人顽固不化，屡教不改，主观恶性较深，对社会危害较大，可以此罪定罪处罚。

3. 在我国大多数边远地区，由于药品的缺乏，罂粟壳成为止痛、镇咳的"良药"，罂粟秆、叶也是治疗一些家畜、家禽病的优良饲料。因此，单纯地把罂粟的种植视为制造毒品，就认为形成"毒源"，是值得商榷的。事实上在很多时候，一些山区的农民，特别是文化程度低的农民，他们对罂粟是毒品原材料并不十分清楚，他们仅仅知道这些东西可以给牛、猪治病，人咳嗽长了，可以镇咳，胃痛了可以止痛，而对它的社会危害性并不知晓，因此，以此目的支配的种植罂粟并不会造成太大的社会危害性。正如本案中，张某某就是为自己止痛治病而种植的，因为没有任何证据表明，张某某有为制造毒品提供原料或持有毒品的事实，他本人是文盲，对罂粟的社会危害和可能产生的后果并不十分清楚，虽然其女儿、女婿曾劝其铲除，但并未告知他其所种植的是"毒品原植物"，而其一直认为是中草药，是用来治病止痛的。因此，如果对其行为进行处罚，似乎有客观归罪之嫌。

综上所述，对不明知是毒品原植物而种植的，不宜一律以非法种植毒品原植物罪定罪处罚。

四、建议

《刑法》第351条规定："非法种植罂粟、大麻等毒品原植物的，一律强制铲除。有下列情形之一的，处五年以下有期徒刑、拘役或者管制，并处罚金……"笔者认为，虽然非法种植毒品原植物罪不要求"以提供制造毒品原材料或持有毒品为目的"，但"明知是毒品原植物"应当是本罪的主观构成要件，只有"明知是毒品原植物"，才能够构成本罪，如果不明知是毒品原植物，则不应当构成本罪。因此，笔者认为，为了使《刑法》第351条能更加准确地规定犯罪的形态，避免客观归罪，建议最高人民法院、最高人民检察院作出明确的司法解释，规定："明知罂粟、大麻等是毒品原植物而非法种植，而且数量较大，或者经公安机关处理后又种植，或者抗拒铲除的应作犯罪处理，对不明知是毒品原植物而种植，且经教育后自动铲除，情节较轻的，一般可不作犯罪处理。"

[作者：左仰东（1963—），男，汉族，江苏通州人，江苏省通州市人民检察院人民监督员办公室主任、检察委员会专职委员；张建兵（1966—），男，汉族，江苏通州人，江苏省通州市人民检察院法律政策研究室主任；陈建明（1965—），男，汉族，江苏通州人，江苏省通州市人民检察院法警大队副大队长。]

典型类案 78 引诱、容留、介绍卖淫案"情节严重"如何认定，如何准确量刑

引诱、容留、介绍卖淫罪是一种常见的犯罪。1991年全国人大常委会颁布了《关于严禁卖淫嫖娼的决定》对该罪名进行了明确的规定，最高人民法院、最高人民检察院于1992年12月11日下发了《关于执行〈全国人民代表大会常务委员会关于严禁卖淫嫖娼的决定〉的若干问题的解答》（以下简称《解答》），其中第7条就引诱、容留、介绍他人卖淫罪中的"情节严重"作了规定："（一）多次引诱、容留、介绍他人卖淫的；（二）引诱、容留、介绍多人卖淫的；（三）引诱、容留、介绍明知是有严重性病的人卖淫的；（四）容留、介绍不满14周岁的幼女卖淫的；（五）引诱、容留、介绍他人卖淫具有其他严重情节的。"该《解答》第9条第2款又对第7条中的"他人"、"多人"、"多次"作了解释，这里的"多"是指"三"以上的数（含本数）。《刑法》1997年修订时，将引诱、容留、介绍卖淫罪列入了妨害社会管理秩序罪一章中。此后，由于该罪名的相关司法解释一直未出台，司法实践中，对于如何准确认定该罪名，如何准确进行量刑存在不少的分歧。有以下三个类案，有助于我们对此类法律适用问题作进一步分析和研究。

一、类案简介

案例1：被告人黄某、杜某为南通某休闲中心工作人员。为牟取非法利益，二人于2005年夏天至2005年10月间在其共同经营的休闲中心内，为该中心卖淫女刘某（女，22岁）、高某（女，26岁）提供卖淫场所，先后3次容留刘某、高某向仇某等人卖淫。一审法院以容留卖淫罪判处被告人黄某有期徒刑3年缓刑4年，并处罚金人民币35000元；判处被告人杜某有期徒刑1年6个月缓刑2年，并处罚金人民币10000元。

案例2：被告人刘某于2003年3月至4月间，在其经营的饭店内容留卖淫女秦某先后向嫖客葛某等人卖淫7次。一审法院以容留卖淫罪判处被告人刘某有期徒刑5年6个月，并处罚金人民币10000元。

案例3：被告人孙某于2001年6月至7月期间，在其经营的爱勤发屋内容留卖淫女江某向嫖客沈某等人卖淫两次。一审法院以容留卖淫罪判处孙某有期

徒刑1年6个月缓刑2年,并处罚金人民币5000元。

二、主要分歧意见与评析

对于如何认定引诱、容留、介绍卖淫案中的"情节严重"以及如何准确进行量刑,在司法实践中产生了如下两种意见:

第一种意见认为,案例1、案例2中被告人的行为符合最高人民法院、最高人民检察院《关于执行〈全国人民代表大会常务委员会关于严禁卖淫嫖娼的决定〉的若干问题的解答》(以下简称《解答》)中关于"情节严重"的规定,1997年刑法中关于引诱、容留、介绍卖淫罪的规定与《解答》并不矛盾,且目前尚没有新的司法解释,因此《解答》的规定仍然可以适用,所以,被告人黄某、孙某、杜某及刘某的行为构成容留卖淫罪中的"情节严重",应处5年以上有期徒刑,并处罚金。

第二种意见认为,案例1中虽然被告人黄某、杜某容留他人卖淫达三次,但其行为尚不构成容留卖淫罪中的"情节严重";案例3因容留卖淫仅为两次,显然不符合从重处罚的规定;案例2则因此行为人容留卖淫的次数达七次之多,构成容留卖淫罪中的"情节严重"。

笔者同意第二种意见,案例1和案例3不符合容留卖淫罪中的"情节严重",案例2符合容留卖淫罪中的"情节严重"。笔者认为,我国现行刑法规定的引诱、容留、介绍他人卖淫罪,在"情节严重"以及刑罚设置上,值得我们作进一步的研究和分析。

(一)关于引诱、容留、介绍他人卖淫罪的"情节严重"问题

我们认为,《解答》中对引诱、容留、介绍他人卖淫罪中的"情节严重"规定的较为明确,也与当时的社会治安形势相适应。但是自1997年刑法实施以来,随着时间的推移,《解答》中关于引诱、容留、介绍他人卖淫罪"情节严重"的规定已脱离了司法实际的要求,急需加以规定完善。

1.《解答》中的规定与相关法律存在矛盾。2006年3月1日起施行的《治安管理处罚法》第67条规定:"引诱、容留、介绍他人卖淫的,处十日以上十五日以下拘留,可以并处五千元以下罚款;情节较轻的,处五日以下拘留或者五百元以下罚款。"第2条规定:"扰乱公共秩序,妨害公共安全,侵犯人身权利、财产权利,妨害社会管理,具有社会危害性,依照《中华人民共和国刑法》的规定构成犯罪的,依法追究刑事责任;尚不够刑事处罚的,由公安机关依照本法给予治安管理处罚。"同年7月5日最高人民检察院、公安部公布了《关于治安刑事案件立案追诉标准的规定(征求意见稿)》(以下简称《追诉标准》），其中第 76 条规定引诱、容留、介绍他人卖淫，涉嫌下列情形之一的，应予立案："（一）引诱、容留、介绍三人以上卖淫的；（二）引诱、容留、介绍卖淫三次以上的；（三）容留、介绍不满 14 周岁的幼女卖淫的；（四）引诱、容留、介绍明知是有严重性病的人卖淫的；（五）其他引诱、容留、介绍他人卖淫的情形。"从《治安管理处罚法》和《追诉标准》两部法规可以看出，引诱、容留、介绍他人卖淫的行为根据行为情节的不同，可能对行为人给予治安处罚和刑事处罚两种性质完全不同的处罚。《追诉标准》中关于引诱、容留、介绍他人卖淫的规定与《解答》中关于"情节严重"的规定完全相同，在《追诉标准》正式公布后，《解答》中关于"情节严重"的规定必然与《追诉标准》相冲突，使得作为犯罪行为的引诱、容留、介绍他人卖淫与作为违法行为的引诱、容留、介绍他人卖淫失去界限，引诱、容留、介绍他人卖淫罪与非罪难以把握，给执法带来一定的困难。

2. 将引诱、容留、介绍他人卖淫的人数或次数作为认定"情节严重"的主要根据。司法实践中认定行为人构成引诱、容留、介绍他人卖淫罪"情节严重"的，多是因为其多次引诱、容留、介绍他人卖淫或引诱、容留、介绍多人卖淫，而全面从犯罪的动机、场所、情节和对社会秩序的实际危害着手对引诱、容留、介绍他人卖淫罪的一般情节和"情节严重"加以区分。

（二）关于引诱、容留、介绍他人卖淫罪的刑罚设置上的问题

我们认为，现行的刑法中关于引诱、容留、介绍他人卖淫罪在刑罚的设置上存在以下的问题：

1. 幅度过宽、分档过粗。按照刑法理论，我国有期徒刑以上的刑罚可分为 7 个档次，即有期徒刑 3 年、5 年、7 年、10 年、15 年及无期徒刑和死刑。从《刑法》第 359 条第 1 款的规定来看，引诱、容留、介绍他人卖淫罪一般情节的基本犯处 5 年以下有期徒刑、拘役或者管制，"情节严重的"，处五年以上有期徒刑，最高可判处 15 年有期徒刑，跳过了 5 年、7 年两个档次，明显存在量刑幅度过宽、分档过粗的弊病。

2. 罚金刑规定不明。全国人大常委会《关于严禁卖淫嫖娼的决定》第 3 条规定引诱、容留、介绍他人卖淫构成犯罪情节一般，并处 5000 元以下罚金；情节严重的，并处 1 万元以下罚金。而《刑法》第 395 条仅规定了构成引诱、容留、介绍他人卖淫应并处罚金，具体数额是多少则没有明确。因为没有统一的限额标准，导致了同类案件附加刑的判罚尺度不一，随意性极大。例如上述案例 1 中，黄某容留卖淫 3 次，并处罚金刑 35000 元，案例 3 中孙某容留卖淫 2 次，并处罚金刑 5000 元。两者容留卖淫的次数相差 1 次，而罚金刑却相差了 7 倍。

三、建议

通过上述分析，我们认为，确定引诱、容留、介绍卖淫罪中的"情节严重"要综合考虑引诱、容留、介绍卖淫的次数，引诱、容留、介绍卖淫女的年龄、人数等因素，另外引诱、容留、介绍卖淫罪虽然不以犯罪嫌疑人获得利益为构成要件，但犯罪嫌疑人引诱、容留、介绍卖淫的目的大部分出于牟利的目的，因此，获得利益的多少也应属于引诱、容留、介绍卖淫罪中量刑情节的一个重要方面。所以，我们建议最高人民法院、最高人民检察院针对《刑法》第359条第1款"引诱、容留、介绍他人卖淫的，处五年以下有期徒刑、拘役或者管制，并处罚金；情节严重的，处五年以上有期徒刑，并处罚金"和1992年12月11日最高人民法院、最高人民检察院《关于执行〈全国人民代表大会常务委员会关于严禁卖淫嫖娼的决定〉的若干问题的解答》，对引诱、容留、介绍卖淫罪作出进一步的司法解释，可修改为：

"引诱、容留、介绍他人卖淫的，处三年以下有期徒刑、拘役或者管制，并处罚金；情节严重的，处五年以上七年以下有期徒刑，并处罚金，情节特别严重的，处七年以上有期徒刑。

有下列情形之一的，构成'情节严重'：

（一）引诱、容留、介绍五人以上卖淫的；

（二）引诱、容留、介绍卖淫五次以上的；

（三）引诱、容留、介绍明知是有严重性病的人卖淫的；

（四）引诱、容留、介绍卖淫牟取利益达人民币5000元以上的。

有下列情形之一的，构成'情节特别严重'：

（一）引诱、容留、介绍十人以上卖淫的；

（二）引诱、容留、介绍卖淫十次以上的；

（三）容留、介绍不满14周岁的幼女卖淫的；

（四）引诱、容留、介绍明知是有严重性病的人卖淫，造成多人感染的；

（五）引诱、容留、介绍卖淫牟取利益达人民币一万元以上的。

引诱、容留、介绍他人卖淫构成犯罪的，并处人民币五千元以上一万元以下罚金；情节严重的，并处一万元以上五万元以下罚金；情节特别严重的，并处五万元以上十万元以下罚金。"

[作者：张达伟（1975—），男，汉族，江苏南通人，江苏省南通市开发区人民检察院办公室主任。]

典型类案 79　设置圈套诱骗他人"参赌"诈骗钱财的行为应定诈骗罪

在办案实践中，对设置圈套诱骗他人"参赌"诈骗钱财的行为，有的地区以赌博定性，有的地区以诈骗定性，争议较大。又因构成赌博罪犯罪数额起点远高于诈骗罪，所以，同样行为有的地区作了犯罪处理，有的地区未作犯罪处理。

一、类案简介

案例1：2005年9月20日9时许，犯罪嫌疑人孙某某驾车、顾某乘车外出，在某长途汽车站附近，寻找到受害人摩的司机黄某某，顾某谎称需要送货，将黄某某骗至事先在某宾馆开好的205房间，犯罪嫌疑人朱某、季某某等人佯装在房间赌"诈金花"，等被害人到后，朱某便按计划诈称帮忙去找需送货的王老板，将赌博的位置让给顾某，顾某发牌时故意多发一堆牌给受害人黄某某，怂恿黄某某看牌参赌，当受害人被骗看牌后，顾某伺机将事先准备好的3张"10"发给受害人，同时将3张"Q"发给同伙，黄某某看到3张"10"，便上当押钱跟赌，共计被骗人民币6000元。2005年9月5日15时许，犯罪嫌疑人孙某某驾车、顾某乘车外出，在某开发区管委会附近找到受害人摩的司机俞某某，顾某用同样手段将俞某某骗至某农庄蓬莱阁A座，随后，上述犯罪嫌疑人采用同样方法骗取俞某某人民币2000元。2005年9月9日13时左右，犯罪嫌疑人顾某采用同样手段在某小区附近将受害人黄某某骗至某大酒店208房间，随后，上述犯罪嫌疑人采用同样方法骗取黄某某人民币1500元。2005年8月30日9时许，犯罪嫌疑人顾某采用同样手段在将受害人庄某骗至某大酒店5405房间，随后，上述犯罪嫌疑人采用同样方法骗取庄某人民币200元。2005年10月16日9时许，犯罪嫌疑人顾某采用同样手段在某菜市场附近将受害人孙某某骗至某宾馆，随后，上述犯罪嫌疑人采用同样方法骗取孙某某人民币6100元。2005年9月19日9时许，犯罪嫌疑人顾某采用同样手段将受害人陆某某骗至某饭店包厢，随后，上述犯罪嫌疑人采用同样方法骗取陆某某人民币5000元。

案件最终处理结果：公安机关报请批准逮捕时，经协商由公安机关主动撤回。

案例2：2005年2月21日，犯罪嫌疑人顾某纠集徐某某、杨某某、"雪峰"（化名）经合谋决定采用引诱他人参赌方法骗取钱财。顾某等四人先在某饭店开好房间，再由徐某某充当"媒子"将受害人顾某某骗至该房间。顾某某被顾某、杨某某、"雪峰"三人以"诈金花"做牌骗赌的手段赢去人民币7000元。

案件最终处理结果：以诈骗罪作相对不起诉处理。

案例3：犯罪嫌疑人张某某伙同犯罪嫌疑人周某某、袁某某、何某某、夏某某、缪某某于2005年4月22日至24日，经事先预谋，以赌博为名在某镇、某某镇实施诈骗两起，骗得人民币10500元，诺基亚手机一部价值人民币560元。总计价值人民币11060元。

案件最终处理结果：某市人民法院以（2005）皋刑初字第0264号判决：被告人张某某犯诈骗罪，判处有期徒刑8个月。

案例4：犯罪嫌疑人王某某伙同张某某、周某某、袁某某等人，经事前预谋，以非法占有为目的，将被害人骗至某镇、某某镇，以预设的假赌局骗被害人参与赌博，共骗取被害人人民币10500元，手机一部（价值人民币560元），款物共计人民币11060元。

案件最终处理结果：某市人民法院以（2006）皋刑初字0085号判决：被告人王某某犯诈骗罪，判处有期徒刑8个月，缓刑1年。

二、本类案件的争议焦点

对设置圈套诱骗他人"参赌"诈骗钱财的行为应如何适用法律。

三、主要分歧意见与评析

第一种意见：最高人民法院1995年11月6日《关于对设置圈套诱骗他人参赌又向索还钱财的受骗者施以暴力或暴力威胁的行为应如何定罪问题的批复》（以下简称《批复》）指出："行为人设置圈套诱骗他人参赌获取钱财，属赌博行为，构成犯罪的，应当以赌博罪定罪处罚。"因此，对设置圈套诱骗他人"参赌"诈骗钱财的行为应以赌博定性。具体构成犯罪的数额标准应对照最高人民法院、最高人民检察院2005年5月11日颁布的《关于办理赌博刑事案件具体应用法律若干问题的解释》（以下简称《解释》）规定的赌博罪定罪标准。

第二种意见：此类案件中，行为人事先预谋，设置骗局，用完全无输赢几率的欺诈方法，非法占有被害人的钱财，其行为完全符合诈骗犯罪的法律特征，应以诈骗罪依法追究刑事责任。

《批复》的解释结论模糊不清，易引起歧义。我们认为，设置圈套诱骗他人"参赌"诈骗钱财的行为，只是一种形似赌博的行为，并不符合赌博的特征（因为输赢不具有偶然性），相反完全符合诈骗罪的构成要件。理由是：

1. 一般说十赌九骗，但是赌博中的"骗"和诈骗罪中的骗是存在很大区别的：

（1）目的不同。赌博是以营利为目的的，赌博者是想利用输赢的概率不平衡而赢得财物；诈骗则是以非法占有为目的，利用假象来骗取对方财物。此类案件的犯罪嫌疑人的行为完全出自于诈骗的故意，丝毫没有与对方"赌博"的主观想法。他们从非法占有他人财物的目的出发，事先经过密谋策划，明确分工，默契配合，共同制造出一个骗局，"赌博"的输赢已经由他们预先设定。而参与一方却毫不知情，被"赌局"表象所迷惑，一旦上当，逃不出受骗的结果。

（2）手段不同。十赌九骗中的"骗"指的是在参赌双方进行赌博之前，行为人为了使那些不愿意或不太愿意参赌的人下决心加入赌博而进行种种诱骗，从而诱使对方参与赌博的情形。这种欺骗，是为随后实施的赌博行为服务的，所以将它以赌博罪论处是合乎法理的；诈骗罪中的骗则表现为使用虚构事实、隐瞒真相的手段，使对方产生错误认识，并作出行为人所希望的财产处分。此类案件犯罪嫌疑人以扑克牌等作为工具布下的所谓"赌局"只不过是一种假象，是他们精心设计的骗局。这种"赌局"通过人为的设计和计算，一开始就不具备真实的博弈性质。其输赢不但没有任何偶然性，而且注定是受害人输局；但嫌疑人将其伪装成具有偶然性，诱使对方参与赌博，从而不法取得对方财物，其行为完全符合诈骗罪的构成要件。

2. 即使认为被害人参与赌博是违法行为，其因为"输"而交付财物属于不法原因给付，也不能就此改变行为的性质。因为诈骗罪的成立并不要求对方的财产处分出于特定动机，而且犯罪嫌疑人客观上设置了不法原因；如果没有犯罪嫌疑人的诈骗行为，被害人不可能产生认识错误，也不可能处分自己的财产。

3. 第一种意见对《批复》的理解有失偏颇，"行为人设置圈套诱骗他人参赌获取钱财"，应有两种情形：一种是符合赌博罪构成要件，以赌博罪定罪处罚；一种是符合诈骗罪构成要件，以诈骗罪定罪处罚。《批复》所指应当只是其中一种情况而非全部。

4. 已经有部分地区的法院作出了类似的判决，我国虽然不是判例法国家，但已经生效的判决也具有一定的参考价值。

5. 此外高检院研究室副主任陈国庆在"正义网"答复网友时所说："对此（指设置圈套诱骗他人参赌的行为）问题……我们还是倾向于按照最高人民法院相关司法解释以赌博论处。"只是倾向于而不是一定要按照最高人民法院相关司法解释以赌博论处。

6. 《批复》出台于1995年，当时对赌博犯罪的数额并没有具体规定。11年后，随着经济的发展，《解释》将赌博罪定罪标准提高到现场查获赌资在5万元以上或者20人以上聚赌，而诈骗罪的定罪标准是3000元以上，设置圈套诱骗他人"参赌"诈骗钱财的行为定性为赌博，使得处罚明显偏轻，有悖罪刑相适应的原则，不利于打击犯罪，保障人民群众财产安全。

我们同意第二种意见。

四、建议

建议由最高人民法院修改《批复》的规定："设置圈套诱骗他人参赌获取钱财的，符合诈骗罪的，应以诈骗罪论处。如果该行为人的其他赌博行为已经构成赌博罪，则应将赌博罪与诈骗罪实行并罚。受骗者当场发现被骗事实后要求退还所输财物，设置圈套的人当场使用暴力或者以暴力相威胁，按照刑法第269条之规定，以抢劫罪论处。"

[作者：张毅（1963—），男，汉族，江苏南通人，江苏省南通市人民检察院研究室主任；李铁（1963—），男，汉族，江苏南通人，江苏省南通市人民检察院反贪局副局长；高传果（1963—），男，汉族，江苏南通人，江苏省南通市人民检察院研究室干部。]

典型类案 80 对制作、传播邪教宣传品案件怎样定性、定量

近年来，司法实践中办理了多宗利用邪教组织破坏法律实施的案件，其中绝大多数被告、犯罪嫌疑人因制作、传播邪教宣传品而受到追究。虽然这些案件基本得以顺利定性和定案，但在办理这类案件过程中遇到一些问题，现有法律或者司法解释没有相应的明确规定，因而导致了如何适用法律的争议。从法制化进程的需要来看，对这类案中追究某些行为刑事责任的定量、定性标准是不规范、不严肃的。为此，笔者认为有必要深入开展研究，为以后司法实践中解决这类法律政策适用问题打好基础。

一、类案简介

1. 被告人姜某，男，汉族，初中文化。被告人姜某于2004年年底、2005年年初购买复印机、扫描仪等设备，复印《洪吟》等法轮功宣传资料并自行用订书机装订成册114本及有关宣传卡片、传单、光盘等，向多人传播。

2. 犯罪嫌疑人梁某于2005年2月初的一天，从他人处取回印有"法轮大法好"等字样的彩色塑封卡片一张，将该卡片给四人传阅。

3. 被告人范某，男，汉族，高中文化。被告人范某从2004年12月至2005年3月底期间，使用无界浏览器访问境外法轮功组织的"明慧网"、"大纪元网"，并将宣扬法轮功的47个文字材料、29个音像资料、17个图片资料下载到自己的电脑中。之后将部分材料用软盘拷贝至他人电脑，供他人查阅。同时，被告人范某还通过QQ与他人进行宣扬法轮功内容的聊天，相互间发送宣扬法轮功的资料。2005年11月7日，某人民法院以利用邪教组织破坏法律实施罪判处被告人范某有期徒刑3年。

二、本类案件的争议焦点

1. 行为人复印后简单装订的"小册子"是否属于"书刊"？
2. 传阅是否属于"传播"的一种形式？
3. 从互联网下载法轮功宣传文章、图片，通过软盘拷贝复制，供他人阅

览，是否不需要达到较大数量即应追究刑事责任？

三、主要分歧意见与评析

（一）关于姜某案件

姜某制作传播多种邪教宣传品，总的数量较大，危害后果严重。就该案讲，定性并不困难，可以按照最高人民法院、最高人民检察院《关于办理组织和利用邪教组织犯罪案件具体应用法律若干问题的解答》第1条，制作、传播两种以上邪教宣传品，每一种邪教宣传品虽未达到《解释二》[①]规定的数量标准（《解释二》第1条第1款第1项规定"制作、传播邪教传单、图片、标语、报纸300份以上，书刊100册以上……"）；但已造成严重社会危害后果的属于《解释二》第1条第1款第6项规定的"其他制作、传播邪教宣传品，情节严重的"情况，认定为犯罪。但对于就本案中出现的将法轮功宣传资料复印后简单装订而成的"小册子"是否属于"书刊"的问题，具有进行类案研究的必要。

第一种意见：应认定为书刊。理由：一是认定为书刊有利于打击，"法轮功"犯罪是严打的重点。二是线装书也是公认的书刊，书刊并不必需多少的外观要求，关键是装订成册、内容较多，订书机装订的一叠资料完全有理由认为是书刊。三是不一定机械地要求"书刊"具有书刊号。书籍是"装订成册的著作的总称"，刊物是"定期或不定期的出版物，一般名称固定，按顺序编号，装订成册"。根据字面含义，则"书刊"作为文字作品载体的基本特征在于"成册"。"册"本是一个象形文字，古代文书用竹简，编简名为册，后凡簿籍均可称"册"，"册"的原始义就是串在一起的竹简。纸张出现后，"册"就是装订在一起的记有文书的纸张。因此，只要装订成册的纸张就可以认定为"书刊"。

第二种意见：应认定为传单。理由：小册子没有封面、目录，普遍页数较少，文章也没有几篇，更没有书刊号，不具备书刊的特征，不能认为是书刊，不能认为凡是记载文字且装订在一起的两张以上（含两张）的纸就是《解释二》中所称的"书刊"。我们应当推究法律解释的原意，法律关注的是行为的社会危害性，刑法用语也不应当是字典的翻版。在《解释二》中，将宣传邪教的"报纸"和传单、图片、标语并列，要传播、制作300份以上，方可以定罪。而现代的报纸一般都在八开四版以上，只是没有装订（现在也已经有

[①] 《解释二》是最高人民法院、最高人民检察院《关于办理组织和利用邪教组织犯罪案件具体应用法律若干问题的解释（二）》的简称。

个别报纸装订出版），这样的"报纸"要 300 份以上方可定罪。如果反而两、三张 A4 纸甚至 32 开纸的邪教宣传品装订一下，只要制作、传播 100 份即可定罪，显然罪刑不相称。

因此，某种邪教宣传品如被认定为"书刊"，在载体的形式上，虽不需机械地要求一定有书刊号，但应具备一般人所认为书刊应有的外部特征，如有封面、目录、页码等，且书刊应由多页构成，进行装订，而如果装订的只是一两篇文章，页数较少，且不具备一般人所认为的书刊应有的外部特征，则不宜以书刊论。这是刑法的主客观相统一原则的要求，否则，有客观归罪之嫌。

我们同意第二种意见。

（二）关于梁某案件

梁某一案虽然因犯罪嫌疑人有悔罪表现，情节轻微而决定不批准逮捕。但对于犯罪嫌疑人梁某传阅宣扬法轮功的小卡片，是否属于"传播"，值得研究和讨论。

第一种意见：不属于"传播"。"传播"应该是散发出去，传阅后的小卡片仍然收回，不能认为是"传播"，而且现行司法解释对于"传播"的形式进行列举时没有列出"传阅"，不能作扩大解释。

第二种意见：属于"传播"。"传阅"包含了传播的形式因素，即从行为人之手交到他人之手，也包含了传播的实质内涵，即使得其他人得知宣传品的内容。不能仅仅因行为人最终仍然收回宣传品而否认宣传品已经传播过。

第三种意见：属于"传播"。向多人（多次）传阅同一份邪教宣传品，宜认定为传播 1 份。"传阅"的作用同样是让宣传品的内容为他人所知晓，应当认定为传播的一种形式，但是不能把向多人传阅等同于传播多份。这里考虑的是该传播形式和其他传播形式社会危害性的对比——将一张宣扬邪教的标语向多人传阅，近似于以张贴形式传播该标语（阅览者是不特定的多数人），但后者只能算张贴一份；行为人将一份邪教传单散发给他人，该传单可能被他人用于再次传播，但即使被再用于传播，也只能认定行为人散发一份。因此，向多人（多次）传阅同一份邪教宣传品，宜认定为传播一份。

我们同意第三种意见。

（三）关于范某案件

虽然范某一案已经法院判决，但对于《解释二》第 1 条第 1 款第 3 项"利用互联网制作、传播邪教组织信息的"应否设立一定数量，值得研究和讨论。

第一种意见：对此类行为，现行司法解释有明确规定，且并未设立某一数量作为定罪起点,故此,只要从互联网下载法轮功宣传资料后以软盘拷贝复制给他人,不问数量多少,都应当追究刑事责任。

第二种意见:软盘拷贝量较小,如果拷贝图片的话,能拷贝的文件就更少,假如不设立一定数量作为定罪起点,那么拷贝一张图片也可以定罪,这和司法解释中传播300张图片才能定罪的规定相抵触,因此,只有通过软盘拷贝的文件数量和300张纸张的容量大体相当时方可定罪。

第三种意见:应区别情况认定。

根据罪刑相适应的原则,《解释二》第1条第1款中规定的六种情形应当具有同等的社会危害性,对某一情形解释时也应当充分注意和其他情形的平衡。下载主要是一种接收信息的方法,下载邪教组织信息再制作、传播的,只不过是制作传播邪教宣传品的一种手段,对这种手段的社会危害性应当要区分不同情况。如果从网上下载一篇四五百字的短文,拷贝在软盘上,传播给两三个人看,就予以定罪,那么和《解释二》第1条第1款第1项规定的制作传单300份以上,未免相差太远。有同志提出:此类电子信息便于传播,危害大。但是在复印设备比较普及的今天,纸质的图片、传单也是非常容易复制的,很难对电子数据和纸面载体的危害性进行定量比较。因此,对下载并传播邪教信息的行为,应当在达到一定数量标准的情况下,才由刑法进行调整。

我们同意第三种意见。

四、建议

1. 鉴于一些内容较多、页数较厚、符合书刊外部特征的自行装订的"小册子",影响和危害较大,认定为"传单"似乎不大适宜。目前,高检院应当对传播类"小册子"认定为利用邪教组织破坏法律实施罪的犯罪构成的份数或册数作出司法解释。

2. 如果将通过下载获得的邪教组织信息用于制作纸质宣传品,则应当根据《解释二》第1条第1款第1项的规定处罚。

3. 如果将下载的邪教组织信息编排、拼接,刻录成光盘用于复制、传播的,则应当根据《解释二》第1条第1款第2项的规定处罚。

4. 对于将下载的邪教组织信息通过软盘拷贝后传播的,应当根据软盘包含的数据量来确定定罪标准。

5. 对于上载邪教组织信息,造成该信息被广泛浏览的实害或者危险,只要上载成功,就应当按照《解释二》第1条第1款第3项定罪处刑。

以上所涉及的问题,或是现行法律、司法解释没有明确规定而有待进一步明确，或是对现行司法解释提出修改建议。

[作者：张毅（1963—），男，汉族，江苏南通人，江苏省南通市人民检察院研究室主任；张傲冬（1972—），女，汉族，河北唐山人，江苏省南通市人民检察院检察员、法律硕士；张兰锋（1960—），男，汉族，江苏海门人，江苏省海门市人民检察院办公室副主任。]

六、贪污贿赂罪

典型类案 81 国家工作人员个人决定将本单位公款借给其配偶控股的企业使用的行为如何定性

近年来的司法实践中，在认定挪用公款罪时我们经常会碰到很多有争议的问题。为解决这些问题，修订刑法施行后，2002年4月28日第九届全国人大常委会第二十七次会议通过了《关于〈中华人民共和国刑法〉第三百八十四条第一款的解释》（以下简称《人大"解释"》）。最高人民法院也相继出台过两个司法解释：一个是1998年4月最高人民法院《关于审理挪用公款案件具体应用法律若干问题的解释》；一个是2001年9月18日最高人民法院《关于如何认定挪用公款归个人使用有关问题的解释》。此外，1999年最高人民检察院《关于人民检察院直接受理立案侦查案件立案标准的规定（试行）》对挪用公款罪的立案标准作了规定。2000年3月14日最高人民检察院《关于挪用公款给私有公司、私有企业使用行为的法律适用问题的批复》和2000年6月最高人民法院《关于如何理解刑法第二百七十二条规定的"挪用本单位资金归个人使用或者借贷给他人"问题的批复》的内容，实际上也涉及对挪用公款罪的定罪量刑问题。

应当肯定，上述立法解释和司法解释，在很大程度上增强了刑法的操作性，消除了刑事司法实务中不少的分歧。但是，立法、司法解释仍然具有一定的抽象性和局限性，不可能完全地辐射现实中出现的所有问题。而且，最高人民法院的两个司法解释颁布施行后，围绕司法解释的某些内容，司法实践还产生了新的争议和困惑。如在近年来的司法实践中，多次发生国有公司负责人私自越权决定并以单位走账的方式将公款供其配偶占股的其他单位使用的情况，对于这种情况能否认定为挪用公款罪，实践中有不同意见。

一、类案简介

黄某某系某国有公司负责人,2006年3月某日,其妻子控股的某有限责任公司因发展需要急需50万元资金,于是,黄某某就擅自从会计处支取50万元资金转账给该公司,后将相关转账凭证交会计入账,列该公司为借贷方。2006年11月,该公司还款50万元,黄某某另拿出1万元作为支付利息交会计入账,后案发。

对此类案件有两种不同意见:一种认为不构成犯罪;一种认为构成挪用公款罪。笔者认为,行为人基于配偶在其他单位占股而将公款借给该单位使用,尽管是以单位走账的方式,整个过程也未收取该单位任何财产性利益,但因配偶权关系的存在,会导致其配偶因该挪用行为而获利,最终间接导致了行为人的获利,其行为应以挪用公款罪定性。下面让我们结合案例作一具体研究分析。

二、本类案件的争议焦点

《刑法》第384条第1款规定,国家工作人员利用职务上的便利,挪用公款归个人使用,数额较大,超过3个月未还的,构成挪用公款罪。《人大"解释"》中规定,"个人决定以单位名义将公款供其他单位使用,谋取个人利益的"属于挪用公款"归个人使用"。对照此立法解释,本类案件毫无疑问属于"个人决定以单位名义将公款供其他单位使用",其争议焦点在于行为人擅自将公款借给配偶控股的企业使用,能否直接认定为"谋取个人利益",将直接关系到该行为是否构成挪用公款罪,我们认为,相关的法律对此应作进一步的补充完善。

三、主要分歧意见与评析

第一种意见认为:这种行为不构成犯罪。理由如下:

1. 该行为不属挪用公款归个人使用。《刑法》第384条第1款规定,挪用公款罪的大前提必须是"挪用公款归个人使用",然后有"进行非法活动的"、"挪用公款数额较大进行营利活动的"、"挪用数额较大超过三个月未还的"三种情况分别可构成挪用公款罪。首先我们要看有无"挪用公款归个人使用"这一前提。本类案中,黄某某擅自从会计处支取公款给另一企业的行为的确有出于亲情而徇私情的成分,因为受益企业有其配偶在其中作为股东和职工。但是该受益企业既非私有企业,更不属某个人,这是个事实,即使受益企业有其配偶的股份并控股,也不能改变企业的性质。

2. 该类案不属于以个人名义将公款供其他单位使用。根据《人大"解释"》规定，国家工作人员以个人名义将公款供其他单位使用属于"挪用公款归个人使用"。但本类案的借款行为是通过单位之间正常走账方式进行，可视做单位之间的相互拆借行为。

3. 该类案如确定黄某某的行为"谋取个人利益"，则有些牵强附会。根据《人大"解释"》规定，"个人决定以单位名义将公款供其他单位使用，谋取个人利益"也属于"挪用公款归个人使用"，本类案中黄某某作为国有公司的领导，私自越权并以单位走账方式借出公款，符合"个人决定以单位名义将公款供其他单位使用"的特征，但根据《人大"解释"》，此种情况下要构成挪用公款罪，前提必须是"谋取个人利益"。然而在本类案中，行为人未收取任何报酬，也无其他利益性收益，所基于的仅仅是配偶在该受益企业控股可能带来的企业营利、分红后其配偶所得利益。但笔者认为就认定该国家工作人员"谋取个人利益"也并不妥当。因为，黄某某的行为可能让其配偶控股的企业营利、得益，也可能因生意而亏损，也即其配偶及其他股东可能得益，也可能损益。

第二种意见认为：这种行为应构成挪用公款罪。理由如下：

上述情况中行为人将公款擅自借给由配偶占股的单位使用，虽然从表面上看，行为人并未直接取得经济利益，但事实上，通过该拆借行为，该单位肯定获得了相应利益（包括避免支付较高的银行同期贷款利息，可通过该笔款资确保公司正常运转、拓展业务等），因行为人配偶在该单位中占股，也相应可视做该配偶获得了利益，而在目前我国实施夫妻共同财产的前提下，配偶获利与本人获利最终殊途同归，因而虽然在拆借过程中行为人表面上未获得任何利益，但事实上通过拆借行为，该行为人最终还是获取了相应的利益，只是这种利益与单纯的收取直接利益等相比，带有更多的隐蔽性，因而，该行为人的行为已超出了单纯"徇私情"的范畴，符合刑法上的"谋取个人利益"特征。如果行为人主体、客体、主观方面、客观方面等均符合挪用公款罪的构成要件，则应追究行为人的刑事责任。

本案争议的焦点是当个人私自越权决定并以单位走账的方式将公款供其配偶占股的其他单位使用，在此情况下究竟是应归为"徇私情"还是"谋取个人利益"，这也是罪与非罪的关键所在。

《刑法》第384条的规定及有关立法和司法解释中我们不难发现：挪用公款行为一般都具有"谋取私利"的特征，在法条上的表述就是"谋取个人利益"，这种利益既包括财产性利益，也包括非财产性利益，如升学、就业、保险等；既包括正当利益，也包括不正当利益；既包括行为人与使用人事先约定谋取个人利益实际尚未获取的情况，也包括虽未事先约定但实际已获取了个人利益的情况。

如果是单纯的出于亲友等关系而将公款借给其他单位使用，该徇私情行为与本人无直接的利益关系，最终行为人也不会产生任何上述有关的利益收益（包括可期待的收益），那么，我们认为就不存在"谋取个人利益"的情况，只能是"徇私情"，则不构成犯罪。

但是，在本案中，行为人基于配偶在其他单位占股而将公款借给该单位使用，尽管是以单位走账的方式，整个过程也未收取该单位任何财产性利益，但因配偶权关系的存在，必然导致其配偶因该挪用行为而获利（这一点是毋庸置疑的），最终导致了行为人的获利。该行为谋利过程虽然具有极大的隐蔽性，但事实上也违背了行为人职务的廉洁性，侵害了公共财产的占有和收益权，属于挪用公款行为，一旦符合其他构成要件则构成挪用公款罪，应予以打击。

既然挪用公款罪侵害的主要客体是职务行为的廉洁性，且司法解释并没有对"利益"加以限制，那么笔者个人认为，只要有损职务廉洁性，对个人有实际利益的事实和行为均可视为"谋取个人利益"，对其理解应不限于财产性利益，还应包括非财产性利益，如升学、就业、保险等；既包括正当利益，也包括不正当利益；既包括为本人谋利，也包括为他人谋利；既包括行为人与使用人事先约定谋取个人利益实际尚未获取的情况，也包括虽未事先约定但实际已获取了个人利益的情况；从谋取利益的方式看，既包括主动索取，也包括被动接受。

"徇私情"与"谋取个人利益"区分的关键是要看该私情是否与本人的利益直接相关，如果与本人利益无关，也即是单纯的出于亲情、友情之间的私情而实施的挪用行为，则该行为不属于谋取个人利益，刑法也就不宜予以调整；如该徇私情与直接的本人利益有关，也即行为人通过该挪用行为最终还是可能获得利益，在此情况下，徇私情仅仅是谋取个人利益的幌子，我们通过撕破"私情"的面纱，最终发现其"谋取个人利益"的实质。

笔者同意第二种意见。黄某某作为国有公司负责人虽未获得个人可见利益，但其为配偶谋取的利益，既非国家利益，又非集体利益，当然属于个人利益。因此，对其的行为应认定为挪用公款罪。

四、建议

基于以上研究和分析及当前的立法和司法解释，两种意见各有见地。笔者是倾向第二种意见,但本类案带来的争议焦点确实有必要提请权力机关或立法机关对"谋取个人利益"作出进一步解释;对"国家工作人员决定以单位名义将公款供其配偶控股(或占股)企业使用"的行为能否定性为挪用公款罪作出司法解释。

笔者建议:把2002年4月28日第九届全国人大常委会第二十七次会议通过的《关于〈中华人民共和国刑法〉第三百八十四条第一款的解释》中"谋取个人利益"修改为"为本人及配偶或直系血亲谋取利益",以利于实践的可操作性,更好地打击挪用公款的不法行为。

[作者:任淑琴(1957—),女,汉族,江苏南通人,江苏省南通市人民检察院副检察长;张毅(1963—),男,汉族,江苏南通人,江苏省南通市人民检察院研究室主任;曹凯(1963—),男,汉族,江苏南通人,江苏省南通市人民检察院研究室副主任。]

典型类案 82 被派至公司吸储的国有银行工作人员私自挪用吸储资金构成挪用公款罪还是挪用资金罪

犯罪嫌疑人的身份决定了其构成挪用公款罪还是挪用资金罪,所以确定犯罪嫌疑人具有何种身份就成为解决问题的关键。又由于国有商业银行的改制和改革,在国有商业银行的工作人员的身份就变得扑朔迷离起来,对其身份的认定引起了一些争议。我们的办案人员也因此而陷入了激烈的争论。在此,笔者从哲学原理入手,认为应当从形式和实质相统一的角度来认定行为人的身份并在此基础上提出了一些有建设性的建议。

在纯正身份犯[①]中,行为人身份的确定就决定了其行为将会构成何种罪名,从而也间接地影响了对行为人的处理。"国家工作人员"身份的确认就区分开了职务犯罪与非职务犯罪。但是,我们在实践中发现,在判定国家工作人员的身份时,是需要综合形式标准和实质标准等方面的因素来考虑的。我们以如下真实案例为对象分析。

一、类案简介

犯罪嫌疑人张××,男,汉族,江苏如东人,原中国工商银行某支行营业厅柜员,由于业务比较熟练,加上其人缘关系较好,深得领导信任。张××于2003年被行里领导派到某供电公司为本行的经营业绩作一些吸储业务工作。张××到某供电公司之后,主要是将该供电公司的收费等业务收入都吸收到该支行存储。但是,张××在工作的过程中,却将到手的资金私自借给他人在短期内(超过3个月)使用,供他人从事经营活动,并从中收取较高的利息,从而谋取个人利益。后被他人举报至人民检察院而案发。经侦查人员依法侦查查明,截至案发时止,张××共有高达90多万元的账面亏空无法填补。

现在的问题是,如果张××具有国家工作人员身份,则他涉嫌构成挪用公

[①] 纯正身份犯是指行为人的身份(构成身份)作为具体犯罪构成的要件要素来考量的一类犯罪。行为人不具有某种身份,即不构成该种犯罪。

款犯罪；如果他不具备国家工作人员身份，那么，张××的案件就不属于人民检察院管辖的范围，而应当以挪用资金罪依法移送公安机关立案侦查。

二、主要分歧意见与评析

本案争议的焦点是张××是否具有国家工作人员的身份。

第一种观点认为，张××具有国家工作人员身份，人民检察院应当对他以挪用公款罪提起公诉。因为张××是工商银行该区支行营业厅柜员，是该支行具有事业单位编制的正式员工。而中国工商银行已于2005年10月28日由国有独资商业银行整体改制为股份有限公司，正式更名为"中国工商银行股份有限公司"，注册资本为人民币2480亿元，全部资本划分为等额股份，股份总数为2480亿股，每股面值为人民币1元，由中华人民共和国财政部和中央汇金投资有限责任公司（中央汇金投资有限责任公司是国家为支持国有独资商业银行进行股份制改革，由国务院出资设立的国有独资公司）各持有50%的股份，即各持1240亿股。其注册资本金属于全资国有。所以，中国工商银行仍然具有"国有公司"的身份和地位。《公司法》第65条规定，本法所称国有独资公司，是指国家单独出资、由国务院或者地方人民政府授权本级人民政府国有资产监督管理机构履行出资人职责的有限责任公司。

张××是其正式的工作人员，并且还是被领导派到该供电公司去从事"吸储业务工作"的。所以，张××也就理所当然地具有了国家工作人员的身份。正是基于这样的考虑，对于张××的行为应当定性为挪用公款罪。

第二种观点认为，张××并不具有国家工作人员的身份，他只不过是由工商银行该区支行"借出"去给该供电公司使用，是将张××的"劳务"无偿地出借给该供电公司，张××并不是由该区支行"派驻"到供电公司的员工，张××私自出借经手的资金的行为，只不过是其利用了"劳务"之中的便利，算不上是为该区支行"从事公务"。因为根据《金融违法行为处罚办法》第11条之规定，金融机构不得以下列方式从事账外经营行为："（一）办理存款、贷款等业务不按照会计制度记账、登记，或者不在会计报表中反映；（二）将存款与贷款等不同业务在同一账户内轧差处理；（三）经营收入未列入会计账册；（四）其他方式的账外经营行为。……构成用账外客户资金非法拆借、发放贷款罪或者其他罪的，依法追究刑事责任。"由此我们可以发现，"账外经营行为"并不属于商业银行的业务范围，行为人从事了"账外经营行为"，是会受到行政法规的否定性评价的；构成了犯罪的，才应当依照刑法追究行为人的刑事责任。另外，根据我国劳动法律、法规的规定，在劳务借用法律关系中，被出借人须得遵守从事劳务工作单位的劳动纪律和各项规章制度，并且服从其管理，完成用工单位交给的工作任务。该被出借人如有严重违纪行为的，用工方可将其退回原单位，由原单位进行处理。由用工方承担被出借人的工资。由被出借人原所在单位承担该被出借人的各项社会保险费用，并为之办理缴纳手续。然而，在本案中，张××一方面并没有实施商业银行业务范围之内的活动，其所实施的是业务范围之外的行为，不能够归入到"公务"的范畴；另一方面，张××的劳务在被供电公司使用，遵守其劳动纪律和各项规章制度，并且服从其管理，还在供电公司里领取一定的工资。如果硬要说有什么便利的话，那也只是"劳务上的便利"，而不是"职务上的便利"，更不是在为银行从事"公务"。所以，从实质上来看，张××并不具有"国家工作人员"的身份，那么，对于像挪用公款罪这样的纯正身份犯来说，张××肯定是不够格了。

辩证唯物主义认为，事物是形式和实质（内容）的有机统一，形式是实质（内容）的表现形式，是对实质（内容）的反映；形式和内容是相辅相成的，内容决定形式，形式适用内容，并为内容服务。看上去只是形式的东西，却是由其本质决定的。

我们认为，第一种观点是从形式的角度来看待张××的身份问题的，张××具有在"国有公司"里工作、是"国有公司"的正式职员、还受到领导的委派等一系列表象，其所从事的任何活动就都会不可避免地打上"国家工作人员"的烙印，被贴上了"国家工作人员"的标签。这种认识有其存在的理由：首先，简便易行，这很容易被广大的普通群众所认知；其次，意义重大，这种做法非常有利于监督和促使国家工作人员谨言慎行，严于律己；第三，方便追究，不论行为人说过什么话，做过什么事，你在某种程度上就是在代表着国家工作人员的形象，你就有义务去通过自己的一言一行维护国家工作人员的声誉，否则，就应该受到责任追究，更别提从事违法犯罪的活动了。

第二种观点是从实质上对张××的身份作出的一个判断。张××具有国家工作人员的诸种表象，这是不容否认的。但是，还得从张××行为的实质方面来考量，张××从事的"实行行为"并非是其职务行为，并不具有职务该当性；其次，张××是在为用工单位提供劳务，把自己的专业知识应用到用工单位的用工当中去，为其提供专业化的劳务，这样就把张××与原单位之间的那种隶属关系全部割断了。张××还怎么有可能是国家工作人员呢？

其实，如果从上述两种意见所站的角度来看的话，都有一定的道理，但是，我们应当结合形式和实质来综合考虑，综合各种因素来分析判断，这样才不会有失偏颇。

我们认为,张××一方面将银行的吸储业务向前做大幅度地前移,另一方面在账外暗中发放贷款谋取个人利益,这些都与银行的依法照章吸收客户资金存入银行的吸储业务和银行的代收代付业务①密切相关,即使张××所从事的是"劳务活动",但它也具有"职务上"的一些因素,可以认为是后者的变异和特殊的表现形式,是对银行的职务要求的一种异化,它也是对实质的一种反映和体现。倘若这样来理解的话,张××的行为也是一种职务行为,张××所从事的也是公务,张××就具有了国家工作人员的身份。所以,张××应当以挪用公款罪被提起公诉。

三、建议

针对如上情形,我们拟提出以下建议:

1. 建议最高人民检察院对"劳务之便"、"业务之便"、"服务之便"等进行具体明确的解释,明确其与"职务之便"之间的关系;

2. 建议最高人民检察院进一步明确"劳务"、"业务"等与行为人身份之间的关系;

3. 建议最高人民检察院进一步明确确定行为人身份的本质标准、形式标准、最高标准与最低要求。

[作者:吴俊祥(1957—),男,汉族,江苏南通人,江苏省南通市人民检察院检委会委员、反贪局局长;钱国泉(1965—),男,汉族,江苏如东人,江苏省南通市人民检察院反贪局副局长、法律硕士;季明珠(1969—),女,汉族,江苏如东人,江苏省南通市人民检察院检察员、法律硕士。]

---

① 代收代付业务,是商业银行利用自身的结算便利,接受客户的委托代为办理指定款项的收付事宜的业务,例如代理各项公用事业收费、代理行政事业性收费和财政性收费、代发工资、代扣住房按揭消费贷款还款等。

典型类案 83 改制过程中国有企业负责人利用职务之便侵吞公共财物的行为如何定性

近年来，司法实践中对改制过程中国有企业负责人利用职务之便侵吞公共财物的案件定性争议较大。现结合相关案例进行分析，进而对相关司法解释提出补充建议，希冀对司法实践有所启发。

一、类案简介

案例1：犯罪嫌疑人周某，男，57岁，原系国有企业南通某采购供应批发站（简称某站）董事长兼总经理。2002年5月，该站采取整体出售的形式进行改制，国有资产产权转移时间为2003年12月24日，改制后成立的南通某采购供应批发站有限公司于2003年12月30日进行注册登记，周占股19%，并任董事长兼总经理；缪某等三人各占股18%到12%；普通职工占股34%。2002年7月，周以给分流职工缴协保费（按市政府改制文件规定，协保费应由改制后企业承担）为由，指使财务在将部分不要发票或收据的租赁户所交房租不入账，以其他人的名字存起来，截至2003年5月，这笔钱共计38.2854万元。同月，周召集了书记、副经理、财务科长、副科长开会讨论这笔钱如何处理。会上周提出要用这笔钱支付分流职工协保费的差额，并以"职工集资款"的名义做账，但是并未提出具体做到哪个账上。会后，财务副科长纪某将此笔钱汇入某物业管理公司（此次不参与改制）账上，并以虚假的"职工集资款"的名义挂应付账款。2003年10月，某事务所对该站改制进行审计时，公司会计及周均未将此款如实申报。2004年3月，该站改制结束后，该款从某物业管理公司汇入改制后新成立的南通某某品采购供应批发站有限公司，作为该公司的主营收入入账。

案例2：犯罪嫌疑人莫某，男，50岁，原某测绘院院长。2003年6月，某测绘院改制完成，莫某任董事长，占股21%，章某等三人共占股36%，中层干部每人占股2%，中层干部副职、技术骨干每人占股1%，一般职工每人占股0.5%。2002年10月至年底，莫指使测绘院技术处处长倪某出面订立13份假分承包协议，总计金额100.9632万元。之后由会计到税务部门开票并挂应付账款。在改制审计时，此款已冲减了某测绘院主营收入。此款交税、支付业务开支和发放职工津贴费后，余48.23036万元虚挂在其他应付款账户上，转入了改制后的新公司。2002年10月至2003年5月，莫某为降低单位净资产，以便在改制时可以少出钱购买，遂指使某测绘院书记章某和南通某地理技术开发公司（某测绘院全额投资的下属国有企业，一并列入改制，简称某公司）经理刘某订立4份假工程承包协议，总计金额55.3万元。之后由会计到税务部门开票并挂应付账款。在改制审计时，此款已冲减某公司的主营收入。扣除刘某14.3681万元的业务开支未报销外，余款40.9319万元以虚挂应付款的形式已转入改制后的新公司。1999年至2001年底，测绘院为某供电局做了"南通市区基础地理信息数据和合作开发数据接口"工程，至2003年5月，还有21.8万元的工程款未收回。莫某为降低单位净资产，以便在改制时可以少出钱购买，在明知此款并非不能追回的情况下，指使会计张某将此笔应收款不记账，并在向审计事务所申报单位应收账款时隐瞒此款。

二、主要分歧意见与评析

对周某、莫某两位犯罪嫌疑人的行为应如何定性，存在数种不同的意见。

第一种意见认为，周某的行为不构成犯罪。在周案中，周为支付分流职工的协保费，在改制时隐匿国有资产，并欲将该资产分给符合协保条件的少数分流职工，而不是分给全部职工或绝大多数职工，主观上不具有私分的故意，客观行为上也没有在单位全部或部分职工中进行私分，因此不构成私分国有资产罪。周隐匿并截留的国有资金，在改制后由改制后的企业所占有，周个人并无实际占有也无权支配该款，该款必须按照我国公司法中的规定由新公司董事会来做出处理决定，且周某主观目的是将该款用于支付职工协保费用，并无个人占有的目的，故也不符合贪污罪的构成要件。因此，周的行为不构成犯罪。

第二种意见认为，周某、莫某二人均构成私分国有资产罪。私分国有资产罪是指国有企业、事业单位，违反国家规定，将国有资产以单位名义集体私分给个人，数额较大的行为。主观上有私分的故意，客观上实施了私分国有资产的行为，应当认定为私分国有资产罪。周、莫在企业改制时，利用担任原国企负责人职务的便利，故意隐匿和截留国有财产，并且该财产后被转入周、莫为最大股东的改制后的公司。这些财产到新公司后，无论是用于生产还是进行分配，都是按照新公司的股权比例进行的。实际上，某供应站、测绘院职工全部（或绝大部分）在新公司都或多或少拥有一定的股份。因此，周、莫作为国有公司直接负责的主管人员，违反国家规定，将国家资产在全部或绝大部分职工范围内集体私分,其行为完全符合私分国有资产罪的构成要件。

第三种意见认为,周某、莫某二人构成国有公司、企业工作人员徇私舞弊、滥用职权罪。国有资产仅限于国有公司、企业的开办费、应交税款、上缴的管理费,国有公司、企业的其他财产都属于公共财产的范畴。因此,在该两案中,周、莫侵吞的对象性质为公共财产而非国有资产,故不构成私分国有资产罪。周某、莫某作为国有企业的负责人,滥用职权,给国家造成巨大的经济损失,且该损失与周、莫的职务有直接的因果关系,因此构成国有公司、企业工作人员徇私舞弊、滥用职权罪。

第四种意见认为,周某、莫某的行为应定性为贪污罪。理由如下:

1. 从犯罪对象看,周、莫侵吞的对象性质仍属于国有资产的范围。公共财产与国有资产的外延是不一致的,两者呈现一种包含与被包含的关系。《刑法》第91条规定:公共财产包括国有资产、劳动群众集体所有的财产、用于扶贫和其他公益事业的社会捐助或专项基金的财产以及国家机关、国有公司、企业、集体企业和人民团体管理、使用或运输中的私人财产。国务院《国有资产保护条例》规定,国有资产是指:国家依法取得和认定的,或者国家拨款、国家对企业投资及其收益等形成的资产。根据我国国有资产管理部门主张的"谁投资、谁所有、谁收益"的原则以及我国国有资产的具体成因,可以从三个方面判定国有资产所有权的归属:(1)若原始投资主体是国家,则资产应划归国有资产;(2)国家原始投资增值,应划归国有资产;(3)由国家优惠政策形成的资产,包括税前还贷、减免税收等所形成的资产,虽不是国家直接投资,但应视做国家投资,也应划归国家所有。两案中,周、莫所侵吞的对象,均为国家原始投资增值部分,应认定为国有资产。

2. 从客观方面看,周、莫二人利用职务上的便利非法占有公共财物,是贪污罪的本质特征。非法占有的表现形式复杂多样,既可以由本人占有,也可以处分给他人;既可以先占有后处分,也可以占有一部分的同时处分另一部分。只要未经所有权人同意而非法对财物进行具有所有权性质的处置,从而永久地排除所有权人对财物行使所有权的,即构成非法占有。在周、莫两案中,周、莫在企业改制时,利用担任原国企负责人的职务便利,故意隐匿和截留国有财产,并且该财产后被转入周、莫为最大股东的改制后的公司。尽管这些国有财产名义上归改制后的公司所有,但其使用、分配等权利均由作为改制后公司最大股东兼董事长周、莫行使,处在周、莫的绝对控制之下,应认定为被周、莫非法占有。由于财产所有权事实上已经发生了转移,财产的公共性质已经受到实质性的侵犯,且处于周、莫的永久控制之下,因此,周、莫将部分公共财物处置给改制后公司其他股东的行为应当视为其非法占有公共财物后的一种处置方式，不影响其行为性质的认定。至于周陈述其主观上是想将该笔资金用于支付分流职工的协保费用，则属于行为人对故意非法占有的公共财产的处分动机，非法占有的动机如何，不影响贪污罪的定性。

3. 周、莫也不应认定为国有公司、企业工作人员徇私舞弊、滥用职权罪。国有公司、企业工作人员徇私舞弊、滥用职权罪是指国有公司、企业人员严重不负责任或滥用职权，造成国有公司、企业破产或严重损失，致使国家利益遭受重大损失的行为。在上述两案中，周、莫或乘国有公司改制之机，利用职务上的便利，采用隐瞒真相的手段将本应上缴的国有资产转入以自己为股东的新公司中，或利用职务之便，集体私分国有资产，形式上都属于徇私舞弊、滥用职权的行为，客观上也造成了国有资产的流失。但周、莫二人的直接目的是将这部分国有资产转入自己作为股东的公司或集体私分，二人主观上具有非法占有的目的，因而已不再是徇私舞弊、滥用职权所能评价的。我们倾向于第四种意见。

三、建议

与周某案、莫某案情节类似的犯罪时有发生，并且各地检察机关侦查、起诉阶段所认定的罪名迥异，把握的尺度不一，使得罪行相当的犯罪嫌疑人所获刑罚参差不齐，损害了法律的严肃性和公平正义性。

笔者建议，最高人民检察院就此问题作出司法解释："改制过程中，利用职务之便侵吞公共财物的，应定贪污罪，犯罪数额应为其侵吞的犯罪数额的总额。"并应考虑改制因素，对参加讨论作出决定的主要责任人从重处罚，对其他得益的知情者减轻或免除处罚。

[作者：李铁（1963—），男，汉族，江苏南通人，江苏省南通市人民检察院反贪局副局长；李鸣（1968—），女，汉族，江苏如东人，江苏省南通市人民检察院侦监处副处长；张日元（1955—），男，汉族，江苏宝应人，江苏省宝应县人民检察院研究室主任。]

典型类案 84 国家工作人员退休、离职后收受他人财物构成受贿罪是否需要"事先约定"

对于国家工作人员在退休、离职后收受其曾经关照过、给予过不正当利益的人所送财物认定为受贿犯罪，是否需要该国家工作人员曾与行贿人"事先约定"这一要件，司法实践中的争议较多。

一、类案简介

犯罪嫌疑人金某某在1997年至2004年间，担任某国有制药厂基建科科长，在此期间，金某某利用职务便利为李某谋取利益，使李某承建了该制药厂厂房改造、道路整修、水电安装维修等多项工程，工程总价约人民币2000万元。但在此期间，金某某并没有收受财物。2004年年底，该制药厂进行改制，金某某办理了提前退休的手续。从此，李某再也没有承接该企业的任何基建工程。2005年3月至10月间，李某为感谢金某某担任某国有制药厂基建科科长时对其提供的帮助，分3次送给金某某人民币共计30万元，金某某予以收受。金某某与李某平时私交甚笃、"情同父子"，在金某某给予李某帮忙的时候，从未要求或者暗示李某给予回报。

二、评析意见

最高人民法院《关于国家工作人员利用职务上的便利为他人谋取利益离退休后收受财物行为如何处理问题的批复》（以下简称《批复》）的规定，"事先约定"成为行为人构成受贿罪的要件，这一规定造成了广泛的争议。事先约定的要件加重了公诉机关的举证责任，对于职务犯罪侦查中的证据收集提出了更高的要求和标准，一定程度上加大了反腐败斗争的成本，为腐败分子逃脱法律惩罚提供了漏洞。

关于"事后受贿"问题，《批复》中提出："国家工作人员利用职务上的便利为请托人谋取利益，并与请托人事先约定，在其离退休后收受请托人财物，构成犯罪的，以受贿罪定罪处罚。"该司法解释中规定的"事先约定"是构成受贿罪的必要条件：

1. "事先约定"符合受贿罪的客观要件。受贿罪的本质是"钱权交易",交易双方的"对价"分别是权力和财物。在典型的受贿行为中,"收钱"和"办事"通常处于同一时段,在"受贿"和"办事"之间存在时间间隔。这种"间隔"带来的问题是,若双方没有钱权交易的"事先约定",就使交易双方的"对价"不确定,从根本上否定了受贿罪的构成。一旦存在"事先约定","受贿"与"办事"之间即存在一一对应关系,因此"事先约定"符合受贿罪的客观要件。

2. "事先约定"符合受贿罪的主观要件。"受贿故意"除了"收受财物的故意"以外,还包括明知财物是本人利用职务便利为他人谋取利益的报答物而予以收受的故意,换言之,"受贿故意"包含权钱交易的内容。如果是在离退休后受贿,唯一能够体现"受贿故意"的就是"事先约定",如果事先无约定,行为人就不存在"受贿故意",就不符合受贿罪的构成。

3. "事先约定"的界定标准应与取证的成本同步考虑。离退休后的收受财物行为,受贿意图和着手行为始于任职期间,而收受财物却发生在离退休之后,若缺乏事先的约定,必然给司法机关办理案件带来取证上的极大困难。当然,这种"事先约定"既包括明示的约定,又包括暗示的约定,这样在调查取证中有利于提高司法效率,降低办案成本,符合惩处受贿罪的立法宗旨。

但是笔者认为,离退休人员是否构成受贿罪,不应以有无"事先约定"为条件。

首先,国家工作人员利用职务之便为他人谋取利益,在事后也无权收受对方给予的财物,其收受财物的行为同样构成受贿罪。受贿罪的客体是国家工作人员的廉洁制度,离职或离退休后收受贿赂与在职期间收受贿赂相比,虽然其主观恶性、对公务活动的危害要小,但对国家工作人员职务行为的廉洁性造成侵害,事实上也对国家正常的社会管理活动造成不良影响。本案中,犯罪嫌疑人金某某符合受贿罪的犯罪主体要件,其在职时系国有企业中的国家干部,利用职务之便为李某谋取利益达数百万元之巨,退休后,收受李某所送人民币达30万元之多,严重侵犯国家工作人员职务行为的廉洁性,造成了严重的法益侵害,理应用刑罚手段加以惩处。

其次,离退休人员事后收受财物的行为具备了受贿罪客观方面的要件。根据刑法规定,受贿犯罪的客观方面表现为利用职务之便,索取他人财物,或者非法收受他人财物,为他人谋取利益。因此,只要是国家工作人员就不允许其利用这一职权为他人谋取利益,索取或收受钱物。这并不意味着在职期间谋利收受财物才是受贿,在职期间谋利离职后再收受财物就不构成受贿。并且,

《刑法》第385条第1款规定："国家工作人员利用职务上的便利，索取他人财物的，或者非法收受他人财物，为他人谋取利益的，是受贿罪。"并没有指出受贿人受贿需要时间上的要件，也即并没有要求受贿人受贿行为立即发生在其为行贿人谋取利益之后，也没有否定受贿人退休后收受贿赂的可能性。

第三，受贿罪通常是直接故意，即明知对方贿赂是因为自己所实施的职务行为而予以接受，但这种故意不一定产生于谋利之前或谋利之中，也可能产生于谋利之后。实践中，有的国家工作人员在为他人谋取利益时，并没有与他人约定贿赂，甚至并没有想到对方会在事后送其财物，而在离职或离退休之后，对方以"酬谢"的名义送给其财物，且行为人明知此财物是针对其先行所实施的职务行为而送的，这种情况也完全符合受贿罪的主客观特征，不应把这种事后故意的情况排除在受贿罪之外。本案犯罪嫌疑人金某某收受李某所送人民币达30万元之多，面对如此巨大的金额，犯罪嫌疑人和行贿人所述的所谓"馈赠"等借口，显然不合常理，超出了正常人情交往的范围，金某某收受贿赂的故意是显而易见的。

第四，如果因为双方在事前或事中没有对贿赂进行约定，就不能认定受贿，那么刑法规定的受贿罪将会被稍有手段的人予以规避，权钱交易的受贿犯罪将会明目张胆地进行，滋长畸形的社会风气，这显然不是立法的本意。目前，一些领导干部在位时为他人谋利而不要即时利益，等从领导岗位上退下后坐享他人进贡，这种把权力当期货进行交易的行为已成为新的腐败形式。因为这种受贿行为的取证极其困难，故而难以认定，这不利于对于受贿罪的打击与处罚，一定程度上放纵了犯罪。

综上所述，虽然本案犯罪嫌疑人金某某不承认其与行贿人李某"事先约定"有关受贿事宜，并且李某的陈述也称其并非是向金某某行贿，而是给予其一些"馈赠"，但是，综合考虑犯罪嫌疑人金某某的行为符合受贿罪的主、客观要件，应认定其行为构成受贿罪。

三、建议

最高人民法院的《批复》这一司法解释中，有关已退休、离职的受贿人与行贿人"事先约定"的规定，有违受贿罪的立法本意，司法实践中对"事先约定"也难以查证，不利于对受贿罪的打击，如果行贿人与受贿人事先做好串供，相当多的不法分子将借此脱罪。

此外，最高人民法院、最高人民检察院于2007年7月8日发布的《关于办理受贿刑事案件适用法律若干问题的意见》第10条规定："国家工作人员利用职务上的便利为请托人谋取利益之前或者之后，约定在其离职后收受请托人财物，并在离职后收受的，以受贿论处。"国家工作人员利用职务上的便利为请托人谋取利益，离职前后连续收受请托人财物的，离职前后收受部分均应计入受贿数额。依然以"事先约定"为此类受贿案件的构成要件，造成前后司法解释不统一，会导致法律适用的混乱，委实欠妥。

笔者建议：最高人民法院、最高人民检察院应关于受贿罪再次作出司法解释，废除最高人民法院《关于国家工作人员利用职务上的便利为他人谋取利益离退休后收受财物行为如何处理问题的批复》以及最高人民法院、最高人民检察院《关于办理受贿刑事案件适用法律若干问题的意见》中将"事先约定"作为退休、离职的国家工作人员受贿罪的构成要件的规定。以保障司法机关工作人员在办案中准确把握，加强对严重危害国家工作人员廉洁性以及市场经济健康发展的受贿犯罪的打击。

[作者：胡晓珊（1966—），女，汉族，江苏南通人，江苏省南通市崇川区人民检察院控申科科长。]

典型类案 85 国家工作人员认可他人以财物为其"疏通关系"的行为如何定性

随着国家反腐力度的加大,贪官污吏已比较忌讳利用职权直接收受金钱财物,各种各样的非直接的金钱贿赂层出不穷,给打击腐败行为增加了难度。现就一案例研究其中之一种贿赂方式。

一、类案简介

犯罪嫌疑人周某某系某国有医院院长助理,自 2002 年至 2005 年间先后收受他人款物共计人民币 34549 元。严某系某医疗器械公司经理,2003 年 4 月,犯罪嫌疑人周某某为严某所在的医疗器械公司成功"游说",使其所在的医院购买了严某公司的医疗器械,之后严某送钱给犯罪嫌疑人周某某,犯罪嫌疑人周某某坚决不收。严某遂告知犯罪嫌疑人周某某将为其"疏通关系",帮犯罪嫌疑人周某某谋取政治前途,但未告知犯罪嫌疑人周某某将花费多少金额,犯罪嫌疑人周某某未表示反对。后严某将 12000 元交由施某,由施某帮助犯罪嫌疑人周某某向有关部门"疏通关系",此后,严某将"疏通关系"的情况告知了犯罪嫌疑人周某某。

二、主要分歧意见与评析

在本案的处理中,对于犯罪嫌疑人周某某默许他人为其疏通关系这一犯罪事实产生重大分歧,对于是否应当从其受贿总额中予以扣除意见不一。

第一种意见认为,犯罪嫌疑人周某某的行为构成受贿罪。犯罪嫌疑人周某某虽未直接收受该 12000 元,但严某所送的 12000 元实际上是为犯罪嫌疑人周某某谋取利益,等于是犯罪嫌疑人周某某收受 12000 元之后再用于疏通关系,应当认定犯罪嫌疑人周某某收受 12000 元,构成受贿罪。

第二种意见认为,犯罪嫌疑人周某某的行为属于违纪行为,但不构成受贿罪。虽然犯罪嫌疑人周某某默许了张某花钱为其"疏通关系",但犯罪嫌疑人周某某毕竟未实际收受财物,犯罪嫌疑人周某某实际获取的是一种潜在的仕途利益,不能将 12000 元财物视为犯罪嫌疑人周某某实际收受的利益。由于我国法律规定受贿罪收受的对象仅限于财物，犯罪嫌疑人周某某的行为不符合受贿罪的客观表现形式。

笔者同意第二种观点。从我国目前刑法学界对受贿罪对象的界定来看，主要有"需要说"、"财物说"、"财产性利益说"三种观点。其中又以"财物说"为通说，我国刑法对受贿犯罪对象的认定仅限于财物，亦采纳了"财物说"的观点。也即说，我国刑法规定的受贿对象仅限于财物，而不包括其他非财产性的利益。本案中犯罪嫌疑人周某某未实际收取12000元，其受贿对象不能确定为12000元，犯罪嫌疑人周某某的收受对象应为严某为其创造的潜在不正当"政治利益"。由于不正当"政治利益"不属于财物的范畴，无法予以量化，故犯罪嫌疑人周某某的行为不应认定为收受贿赂，只能认定为违纪行为。

有人认为犯罪嫌疑人周某某默许严某为其疏通关系，那么严某用于行贿的12000元就应等同于犯罪嫌疑人周某某收受12000元后再向上级行贿，因这些开支本身就是犯罪嫌疑人周某某开支的一部分。此种观点不能成立：首先，犯罪嫌疑人周某某与严某在数额上未形成主观上的一致，犯罪嫌疑人周某某事先未与严某先形成共同故意，犯罪嫌疑人周某某对于严某以何种方式疏通关系、以多少数额"疏通关系"均不知晓。如果将严某的开支认定为犯罪嫌疑人周某某的受贿数额，显然是盲目的客观归罪。其次，12000元不能等同于犯罪嫌疑人周某某的必要开支，将其视为犯罪嫌疑人周某某自己收受。该12000元的用途是严某为犯罪嫌疑人周某某创造"政治利益"，严某为犯罪嫌疑人周某某谋取利益支出的成本与犯罪嫌疑人周某某获取的利益是两个不同的概念，不能混为一谈。因此，本案中犯罪嫌疑人周某某接受严某以12000元为其谋取的"政治利益"，不能简单等同于12000元，这在其他特殊受贿的认定中也是必须坚持的原则。所以，根据现有法律的规定，我们必须坚持"罪刑法定"的原则，不能擅自作扩大的解释，对该12000元不能认定为犯罪嫌疑人周某某的受贿数额。

三、建议

笔者认为，现有法律规定的欠缺和不足是明显的，已不能适应打击贿赂犯罪的需要。适当扩大贿赂犯罪中贿赂的范围，已成为一种需要。（1）从客观性看，随着社会物质财富的极大丰富，人们在追求物质生活享受的同时，更多地追求精神上的享受，贿赂的方式也随着人们的需要而出现多种多样。如提供高级待遇、提供住房、进行经济担保、提供豪华旅游观光、设立债权、帮助出国、提供性服务等，财物说已不能适应时代的发展。在此基础上有的学者提出了财产性利益说。然而一些不法分子为了逃避法律的追究，专钻法律的漏洞，以某些不便计算价值的财产性利益和非财产性利益实施贿赂腐蚀，于是一些"新兴"的贿赂手法在现实社会生活中逐渐向"常规化"发展。如：为行贿对象的子女解决升学、就业、提拔或出国问题，给予其亲属某种商业上绝对盈利的"机会"，等等，至于免费吃喝玩乐、提供性服务等则更为常见，给国家工作人员的职务廉洁性造成了严重危害。在这些"新兴"贿赂的社会危害日渐严重，民众严惩腐败的要求日益强烈，"贿赂"之词义在实际的社会观念上已发生重大变化的情况下，代表民意的立法者绝不能再囿于"计赃论罪"的窠臼，而对新的社会现象视而不见。毕竟，社会实践才是决定理论走向的最终力量，法律的设置和语言、观念的内涵都应当反映现实社会生活的发展变化。刑法也应当对社会生活的这种变化及时作出适当的反映。（2）从惩治的必要性看，其社会危害性已经达到非用法律手段不足以惩治、抑制、预防的地步。从贿赂罪的罪质看，"贿赂"均是作为"职务行为的代价所赠受的不法报酬"而存在的，这一不法报酬理当"包括能够满足人的需求与欲望的一切利益"。从贿赂罪"以利换权"这一本质属性来看，能满足人之需求的非财产性利益与包括财物在内的各种财产性利益并无本质的区别，其行为的社会危害性和严重性不亚于财物贿赂，在某些情况下，还能起到以物质利益贿赂起不到的腐蚀作用和破坏作用。诸如有些行为人收受他人非物质财物贿赂后，践踏国家法律，为行贿人推销伪劣商品、转让成片廉价土地、给予承包建筑工程或某项商品经营的特许权等，结果坑害了消费者和诚实经营者，腐蚀了干部队伍，破坏了国家机关的正常管理活动。特别是非财物贿赂具有无形性、欺骗性，因而在某些特殊情况下比直接物质贿赂具有更大的危害性。对此，当然必须坚决予以打击，故无充分理由将其排除在外。（3）从外部法制环境上看，我国已加入WTO，并且是联合国五个常任理事国之一。不管从经济、政治、文化、法律等都融入世界这个大家庭之中，作为一个负责任的大国，应该遵守国际法和国际惯例。而对于国际法中关于刑事方面在我国的适用一般采用转化的原则，也就是将国际法中的相关条文转化成我国刑法中具体规定再加以适用，这就要求不断地对我国刑法典作出修改和解释，以至和国际法保持协调。我国2003年加入了《联合国反腐败公约》，从《联合国反腐败公约》的要求看，缔约国有义务"采取必要的立法和其他措施"使其国内法达到《联合国反腐败公约》的基本要求。也就是说，在贿赂罪行为对象的范围问题上，我国刑法中贿赂的范围不得小于《联合国反腐败公约》的相应范围。《联合国反腐败公约》在该款第1、2两项中将贿赂定位于"不正当好处",而"好处"的范围明显大于我国现行刑法中的"财物"。从文理上讲,现代汉语的"好处"是指"使人有所得而感到满意的事物",并不局限于"财物"或"财产性利益"的范围;从伦理上说,能够成为行贿人给予公职人员"在执行职务时作为或不作为的条件"的"不正当好处",当然会包括某些与"财物"、"财产性利益"一样具有满足人的某种需要和欲望之功能的"非财产性利益"。可以认为,作为各种价值观念、文化信仰及法律制度斗争、妥协和融合产物的《联合国反腐败公约》,在贿赂的范围问题上采取了多数发达国家的立场,借"利益说"以收到严惩腐败行为之功效。由此看来,将我国刑法贿赂罪的对象扩张及于某些非财产性利益,是《联合国反腐败公约》的要求,也是我国必须履行的国际法义务。(4)从内部法制的统一看,1993年《反不正当竞争法》将"采用财物"以外的"其他手段"作为商业贿赂的一种形式,正是在经济法领域适应社会生活这一变化的结果,并且在《关于禁止商业贿赂行为的暂行规定》中对贿赂范围作了同样的规定。而我国刑法典对商业贿赂的贿赂范围一直沿用财物一词。这势必造成法律间的不协调,使在《反不正当竞争法》中构成的犯罪由于刑法中没有相应规定而得不到应有的惩罚,从而降低了法律的威信。因此,笔者认为应当对我国刑法典中贿赂罪的贿赂范围作出新的解释,以保证法制的统一。

鉴于现行法律和相关司法解释中均未规定行为人收受非财产利益能够构成受贿罪,建议在《刑法》第385条增加规定"获取行贿人以各种财物谋取的非财产性利益,以受贿论",以有利于打击惩处腐败。

[作者:姚建东(1967—),男,汉族,江苏通州人,江苏省南通市港闸区人民检察院人民监督员办公室主任;刘志华(1978—),男,汉族,江西高安人,江苏省南通市港闸区人民检察院人民监督员办公室科员。]

典型类案 86 对低价买卖国有资产的行为如何定性

在近年来的司法实践中，我们发现，低价自买国有资产的行为在国有资产改革的过程中较为典型。

一、类案简介

2000年，中国银行××分行将南通××股份有限公司（以下简称南通L公司）的2407万元不良贷款债权转让给中国某资产管理公司××办事处（以下简称××办事处）；2002年，经法院判决由南通L公司向该办事处偿还上述全部债务本息，南通A公司及南通B公司承担相应连带责任。

为确定南通L公司的实际偿债能力，南京办事处于2002年10月委托江苏××会计师事务所对该公司的偿债能力进行评估。陈×代表南通L公司，负责就本公司的实际资产状况向评估单位提供如实、全面的反映。在评估过程中，陈×利用职务便利对南通L公司的如下资产进行了瞒报：（1）瞒报公司账外存款计人民币131.21211万元，使该部分资产被漏评。（2）对本公司实际拥有产权的南通某大厦9、10层办公用房，故意只申报账面数值，而未提供相关的代建办公用房合同及建房付款凭证，致使该办公用房被低评为200万元。

2003年6月，吉××以南通业务组的名义提出了将不良债权组包公开拍卖的处置方案，并经层报批准，委托上海××拍卖有限公司实施拍卖。其间，吉××基于自己经办该资产包处置的职务便利，陈×基于其对本单位资产真实状况的掌握，经商量，两人达成了共同出资，以他人名义成立公司，再通过拍卖取得资产包的合意。2003年7月，两人伙同李×（另案处理）共同筹资200万元设立了南通C经贸有限公司（以下简称C公司），以该公司名义实施购买资产包。

为确保成功购得该资产包并以较低价格成交，吉××故意只向拍卖公司推荐C公司一家竞买人。吉××、陈×、李×并与××拍卖公司业务员姚××进行串通，由该拍卖公司承诺确保C公司可以650万元的价格购得资产包，C公司则同意支付4%的拍卖佣金。双方还商定将拍卖保证金提高到180万元，以减少竞拍对手。

2003年8月,陈×在自己家中将未申报的账外存款情况告诉吉××和李×等人,并将隐匿的代建办公用房合同拿给吉××看。吉××在明知南通L公司存在资产被隐匿,其偿债能力因此被低评、漏评的情况下,不制止、不纠正,不向上级主管部门报告,反而将存在严重低评、漏评的评估价确定为拍卖底价,以达到通过购取资产包非法占有被隐匿资产的目的。

2003年9月至2004年12月,吉××、陈×利用职务上的便利,伙同李×,向南通市中级人民法院提供了上述被隐瞒资产的线索及其相关资料,通过向法院申请执行,非法占有公共财产计人民币389.29354万元。其中包括漏评账外存款64.08354万元,低评某大厦资产325.21万元。

综上所述,吉××、陈×经过合谋,利用管理国有资产的职务便利,将被瞒报而低评、漏评的公共财产,以设立公司、串通拍卖的手法,予以非法占有。按照出资份额折算,吉××个人非法占有计人民币194.64677万元,陈×个人非法占有计人民币175.182093万元。

二、主要分歧意见与评析

该典型案例中,吉××、陈×没有采用伪造单据套取现金或者虚报冒领侵吞公款等传统手段进行贪污,而是采取虚设公司,通过低价自买国有公司资产的方式实现其犯罪目的。对于此类问题如何适用法律,主要存在两种分歧意见:

第一种意见:吉××、陈×的行为构成国有公司、企业人员滥用职权罪。本案中,吉××、陈×滥用职务上的权限,实施了违反职务行为宗旨的活动,致使国有资产389.29354万元流失,造成国有企业严重损失,其行为触犯了国有公司、企业人员滥用职权罪。

第二种意见:吉××、陈×的行为构成贪污罪。本案中,吉××利用担任××办事处南通业务组经营二部助理经理的职务之便,陈×利用担任南通L公司总经理的职务之便,故意虚设公司,串通拍卖,通过低价自买国有资产的方式,赚取差价,达到了侵吞国有资产的目的,其行为完全符合贪污罪的构成要件。

笔者同意第二种意见。吉××、陈×构成贪污罪。

1. 从犯罪主体来看,贪污罪的主体为特殊主体,指在国家机关、国有公司、企业、事业单位、人民团体中工作,或者在非国有公司,企业、事业单位、社会团体中依法从事公务的人员,吉××作为受国有公司委托管理、经营国有资产的人员，陈×作为国有公司（南通L公司）的总经理，完全符合贪污罪的主体规定。

2. 从犯罪主观方面来看，贪污罪的主观方面表现为直接故意。本案陈×，在江苏××会计师事务所对南通L公司的偿债能力进行评估过程中，负责就南通L公司的实际资产状况向评估单位提供如实、全面的反映。但陈×在评估过程中利用职务便利对南通L公司的部分资产进行了瞒报。实质是人为地将南通L公司的部分资产游离于评估之外，使得该部分资产被漏评。陈×后又在该不良债权包处置过程中，故意与吉××及李×筹资设立了C公司，以该公司名义购得该资产包，非法占有了南通L公司被低评、漏评的资产。同时，吉××在明知南通L公司存在资产被隐匿，其偿债能力因此被低评、漏评的情况下，不制止、不纠正，不向上级主管部门报告，反而将存在严重低评、漏评的评估价确定为拍卖底价，以达到通过购取资产包非法占有被隐匿资产的目的。同时，为确保购买成功并以较低价格成交，利用处置该资产包的职务便利，故意只向拍卖公司推荐C公司一家竞买人，并且邀人参加陪拍，使C公司以650万元的价格拍得该资产包的债权。即吉××和陈×明知自己在资产处置过程中通过虚设公司由自己拍得被低评、漏评的不良资产包会发生非法占有国有资产的结果，主观上希望这种结果的发生，所以，两人存在贪污罪的特征之一主观故意。行为人为实施贪污犯罪而人为设立中间环节，具有主观故意性，其目的是为了获取国有企业的资产。

3. 从犯罪客观方面来看，贪污罪的客观方面表现为行为人利用职务上的便利，以侵吞、窃取、骗取或者以其他手段非法占有公共财物的行为。

首先，必须利用职务上的便利。行为人利用职务权力与地位所形成的主管、管理、经营、经手公共财物的便利条件。本案陈×在负责协助江苏××会计师事务所对其公司偿债能力进行评估的过程中，为了达到其非法占有国有资产的目的，利用了担任南通L公司总经理的职务便利，才顺利地瞒报了该国有企业的部分资产。而吉××作为××办事处经营二部南通业务组助理经理，利用了其负责处置该不良资产包的职务便利，才顺利地使得C公司以较低的价格竞得该不良资产包。两人均利用了各自的职务便利，从而为侵吞国有资产的犯罪活动创造了机会。

其次，必须侵吞、窃取、骗取或者以其他手段占有公共财物。本案陈×、吉××利用虚设的C公司，从陈×担任总经理的南通L公司低价买入不良资产包，取得该不良资产包的所有权，将因瞒报而被低评、漏评的国有资产非法占有，从而行为人虚设中间环节所获取的利益归行为人所有或受其支配，符合贪污罪的构成要件。

最后，必须非法占有了公共财物。即将财物转移为行为人所有，且是公共财物。本案中陈×、吉××利用职务之便，通过向法院提供被隐瞒资产的线索及相关资料并申请执行，对被低评、漏评的南通L公司的财产形成了事实上的占有和法律上的占有。

4. 从犯罪客体来看，贪污罪的犯罪表现为直接利用职务取得公共财物，侵犯了职务行为的廉洁性。本案国有企业负责人陈×，国有公司的干部吉××，直接利用职务便利取得南通L公司的部分资产，侵犯了职务行为的廉洁性，侵犯了南通L公司的财物所有权，符合本罪的客体规定。

综上所述，吉××、陈×的行为构成贪污罪。关于国有公司、企业人员滥用职权罪，该罪主观方面是间接故意，行为人滥用职权的行为虽是直接故意，但其对致使国家利益遭受重大损失的结果却不是直接故意，即其并不希望国有公司、企业破产或严重亏损，可见该罪主观方面不是以非法占有为目的。本案中，吉××、陈×是出于非法占有的目的，两人主观上有为个人谋利益的思想动机和非法占有目的，客观上作为竞买人南通××经贸公司的股东，实际非法占有了被隐瞒的资产计389.29354万元的行为，不能认定为国有公司、企业人员滥用职权罪，应认定为贪污罪的既遂犯。

三、建议

通过上述分析，我们建议：（1）在国有资产拍卖，尤其是在打包拍卖的过程中应当重点预防贪污犯罪、私分国有资产犯罪等多发和常见的职务犯罪；（2）债权，也是财产权，国有性质的债权也是贪污罪的犯罪对象，这在立法和司法解释中均未有体现。建议最高人民检察院对现行《刑法》第382条中的"国有财物"予以解释，具体明确"国有财物"的内涵与外延。

[作者：冒宏伟（1967—），女，汉族，江苏如东人，江苏省如东县人民检察院反贪局副局长；顾文卿（1982—），女，汉族，江苏如东人，江苏省如东县人民检察院反贪局检察员。]

典型类案 87 为结算工程款而行贿是否属于"为谋取不正当利益给予国家工作人员以财物"

我们在司法实践中发现，建筑工程施工过程中，工程承包方为尽快结算工程款而行贿的情况是很常见的。对于这种行为属于为谋取不正当利益给予国家工作人员以财物，还是属于在经济往来中违反国家规定，给予国家工作人员以数额较大的财物，存在较大的意见分歧。笔者认为，虽然刑法对此种行为没有明确处理，但这种行为应当也构成行贿罪。而且，行贿罪不应以"谋取不正当利益"为要件。笔者拟结合下面的典型案例来进一步阐释这些观点。

一、类案简介

被告人张某，男，汉族，小学文化，个体建筑承包商（包工头），因涉嫌犯行贿罪，于2003年1月9日被取保候审。法院经公开开庭审理查明：被告人张某于1999年4月至2002年8月间，为谋取不正当利益以及在经济往来中违反国家规定，向某市殡仪馆（全民事业单位）原馆长赵某（国家工作人员）行贿6次，合计人民币65000元。具体行贿事实概括如下：（1）为工程中标及今后业务得到关照、再接工程，送35000元；（2）在工程施工过程中，为获取施工工程款，送30000元。另查：被告人张某的个体建筑工程队只有承建普通民用房（平房）的建筑资质，而不具备其他任何资质。其承建的殡仪馆建筑工程均是利用挂靠其他有资质的建筑公司的手段，通过招、投标取得的，工程合同均进行过公证，工程造价亦经审计事务所审核，工程质量经验收合格。案件最终处理结果：法院以被告人张某为谋取不正当利益以及在经济往来中违反国家规定，给予国家工作人员以财物，数额较大，其行为已触犯刑律，构成行贿罪。遂依据《中华人民共和国刑法》第389条第1、2款、第390条第1款，第72条第1款，第73条第2、3款的规定，作出判决：被告人张某犯行贿罪，判处有期徒刑1年，缓刑2年。宣判后，被告人未提出上诉，检察院亦未提出抗诉，判决发生法律效力。

二、本类案件的争议焦点

此类案件的争议焦点在于：在建筑工程施工过程中，为结算工程款而行贿的行为是属于为谋取不正当利益给予国家工作人员以财物，还是属于在经济往来中违反国家规定，给予国家工作人员以数额较大的财物。

三、主要分歧意见与评析

第一种意见：此类案件中，不正当利益是指根据法律、法令及有关政策规定不应得到的利益，即谋取国家法律、行政法规以及地方性法规所禁止的利益，但谋取地方性法规与国家法律、国务院制定、颁布的法规相冲突的利益，则不应认定为"不正当利益"。

这种观点将不正当利益等同于非法利益，对不正当利益做了狭义的理解。对此，我们认为：首先，从学理上讲，所谓"不正当利益"应当是针对利益本身而言的，即其应当是指非法利益和在特定时期为政策和社会伦理道德所不容的利益。因为正当与合法是两个不同的概念。正当与否，在一般情况下，不仅应当考虑法律评价标准，还应当参考其社会评价标准，如果将"不正当利益"中的不正当归结为手段的不正当性，则这种解释难免存在逻辑上的错误。因为如果以手段的性质来决定利益的性质，那么在行贿的情况下，就无所谓正当利益或不正当利益的区分了。这样无疑是模糊了罪与非罪的界限，与立法精神是相悖的。其次，不确定利益是否属于不正当利益问题。我们认为，所谓不确定利益，又可称为可得利益，是指根据有关法律、政策规定任何人采取合法正当方法都可能取得的利益，但这种利益是不确定的。行为人谋取不确认利益而行贿，如何处理。对于这种情况，我们认为如果采取了广义的解释，将这种通过不正当手段取得的确定利益界定为本身不正当的利益，否定利益自身的独立性，是不可取的。

第二种意见：不正当利益包括非法利益，但除非法利益以外，还包括在特定时期的政策和社会伦理道德观念所不容许的利益，其中非法利益不仅指取得法律禁止取得的利益，而且包括通过不正当手段减免依法应当履行的义务，如纳税人通过行贿而少缴纳或不缴纳税款。这种观点，将不正当利益归为非法利益或者其他不应得到的利益，强调行贿罪中谋取不正当利益之所谓不正当，是指利益本身不正当，并非是手段不正当。

第三种意见：根据1999年3月4日最高人民法院、最高人民检察院《关于在办理受贿犯罪大要案的同时要严肃查处严重行贿犯罪分子的通知》第2条的规定：对于为谋取不正当利益而行贿，构成行贿罪、向单位行贿罪、单位行贿罪的，必须依法追究刑事责任。根据有关法律规定，"谋取不正当利益"是指谋取违反法律、法规、国家政策和国务院各部门规章规定的利益，以及要求国家工作人员或者有关单位提供违反法律、法规、国家政策和国务院各部门规章规定的帮助或者方便条件。因此，对于不正当利益应从广义上进行解释，对一切通过行贿行为或客观上运用了行贿手段而得到的利益，均可以视为不正当利益。利益自身的合法性与正当性并不是刑法意义上利益正当与否的唯一标准，利益自身性质的偶然性和追求该利益的过程，手段的正当性与合法性，也是判明利益正当性的一个重要标准。这种观点将不正当利益作了广义的解释，即不正当利益之所谓不正当不仅包括利益本身性质不正当，而且包括取得利益手段的不正当。不正当利益也应包括通过不正当手段获取的不确定的合法权益。因此，取消"谋取不正当利益"作为行贿罪的构成要件，不仅能够纠正"为谋取正当利益行贿合情合理，法无禁止不违法"的错误思想，而且在当前的社会背景下，简化行贿犯罪的构成要件对于打击贿赂犯罪也将起到积极的推动作用。

　　笔者认为，为结算工程款而行贿虽然目的合法，但手段不合法，仍属于"为谋取不正当利益给予国家工作人员以财物"的行为，以行贿罪论处。行贿罪，是指为谋取不正当利益，给予国家工作人员以财物的行为。行贿罪的客观方面主要表现为以下情况：一是为了利用国家工作人员的职务行为，主动给予国家工作人员以财物；二是与国家工作人员约定，以满足自己的要求为条件给予国家工作人员以财物。行贿作为受贿的一种对合行为，多年来一直处于查而不处的尴尬境地，应当说现行立法对行贿罪中不正当利益的规定过于笼统，未能正确区分非法利益、不正当利益和正当利益，也未能细化"正当利益"中的"实质正当"与"程序正当"等一系列细节问题，使得实务部门在处理行贿案件中往往意见分歧很大，严重影响了行贿案件的正确查处。同时，人为地将那些为谋取正当利益而主动向国家工作人员交付财物的行为从行贿罪中排除出去也不利于司法实践的操作，容易导致实践中出现受贿罪和行贿罪打击比例相差悬殊，造成司法"纵容腐败"。另外，以"谋取不正当利益"作为行贿罪的构成要件则是制约惩处行贿犯罪的关键所在。在许多贿赂案件中，受贿人为行贿人谋取的利益在手段和结果上均无明显不当，如实践中常见的行为人主动以行贿手段谋取合法的应得利益和以行贿手段谋取通过竞争才能实现的可得利益，这些行为虽然并不是为了谋取不正当利益，但已损害了国家工作人员职务行为的廉洁性，侵犯了贿赂犯罪案件的犯罪客体，因此，应该认定为行贿罪。取消"谋取不正当利益"作为行贿罪的构成要件，并不违背刑罚谦抑原则，我国《刑法》第 392 条对行贿罪规定的"特殊免责"条款以及刑法中的有关"但书"条款，完全能够避免行贿犯罪认定的扩大化。

四、建议

笔者建议：取消行贿罪中"谋取不正当利益"的要件要求，行贿罪不应以"谋取不正当利益"为要件，由立法机关明确规定"为谋取利益，给予国家工作人员以财物的是行贿罪"，或者由最高人民法院、最高人民检察院出台司法解释，明确规定"为结算工程款而给予国家工作人员以财物的行为"属于"为谋取不正当利益给予国家工作人员以财物"的行为。

[作者：吴红兵（1973—），男，汉族，江苏如皋人，江苏省如皋市人民检察院侦监科副科长。]

典型类案 88　对事前无约定离职后收受财物的行为如何定性

司法实践中，行为人在实施一定职务行为为请托人谋取利益之时或之前没有收受贿赂，在职务调动或退休之后收受该请托人的酬谢财物，且事先并无此约定的情形屡见不鲜，此行为是否认定为受贿犯罪，法律并无明确规定，以致各地做法不尽相同，甚至同一办案单位前后处理的结果也不尽相同。鉴于我国刑法对受贿罪的构成作了原则性规定，最高人民法院、最高人民检察院又针对实践办案中出现的有关受贿方面的认定争议情形作出了司法解释，但仍不够明确，造成办案中争议颇多。笔者以司法实践中的两个典型类案为例，对此类问题如何适用法律作一粗浅的研究。

一、类案简介

案例1：被告人何某，1995年10月至2004年12月任如皋市交通局副局长，2004年12月至2005年4月任如皋市水务局副局长。何某于1999年上半年至2005年春节期间，在担任如皋市交通局副局长期间，利用职务上的便利，在交通工程等方面为他人谋取利益，收受他人贿赂25笔计人民币55000元。后于2005年年初，何某调离交通局改任如皋市水务局副局长之后，又收受原如皋市交通建设工程公司七处处长、南通市建华交通建设工程公司董事长杨某，南通市通宁公路工程公司、如皋市路翔公路养护公司董事长周某等人为感谢其在担任交通局副局长期间在工程上的关照所送的人民币共3笔5000元。被告人何某收受此3笔款项之前与行贿人并无约定。本案最终处理结果：被告人何某收受此3笔款项系受贿的法律依据不足，该部分未予指控。

案例2：被告人张某，1995年8月任如皋市长江镇副镇长，1995年11月任如皋市长江镇党委副书记、副镇长，2000年4月任如皋市石庄镇党委副书记，2004年1月任如皋市黄市镇党委副书记，2004年2月当选如皋市黄市镇镇长，2005年1月任如皋市江安镇党委副书记、行政工作组组长，2005年12月至2006年7月任如皋市江安镇党委书记。张某在任上述职务期间，利用职务之便，为他人谋取利益，收受他人贿赂共计人民币106000元。在调离石庄镇之后，张某于 2005 年春节、2006 年春节期间先后收受石庄镇农机站兼水利站站长陈某、石庄镇承建通达工程的个体老板丁某等人 3 笔款项，共计人民币 25000 元。此 3 笔款项系上述行贿人为感谢张某在任石庄镇党委副书记时为他们进行的谋利行为而送的酬谢款，事先并无约定。本案最终处理结果：2006 年 12 月 10 日如皋市人民法院一审判决被告人张某有期徒刑 7 年，其中对上述 3 笔款项的受贿事实予以认定。

二、本类案件的争议焦点

此类案件引发的争议焦点是：对事前无约定，行为人离职后收受因其任前职时为他人谋取利益他人所送的酬谢财物的行为是否应认定为受贿。

三、主要分歧意见与评析

第一种意见认为：此种行为认定为受贿于法无据。理由有：

1. 目前，我国刑法并没有明文的法律或司法解释规定事前没有约定的事后收受财物的行为构成受贿罪。刑法对受贿罪的构成已经作出了一般性的规定：国家工作人员利用职务上的便利，索取他人财物，或者非法收受他人财物为他人谋取利益的行为。显然，这一规定并没有明确界定"事前没有约定的事后收受财物的行为"是否构成受贿罪。2000 年 6 月 30 日最高人民法院《关于国家工作人员利用职务上的便利为他人谋取利益离退休后收受财物行为如何处理问题的批复》规定，国家工作人员利用职务上的便利为请托人谋取利益，并与请托人事先约定，在其离退休后收受请托人财物，构成犯罪的，以受贿罪定罪处罚。最高人民法院、最高人民检察院《关于办理受贿刑事案件适用法律若干问题的意见》中规定国家工作人员利用职务上的便利为请托人谋取利益之前或者之后，约定在其离职后收受请托人财物，并在离职后收受的，以受贿论处。据此，在职时为他人谋取利益，没有事前约定，而在离职或退休后收受他人财物的，均不构成受贿罪。罪刑法定是我国刑法的基本原则，体现在刑法的解释规则上就是从严解释、作有利于被告人的解释，不能对刑法随意做扩大解释，这同时也是刑法谦抑性原则的要求。

2. 在事前没有约定事后收受财物的情形之下，国家工作人员职务行为的不可收买性（职务廉洁性）并没有受到侵害。因为在这种情况下，财物的交付者已经通过该国家工作人员的正常职务行为获得一定利益或实现了一定目的，送财物时已不存在需要收买国家工作人员为其谋取利益的问题，所以这种交付财物的行为只能定性为单纯酬谢，而不同于事前约定的酬谢性贿赂。对于国家工作人员来说，即使明知此时的财物赠与是对事前职务行为的报答，也不能认为是在出卖权力而为赠与人谋取非法利益,因为在职务行为实施时对其离退休后财物收受并无期待,也就不存在收受他人财物为他人谋利的故意了。

3. 在事前没有约定事后收受财物的情况下,行为人不存在受贿的故意。犯罪故意一般情况下都是指实行故意,故意与实行行为具有时间上的对应性。而事后收受财物时存在的是收受财物的故意,这种故意产生时不存在作为,却存在不作为,并非受贿故意,不属受贿罪的犯罪故意范畴。

第二种意见认为:此种行为认定为受贿符合立法本意。理由有:

1. 我国刑法规定的受贿罪的本质属性,即权钱交易,只要存在权钱交易,无论是事前、事中、事后收受财物都不影响受贿的构成,这种认识在理论界已趋于一致。从刑事政策的角度上说,如果否定事前没有约定离职后收受财物的行为构成受贿罪,那么,刑法所规定的受贿罪将会被规避。因为侦查人员获取双方当事人事前约定的主观故意的证据较为困难,导致在实践操作中此种收受财物的行为将大行其道,这显然不是立法的本意。

2. 此行为同样侵犯了国家工作人员的职务廉洁性。按照职务廉洁性的要求,国家工作人员是不允许其因职务行为非法收受他人财物的。换言之,当国家工作人员事前实施某种职务行为、客观上为他人谋取了利益时,他人向国家工作人员交付的财物,就是对国家工作人员职务行为的不正当报酬,是对国家工作人员职务廉洁性的侵犯。

3. 此行为具备了受贿罪客观方面的要件。根据《刑法》第385条关于受贿罪的表述,只要有职权就不允许其利用这一职权为他人谋取利益,并为此索取或收受钱物。这就意味着行为人不仅在在职期间为他人谋取利益收受他人所送财物是受贿,而且在离职后因为在职期间为他人谋取利益的行为而收受他人所送财物同样也构成受贿。

4. 此行为也具备了受贿罪主观方面的要件。受贿罪的罪过形式通常为直接故意,表现为,明知对方送的是贿赂而希望收受该贿赂。受贿的故意可以产生在为他人谋取利益之前;也可以是产生于其后。国家工作人员明知该财物是对自己职务行为的不正当报酬而收受,仍属受贿的故意,不应把这种事后故意的情况排除在受贿故意之外。

5. 我国已加入《联合国反腐败公约》(以下简称《公约》)。《公约》关于贿赂犯罪的条件比我国刑法要宽得多,从《公约》角度来看最高人民法院、最高人民检察院的上述司法解释,设置受财行为的事前约定是不恰当的,这就相当于排除了一部分非法行为于犯罪之外。这不仅与立法打击国家公务人员贪污贿赂犯罪的立法本意相悖,而且容易为贪污贿赂犯罪的行为人提供开脱罪责的借口，因此，应该对上述司法解释的内容加以修改。

笔者同意第二种意见。对事前无约定，离职后收受财物的行为应规定为犯罪。因为，无论从该行为侵犯的客体、客观表现来看，都符合受贿罪的犯罪构成要件。权钱交易，就是受贿犯罪的核心表现。如果对此种行为不予以从重从严打击，立法旨意就不会得到体现，对营造清正廉洁的政务环境显然也是不利的，具体的理由不再赘述。

四、建议

笔者建议：由最高人民法院、最高人民检察院联合出台相关司法解释，明确规定国家工作人员利用职务上的便利为请托人谋取利益，在离职后收受请托人财物，虽未经事前约定，但属于权钱交易的，以受贿论处。

[作者：高丽（1977— ），女，汉族，江苏如皋人，江苏省如皋市人民检察院公诉科副科长。]

典型类案 89 非法收受他人大额银行定期存款单的行为如何定性

在办案实践中，我们发现，行为人以大额银行定期存款单为犯罪对象，由于银行存单的特殊性，能否实际取得财物成为犯罪能否成立的重要因素。对此类问题如何适用法律争议较大。现围绕如下案例作一简要分析与研究。

一、类案简介

被告人陈某，男，现年62岁，原系某大学附属医院基建科科长，2004年5月退休后，因工作需要单位继续留用其协助管理医院基建工作。2004年11月，某建设有限公司经理周某，在参加招投标该附属医院病房大楼的桩基工程分包过程中，得到陈某的关照，并中标。周某为答谢陈某，打电话告诉陈某，欲送其现金10万元。陈某答应并要周某以其儿子陈某某的名字办张存款单。2004年12月28日，周某根据陈某的意思，通过其朋友上海浦东发展银行某支行综合办公室主任刘某，在该支行营业部开户，办理了一张10万元整存整取大额存单1份，定期5年，存单上储户姓名为陈某某。后周某将该10万元存款单装入信封内送给了陈某。2005年8月初，检察机关介入该医院基建工程调查，陈某怕事情败露，便将这只装有10万元存款单的信封退还给周某。2005年8月15日周某通过刘某，将10万元从营业部提取并转入周某公司账户。经查，该10万元存单的个人业务存款凭条上存户名：陈某某（无身份证号码），客户签名：刘某（载有身份证号码），存单载明密码支取。该案被告人陈某因还涉嫌其他受贿事实，某市检察院以被告人陈某涉嫌受贿罪于2006年2月23日向该市人民法院提起公诉，同年3月31日该市人民法院对该案作出判决，对该笔事实未予认定。

二、主要分歧意见与评析

本案被告人陈某利用协助管理某大学附属医院基建工作的职务之便，非法收受施工单位某建设有限公司经理周某所送10万元存款单，但未及时兑现。对此类行为如何定性？主要存在以下三种分歧意见：

第一种意见认为：陈某的行为构成受贿罪既遂。其理由是：本案中的陈某非法收受周某的10万元的存款单，客观上其利用职务上的便利，为某建设有限公司，在某大学附属医院病房大楼的桩基工程招投标分包过程中，给予了一定的帮助，得以中标是事实。主观上具有非法收受他人财物，为他人谋取利益的故意，当周某告诉陈某，已为其备好了10万元现金，要其去拿。陈某提出给搞张存单，并将其儿子陈某某的名字告诉了周某。由此可见，陈某与周某之间在主观上已经达成一致。客观上，周某办理好存款手续后，将10万元存单送给了陈某。陈某收受贿赂的行为已经完成。因此，陈某的行为应构成受贿罪既遂。后来陈某得知检察机关在调查时，怕自己的受贿事实败露，将该10万元存单退还给周某，并不影响陈某犯罪的构成。

第二种意见认为：陈某的行为不构成受贿罪。该案法院判决也对陈某收受10万元的事实未予认定。其理由是：陈某虽然曾经占有和控制了10万元存单，但存单并不等于实际的财物，陈某不掌握周某办理存单时的具体信息，也不知道存单加有密码，不能实际占有和支配存单上的10万元人民币。2004年4月1日起，我国施行的《个人存款账户实名制规定》中规定："个人在金融机构开立个人存款账户时，应当出示本人身份证件，使用实名。代理他人在金融机构开立个人存款账户的，代理人应当出示被代理人和代理人的身份证件。""在金融机构开立个人存款账户的，金融机构应当要求其出示本人身份证件，进行核对，并登记其身份证上的姓名和号码。代理他人在金融机构开立个人存款账户的，金融机构应当要求其出示被代理人和代理人的身份证件，进行核对，并登记被代理人和代理人的身份证件上的姓名和号码。不出示本人身份证件或者不使用本人身份证上的姓名的，金融机构不得为其开立个人存款账户。"该10万元存款单存户名是陈某某，但储蓄机构营业人员违规操作，没有按《个人存款账户实名制的规定》要求出示陈某某的有效身份证件，存单个人业务凭条上只有客户刘某的签名和有效身份证号码。并且该存款单在办理存款时，设有储户个人的密码，而凭密码支取存款是取款的前置条件，周某并未告知陈某存单上所设置的密码。按金融机构规定，储户在取款时，金融机构营业部的营业员除验证存单以外，还要验证密码，凭密码支取，若无密码或输入的密码不正确，是不能支取存款的。如果是储蓄密码遗忘，储户要先办理密码挂失手续，密码挂失满七天后，方可办理遗忘撤销密码或遗忘变更密码手续；办理储蓄密码遗忘挂失手续，只能由储户持本人存单、有效身份证件，必须到储户开户的储蓄机构办理书面挂失手续，并提供储户的姓名、开户时间、存期、储蓄种类、金额、账号及住址等相关信息。同时还规定，金融机构对储户支取人民币五万元以上大额储蓄存款的,不论是到期或未到期,定期或不定期,金融机构营业部在办理业务时,都要储户填写"大额现金支取登记审批表"进行登记,要出示取款人本人有效身份证明,要对储户原存款客户信息资料进行核对,在金额巨大或身份证明确有疑问时,应须上门核证,必须在存取款人的证件一致后,由该金融机构支行负责人或授权本行现金管理部门审批,并留下签名,方可支取。因此陈某欲仅凭此存款单取款,必须得通过存款单开户时,存款凭条上载明的客户刘某及其提供10万元存款的周某,要有三者的共同合意,客观上要有三者共同作为,方能取出存款,缺一不可。该存款单仅是一张取得财物的有价凭证,陈某并未实际占有和支配存单上的10万元人民币,所以,陈某的行为不构成受贿罪。

第三种意见认为:陈某的行为构成受贿罪中止。其理由是:陈某退休后利用协助管理医院基建工作的便利,为周某谋取利益,在周某告知欲送其10万元人民币时,其明确表示接收,并要求以其儿子陈某某的名字办一张存款单。因此,其主观上具有非法收受他人财物的故意。客观上,陈某收受了周某所送的10万元存单,但因该存单设有密码,存单户名缺少身份信息且与客户签名不符,陈某尚未实际控制和占有该10万元,其仅凭该存款单尚不能取得10万元的所有权,其要取得这10万元,必须得通过存款单开户时,存款凭条上载明的客户刘某及其提供10万元存款的周某,要有三者的共同合意,客观上要有三者共同作为,方能取出存款,缺一不可。因此陈某取得10万元存单后,并没有真正占有、控制这10万元,因此属一种未完成犯罪形态。2005年8月初,陈某得知检察机关介入该医院工程调查,陈某害怕事情败露,将这10万元存款单退还给周某。其行为符合犯罪中止构成要件。因此,本案中受贿人陈某收受周某10万元存款单的行为应认定为受贿罪的中止。

笔者同意第三种意见,陈某的行为构成受贿罪的中止。理由是:首先,陈某的行为应构成犯罪。主观上陈某具有利用职务便利,为他人谋取利益,并非法收受他人财物的直接故意,客观上实施了非法收受他人10万元存单的行为,且这10万元存单是按陈某意图办理的。因此其行为完全符合受贿罪构成的全部要件。其次,陈某的行为不构成受贿罪既遂。陈某非法收受这10万元存单,并未实际取得10万元的所有权,其要提取这10万元必须通过存单载明客户刘某及其提供10万元人民币存款的周某主观上三者合意,客观上三者的共同作为,方能取出存款。因此,犯罪行为尚是一种未完成形态。再次,陈某的行为构成受贿罪中止。2005年8月初,陈某得知检察机关介入该医院工程调查,陈某害怕事情败露,将这10万元存款单退还给周某,使犯罪未能达到犯罪既遂，这不是由于其意志以外的原因，而是其因害怕案发而自动放弃其犯罪所得，因此不是犯罪未遂，而是犯罪中止。综上所述，陈某的行为构成受贿罪的中止。

三、建议

受贿罪的犯罪对象是财物，包括：货币、有价证券、商品等。随着市场经济的不断发展，贿赂犯罪出现新情况、新动向。行为人以有价支付凭证、有价证券、有价票证等作为犯罪对象更为普遍。由于有价支付凭证、有价证券、有价票证等具有特殊性，实践中给案件认定带来争议，造成执法的不统一，因此，建议最高人民法院、最高人民检察院能及时作出司法解释，明确规定："对收受有价支付凭证、有价证券、有价票证的，不论是否兑现，均按票面数额认定，其是否兑现不影响犯罪认定。"

[作者：何强（1960—），男，汉族，江苏通州人，江苏省通州市人民检察院副检察长；王栋（1966—），男，汉族，江苏通州人，江苏省通州市人民检察院反贪局局长；张徐华（1967—），男，汉族，江苏通州人，江苏省通州市人民检察院反渎职侵权局副局长。］

典型类案 90 受委派人员在非国有公司企业改制后继续任职的是否以国家工作人员论

在办案中，我们遇到受国家机关、国有公司、企业、事业单位委派到非国有公司、企业任职人员，在公司、企业改制后继续任职，对其主体身份如何认定，存在较大争议。现以如下类案为例，作一浅要的分析与研究。

一、类案简介

案例 1：被告人王某，男，60 岁，1994 年 2 月受某市经济委员会任命，到集体所有制企业某农业机械总厂担任厂长。1996 年 8 月该企业改制为股份合作制企业，改制后，该企业已无国有财产。王某经某农业机械总厂董事会选举受聘继续担任厂长至 1998 年 6 月，某市经济委员会根据董事会选举结果亦对王某发出继续担任厂长的任职通知。在改制后，王某利用担任某农业机械总厂厂长的职务便利，将有关业务单位给付的赞助费作为该厂的小金库收入，由该厂总务科会计于某保管。1998 年 6 月，王某指使于某隐瞒小金库的余额人民币 82000 元不上缴，伙同于某私分该款，其中王某侵吞人民币 60000 元，于某侵吞人民币 22000 元。其后，王某、于某以假代办条作支出将小金库账冲平。1997 年年初至 1998 年年初，王某利用担任某农业机械总厂厂长的职务便利，非法收受某机械修造厂负责人吴某所送贿赂款人民币 50000 元；非法收受承建该厂建筑工程的某建筑工程公司项目负责人陆某所送贿赂款人民币 16000 元。某市检察院于 2005 年 11 月 14 日以被告人王某涉嫌贪污罪、受贿罪，被告人于某涉嫌贪污罪向同级人民法院提起公诉。经开庭审理，某市人民法院于 2005 年 11 月 28 日作出判决，被告人王某犯职务侵占罪判处有期徒刑 2 年；被告人王某犯公司、企业人员受贿罪，判处有期徒刑 1 年，合并执行有期徒刑 2 年 6 个月，缓刑 3 年。被告人于某犯职务侵占罪，判处有期徒刑 1 年 6 个月，缓刑 2 年。

案例 2：被告人单某，男，53 岁，自 1989 年 2 月至 1996 年 7 月任某农业机械总厂副厂长。1996 年 8 月 27 日该厂改制为股份合作制企业。同年 8 月 28 日经股东大会选举当选为该厂董事会成员并受聘继续担任副厂长。1998 年 6

月23日该厂主管单位市机电冶金资产营运有限公司（国有性质）根据该厂董事会选举结果发出了单某任董事长兼厂长的任职通知。2000年11月14日经批准录用为市机电冶金资产营运有限公司干部，但仍在该农业机械总厂工作。

1998年9月至2002年1月，被告人单某利用担任某农业机械总厂副厂长、董事长兼厂长等职务之便，在该厂与某机械修造厂和某机械制造有限公司的业务往来中，为两单位加工业务及货物未回收提供方便，非法收受某机械修造厂负责人施某、某机械制造有限公司经理殷某所送贿赂共计人民币82000元，占为己有。

某市检察院于2005年11月2日以被告人单某涉嫌受贿罪向某市人民法院提起公诉。经开庭审理，某市人民法院于2005年11月28日作出判决，被告人单某犯公司、企业人员受贿罪，判处有期徒刑3年，缓刑3年。

二、本类案件的争议焦点

本类案件争议的焦点在于对受国家机关委派到非国有企业任职，在企业改制后继续任职的是否以国家工作人员论。

三、主要分歧意见与评析

第一种意见认为，王某、单某的身份应"以国家工作人员论"。其理由是：从我国经济体制改革进程看，由于受计划经济体制的影响，在起初的实际改制中，一些含有国有财产的企业虽然名义上已经改制了，但是，这些企业的决策者和经营者仍然是原班人马，内部运行机制并未随改制发生显著的变化，经营状况和经济效益也未随改制而凸显出来。如上述案例中某农业机械总厂采取增量扩股改制，只是名义上进行改制，企业经营、管理仍是改制前的模式，王某、单某等的人员性质是国家干部，是受国家机关委派，代表国家机关在非国有企业中从事组织、领导、监督、管理等工作，在企业改制后厂长的身份仍然不变。我国《刑法》第93条第2款规定："国有公司、企业、事业单位、人民团体中从事公务的人员和国家机关、国有公司、企业、事业单位委派到非国有公司、企业、事业单位、社会团体从事公务的人员，以及其他依照法律从事公务的人员，以国家工作人员论。"王某、单某的身份符合《刑法》第93条的规定，是受国家机关委派到非国有企业中从事公务的人员，应"以国家工作人员论"。因此，王某、单某的身份符合国家工作人员的主体条件，主张以贪污罪和受贿罪对王某进行查处。

第二种意见认为，王某、单某的身份不具备国家工作人员主体身份，属企业工作人员性质。其理由是：王某、单某此前虽是受国家机关委派到非国有企业任职,并有书面任职通知,但该非国有企业在改制后属股份合作制企业,不含有国有财产,在经济上、行政上都是独立的,企业董事长、经理由董事会聘任。虽然此后某市经济委员会也对王某等发出任职通知,但其任职通知亦根据某农业机械总厂董事会选举结果作出,不属实质上的委派,该任命不符合公司法规定。王某等在企业改制后所担任的厂长职务属于企业工作人员性质,不具备国家机关委派到非国有企业工作的基础条件,不能"以国家工作人员论"。因此,主张以职务侵占罪和公司、企业人员受贿罪对王某、单某进行查处。

笔者同意后一种意见,理由是:在1997年3月6日八届全国人大五次会议上,王汉斌副委员长所作的《关于〈中华人民共和国刑法〉修订草案的说明》中指出:"关于国家工作人员的范围,有些同志主张应限于国家机关工作人员,考虑到国有公司、企业的管理人员经手管理着国家财产,以权谋私、损公肥私、化公为私的现象比较严重,草案原则上维持刑法规定的国家工作人员的范围。"由此可见,国有财产严重流失是转轨时期国家极为重视和亟待解决的问题。《刑法》第93条第2款将"准国家工作人员"视为国家工作人员的立法意图,主要在于从严惩处侵吞国有资产的腐败分子,从而更有效地保护国有财产。准国家工作人员包括如下三种情况:一是在国有公司、企业、事业单位、人民团体中从事公务的人员;二是国家机关、国有公司、企业、事业单位委派到非国有公司、企业、事业单位、社会团体中从事公务的人员;三是其他依法从事公务的人员。我们认为,刑法规定的委派,在于国家机关、国有企业、事业单位、人民团体对具有国有财产成分的非国有公司、企业的管理,因而属于国家工作人员。《刑法》第93条第1款明确地规定了国家工作人员的概念,而这一法定概念已清楚地界定了"公务"的性质、范围,即只能是国家公务,不包括集体公务在内。"国有财产"和"从事公务"是委派人员构成国家工作人员的两个要件。就本案而言,某农业机械总厂原是国有企业某市机电冶金资产营运有限公司的下属集体企业,1996年8月企业改为股份制,由集体控股、企业职工参股,不含国有财产,其上级主管公司某市机电冶金资产营运有限公司未控股、参股。依据公司法的规定,股份公司的管理人员应由公司董事会聘任决定,对公司管理人员必须由某农业机械总厂股东大会或董事会选举、聘任。因此当企业改制后,王某等经选举并受聘担任厂长职务,有工商变更登记的法律文件确认,从而使王某等失去受国家机关委派的法律依据,王某等已不具有国家工作人员身份,即不能以国家工作人员论。后一种意见更接近立法原意。因此,王某等的主体身份属企业的工作人员,其行为构成职务侵占罪和公司、企业人员受贿罪。

四、建议

《刑法》第 93 条第 2 款规定："国有公司、企业、事业单位、人民团体中从事公务的人员和国家机关、国有公司、企业、事业单位委派到非国有公司、企业、事业单位、社会团体从事公务的人员，以及其他依照法律从事公务的人员，以国家工作人员论。"我们认为不管是从立法原意，还是从规范执法要求看，对国家机关、国有公司、企业、事业单位委派到非国有公司、企业的人员，在公司、企业改为股份合作制后没有国有财产而继续任职的，不应以国家工作人员论。为利于准确地打击此类犯罪和执法上的统一，建议最高人民法院、最高人民检察院作出司法解释，明确规定："对国家机关、国有公司、企业、事业单位委派到非国有公司、企业的人员在公司、企业改为股份合作制后没有国有财产而继续任职的，不应以国家工作人员论。"

[作者：章婷（1969—），男，汉族，江苏通州人，江苏省通州市人民检察院检察长助理；张建兵（1966—），男，汉族，江苏通州人，江苏省通州市人民检察院研究室主任；李显峰（1964—），男，汉族，江苏通州人，江苏省通州市人民检察院检察员。]

七、渎职罪

典型类案 91 渎职犯罪案件立案前挽回的经济损失能否扣减犯罪行为实际损失

最近，某基层人民检察院分别查处了1件滥用职权和1件玩忽职守犯罪案件线索，并在初查阶段挽回了行为人滥用职权和玩忽职守行为所造成的20余万元和380余万元经济损失。但是，案件办理过程中，对立案前由检察机关挽回的经济损失是否应当从犯罪嫌疑人的行为造成的实际损失中予以扣减产生意见分歧，直接影响了案件的能否立案侦查和定罪处理工作。

一、类案简介

案例1：杨某某，男，39岁，大专文化，某镇劳动人事和社会保障服务站站长。杨某某于2006年6月至8月期间，利用担任镇劳动人事和社会保障服务站站长的职权，弄虚作假，违反规定，为不符合农村养老保险转为城镇养老保险条件的某建材机械厂等单位的44名人员，以镇农经站等两个单位职工的名义，办理农保转城保手续，造成国家少收入保险费22.8万余元的经济损失。同时，为其参与合伙的镇劳动人事和社会保障事务所谋利，以高于农保转城保的缴费标准，向该44名人员多收代理费9万余元，部分已用于个人分配。上述行为被人民群众发现后，在当地产生了恶劣的社会影响。

案件诉讼过程及其处理结果：检察机关在初查期间追缴了杨某某违规多收的代理费，相关劳动和社会保障部门也以正式发文形式，对杨某某违规办理的44名人员农保转城保手续予以纠正。检察机关认为杨某某滥用职权，造成了符合立案标准的经济损失和恶劣影响为由立案侦查。侦查终结后提出相对不起诉意见，移送公诉部门审查。公诉部门认为，检察机关在立案前即已挽回经济损失，相关部门对杨某某的违规行为也作了纠正，故对其造成的22.8万元经济损失不应予以认定，但考虑其行为已造成恶劣的社会影响，仍符合构成犯罪的立案标准，同意相对不起诉处理，提交检察委员会讨论决定。检察委员会认为，立案前由检察机关挽回的经济损失不应予以扣减，杨某某的行为已构成滥用职权罪，但情节轻微，同意作出相对不起诉决定。

案例2：涉案单位，某经济开发区。某经济开发区于1998年2月对所属房产开发公司组织改制。改制期间，由于改制工作组相关人员对该单位资产评估工作审核把关不严，加之资产评估人员在资产评估申报不实的情况下审计评估，致使国有资产流失380万余元。

案件查办过程及处理结果：检察机关根据上级交办意见，对该案予以初查。经反复核对账目和司法会计鉴定，查明了该开发区房产开发公司改制期间的国有资产流失情况，并从改制后的企业中予以全额追回，挽回了经济损失，但未发现有故意隐匿侵吞国有资产的犯罪事实存在。检察委员会就本案是否应当认为有玩忽职守犯罪的事实存在而立案侦查的问题进行讨论，因经济损失已被先行挽回，加之责任较为分散，追诉时效方面也有争议，最终决定不予立案。多数委员认为，最高人民检察院《关于渎职侵权犯罪案件立案标准的规定》中，关于经济损失确认方面的表述应作必要修改，以免实践中产生分歧。

二、本类案件的争议焦点

本类案件的争议焦点是在认定滥用职权、玩忽职守等渎职犯罪所造成的经济损失数额时，由检察机关在立案前挽回的经济损失是否应当予以扣减。

三、主要分歧意见与评析

第一种意见认为，由检察机关在案件初查阶段挽回的经济损失，不应在犯罪嫌疑人所造成的实际损失数额中予以扣减。理由是：

1. 最高人民检察院《关于渎职侵权犯罪案件立案标准的规定》（以下简称《规定》）附则第4条第3项明确规定，由司法机关或者犯罪嫌疑人所在单位及其上级主管部门挽回的经济损失，不予扣减，但可作为对犯罪嫌疑人从轻处罚的情节考虑。

2. 滥用职权、玩忽职守等渎职犯罪行为所造成的经济损失，是犯罪嫌疑人的行为已经造成的客观存在的危害结果，而检察机关在查处案件过程中挽回的经济损失，与犯罪嫌疑人的自身行为无关，所以，无论是在立案前还是立案后，由检察机关挽回的经济损失，均不应在行为人造成的经济损失数额中予以扣减。

3. 检察机关从服务大局出发，在案件初查阶段就努力挽回犯罪行为所造成的经济损失，是充分运用社会主义法治理念指导办案的具体体现，但因此而使犯罪嫌疑人的罪责得以减轻，则违反了公平正义的理念。尤其是因为办案部门在初查阶段就挽回了犯罪嫌疑人的行为所造成的全部经济损失，从而不予认为犯罪嫌疑人犯罪事实的存在，使犯罪嫌疑人应予追究刑事责任的行为得不到应有的追究，更违反了有案必查、有罪必究的原则。

第二种意见认为，检察机关在立案之前所挽回的经济损失，应当在认定犯罪嫌疑人的行为所造成的损失总额时予以扣减，已全部挽回的，应依法不予立案侦查。理由是：

1.《规定》明确指出，滥用职权、玩忽职守等渎职犯罪案件中的"直接经济损失和间接经济损失，是指立案时确已造成的经济损失"。据此，在检察机关立案之前就已经挽回的，无论是犯罪嫌疑人自己挽回的，还是检察机关或犯罪嫌疑人所在单位及其上级部门挽回的，都不能认定为犯罪嫌疑人的行为确已造成的损失。因为，刑事诉讼从立案开始而不是从线索初查开始，犯罪嫌疑人的渎职行为所造成的损失数额认定也就只能以"立案时"作为界限。如果其经济损失在立案前已被全额挽回，立案侦查就失去了"有犯罪事实存在"的依据，依法不应立案。已经立案的，也不宜再以犯罪论处。

2.《规定》虽然指出，移送审查起诉之前，由司法机关及犯罪嫌疑人所在单位及其上级主管部门挽回的经济损失不予扣减，但并不是从犯罪嫌疑人实施犯罪行为开始，到侦查部门移送审查起诉之前的整个阶段中，由司法机关或犯罪嫌疑人所在单位及其上级主管部门挽回的经济损失都不予扣减，而应以检察机关立案到移送审查起诉之前的时段为限。

对于上述争议，笔者认为，问题的关键在于《规定》附则第4条第3项的规定不完全妥当，应作必要修改。因此，建议明确规定，滥用职权、玩忽职守等渎职犯罪案件案发后，凡由检察机关挽回的经济损失，均不从犯罪嫌疑人的犯罪行为所造成的经济损失中予以扣减。理由是：

1. 滥用职权、玩忽职守等渎职犯罪案件中的经济损失数额，直接关系到行为人的行为是否应当依法追究刑事责任，关系到案件的定罪量刑，在侦查、认定工作中必须以事实为依据，实事求是。

2. 此类案件中的经济损失，应当是犯罪嫌疑人自己的行为所造成的损失，自己造成损失后又自己挽回的，或其亲友帮助挽回的，或者由其所在单位及其上级主管部门挽回的，只要是在案发前被挽回了，都可以不认为确已造成了损失。但是，检察机关既已发现了案件线索，开始初查工作且主动挽回经济损失，就不足以也不应当减轻犯罪嫌疑人的罪责。因为，这一结果的产生，与犯罪嫌疑人的自身行为无关。

3. 检察机关在滥用职权、玩忽职守等渎职犯罪案件的初查阶段，一旦发现犯罪嫌疑人的渎职行为已经造成经济损失，便积极予以挽回，系正确履行职责之必须。在一般情况下，先立案后挽回损失属于正常做法，但为防止意外，先挽回损失后决定立案或者同时进行，并不违反法律规定。然而，以立案前就已由检察机关挽回了经济损失为由，扣减犯罪嫌疑人造成的损失数额，使其罪责减轻，甚至使其逃脱法律制裁，显然违反了公平正义的法治理念。

四、建议

综上所述，笔者建议对《规定》附则第4条第3项的规定作如下修改：

直接经济损失和间接经济损失，是指犯罪嫌疑人的渎职犯罪行为所造成的，且在检察机关进行案件初查前尚未挽回的经济损失。案件初查期间，由侦查机关挽回的经济损失不予扣减。自侦查机关立案之日起，至移送审查起诉之前，所挽回的经济损失不予扣减，但经济损失是由犯罪嫌疑人及其亲友自行挽回的，或者由犯罪嫌疑人积极协助司法机关、其所在单位或其上级主管部门挽回的，可作为对犯罪嫌疑人从轻处罚的情节予以考虑。

[作者：周剑浩（1957—），男，汉族，江苏如东人，江苏省南通市人民检察院检委会委员、副检察长；丁鹤铨（1955—），男，汉族，江苏南通人，江苏省南通市人民检察院检委会委员、反渎局局长；刘云荣（1968—），男，汉族，江苏邗江人，江苏省南通市人民检察院检察员、法律硕士。]

典型类案 92 对徇私枉法罪"情节严重"、"情节特别严重"如何理解

在司法实践中,对徇私枉法罪的"情节严重"、"情节特别严重"如何理解,存在较大分歧。笔者试从以下典型案例对此法律适用问题作一研究。

一、类案简介

2001年2月7日夜11时许,某县公安分局民警朱某,联防队员陈某、史某等人在夜巡过程中,发现A镇长垯村丁某家门前停放着1辆无号牌的桑塔纳99新秀轿车(价值人民币11.01万元),即敲丁某家门对其进行询问,在询问过程中发现了躲藏在东屋衣橱内的陈某(因盗窃罪已被判处无期徒刑),又在丁某家东屋床下发现了3块桑塔纳汽车铭牌(其中2块编号为LS-VAAEB04YB147614,另1块出厂编号为LSVAAEB04YB147687)、1把桑塔纳汽车钥匙坯和1把改成锥子型的起子。当夜,朱某等人即将陈某、桑塔纳轿车、牌、钥匙坯和锥子型起子一起带至公安分局,并及时将夜巡情况打电话向时任公安分局局长的被告人缪某作了汇报。被告人缪某接到汇报后于次日凌晨驾车赶至公安分局,并且参与查看了桑塔纳轿车和汽车铭牌等扣押物品,还与该县公安局刑事警察大队A镇中队队长吉某取得联系,由该中队派员参加对陈某的审查。同时被告人缪某还安排朱某向B县警方了解该桑塔纳轿车所使用的该县临时牌照的有关情况。当日下午,被告人在自己办公室内收受陆某受丁某委托所送的人民币25000元后,没有针对所扣押的汽车铭牌编号、临时牌照做进一步的审查,就决定将陈某放走。几天后,B县公安局将汽车临时牌照的车主崔某的调查材料传真给朱某,朱即将该材料交给被告人缪某,被告人缪某没有对材料反映情况的疑点再对陈某恢复审查。此外,被告人缪某还有利用职务之便,非法收受他人财物共18600元的犯罪事实。

案件最终处理结果:一审法院根据《中华人民共和国刑法》第399条、第385条第1款、第69条的规定,判决被告人缪某犯徇私枉法罪,判处有期徒刑5年;犯受贿罪,判处有期徒刑6个月,决定执行有期徒刑5年。

二、主要分歧意见与评析

第一种意见认为，虽然缪某在收受他人贿赂后将被判处无期徒刑的重大犯罪嫌疑人陈某放走，但由于徇私枉法罪中对"情节严重"、"情节特别严重"未加以规定，如果以徇私枉法罪定罪，缪某只能处五年以下有期徒刑；而收受25000元按照《刑法》第385条之规定，可能判处七年以下有期徒刑。《刑法》第399条第3款规定：司法工作人员贪赃枉法，有前两款行为的，同时又构成《刑法》第385条规定之罪的，依照处罚较重的规定定罪处罚。因此，对于此节只能认定缪某构成受贿罪。

第二种意见认为，朱某等人将夜巡情况向被告人缪某汇报后，已可以判断出陈某形迹可疑，其实施的是非正常人实施的行为，具有重大嫌疑。被告人缪某查看桑塔纳轿车及铭牌后，认识到查获的机动车是辆新车，也察觉到其中两块铭牌号码完全相同，这是正常机动车所不可能有的。作为一名从警十余年的资深警察，应当判断出这可能是一起重大盗窃机动车案件。陈某被留置在曲塘分局后不久，即有人送来25000元，可见陈某所犯绝对不是收购赃物之类的小问题。被告人在收到朱某交给其东台市公安局后港派出所传真后，也应当认识到扣押桑塔纳轿车使用的临时牌照存在问题，陈某等人的犯罪原形更加明显，完全可以恢复追究，但被告人缪某却未采取任何措施。因此，被告人缪某身为司法工作人员，置自己所应履行的司法职责不顾，利用职务上的便利，收受他人巨额贿赂，对明知有罪的人而故意包庇不使其受追诉，致使一起特大盗窃机动车犯罪案件没有及时侦破，使人民财产继续遭受巨大损害，其行为构成徇私枉法罪，属"情节严重"，应当认定其行为构成徇私枉法罪。

笔者同意第二种意见，缪某的行为属于徇私枉法罪中的"情节严重"。本案中如何界定徇私枉法罪的"情节严重"、"情节特别严重"，关系到适用《刑法》第399条第3款后本节犯罪事实是认定为徇私枉法罪还是受贿罪的问题。最高人民检察院于2002年1月1日施行的《人民检察院直接受理立案侦查的渎职侵权重特大案件标准（试行）》（以下简称《重特大案件标准》）第5条对徇私枉法罪的重特大案件的标准作了规定："（一）重大案件。1. 对依法可能判处三年以上七年以下有期徒刑的犯罪分子，故意包庇不使其受追诉的；2. 致使无罪的人被判处三年以上七年以下有期徒刑的。（二）特大案件。1. 对依法可能判处七年以上有期徒刑、无期徒刑、死刑的犯罪分子，故意包庇不使其受追诉的；2. 致使无罪的人被判处七年以上有期徒刑、无期徒刑、死刑的。"《重特大案件标准》以"有罪的人"、"无罪的人"的刑罚幅度为标准，进而确定徇私枉法犯罪嫌疑人的刑事责任大小。但是由于其仅为立案侦查时的重特大标准,刑法条款中的"情节严重"、"情节特别严重"是否可以参照这个标准还值得商榷。其次,仅以"有罪的人"、"无罪的人"两个方面为依据作为确定徇私枉法罪的"情节严重"、"情节特别严重"标准,也不能全面反映徇私枉法罪的罪责体系。

根据刑法相关理论,判断某种犯罪是否达到"情节严重"、"情节特别严重",应综合考虑行为人实施犯罪的方法、手段、作案的次数、所侵害的犯罪对象等方面。笔者认为,徇私枉法罪中的"情节严重"、"情节特别严重"可以直接行为和间接后果两个标准来进行衡量和确定。

1. 以直接行为为标准。即当行为人多次实施徇私枉法犯罪行为或者使多名犯罪嫌疑人、被告人逃避处罚或多名无罪的人被追诉的,可认定为徇私枉法罪中的"情节严重"、"情节特别严重",其中认定"情节严重"的"多次"是指3次,认定"情节特别严重"的"多次"是指5次。

2. 以间接后果为标准。包括三种情况,即当行为人明知徇私枉法可能致使被判处10年以上有期徒刑、无期徒刑的犯罪不受追诉、或徇私枉法致使犯罪嫌疑人、被告人逃避刑事处罚后又实施重大犯罪或者徇私枉法造成严重社会影响的,构成徇私枉法罪中的"情节严重";当行为人明知徇私枉法可能致使死刑的犯罪不受追诉;或徇私枉法致使犯罪嫌疑人、被告人逃避刑事处罚后又实施特大犯罪的;或者徇私枉法造成特别严重社会影响的,可以认定为徇私枉法罪中的"情节特别严重"。需要注意的是,以间接后果为标准中的第一种情形,这里并不要求行为人"确知"包庇的人一定会被判处10年以上有期徒刑、无期徒刑或者死刑,只要行为人根据案发时的情形,有相应的证据证明其放纵的犯罪嫌疑人或被告人可能会被判处10年以上有期徒刑、无期徒刑或者死刑,即构成这里所要求的"明知"。需要特别指出的是,这里的"可能"不能以审判机关的判决为依据,而应以刑法对犯罪嫌疑人、被告人的犯罪行为的法定刑为准。从本案来看,被告人缪某从牌照、起子以及民警朱某的汇报中应当推断出陈某是盗窃桑塔纳轿车的犯罪嫌疑人,且该车价值达11万余元,陈某是可能被判处10年以上有期徒刑的犯罪嫌疑人,而其在此之后又实施7起重大犯罪,致使他人财产遭受重大损失,应当认定其行为构成徇私枉法罪中的"情节严重"。

三、建议

通过上述分析,我们建议"两高"在相关司法解释中,明确规定达到徇私枉法罪"情节严重"和"情节特别严重"的认定标准,可增加规定:"1. 行为人3次以上实施徇私枉法犯罪行为或者使3名犯罪嫌疑人、被告人逃避处罚或使 3 名无罪的人被追诉的,可认定为徇私枉法罪中的'情节严重';行为人 5 次以上实施徇私枉法犯罪行为或者使 5 名犯罪嫌疑人、被告人逃避处罚或使 5 名无罪的人被追诉的,可认定为徇私枉法罪中的'情节特别严重'。2. 当行为人明知徇私枉法可能致使被判处 10 年以上有期徒刑、无期徒刑的犯罪不受追诉、或徇私枉法致使犯罪嫌疑人、被告人逃避刑事处罚后又实施重大犯罪或者徇私枉法造成严重社会影响的,构成徇私枉法罪中的'情节严重';当行为人明知徇私枉法可能致使死刑的犯罪不受追诉;或徇私枉法致使犯罪嫌疑人、被告人逃避刑事处罚后又实施特大犯罪的;或者徇私枉法造成特别严重社会影响的,可以认定为徇私枉法罪中的'情节特别严重'。"

[作者:张达伟(1975—),男,汉族,江苏南通人,江苏省南通市开发区人民检察院办公室主任。]

《刑事诉讼法》适用与立法司法解释建议

典型类案 93 犯罪嫌疑人在当地有固定住处却在旅馆房间内被执行监视居住是否折抵刑期

司法实践中，对于在旅馆房间内执行监视居住能不能折抵刑期，争议较大。我们认为，犯罪嫌疑人在当地有固定住处却在旅馆房间内被执行监视居住，已经完全限制了犯罪嫌疑人的人身自由，该监视居住的期间可以折抵刑期。诉讼程序也应由法律明文规定，否则将会出现地区执法差异，引发较多不稳定因素，建议通过司法解释明确关于犯罪嫌疑人在当地有固定住处却在旅馆房间内被执行监视居住应予折抵刑期。现将实践中发现的此类问题的两个案例简述如下，以在研究时便于分析比较。

一、类案简介

案例1：黄某因涉嫌赌博罪于2005年10月1日至同年10月25日和同年12月3日至同月30日被某市公安局两次执行监视居住。2006年4月，黄某因犯赌博罪被判处有期徒刑9个月，刑期中未折抵黄某两次被监视居住的时间。2007年5月20日，黄某向检察机关提出申诉，要求刑期中折抵两次监视居住的25天。检察机关经立案审查查明，黄某两次被监视居住在某宾馆房间，由侦查机关执行，黄某的24小时生活起居均在该宾馆的一间房间内，每天由两名或一名公安民警及两名保安负责看守，黄某有时还被戴手铐，不能与外界直接联系。

案例2：李某因涉嫌聚众斗殴罪于2003年6月15日至同年6月30日被某某市公安局执行监视居住。2003年11月28日，李某犯聚众斗殴罪被判处有期徒刑2年，刑期中未折抵李某被监视居住的时间。2004年12月3日，李某向检察机关提出申诉，要求在刑期中折抵监视居住期间，检察机关经立案审查查明，李某曾被监视居住在该市某宾馆客房内，每天24小时派民警和保安负责看守。

二、本类案件的争议焦点

从以上典型案件可以看出，本类问题的主要争议焦点即：犯罪嫌疑人在当地有固定住处，但公安机关对其在旅馆房间内执行监视居住，并派人看守，是不是属于完全限制人身自由，是不是属于变相羁押措施，能否根据最高人民法院1984年《关于依法监视居住期间可否折抵刑期问题的批复》（以下简称《批复》）进行折抵刑期。根据《批复》明确：被送县行政拘留所执行"监视居住"，完全限制了人身自由，这是对被告人采取的羁押措施，而不是法定的监视居住方法。这一批复仅针对的是送县行政拘留所执行"监视居住"的情况应予折抵刑期，但未明确在招待所、宾馆房间内执行监视居住并派人24小时监视的情况，是不是属于完全限制人身自由，是否可以适用该《批复》予以折抵。而在司法实践中也有较多地区根据该《批复》精神把在招待所、宾馆房间内执行监视居住并派人24小时监视的情况列为折抵刑期的情形，也有地区对此存有争议，所以出现了地区执法不平衡情况，也由此出现了当事人申诉、上访的情况。

三、主要分歧意见与评析

第一种意见认为：在旅馆房间内执行监视居住不能折抵刑期。根据我国《刑事诉讼法》第57条的规定，监视居住未完全剥夺犯罪嫌疑人的人身自由，监视居住期间，不能折抵刑期。该条的规定表明，监视居住的场所一般有两种：一种是在犯罪嫌疑人、被告人的住处；另外一种是指定的场所，如将犯罪嫌疑人、被告人监视居住的场所指定为宾馆等场所，都属于法律规定的可以采取监视居住的场所。这种强制措施不仅是名义上的监视居住，其性质也依然是监视居住，并未完全剥夺和限制犯罪嫌疑人、被告人的人身自由，其强制的程度毕竟不如拘留、逮捕等羁押措施。由此，指定居所执行监视居住是法律明确规定的，完全可以指定旅馆房间为犯罪嫌疑人的临时居所而在其内执行监视居住。犯罪嫌疑人在当地有固定住处但公安机关却在旅馆房间内对其执行监视居住，只是监视居住地点选择不当而已，属轻微程序违法，与能否折抵刑期是无关的。公安机关派人看守的行为是不违反有关规定的，因为我国刑事诉讼法对监视居住的具体执行模式没有详细规定，也未规定公安机关对执行监视居住的人员不得进行看守，公安机关派人看守一是对监视居住对象的安全负责，二是为了防止被监视居住的犯罪嫌疑人私自离开居所和私下会见他人，这是监视居住的必要措施，并未完全限制人身，不能折抵刑期。需要指出的是，根据公安部《公安机关办理刑事案件程序规定》第98条第1款的规定，指定的居所，是指公安机关根据案件情况，在办案机关所在的市、县内为犯罪嫌疑人指定的生活居所。并且，该条第二款进一步规定："公安机关不得建立专门的监视居住场所，对犯罪嫌疑人变相羁押不得在看守所、行政拘留所、留置室或者公安机关其他工作场所执行监视居住。"第2款的限制性规定，是因为原来在司法实践中，存在将犯罪嫌疑人、被告人送到拘留所、看守所等场所，名义上是监视居住，实际上完全限制和剥夺了犯罪嫌疑人和被告人的人身自由，是一种变相羁押，不是法律规定的监视居住的方式。

第二种意见认为：在旅馆房间内执行监视居住能折抵刑期。根据《刑事诉讼法》第57条规定：被监视居住的犯罪嫌疑人无固定住处的，未经批准不得离开指定的居所。法律规定的监视居住是"被监视居住的被告人不得离开指定的区域"，这一强制措施只是限定了被告人的活动区域，并对被告人在此活动区域内的行动自由加以监视。犯罪嫌疑人是被关在房间内，并不让他走出房间半步，并不是在一定的区域内，应认定为是被完全限制了人身自由。根据《批复》："如果被告人被判处刑罚的犯罪行为和拘留或者被逮捕以前被羁押的行为系同一行为，不论羁押在何处，只要完全限制了人身自由的，被羁押期间即可折抵管制刑期二日或者折抵拘役、有期徒刑刑期一日。"对当地有固定住处的犯罪嫌疑人应首先在其住处执行监视居住，改在旅馆房间内执行监视居住本就违反了该法律规定，旅馆房间与其住处相比，从活动空间上讲就更多地限定了犯罪嫌疑人的人身自由，何况公安机关又会派人在旅馆房间内看守，犯罪嫌疑人一举一动均在公安人员的眼皮下，这与在看守所羁押又有何区别？又谈何人身自由？所以在旅馆房间内执行监视居住是一种变相的羁押方法，应予以折抵刑期。

笔者同意第二种意见，犯罪嫌疑人在当地有固定住处却在旅馆房间内被执行监视居住，且派人24小时看守，这是变相的羁押方法，是完全限制犯罪嫌疑人人身自由的措施，应当明确犯罪嫌疑人在当地有固定住处却在旅馆房间内被执行监视居住的期间可以折抵刑期。理由：

我国《刑事诉讼法》第57条规定：对于监视居住未完全剥夺犯罪嫌疑人的人身自由，监视居住期间，不能折抵刑期。也就表明，监视居住期间，不能折抵刑期的前提必须是监视居住未完全剥夺犯罪嫌疑人的人身自由。如果监视居住完全剥夺了犯罪嫌疑人的人身自由，那么，在此情况下，犯罪嫌疑人被监视居住的期间就可以折抵刑期。从上述分析中我们不难发现：如果在当地有住所而在宾馆内执行监视居住，并且有侦查机关专门看守，事实上已经剥夺了人身自由的情况下，应该予以折抵期。以切实维护犯罪嫌疑人的合法权益，防止其权益被无故剥夺，更好地维护司法机关的法律权威，保障社会的和谐稳定。

四、建议

1984年《批复》根据的是旧刑法和旧刑事诉讼法,现不论该《批复》的法律效力,即便该《批复》是有效的也未能包含在旅馆房间执行监视居住可否折抵刑期的相关内容。我们说"法无明文规定不为罪,法无明文规定不处罚",诉讼程序也应由法律明文规定,否则将会出现地区执法差异,引发较多不稳定因素。综上,笔者提出如下研究意见及建议:通过司法解释明确关于犯罪嫌疑人在当地有固定住处却在旅馆房间内被执行监视居住应予折抵刑期。

·[作者:张建平(1953—),男,汉族,江苏启东人,江苏省南通市人民检察院检委会委员、纪检组长;秦继培(1961—),男,汉族,江苏南通人,江苏省南通市人民检察院民行处处长;季明珠(1969—),女,汉族,江苏如东人,江苏省南通市人民检察院检察员、法律硕士。]

典型类案 94 对怀孕的妇女被判处无期徒刑的能否暂予监外执行

被判处无期徒刑的罪犯由于其主观恶性较大，如果对其适用暂予监外执行，很难达到惩罚和改造罪犯的刑罚目的，因此，我国《刑事诉讼法》第214条对暂予监外执行的对象作了严格限制，即仅限于被判处有期徒刑或者拘役的罪犯。但是司法实践中的情况却是千变万化的，对于被判处无期徒刑的怀孕妇女，如果不给予暂予监外执行又明显不符合人权保障原则，因而出现两难。而监狱法从监狱依法监管和罪犯的改造需要角度，在第17条却规定了被判处无期徒刑的怀孕妇女可以暂不收监，这一规定与刑事诉讼法有明显冲突，给实践处理此类情况带来法律适用的困惑。本文拟结合司法实践中碰到的一起典型案例对这一问题作一具体分析，以共同探讨刑事诉讼法与监狱法之间的法律冲突问题及解决的路径。

一、类案简介

陆某，女，1979年10月出生，汉族，小学文化，农民。2002年底，陆某因涉嫌故意杀人罪被逮捕，2003年1月某市中级人民法院以故意杀人罪判处其无期徒刑，剥夺政治权利终身。案发时陆某已经怀孕，在诉讼过程中，陆犯本人及其家属多次以怀孕为由提出取保候审。在交付执行中，江苏省某监狱以罪犯陆某中期妊娠，符合《监狱法》第17条（"监狱应当对交付执行刑罚的罪犯进行身体检查。经检查，被判处无期徒刑、有期徒刑的罪犯有下列情形之一的，可以暂不收监：一、有严重疾病需要保外就医的；二、怀孕或者正在哺乳自己婴儿的妇女。"）之情形为由，不予收监执行。某市中级人民法院依法进行审理后，作出《收监执行决定书》，决定将罪犯陆某收监执行。投监后，陆某又提出了监外执行的请求。

二、本类案件的争议焦点

关于怀孕的无期徒刑罪犯暂予监外执行的法律适用问题。实质上是刑事诉讼法与监狱法之间的法律冲突问题。

三、主要分歧意见与评析

1. 陆某可以适用暂予监外执行。1996年修订的《刑事诉讼法》第214条规定:"对于判处有期徒刑或者拘役的罪犯,有下列情形之一的,可以暂予监外执行……"但1994年12月全国人大常委会通过并于同时施行的《中华人民共和国监狱法》第25条规定:"对于被判处无期徒刑、有期徒刑在监内服刑的罪犯,符合刑事诉讼法规定的监外执行条件的,可以暂予监外执行。"由于刑事诉讼法是规范刑事诉讼全过程的一般法,而监狱法是规范部分刑罚执行的特别法,特别法优先于一般法,根据监狱法的有关规定,应对陆某适用暂予监外执行。

2. 陆某不属于可以暂予监外执行的对象,即使分娩在即,陆某也不可以适用暂予监外执行。根据《刑事诉讼法》第214条的规定,暂予监外执行的对象仅限于被判处有期徒刑或者拘役的罪犯,而不适用于被判处无期徒刑的罪犯。因为被判处无期徒刑的罪犯,一是罪行深重,主观恶性大,如果对其适用暂予监外执行,很难达到惩罚和改造罪犯的刑罚目的;二是社会危害极大,对这类罪犯适用暂予监外执行,既不利于对罪犯的教育改造,也不利于社会安全。监狱法把判处无期徒刑的罪犯作为可以暂予监外执行的对象,是根据1979年颁布的《中华人民共和国刑事诉讼法》第157条("对于被判处无期徒刑、有期徒刑或者拘役的罪犯,有下列情形之一的,可以暂予监外执行:一、有严重疾病需要保外就医的;二、怀孕或者正在哺乳自己婴儿的妇女。")规定的精神制定的,1996年的刑事诉讼法修正案已经将该内容进行了修改,而监狱法相关条文未做调整。但是刑事诉讼法是全国人大制定的基本法律,又后修订于监狱法,是新法,而监狱法是全国人大常委会制定的普通法律,是旧法,因此,认定监外执行的对象应执行刑事诉讼法的规定。

3. 陆某是否可以暂予监外执行,应提请全国人民代表大会常务委员会裁决,裁决之前,根据保障人权和有利于被告人的原则,准许对陆某监外执行。这也是我们的倾向性意见。

四、建议

由此可以看出,本类案件的争议其实质上是刑事诉讼法与监狱法之间的法律冲突问题。

刑事诉讼法规定,可以暂予监外执行的对象是被判处有期徒刑、拘役的罪犯,从立法者的本意来理解,立法者明确排斥了被判处无期徒刑者适用监外执行,而且没有任何例外情形。但监狱法却允许被判处无期徒刑者在符合条件的情况下适用监外执行。

笔者认为，前述第一、二种意见，试图简单地适用特别法优于一般法或新法优于旧法的原则来解决这一法律冲突，是值得商榷的。虽然刑事诉讼法是全国人大制定的，监狱法是全国人大常委会制定的，但两者都是法律，具有同等的法律效力。我国立法法已于2000年7月1日起施行，立法法对法律冲突如何依法处理，作了明确的规定。该法第85条第1款明确规定："法律之间对同一事项的新的一般规定与旧的特别规定不一致，不能明确如何适用时，由全国人民代表大会常务委员会裁决。"显然，本类案件应依上述法律规定处理，这样才是真正合法的解决途径。

据调查，在实践中本类案件大多数是通过政法委协调法院、检察院、狱政部门等予以解决的，并没有统一的执行规定，以至于每次遇到类似案件均要多方协商、多头请示，不但浪费司法资源，影响执法效率，而且往往有同类案件出现不同的处理结果，影响司法的统一性和严肃性。虽然高检院监所厅曾经对类似个案作出过部门答复，由于不具有普遍的适用效力，地方司法机关在执行中遇到类似问题仍然是多方请示多方协调，并没有彻底解决这一问题。为此，笔者建议，对此类法律适用问题，应当要尽快修改相关法律，在相关法律修改颁布实施之前，"两高"要及时对此类法律适用问题作出明确的具有普遍适用效力司法解释。

[作者：张毅（1963—），男，汉族，江苏南通人，江苏省南通市人民检察院研究室主任；张傲冬（1972—），女，汉族，河北唐山人，江苏省南通市人民检察院检察员、法律硕士。]

典型类案 95 如何执行《人民检察院办理未成年人刑事案件的规定》第 10 条

2006年12月28日最高人民检察院第十届检察委员会第六十八次会议通过的《人民检察院办理未成年人刑事案件的规定》（以下简称《规定》）第10条第4款规定："讯问未成年犯罪嫌疑人，应当通知法定代理人到场，告知法定代理人依法享有的诉讼权利和应当履行的义务。"然而在司法实践中，对于"应当通知法定代理人到场"的理解却存在较大分歧，导致适用的不确定性。下面通过几个案例对此加以讨论。

一、类案简介

案例1：被告人蔡某某，男，1989年10月13日生，住某市三和镇三河村5组60号。因涉嫌抢劫罪于2006年9月25日被批准逮捕。被告人蔡某，男，1988年11月12日生，住某市三和镇三圩村35组1号。因涉嫌抢劫罪于2006年9月25日被批准逮捕。被告人陆某，男，1988年9月24日生，住某市三和镇培新村38组29号。因涉嫌抢劫罪于2006年9月25日被批准逮捕。被告人张某某（同案成年人）、包某（同案成年人）、蔡某某、蔡某、陆某在被告人张某某提议下经事先合谋，于2006年8月22日夜由被告人张某某带路至某市某镇某村34组陈某某的住处，采用先敲门后又踢门的方式迫使陈某某开门，五被告人进屋后，采用虚构杀人事实、就地拿刀威胁以及扬言杀人的方法胁迫陈某某拿钱。陈某某因害怕，被迫交出人民币300元。某市检察院于2006年11月17日以被告人张某某、蔡某某、包某、蔡某、陆某涉嫌抢劫罪向某市人民法院提起公诉。

案例2：被告人蔡某某，男，1989年9月30日生，住某市海门镇沙东村22组。因涉嫌盗窃罪于2006年12月12日被某市公安局取保候审。被告人蔡某某于2006年11月13日至12月6日，先后11次利用到某市某电子材料有限公司宿舍楼蔡某某（女）家玩而蔡某某（女）下楼之际，从其父母卧床的靠背内的一黑色小包内窃取现金，共计人民币11200元。某市检察院于2007年1月11日以被告人蔡某某涉嫌盗窃罪向某市人民法院提起公诉。

案例3：被告人胥某，女，1989年5月12日生，住某省盐亭县冯河乡弥江金狮村7组。因涉嫌寻衅滋事罪于2006年12月30日被批准逮捕。被告人朱某某，女，1989年9月8日生，住某市三厂镇镇西村6组41号。因涉嫌寻衅滋事罪于2006年12月30日被批准逮捕。被告人胥某、朱某某伙同张某某于2006年11月25日，在某市步行街一溜冰场、某市步行街一游戏厅西侧路上、某市步行街一网吧路上、某市一溜冰馆等场所，以打被害人江某某、宋某某耳光，逼迫被害人唱歌，强行脱被害人内衣，强迫被害人对陌生男孩说下流话及强迫被害人亲吻陌生男孩等行为取乐，前后共持续数小时，并造成群众围观。某市检察院于2007年3月15日以被告人胥某、朱某某涉嫌寻衅滋事罪向某市人民法院提起公诉。

案例4：被告人蒋某，男，1989年12月21日生，住某省会同县金子岩乡翁洞冲村一组。因涉嫌强奸罪于2007年2月13日被批准逮捕。被告人蒋某于2007年2月7日23时许，酒后窜至某市一电脑刺绣厂四楼曹某某宿舍，推门入室，采取捂嘴、强扒裤子等手段欲对曹实施强奸，后因曹极力反抗呼救从宿舍逃出而未得逞。某市检察院于2007年4月3日以被告人蒋某涉嫌强奸罪向某市人民法院提起公诉。

二、主要分歧意见与评析

《规定》第10条规定中的"应当通知法定代理人到场"，应当的效力及于"通知"还是"到场"，形成以下分歧意见：

第一种意见认为：应当的效力仅及于"通知"，检察机关尽到通知义务即可，对于法定代理人是否到场不做强制性要求。理由如下：首先，刑事诉讼法规定的审查批准逮捕的期限为7天，审查起诉的期限为30天，最长不超过45天。办案实践中，如果一律要求法定代理人必须到场存在困难，可能影响诉讼活动在规定期限内完成。对外地人，尤其是偏远欠发达地区就更困难，案例4中的蒋某是侗族人，老家远在湖南，直至提起公诉尚未联系上他的家人；有的法定代理人在检察机关通知以后甚至拒绝到场，案例3中朱某某的父亲在外打工，母亲身有残疾，父亲恨其女儿不争气，在审查起诉阶段公诉部门通知其以后，在外打工的他并未回来，直到开庭审判时才露面。如果是多次讯问，就更难办到。即使能到场，必然增加工作量和法定代理人的负担。其次，对被羁押的犯罪嫌疑人而言，法定代理人到场与"未决犯不得会见亲属"的做法相矛盾。公安部的《看守所条例》规定"人犯在羁押期间，经办案机关同意，并经公安机关批准，可以与近亲属通信、会见"，《规定》是高检院制定的指导检察系统办案的司法解释，仅对检察系统有约束力，因此执行《规定》第10条未成年犯罪嫌疑人的法定代理人到场还需要公安机关批准。在没有上位法对未决犯是否可以会见亲属作出明确规定的情况下，在实践中由于案件尚未审结，为保证案件的审理不受干扰，防止串供伪证、通风报信等，不易被公安机关批准。

第二种意见认为：应当的效力及于"到场"，检察机关不仅应当通知法定代理人，而且法定代理人必须到场。从司法公正以及维护未成年人利益和有利于犯罪嫌疑人认罪悔过等角度出发，高检院将原来规定中的"可以"改为"应当"，其立法意图可窥见一斑。

我们支持第二种意见。

三、建议

在如何具体执行《规定》第10条上存在如下疑问：

1. 以何种方式通知法定代理人，是以电话通知还是书面通知。如要求书面通知，对于审查批准逮捕阶段7天的期限无疑是雪上加霜；如以电话通知，是否应当留下书面记录，若只是由办案机关"自说自话"，没有被通知的法定代理人签名，很可能招致法定代理人的不承认，指责检察机关违反程序。

2. 何时告知法定代理人依法享有的诉讼权利和应当履行的义务，是在电话通知时即告知，还是在法定代理人到场后告知。

3. 在法定代理人因故不能到场的情形下如何执行。

4. 法定代理人到场后的权利义务。法定代理人到场后是享有全程旁听检察机关讯问的权利，还是只享有在讯问结束前或结束后与未成年犯罪嫌疑人进行会见的权利。

5. 多次讯问的，是否每次必须通知法定代理人到场。《规定》第10条只笼统地规定：讯问未成年犯罪嫌疑人，应当通知法定代理人到场。若按字面解释，则每次讯问必须通知法定代理人到场，这样无疑会增加刑事诉讼活动的司法成本，影响刑事诉讼活动的效率，且未成年犯罪嫌疑人被羁押时间越长，其被"交叉感染"的可能性就越大，不利于刑事诉讼司法目的的实现。

《规定》第10条第4款规定：讯问未成年犯罪嫌疑人，应当通知法定代理人到场，告知法定代理人依法享有的诉讼权利和应当履行的义务。对此规定应予以细化，便于司法实践中操作。建议：

1. 规定在法定代理人到场时要求其对当时通知的书面记录签名予以确认，并且由检察机关附入卷宗备查。

2. 规定在电话通知时即予以告知法定代理人依法享有的诉讼权利和应当履行的义务，在到场后出具书面的权利义务告知书，由法定代理人签名，同样附卷备查，防止法定代理人以不知权利义务为由串供伪证、通风报信妨害刑事诉讼活动的进行。

3. 未成年犯罪嫌疑人身心尚未完全成熟，为了更好地保护他们的利益，在法定代理人本人不能到场的情况下，规定可以由其委托的其他人员代为行使权利；如果是联系不到法定代理人、法定代理人拒绝到场的情况，可以由法律援助中心的律师、人民监督员、所在单位或社区负责人等代替法定代理人到场。在未成年犯罪嫌疑人是外地人的情况下，法定代理人或联系不到或因贫穷没有路费无法到场或表示到场但路途遥远，等其赶至则必定超过刑事诉讼法规定的期限，在此几种情形下，亦可以用上述两种方案解决，或由法定代理人委托在当地的亲属或律师代替到场，或由检察机关随机指定法律援助中心的律师、人民监督员等到场。

4. 从保护未成年犯罪嫌疑人角度出发，应当规定法定代理人享有全程旁听讯问过程的权利，对检察机关的讯问活动进行监督，更好地维护未成年犯罪嫌疑人的合法权益。

5. 多次讯问的，规定法定代理人只在第一次讯问时到场即可，在兼顾公平的前提下防止影响诉讼效率。

［作者：张兰锋（1960—），男，汉族，江苏海门人，江苏省海门市人民检察院办公室副主任；秦爱榕（1981—），女，汉族，江苏海门人，江苏省海门市人民检察院干部。］

典型类案 96　刑罚执行通知书应当何时发出

我国刑事诉讼法和司法解释对刑罚执行通知书的发出缺乏明确的规定和要求，导致司法实践中出现相当程度的适用混乱和不确定，影响了刑罚执行活动的秩序和效果，有必要加以完善。我们结合一起典型案例，对此问题作一论述。

一、类案简介

2007年4月28日，某某市人民法院刑事审判庭对被告人吴某作出了犯诈骗罪判处有期徒刑4年的刑事判决，至上诉期限届满后第7天，一审、二审法院均未接到被告人的上诉状，检察机关也未在法定期限提出抗诉，一审法院向看守所送达了刑罚执行通知书，将该罪犯交付执行。但被告人的辩护律师获知后向人民检察院驻看守所检察室提出投诉：判决未生效，法院发出刑罚执行通知书违法。

原来被告人的辩护律师受被告人吴某的委托，没有按习惯做法向一审法院直接送达上诉状，而是在上诉期限内通过邮局向二审法院邮寄出了上诉状。由于邮局的延误，二审法院未及时收到被告人的上诉状，法院即认为被告人没有上诉，判决已经生效，即发出了刑罚执行通知书，以致造成了上述情形。但根据我国《刑事诉讼法》第79条第3款的规定，辩护律师通过邮局向二审法院邮寄上诉状是法定的提交上诉状方式，符合法定程序。上诉状在法定的上诉期限内已经向法院提出，法院的一审判决未生效。

二、本类案件的争议焦点

从以上案例可以看出，此类问题的争议焦点是刑罚执行通知书应当何时发出。

首先，关于发出刑罚执行通知书的法定主体。我国《刑事诉讼法》第213条第1款、最高人民法院法释〔2000〕2号《关于如何理解刑事诉讼法第二百一十三条中"交付执行的人民法院"问题的批复》对此已经有明确的规定，即第一审人民法院是作出刑事判决和裁定是否生效并向刑罚执行机关（监管机关）发出刑罚执行通知书的法定主体，不论案件是否经过二审或再审程序，刑罚执行通知书均由一审法院发出。

其次，关于发出刑罚执行通知书的法定条件。发出刑罚执行通知书的前提条件是判决和裁定生效。我国《刑事诉讼法》第208条第2款规定："下列判决和裁定是发生法律效力的判决和裁定：（一）已过法定期限没有上诉、抗诉的判决和裁定；（二）终审的判决和裁定；（三）最高人民法院核准的死刑判决和高级人民法院核准的死刑缓期二年执行的判决。"最高人民法院《关于执行〈中华人民共和国刑事诉讼法〉若干问题的解释》（以下简称《解释》）第244条规定：对于在上诉、抗诉期满前撤回上诉、抗诉的案件，第一审判决、裁定在上诉、抗诉期满之日起生效；对于在上诉、抗诉期满后要求撤回上诉、抗诉，第二审人民法院裁定准许的，第一审判决、裁定应当自第二审人民法院裁定书送达原上诉人或者抗诉的检察机关之日起生效。《解释》第357条规定："人民法院撤销缓刑、假释的裁定，一经作出，立即生效。"对于《刑事诉讼法》第208条第2款第1项中的上诉、抗诉期限，我国《刑事诉讼法》第183条规定："不服判决的上诉和抗诉的期限为十日，不服裁定的上诉和抗诉的期限为五日，从接到判决书、裁定书的第二日起算。"第79条第3款规定："法定期间不包括路途上的时间。上诉状或者其他文件在期满前已经交邮的，不算过期。"第80条规定："当事人由于不能抗拒的原因或者有其他正当理由而耽误期限的，在障碍消除后五日以内，可以申请继续进行应当在期满以前完成的诉讼活动。"

再次，关于刑罚执行通知书的发出时间。我国《刑事诉讼法》第209条、第210条对第一审人民法院判决被告人无罪、免除刑事处罚以及死刑立即执行的判决的执行规定了明确的期限。但对于判处死刑缓期2年执行、无期徒刑、有期徒刑等罪犯的交付执行，《解释》第349条、第351条只是规定人民法院将刑罚执行通知书等法律文书及时送交公安机关，由公安机关执行或交付监狱执行，对人民法院交付执行的期限表述为"及时"，未有进一步明确的期限规定。

三、主要分歧意见与评析

第一种意见认为，既然解释规定了刑罚通知书应当"及时"发出，那么就是赋予了一审人民法院自由裁量权，承办人员只要在合理期间内发出即可。要求一审法院在确定的期限内发出刑罚执行通知书是不现实的。一审法院的刑事判决和裁定有否被提起上诉或抗诉，不是以法院在法定期限内是否收到上诉状或抗诉状为准,而是以上诉人或抗诉人有否在法定期间是否以法定方式提起上诉和抗诉为准。如果上诉人不通过原审法院提起,而是通过邮寄或者直接向上级法院上诉,则一审法院无从得知;如果明确规定期限,如规定上诉期满7天内发出,一审法院只能认为判决、裁定已生效而发出刑罚执行通知书。此时上诉状可能在邮寄途中,或者已到达上级法院,也有可能当事人由于不能抗拒的原因或者有其他正当理由而耽误期限的,其可以在障碍消除后五日以内,申请继续进行应当在期满以前完成的诉讼活动,这必然会与刑罚执行通知书的发出相矛盾。因此,应当赋予一审法院"及时"的自由裁量权去等待一段时间,确保刑罚执行通知书的发出是建立在生效判决、裁定的基础上。

第二种意见认为,法律规定的不明确容易导致权力的滥用。承办人员执行时随意性大,个别人员为了使一些罪犯达到余刑不满一年能留所服刑,故意拖延发出刑罚执行通知书的时间。因法律无明确规定,检察机关对此无从监督,使法律规定的"及时"成了一纸空文。刑罚通知书的发出意义重大,是刑事诉讼活动进入一个新阶段的标志,对当事人权利也有重大影响。罪犯有获得减刑的权利,执行通知书不送达,无法对罪犯的改造情形进行考核。因此,应当对刑罚执行通知书的发出予以明确规定。

我们支持第二种意见。

四、建议

在司法实践中,一审法院大都采用了分类处理的办法,即对估计不会提起上诉的被告人,在其上诉期满后即认为判决、裁定已经生效并向公安机关(或看守所)发出刑罚执行通知书;对可能会上诉的被告人,则在上诉期满后多等一段时间,一般少则一两个星期,多则20多天,如果仍未收到上诉状,则认为其未提起上诉,即认为判决、裁定已经生效,才向公安机关(或看守所)发出刑罚执行通知书。另外,近年看守所由于受到关押量逐年上升的压力,对刚满上诉期限的被告人,看守所往往主动到法院去催要刑罚执行通知书,以便及时将判决生效的罪犯送至监狱等监管机关。由于看守所掌握了关押的被告人是否提起上诉的信息,有利于从客观上防止上述案例中情形的发生。

《解释》第349条规定对于判处死刑缓期2年执行、无期徒刑、有期徒刑的罪犯,交付执行的人民法院应当将判决书、裁定书、人民检察院的起诉书副本、自诉状复印件、人民法院的执行通知书、结案登记表及时送达看守所,由公安机关将罪犯交付监狱执行。《解释》第351条规定对于判处拘役的罪犯,在判决、裁定生效后,由交付执行的人民法院将判决书、裁定书、人民检察院的起诉书副本、自诉状复印件、执行通知书、结案登记表及时送达公安机关。基于我国《刑事诉讼法》第 14 条保障诉讼参与人依法享有的诉讼权利的基本原则，要完善制度，不应对诉讼参与人的诉讼权利作出更多的限制，而应对人民法院增设相关必要的程序，对相关诉讼行为作出具体的时限规定。

建议通过司法解释明确规定：

1. 刑事判决和裁定的上诉期限届满后 5 天内，如果仍未收到被告人、自诉人或其法定代理人的上诉状，一审法院应当向被告人、自诉人或其法定代理人了解是否在上诉期限内提起上诉。在了解过程中如果被告人、自诉人或其法定代理人已经在上诉期限内提起了上诉或提出有不能抗拒等法定情形耽误其提出上诉的，一审人民法院应当及时调查查明。如果了解到被告人、自诉人及其法定代理人在上诉期限内未提起上诉，或者被告人、自诉人及其法定代理人提出有不能抗拒等法定情形耽误其提起上诉但人民法院经查证未有上述情形的，一审人民法院应当在 3 天内向公安机关（监管机关）依法发出刑罚执行通知书等法律文书交付执行。

2. 看守所在上诉期满 8 天内未收到一审人民法院刑罚执行通知书的，应当向检察机关反映，由检察机关进行监督，如查明存在人为拖延刑罚执行通知书发出情形，及时予以纠正。

[作者：龚海华（1964—），男，汉族，江苏海门人，江苏省海门市人民检察院监所检察科副科长；张兰锋（1960—），男，汉族，江苏海门人，江苏省海门市人民检察院办公室副主任。]

典型类案 97 《刑事诉讼法》第79条第3款规定的"路途时间"怎样计算

我国刑事诉讼法及其相关的司法解释对刑事案件各个诉讼阶段的期限都有明确的规定,为防止超期羁押在制度层面上施加了严格的约束与控制。尤其中央政法委、最高人民法院、最高人民检察院、公安部多次发出清理纠正超期羁押的通知以来,刑事案件承办人都能自觉执行刑事诉讼法关于诉讼期限的规定。但是,《刑事诉讼法》第79条第3款规定"法定期间不包括路途上的时间",而对路途时间却没有规定是办案人员去提押犯罪嫌疑人的路途时间,还是办案人员去提押犯罪嫌疑人或被告人来回所需要的路途时间或者是寄押在当地看守所的所有羁押时间,至于需要用掉多少路途时间才显得更合理等更没有一个明确的规定。尽管从立法本意上来讲这是法律对有关诉讼期限出现例外情况进行一定的补充规定,但是该规定的不确定性往往让一些案件承办人有意无意地加以利用,延长了羁押期限,导致司法实践中存在适用混乱,形成隐藏在合法表象下的隐性超期羁押,侵犯了嫌疑人的合法权益。不独于此,法律规定的关于上诉书的路途时间同样存在上述问题,由此也导致检察机关在监督此类行为时面临于法无据的难题。下面结合具体案例进行论述研究。

一、类案简介

案例1:犯罪嫌疑人喻某某因涉嫌盗窃罪被通缉,于2007年5月9日被某省某市公安局抓获并关押于当地看守所,喻某某犯罪地某某省某某市公安局案件承办人在5月16日将喻某某提押回某某市,承办人在办理延长拘留期限至30天的手续时,并没有将先期关押在某某看守所的7天时间计算在内,而是以拘留期间计算不包括路途时间为由延长至6月15日。

案例2:某某市人民法院于2007年4月27日对被告人刘某、黄某诈骗案进行宣判,判决生效期为2007年5月8日。被告人黄某以量刑过重为由在上诉期内向某某市中级人民法院提出上诉,而某某市中级法院受理该案的时间为2007年6月5日,至于5月8日至6月5日则被承办人认为是上诉状的"路途"时间。

案例 3：犯罪嫌疑人徐某某涉嫌盗窃一案，某某市公安局于 2006 年 6 月 9 日立案侦查。2007 年 9 月 26 日某市公安局抓获犯罪嫌疑人徐某某，某某市公安局于 10 月 2 日将其押解至某地，并羁押至看守所，因本案无延长至 30 日的法定条件，故于 10 月 8 日向某某市检察院提请批准逮捕。

二、主要分歧意见与评析

第一种意见认为，只有归途时间可计算入路途时间，去提押犯罪嫌疑人所花的去途时间应包括在羁押期限里面。

第二种意见认为，路途时间既包括去途时间也包括归途时间，在计算羁押期限时，办案人员来回所需时间均不计算在内。羁押期限应从被押解回来时计算。

第三种意见认为，路途时间既包括去途时间也包括归途时间，有的办案单位因没有及时去提解犯罪嫌疑人，故还存在一定的寄押时间即提押迟延。在计算羁押期限时，办案人员来回所需时间均不计算在内，但是由于办案单位自身原因如资金人力等问题造成的提押迟延不应计算入期间内，否则容易造成权力的滥用以及对犯罪嫌疑人权益的侵犯。

笔者支持第三种意见，路途时间既包括去途时间也包括归途时间。

三、建议

据笔者了解，某看守所 2006 年以来共有寄押的在押人员 25 人次，办案单位分别有新疆、西藏、贵州、四川、山东、浙江、上海以及本省范围内的一些市县。其中在 7 天之内被办案单位提走的有 7 人次，7 至 10 天之内被办案单位提走的有 10 人次，在 10 至 15 天之内被办案单位提走的有 5 人次，在 15 天至 20 天之内被办案单位提走的有 3 人次。一般来讲距离越远来提押的时间越长，那么，那些在押人员被寄押的这段时间必将被计算在路途时间内，那么真正回去所花费的路途时间只是所寄押时间的一半甚至更短！此外在 2006 年以来，某看守所共有 40 余人不服一审判决提起上诉，从提起上诉到中院受理往往少则半个月多则一个月，有的承办人直到来提讯上诉人时才在受理决定书上填上当天的时间，那么之前的时间就是案件上诉的路途时间。其中一个来自某公安局的办案人员，解释为什么拖了近 20 天才来提押犯罪嫌疑人的原因，他们是早已接到犯罪嫌疑人被抓获地公安机关的通知的，但是因为资金及人力等问题，一直等到现在利用办案出差的机会到这里来提押人。某中院办案人员解释为什么从被告人上诉到中院受理需要这么长时间：首先被告人上诉后由一审法院将上诉状寄送到二审法院需要一段时间，二审法院立案庭收到材料后经审查再送到刑庭,而刑庭案件承办人为了确保在法定期限内审结,就会把受理时间再往后延期,这样做的目的是确保在法定期限内审结案件,不延误诉讼期限。

从上述的案例中我们不难看出正是由于有了在法定期间不包括路途上的时间的规定,一些办案单位、办案人员往往利用了该规定,把不应该计算的时间都算在路途时间内,而办案人员又无须把证明用掉这么多的路途时间的证据放在卷宗里,作为检察机关对这种现象很难监督,作为看守所对此现象也就视为正常了。

把非路途用掉的时间计算在路途时间内的做法所造成的直接后果就是侵犯了犯罪嫌疑人的合法权益,犯罪嫌疑人、被告人在刑事判决生效前被关押的每一个诉讼阶段羁押期限法律都有明确的规定,那么其被多关押一天也是对其合法权益的侵犯。因为刑事诉讼法的制定目的就是为了保障诉讼参与人各方的合法权益,保障刑事诉讼顺利进行,办案人员的权力被扩大势必造成犯罪嫌疑人、被告人合法权益的损害。滥用"路途时间"的后果是造成隐性超期羁押,在发现这一情形以后,如何认定、追究责任人的法律责任,是关键的一个问题。有责任而不追究,就会使人存有侥幸心理,认识不到问题的严重性。最高人民检察院《关于在检察工作中防止和纠正超期羁押的若干规定》第8条规定:"实行超期羁押责任追究制,进一步健全和落实超期羁押责任追究制,严肃查处和追究超期羁押有关责任人员。对于违反刑事诉讼法和本规定,滥用职权或者严重不负责任,造成犯罪嫌疑人超期羁押的,应当追究直接负责的主管人员和其他直接人员的纪律责任;构成犯罪的,依照《中华人民共和国刑法》第397条关于滥用职权罪、玩忽职守罪的规定追究刑事责任。"此项规定应进一步细化,使这一责任追究机制更加完善、合理,得到有力的执行。只有这样,"路途时间"才不会成为办案机关利用的工具,而是制约办案机关的有力武器。

《刑事诉讼法》第79条第3款规定了法定期间不包括路途上的时间。为了防止司法机关和办案人员侵犯犯罪嫌疑人、被告人合法权益,建议最高人民检察院、最高人民法院、公安部联合作出规定,防止利用路途时间超期羁押。具体建议如下:

1. 作为犯罪嫌疑人被抓获地公安机关,在抓获后的24小时内有义务通知案发地公安机关,并告知案件的相关情况。

2. 案发地公安机关在接到抓获地公安机关的通知后,有及时派人提押的义务,不得以人力、资金紧张等为由拖延提押;确有自然灾害等正当理由无法及时提押的,也应当在中止理由消失后派人提押,并且将证明材料附入卷宗;如果没有证明材料无故迟延提押的,应当将犯罪嫌疑人被关押的这段时间计算入羁押期限内,由此造成的超期羁押由办案单位承担违法办案的不利后果。

3. 对于被抓获地公安机关应该确定寄押的时间为7天,寄押期限届满后,如果办案单位确有正当理由不能及时提押的,规定当地公安机关有变更强制措施的义务,将刑事拘留变更为取保候审或者监视居住,以此来保障犯罪嫌疑人的合法权益。

4. 对于抓获地检察院驻看守所检察室,应将临时寄押的犯罪嫌疑人羁押期限作为重点检察内容,寄押期限届满则应督促看守所向公安部门提出办理变更强制措施手续,并将有关情况寄送案发地检察院监所和侦监部门。

5. 关于上诉状的传递问题,建议对于上诉状等法律文书的在途时间通过邮寄方式上诉的,规定以二审法院邮件收到之日为受理之日;上诉状通过一审法院向中院提交的,一审法院应该在规定期限内送达中院,中院收到之日为受理之日;上诉状直接送到中院的,则以送达之日为受理之日。通过这样的规定可以防止承办人员为了表面的法定期限内审结案件而人为地延后受理时间,从而防止事实的超期羁押。

[作者:陆仲平(1966—),男,汉族,江苏海门人,江苏省海门市人民检察院监所检察科科长。]

典型类案 98 品格证据能否作为定案依据

由于现行法律和司法解释对品格证据的证明效力未作规定，这使得品格证据是否可以作为证明犯罪事实的证据或证明量刑情节的依据成为证据规则的难点，也给司法实践操作带来了诸多困难。近年来，我们在司法实践中发现，辩护人在庭审时经常以被告人案发前表现良好、工作积极、受到过多次嘉奖表彰或为人随和、团结乡邻等理由要求对被告人从轻处理。还有的案件，被告人或者辩护人提出系由于被害人的品行不端导致了被告人犯罪，从而要求对被告人从轻处罚（这里我们将被告人、被害人道德品质的相关证据简述为品格证据）。在实际处理过程中，有的法院对品格证据予以采信，有的则不予认定。本文试通过案例的引述，对品格证据的证据价值进行分析，并提出相应的建议。

一、类案简介

案例1：2005年7月4日晚上10时许，刘某与陶某（女，17岁）等同事在公司活动室玩。其间，刘某请陶某帮其掏耳朵，陶某碍于同事情面，当即答应。刘某便将上身躺在陶某大腿上，下身躺在小方桌上，由陶某为其掏耳朵。到11时左右，其他同事相继回宿舍睡觉，只剩下刘、陶二人，刘某便关了灯，坐到陶某身边，亲吻陶某并摸其胸部，陶某用手推刘某并扭头拒绝。刘某遂将陶某抱到大沙发上，趴到陶某身上边吻边摸其胸部。其间，陶某想起来，但因被告人身体压着和紧紧抱着而不能。后刘某用右手抓住陶某的双手压到陶某头后面，用左手先后解开两人的裤子，与陶某发生了性关系。事毕，陶某哭着打了刘某两耳光，回宿舍洗完澡即到派出所报案。

认定上述事实的证据有：（1）被害人的陈述；（2）证人夏某的证言证实了被告人和被害人是普通朋友，被告人最近嘴皮油，会跟女孩开玩笑的事实；（3）证人刘某某的证言证实被害人开朗、作风好，而被告人喜欢瞎开玩笑，他们两个是一般的朋友关系（控方证据）；（4）证人张某、王某等人的调查笔录证实了被告人与被害人之间的关系比一般人要亲密，当晚在性行为发生之前两人已有亲密举动，被害人生活态度随便（辩方证据）；（4）此外，还有证人周某等人的证言及鉴定结论、现场勘查笔录、书证等证据。

案件最终处理结果：一审法院以被告人刘某犯强奸罪，判处有期徒刑3年。

案例2：被告人赵某在担任某港口集团有限公司（系国有公司）建港指挥部指挥期间，利用职务上的便利，在对港区三期工程建设的分包等方面，为他人谋取利益，于2003年年初至2005年9月间，先后多次非法收受他人所送的现金人民币241000元。此外，公司改制后，赵某还于2006年年初至2006年6月间，为他人谋取利益，收受他人贿赂共计人民币60000元。

庭审中辩护人提出被告人赵某在案发前一贯表现优秀，工作积极，被所在单位和有关部门多次嘉奖和表彰，建议对其从轻处罚的辩护意见。法院认为，被告人在案发前一贯表现较好，工作积极，因此获得许多荣誉，应予肯定，但成绩不能掩盖其犯罪，功过不能相抵。但本着实事求是的原则，根据其一贯表现，结合其归案后的认罪态度，以及庭审中的自愿认罪，对其予以酌情从轻处罚。故采纳辩护人的该辩护意见，对被告人予以酌情从轻处罚。

案件最终处理结果：一审法院以被告人赵某犯受贿罪、公司企业人员受贿罪，判处有期徒刑6年6个月，并处没收财产人民币22万元。

案例3：被告人朱某于2004年6月22日晚在自家门前对前来索要劳务款的安徽民工泼洒汽油，因打火机未能打出明火而未得逞。部分民工随即逃向南侧公路，被告人朱某在后追赶。当追上被害人张某时，被告人朱某将汽油泼到张的身上并用打火机点燃，将其烧成七级伤残。

辩护人提出被告人朱某平时为人厚道，对被害人及安徽民工较好，放火只是一时临时起意，建议法院对其从轻处罚。法院审理后认为，被告人朱某平时的表现只能反映其一般状况，本案中被告人的行为严重侵犯了公共安全和他人的身体权，因此对辩护人意见不予采纳。

案件最终处理结果：一审法院以被告人朱某犯放火罪，判处有期徒刑3年6个月，犯故意伤害罪，判处有期徒刑7年6个月，决定执行有期徒刑10年。

二、主要分歧意见与评析

从以上案例我们可以看出，对于品格证据能否作为定罪证据，在司法实践中主要产生了如下两种意见：

第一种意见认为，被告人、被害人平时作风等品格证据不能作为定罪的依据，因为这些表现只能反映被告人、被害人在案发之前的生活态度，并不能反映被告人、被害人在案发时的主观心理。

第二种意见认为，品格证据虽不能作为定罪量刑的直接证据，但其与其他证据相结合，对认定犯罪事实仍具有参考价值。

品格证据在证据法中，它至少包括三种明确的含义：第一，是指某人在其生存的社区环境中所享有的声名；第二，是指某人为人处世的特定方式；第三，是指某人从前所发生的特定事件，如曾因犯罪行为而被判刑等。在刑事诉讼中，常见的品格证据包括被告人的品格证据、被害人的品格证据以及证人的品格证据等；而以上品格证据又可分为良好品格证据和不良品格证据。由于法律对品格证据的证明效力未作规定，这使得品格证据是否可以作为证明犯罪事实的证据或证明量刑情节的依据成为证据规则的难点。

品格证据是否符合证据的相关性一直是证据规则的难点之一。一般的规则是，一个人的品格或者一种特定品格的证据在证明这个人于特定环境下实施了与此品格相一致的行为上不具有相关性。英美法系国家对被告人、被害人、一般证人的品格证据采用了不同的证据规则。对被告人而言，控告人不得提出被告人过去一般的不良品格用以证明其现在的犯罪事实。但也有例外：（1）当被告人自己提出其品格良好的证据的，或曾攻击控告人的品格的，以及曾指证他人或共同被告是犯罪人的，则被攻击的一方或原告可以质问被告人过去的品行，并提出关于其品格的证据。在这种情况下，可以视为被告人实施犯罪行为的佐证，或者用来证明被告自行作证的证言是不可信的。被告人定罪之后，法院在判刑之前，可以查询和采纳有关其前科和品格的证据。（2）以前的犯罪行为或其他不端行为的证据可以用来证明一种正在实行的阴谋或计划的存在，而且被告人受控的犯罪正是其一部分或一个方面。《美国联邦证据规则》第404条（b）规定："关于其他犯罪、错误或行为的证据不能用来证明某人的品格以说明其行为的一贯性。但是，如果出于其他目的，如证明动机、机会、意图、预备、计划、知识、身份，或缺乏过失，或意外事件等，可以采纳。"对于被害人的品格，在美国，辩方提出的被害人以前的具体性行为的证据一般也不能被采纳，除非该证据属于下列情形：（1）宪法规定应予以采用的；（2）发现该被告人不是该精液来源的证据或者该被告人并没有造成控告人所受伤害的证据；（3）表明被告人自己过去与该控告人的性关系的证据。对于一般证人，因为品格证据提出的目的在于评价证人证言的可信性，不能说与案件无关，因此，控辩双方均可以提出。

我国刑事诉讼法对品格证据关联性问题未作规定。但是我们认为，对于一些特殊案件，诸如强奸案、侮辱诽谤案等一些特殊案件，品格证据应当具有一定的证据价值。如上述案例1中，控辩双方均提出关于被害人的品格证据，其中控方提供的证人证言证实被害人是个开朗女孩，没有不好的作风问题；而辩方提供的证人证言证实了被告人生活态度随便，与被告人的关系超出一般人。对于上述证据，判决书中指出与本案没有直接关系，但对案件的认定皆具有一定的"参考价值"。笔者认为，这样的认定还是具有一定的道理的，因为被告人辩称其与被害人系恋人关系，因而发生了性关系，而通过上述证据证实被害人生性活泼大方，为被告人掏耳朵并非建立在对其有好感的基础上，从而否定了被告人的辩解，达到了证实犯罪的目的。

综合上述分析，我们同意第二种意见。

三、建议

笔者建议在最高人民法院《关于执行〈中华人民共和国刑事诉讼法〉若干问题的解释》第四节"证据"一节中增加对品格证据的规定，可规定为："品格证据不能单独作为认定犯罪事实的证据，但可作为认定犯罪事实、性质、情节和犯罪社会危害程度的参考，在定罪量刑时予以一并考虑。"

[作者：张杰（1978—），男，汉族，江苏南通人，江苏省南通市开发区人民检察院办公室副主任。]

《国家赔偿法》适用与《立法司法解释建议》

典型类案 [99] 国家赔偿法中的程序性缺陷如何完善

国家赔偿法制定于1995年，早于刑事诉讼法等相关法律，因而面临着与其他部门如何衔接的问题，再加上当初制定国家赔偿法时考虑欠妥，对国家机关承担赔偿责任的限制较多，导致了赔偿难的问题日益突出。司法实践中，我们也曾办理过此类案件；通过与案件当事人、承办人的"零距离"接触，深切体会了国家赔偿法存在的缺陷。本文拟通过对典型类案的分析，阐述国家赔偿法存在的问题并提出自己的修改建议。

一、类案简介

2002年11月4日，某市发生一起入室抢劫案，被害人沈某被杀死在自己家中。公安机关经调查走访，确定张某有重大犯罪嫌疑，但张某拒不交代犯罪经过。正当侦查陷入困境的时候，同年11月9日，连续有3个电话打到"110"，称那件案子是他做的，他叫黄某某，公安机关排查到打电话的是沈某某，经公安部声波鉴定，确定打电话的就是沈某某，沈某某交代了自己与张某某及凌某某入室抢劫杀人的犯罪事实。同年12月6日，沈某某被刑事拘留，2003年1月9日经某某市人民检察院批准对其执行逮捕，2003年4月3日，案件移送某某市检察院审查起诉，该院经审查决定退回补充侦查一次，第二次审查后移送上一级检察院审查起诉，该院经审查后决定退回补充侦查，但公安机关没有再移送审查起诉（也未撤案）。其间，沈某某一直被羁押在某某市看守所至2003年11月15日，同月16日被某某市公安局取保候审，2004年11月15日被解除取保候审。据此，沈某某以未实施犯罪行为而被错误监视居住、刑事拘留以及错误逮捕为由，请求某某市公安局、某某市人民检察院共同赔偿。

二、主要分歧意见与评析

对于此类案件司法机关是否承担国家赔偿责任，形成了以下分歧：

第一种意见认为，司法机关不负赔偿责任。《国家赔偿法》第17条规定："赔偿请求人因故意作虚假供述，或者伪造其他有罪证据被羁押或者被判处刑罚的；因公民自伤、自残故意行为致使损害发生的",国家不承担赔偿责任。依照这条规定,沈某某的赔偿请求不符合国家赔偿的条件,因此不能满足。

第二种意见认为,申请人沈某某的国家赔偿请求应当予以满足。《国家赔偿法》第17条规定:"赔偿请求人因故意作虚假供述,或者伪造其他有罪证据被羁押或者被判处刑罚的；因公民自伤、自残故意行为致使损害发生的",国家不承担赔偿责任。而本案中沈某某是被动接受调查,调查结果与其自身有直接的利害关系,所以不可能故意作有罪供述,因此,不完全符合第17条的规定,国家应当承担赔偿责任。

第三种意见认为,是否赔偿取决于对侦查行为的定性。侦查过程如果没有任何违法行为发生,则可以依照《国家赔偿法》第17条规定,拒绝赔偿请求；如果申请人所作的有罪供述是基于违法侦查活动下得出的,那显然应该赔偿。

我们持第一种意见,即国家不承担赔偿责任,但此类案件带给我们的启示也是深刻的,使我们反思现行法律的不足之处,并对现行法律提出必要的修改建议。

三、建议

国家赔偿必须严格依照国家赔偿法的有关规定办理,即使国家赔偿法存在诸多不合理之处,也得遵照执行。对照该法第17条的规定,申请人在无法举证证明自己的供述不是出于自愿,而是因刑讯逼供得出的情况下,申请人的请求很难得到满足。尽管从常理推测,侦查过程可能发生了违法行为,但因不能上升为证据,因此无法认定。另外,检察机关在决定逮捕前,同样会提审犯罪嫌疑人,如果犯罪嫌疑人此时不是故意作有罪供述,检察机关不可能同意逮捕。据此也说明一个问题,检察机关批准逮捕的行为本身并没有错误,既然没错为何要赔偿呢？这也是不合理的。

现代国家理念认为,人民是国家的主体,人民建立国家的目的是为了保障自身的安全、幸福等利益。"人是目的"（康德语）,而非国家。国家应当尊重和保障人权,而不应当将人作为手段。因此,人应当受到法律的保护,在受到侵害时应当及时受到法律的救济,无论是私法领域的侵害还是公法领域的侵害。公法领域的救济主要是行政诉讼和国家赔偿,国家赔偿最大的作用是体现在当国家公权力侵犯了公民的合法权益时,对受侵害人的安抚作用。

当国家成为侵权者的时候,因其自身力量的强大,造成的伤害比一般的侵权者带来的伤害更为严重,被侵害的公民也更容易受到社会的孤立。因此,当国家作为侵害人时,应当承担更为严格的责任。

针对国家赔偿法中不完善的地方,我们提出如下建议:

1. 确立国家侵权的无过错归责原则。

《国家赔偿法》第2条规定:"国家机关和国家机关的工作人员违法行使职权侵害公民、法人和其他组织的合法利益造成损害的,受害人有依照本法取得国家赔偿的权利。"国家只有在本身行为违法的情况下,才承担赔偿责任,如果国家是合法行使职权的话,即使存在过错,也可能免责,也即历史学家吴思所说的"合法伤害权"。相对于民事领域的过错责任、无过错责任和公平责任而言,国家赔偿的归责原则过于狭窄,导致大量的私人权益受到国家的侵犯却不能得到及时、有效的赔偿。综观各国的国家赔偿原则,都不是单一的归责原则,应当建立起以违法原则为一般原则,以过错原则、无过错原则和结果原则为补充的归责体系。

2. 拓宽国家赔偿的范围,提高赔偿的标准。

国家赔偿法只规定了物质损失赔偿,精神损失不赔,物质损失只赔偿直接损失,间接损失不赔。此种赔偿方式与范围难以体现国家赔偿的初衷。

无辜公民无端地受到审讯、羁押,经济、物质损失倒在其次,恐惧、害怕,更多的是精神上受到伤害。我国民法通则确立了精神损害赔偿原则,司法赔偿也应包括精神赔偿的内涵,虽然精神损失难以用物质进行衡量,但根据我国的国情和经济状况,对请求人的精神损失进行适当的赔偿,可以更好地体现对请求人的抚慰。对于受侵害人的间接损失也不能一概不赔,在受害人依正常情况下应该得到的财产利益,应当适当赔偿。

3. 改变赔偿案件的审理机关。

"任何人都不能做自己案件的法官",这句法律格言对赔偿案件也应同样适用。国家赔偿法规定赔偿义务机关为侵害公民合法权益的机关,确认机关也是该侵权机关,违背了这一司法原则,应予改变。可以设计成为赔偿案件的受理机关为侵权机关的上一级机关,案件的审理、赔偿与否的决定由上一级机关作出,这样可以在一定程度上改变赔偿案件受理难的现状,也可以更好地督促赔偿义务机关谨慎行使司法权力。

4. 撤销司法赔偿的确认程序。

确认程序在实际操作中非常烦琐、复杂,实际上已成为赔偿义务机关的"保护伞",成为对抗赔偿请求人的最后屏障。按照国家赔偿法的规定,赔偿请求人要先向赔偿义务机关提出赔偿申请,由赔偿义务机关予以确认和先行处理,然后才能进入实质性的索赔程序。这样的程序设计也只为我国独创。确认程序的设置极不合理、不科学，也在无形中增加了请求人的责任，实践中因赔偿义务机关不予确认、相互扯皮而导致请求人四处上访的情况屡见不鲜。建议撤销司法赔偿的确认程序。

5. 改变赔偿案件中的审理方式，变书面审理为公开审理。

有关司法解释规定了在行政赔偿中，原告应当对被诉具体行政行为造成损害的事实提供证据，被告有权提供不予赔偿或者减少赔偿额方面的证据。但司法赔偿程序却以非诉案件的书面审理方式进行，且一般不公开审理，剥夺了请求人在此类案件中应有的当事人地位和诉讼权利，赔与不赔，赔多赔少，成了赔偿义务机关的"一家之言"，是绝对显失公平的。应当由赔偿请求人与赔偿义务机关在赔偿委员会的主持下，公开进行论证、质证、答辩，双方可以就赔与不赔、赔多赔少展开充分的论证。有人担心，国家司法机关与普通公民对簿公堂会有损于国家机关的尊严，影响司法机关的执法。这样的担心其实是种掩耳盗铃式的自我逃避，只有在充分公开论证情况下自然得出的决定，才能被赔偿请求人接受，法律也才能得到实质的遵守，这其实是促进法治水平的有效措施。

6. 改变举证责任的分配，适当加重赔偿义务机关在赔偿案件中的举证责任。

赔偿案件审理难的一个重点就是赔偿请求人难以提供有力证据证明自己受到的侵害，特别是在被拘留、逮捕后，相对失去了人身自由，要想掌握、固定自己曾受到的不法侵害的证据，更是难上加难。国家赔偿法还设置了诸多的免责条款，在未明确规定举证分配的情况下，究竟由谁承担举证责任，存在着争议，也为赔偿义务机关逃脱责任提供了借口。因此，应当适当加重被告的举证责任，赔偿请求人只需要证明自己的合法权益受到了侵害以及因此遭受的经济损失，其他的举证责任由赔偿义务机关承担，如请求人提出自己的虚假供述是在遭到刑讯逼供的情况下作出的，赔偿机关就应当就自己没有对请求人实施刑讯逼供进行举证，否则就应当承担不利后果。

[作者：高卫锋（1976—），男，汉族，江苏海门人，江苏省海门市人民检察院控告申诉检察科副科长；曹瑜（1983—），女，汉族，江苏海门人，江苏省海门市人民检察院干部。]

图书在版编目（CIP）数据

刑事典型类案法律适用参考/张毅主编. —北京：中国检察出版社，2008.10
ISBN 978-7-5102-0007-6

Ⅰ. 刑… Ⅱ. 张… Ⅲ. ①刑法—法律适用—中国②刑事诉讼法—法律适用—中国③刑事责任—国家赔偿法—法律适用—中国 Ⅳ. D924.05

中国版本图书馆 CIP 数据核字（2008）第 156680 号

刑事典型类案法律适用参考
张　毅　主编

出 版 人：	袁其国
出版发行：	中国检察出版社
社　　址：	北京市石景山区鲁谷西路5号（100040）
网　　址：	中国检察出版社（www.zgjccbs.com）
电子邮箱：	zgjccbs@vip.sina.com
电　　话：	（010）68630385（编辑）　68650015（发行）　68636518（门市）
经　　销：	新华书店
印　　刷：	保定市中画美凯印刷有限公司
开　　本：	720mm×960mm　16开
印　　张：	28.25 印张
字　　数：	502 千字
版　　次：	2008年11月第一版　2008年11月第一次印刷
书　　号：	ISBN 978-7-5102-0007-6/D·1987
定　　价：	48.00元

检察版图书，版权所有，侵权必究
如遇图书印装质量问题本社负责调换